KB061607

시장을 이긴 숨은 고수 11인의

# 초격차 투자법

# UNKNOWN MARKET

## 시장을 이긴 숨은 고수 11인의

# 초격차 투자법

# WIZARDS

**잭 슈웨거** 지음 | **조성숙** 옮김 | **신진오** 감수

다음 세대를 이어갈 아스펜에게
부디 부모의 매력과 아름다움과 유머 감각은 닮되
소비 감각만은 닮지 말기를

**일러두기**

- 단행본과 신문, 잡지는 《 》, 영화와 드라마 등 작품은 〈 〉로 표기했다.
- 각주는 * 로 표시하였고, 용어 설명은 ▪ 로 표기했다.

옳은 방법도 시장을 이기는 방법도 없다. 당신이 돈을 벌고 있다면 시장과 똑같이 해야 한다는 것을 이해했기 때문이다. 돈을 잃고 있다면 당신이 무언가를 잘못하고 있기 때문이다. 시장을 보는 다른 방법 따위는 존재하지 않는다.

• 무사워 만수르 이자즈 • 사업가

10년마다 매번 다른 식의 어리석은 행동이 등장하지만, 기본 원인은 같다. 그 이유는 바로, 사람들은 발밑에서 땅이 흔들리고 있는데도 가까운 과거에 일어났던 일이 무한한 미래에도 계속될 것이라고 고집스럽게 믿기 때문이다.

• 조지 J. 처치 • 하버드대학교 의과대학 교수

예측가는 두 부류로 나뉜다. 하나는 모르는 채로 예측하는 사람들이고, 하나는 자신들이 모른다는 것도 모르는 채로 예측하는 사람이다.

• 존 케네스 갤브레이스 • 경제학자

이 책은 고정관념을 깨는 방법으로 큰 수익을 거둔 투자자들의 이야기를 담고 있다. 이들에게는 남들과는 다른 자신만의 '투자 원칙'이 있다는 공통점이 있다. 많은 사람이 투자 기술을 배우겠다며 있지도 않은 보물 지도를 찾아 헤맨다. 그러나 기술이 승률을 좌우한다면, 주식시장은 벌써 인공지능이 지배하지 않았을까? 이 책은 주식이 얄팍한 차트나 수학 공식으로 되는 게 아니라는 것을 보여준다. 시장에 뛰어든 개인 투자자라면, 자신의 삶 속에서 투자 원칙을 찾아낸 시장의 마법사들을 만나보길 바란다.

• **유목민** • 쓰리스텝스 설립자,《나의 월급 독립 프로젝트》저자

'시장의 마법사들' 시리즈는 언제나 선물 같은 책이다. 이번에도 멋진 선물을 받았다. 펀더멘털 분석과 차트 분석의 조화, 실생활에서 아이디어 찾기, 소셜 아비트라지, 시스템 트레이딩, 선물옵션과 롱쇼트, 이벤트 드리븐, 추세추종, 역발상 등 다양한 투자 전략과 마인드셋 관리 방법까지, 알려지지 않은 투자자들의 노하우가 듬뿍 담겨있다. 시장은 넓고 돈을 벌 방법은 많다. 투자자로서 성공하고 싶다면 강력하게 일독을 권한다. 개인 투자자가 투자로 성공할 수 없다고 생각한다면 더욱 강력하게 권한다.

• **홍진채** • 라쿤자산운용 대표,《주식하는 마음》저자

'시장의 마법사들' 시리즈는 주식 투자자들 사이에선 이미 교과서 같은 책으로 유명하다. 이번에 새로 나온《초격차 투자법》도 나를 실망시키지 않았다. 이 책은 특히 평범했던 투자자가 어떻게 자신만의 매매법을 찾아서 성공 투자자로 거듭나게 되었는지를 자세히 알려준다. 자신만의 투자법을 개발해서 성공하려는 많은 투자자에게 영감과 아이디어를 제공해준다. 정말 정말 좋은 책이다. 밑줄 치면서, 곁에 두고 읽고 또 읽고 싶은 책이다.

• **브라운스톤(우석)** •《부의 인문학》《부의 본능》저자

왜 시장 수익률을 이길 수 있다고 생각하는가? 지수 추종 등의 패시브 투자를 하지 않고, 직접 투자하기를 택한 모든 투자자라면 반드시 고민해야 하는 문제다.《초격차 투자법》은 그 문제에 대해 각기 다른 방식으로 유효한 해답을 찾은 위대한 트레이더들의 이야기를 담았다. 가뭄에 단비 같은 책이다.

• **유튜버 월가 아재** • 월스트리트 데이터 과학자, 전직 시카고거래소 트레이더

잭 슈웨거가 또 한 번 해냈다! 환상적인 내용과 인사이트가 빛나는 책.

트레이딩의 지혜가 마치 금가루 휘날리듯 책 곳곳에서 반짝거린다. 이들 트레이더들은 어떤 묘수를 썼기에 그토록 놀라운 실적을 거둔 것인가? 잭 슈웨거는 또 한 권의 '시장의 마법사들' 시리즈를 통해 그들의 묘수를 빠짐없이 설명한다. 물론 재미와 날카로운 식견은 덤이다.

'시장의 마법사들' 시리즈는 모든 투자자에게 많은 것을 가르쳐준다.

잭 슈웨거 앞에서라면 트레이더들은 자기 경험과 생각을 속 시원히 털어놓는다. 이 책은 그들의 숨겨진 이야기는 물론 바위처럼 굳건하면서도 믿음직한 영감까지도 제시해준다.

잭 슈웨거는 인터뷰를 훌륭한 스토리로 엮어내는 데 대가이다. 세계 최고의 트레이더들도 그의 능수능란한 인터뷰 솜씨에 비밀을 털어놓는다. 초보 트레이더도 노련한 트레이더도 예외가 아니다.

시장에 조금이라도 관심이 있는 사람이라면 잭 슈웨거의 책을 반드시 읽어보기를 권한다.

《초격차 투자법》을 위한 저술 작업에 들어가면서 나는 혼자 완전히 무명으로 트레이딩을 하면서도, 전문 자산 매니저 대부분을 압도하는 탁월한 실적을 세우는 트레이더들이 있을 것이라고 전제했다. 그리고 그런 트레이더들을 실제로 찾아냄으로써 내 전제가 맞았음을 입증할 수 있었다. 하지만 그러면서 전혀 생각하지 못했던 사실도 알게 되었다.

　나는 '시장의 마법사들' 1권에 등장한 트레이더들에 필적하는 고수익을 내는 트레이더들을 다시 만나게 될 것이라고는 상상도 못했다. 1권의 트레이더들이 그토록 높은 실적을 달성한 것은 물론 훌륭한 트레이딩 실력 덕분이기도 했지만 1970년대의 고인플레이션이라는 특유의 시장 상황도 부분적으로 한몫했다고 생각했다. 게다가 이후 수십 년 동안 계량 분석을 적용하는 투자와 트레이딩이 몰라볼 정도로 늘어난 데다, 모든 트레이딩에서 전문 매니저들이 차지하는 비중도 그 어느 때보다 늘어났다. 이런 오늘날의 추세에서는 트레이더들이 시장에서 탁월한 수익률을 내는 것이 과거보다 훨씬 힘들어졌다.

그런데 내가 찾은 결과는 내 예상을 완벽히 깨트렸다.《초격차 투자법》을 위해 만난 트레이더 중 몇몇은 내가 본 그 누구보다도 높은 수익률을 기록했다.

나는 30여 년 전에 쓴 '시장의 마법사들' 시리즈의 1권에서 "놀라운 얘기 좀 들어보시겠습니까?"라는 말로 서문을 시작했다. 그리고 이 문장은 이번 책에도 여지없이 적용된다. 이번《초격차 투자법》에서도 여러분은 놀라운 트레이더들을 만나게 될 것이다.

- 대학을 갓 졸업한 사회 초년생은 2500달러로 트레이딩을 시작했고, 이후 17년 동안 시장에서 5000만 달러의 수익을 냈다.
- 선물시장 경력 27년의 전직 광고회사 중역은 연평균 58%의 수익률을 달성했다.
- 한 주식 트레이더는 펀더멘털 분석도 기술적 분석도 아닌 독자적인 트레이딩 방법을 개발했고, 그는 초기 투자금 8만 3000달러를 2100만 달러로 불렸다.
- 한 선물 트레이더는 13년이 넘는 동안 연평균 337%의 수익률을 기록했고, 트레이딩 첫해 이후에는 MDD(계좌의 평가액이 최대 수준에서 가장 많이 하락한 비율)가 10%를 넘는 해가 한 번도 없었다.
- 체코공화국의 어느 호텔 종업원은 주식 매수를 데이 트레이딩(단타 매매) 전략으로 구사한다. 그는 롱 전략(더 높은 가격에 매도하여 차익을 얻기 위해 매수하여 보유하는 전략)만 추구하는 펀드 매니저나 헤지펀드 매니저들의 99%를 압도하는 위험조정수익률risk-adjusted return(펀드의 수익률을

평가할 때, 감수한 위험의 정도를 고려하여 조정된 수익률-옮긴이)을 거두었다.

- 한 선물 트레이더는 50만 달러를 벌었다가 잃는 경험을 두 번이나 한 후에야 자신만의 역발상 트레이딩 방법을 개발했고, 이후 20년 동안 꾸준한 성공 트레이딩 실적을 거두었다.
- 미국 해병 출신의 트레이더는 시장 이벤트에 따라 자동으로 트레이딩을 하는 독자적인 트레이딩 소프트웨어를 설계했고, 그 후 10년 동안 훌륭한 위험조정수익률 성과를 거두었다.
- 어떤 선물 트레이더는 연평균 280%에 달하는 수익률을 달성했지만, 월말의 MDD는 가장 클 때도 11%가 고작이었다.
- 음악 전공자가 독학으로 프로그래밍을 배우고 주식 트레이딩 시스템을 자체 개발했다. 그가 지난 20년 동안 달성한 수익률은 연평균 20%로, 같은 기간 S&P 500 수익률의 3배나 되는 수치였다.
- 과거의 테니스 유망주는 선물 트레이더로 직업을 바꾼 후 거의 10년 동안 연평균 298%에 달하는 믿기지 않는 수익률을 달성했다.
- 주식 트레이딩을 주로 하는 한 트레이더는 장기 투자와 단기 이벤트 트레이딩을 결합함으로써 수익률과 위험조정수익률 모두에서 S&P 500 수익률의 3배가 넘는 실적을 거두었다.

혹시라도 일주일에 2시간 투자로 시장에서 연 100%의 수익을 내는 실전 트레이딩 속강을 기대하고 이 책을 들었다면 번지수를 잘못 찾아 왔으니 내려놓기 바란다!

하지만 세계 최고의 트레이더들에게서 그들이 시장을 어떻게 생각하고, 트레이딩에서 어떤 교훈을 얻었고, 실적을 높이기 위해 어떤 노력을 했고, 어떤 실수를 피하려 노력하고 있고, 다른 트레이더들에게 어떤 조언을 하고 싶은지를 알고 싶은가? 그렇다면 이 책에서 당신이 원하는 가르침을 얻을 수 있을 것이다.

# UNKNOWN MARKET WIZARDS

# 차례

# UNKNOWN MARKET WIZARDS

# 1

제프리 뉴먼 Jeffrey Neumann

지폐주의 귀재,
동전주의 천재

**제프리 뉴먼**은 1달러 미만의 동전주로 트레이드를 시작
했다. 시드는 보험금으로 받은 2500달러였다. 그는 불과
1년여 만에 100만 달러를 벌고, 현재까지 5000만 달러의
수익을 냈다. 그는 어떤 돌파 지점에서 매수해야 하는지
정확히 알고, 누구보다 빠르게 움직이며, 예상대로 진행되
지 않을 때는 주저 없이 포지션을 정리한다.

어느 날 귀가 솔깃해지는 이메일 한 통을 받았다.

안녕하세요, 슈웨거 씨.

주식시장에서 멋지게 성공한 환상적인 사례라고 생각하기에 이렇게 무례를 무릅쓰고 이메일을 보냅니다. 몇 년간은 침묵을 지켰지만 지금은 제 이야기를 누군가에게 말하고 싶은 마음이 들었고, 슈웨거 씨 말고는 이 이야기를 말씀드릴 적임자가 생각나지 않습니다. 지금까지 저는 주식 트레이딩 세계에서는 그림자 속에 파묻혀 지낸 편이었습니다. 제가 워낙에 드러내기를 싫어하는 성격이기도 하고, 보안상 문제(해커 등)도 있지만, 무엇보다도 제가 단순하게 사는 것을 좋아하는 성격이어서요. 심지어 가까운 친구들도 제가 주식으로 성공했다는 것은 전혀 모르고 있습니다. 제게는 어린 두 아이가 있습니다. 이 아이들이 미래 어느 날엔가 어디서 어떤 방식으로든 활자화되어 나온 제 이야기를 본다면 (단순히 아이들이 물려받을 물질적인 것을 넘어) 감사하는 마음이 들 것 같습니다.

처음 보내는 이메일인지라 자세한 내용까지 말씀드리기는 어렵습니다. 저는 2002년에 2500달러로 트레이딩을 시작했고 재투자를 거듭해서 현재까지 5000만 달러의 수익을 냈습니다. 저는 수십 개 나라를 여행했고 (아마도 60개 국이 넘을 겁니다), 30세에는 이미 7대륙 모두를 갔다 왔습니다. 현재 저는 30대 중반이고, 제 트레이딩 스타일도 해가 갈수록 데이 트레이딩에서 스윙 트레이딩(하루에서 며칠 정도 보유해 차익을 노리는 매매 기법-옮긴이)으로 조금씩 바뀌었습니다. 저는 종목을 선택할 때는 테마에 극도로 집중하는 편이며, 투자 기법은 제시 리버모어와 아주 유사한 피라미딩 전략(이익이 발생할 때마다 포지션을 늘리는 전략)을 구사합니다. 저는 외부의 투자 자본은 전혀 받지 않으며, 모든 운영을 저 혼자 합니다.

혹시 슈웨거 씨가 제 이야기에 관심이 있거나 이야기를 들어줄 다른 분을 추천해주신다면 대단히 감사하겠습니다!

귀중한 시간을 내주셔서 감사합니다.

— 제프 뉴먼

나는 '시장의 마법사들' 시리즈를 잠정적으로 또 한 권 낼 계획이기는 하지만 당장은 아니라는 답장을 보냈다. 시장에서는 여러 사건이 일어났고, 6개월 후 나는 새 책을 쓰기로 하고 뉴먼에게 월별 수익률 현황표를 증빙으로 보내 달라고 요청했다. 그는 10년 치 수익률 현황을 보냈다. 증권사에서 더 과거까지 출력할 수 있었다면 더 보냈을 것이다. 10년 이전의 수익률을 입증하기 위해 그는 내게 관련한 세금 환급 증명서도 같이 보냈다. 전부 해서 17년 치 기록이었다. 처음 계좌의 주식은 2500달러가 아니라 7700달러였는데, 차이가 나는 이유는 부친에게서 증여받은 주식이 있어서였다. 그는 이 주식은 트레이딩에 이용하지 않았다. 처음 자본대로 7700달러를 가지고 트레이딩을 했다면 그의 연평균수익률은 80%였을 것이다. 사실 이 수치도 2002~2008년 사이에 있었던 순인출을 반영하지 않은 것이기 때문에 낮춰서 잡은 수익률이다. 월별 수익률 현황에서 이 기간의 순인출을 반영해서 수익률을 조정하는 것은 불가능했다. 현황표 이전의 기간은 계좌 원금은 낮았지만, 수익률만 보면 대단히 높았고 이것까지 반영하면 전체 실적 기록 기간의 평균 수익률이 크게 올라갔다. 하지만 증권사 월별 수익률 현황표처럼 2009년 1월부터 기간을 잡고 이때의 계좌 가치인 230만 달러를 투자 원금으로 잡는다면, 그의 연평균수익률은 53%로 확 낮아졌다.

수천 달러를 5000만 달러로 불린 것은 이야기의 단면에 불과하다. 진짜로 입이 벌어지는 부분은 뉴먼이 벌어들인 수익에서 상당 부분은 동전주penny stock(주당 1달러 이하인 주식-옮긴이) 트레이딩에서 나왔다는 것이다. 동전주에 대해서는 여러분의 생각과 내 생각이 아마도 일치할 것이다. 세상에, 동전주라니. 돈 한 푼 벌지 못하는 회사들이 난무하고 온갖 세력들이 개미들을 등쳐먹기 위해 띄웠다가 투매하는 일명 펌프앤덤프 pump-and-dump 작전이 판을 치는 주식시장의 낙후지역. 이게 내가 생각하는 동전주 세상이었고, 대다수 시장 참가자들도 이런 내 생각에 대체로 고개를 끄덕일 것이다. 그렇다면 내부자도 아닌 한낱 개인 트레이더가, 외부자가 당하기 딱 좋은 동전주 게임에서 어떻게 그토록 큰 승리를 거둘 수 있었을까? 뉴먼의 성공담에 그 답이 들어 있다.

공항으로 마중을 나온 뉴먼은 터미널 문을 나서는 나를 거의 곧바로 알아봤다(아마도 내 예전 책 표지에 실린 사진을 보고 알아본 것 같다). 우리는 그의 집 커다란 뒤뜰에 있는 정자에서 인터뷰했다. 지붕만 있고 사방이 뚫린 그 정자는 간간이 내리는 오후의 소나기를 피하기에 제격이었다. 그러다가 잠시 휴식을 취하고 인근 초밥집으로 저녁을 먹으러 가기로 했다. 뉴먼은 우버를 탈지 동네 산책로를 따라 걸어서 갈지 선택권을 내게 맡겼다. 나는 가벼운 운동으로 몸을 풀고 싶은 마음이 굴뚝 같아서 후자를 선택했다. 가끔은 긴장을 풀고 편안하게 식사하는 자리에서 가장 흥미로운 이야기가 나오기도 한다는 것은 경험으로 잘 알고 있었다. 식사는 아주 훌륭했다. 내가 추가로 요청한 간장과 와사비도 쓸모가 없어졌는데, 오히려 초밥의 미묘한 맛을 음미하는 데 방해가 될 정도였다. 다만, 뉴욕 지하철에 맞먹을 정도로 시끄러운 레스토랑 안 소음이 옥에 티라면 티였다. 나는 대화를 녹음한다는 생각은 접기로 하고, 다만 대화의 흐름이 트레이딩과 관련된 내용에서 벗어나지 않게 하는 데에만 주의를 기울였다.

우리는 내가 묵는 방과 뉴먼의 사무실도 같이 있는 게스트하우스에서 인터뷰를 마쳤다. 두세 시간이 지나니 뉴먼이 피곤해하는 게—그는 확실히 아침형 인간이고 나는 올빼미형 인간이다—한눈에 드러났고, 나는 더는 확보한 자료가 없어서 질문을 여기서 마친다고 말했다. 나는 거기서 인터뷰를 끝냈고 뉴먼은 살았다는 기색이었다. 우리는 뉴먼의 사무실로 건너갔고, 그는 커다란 모니터로 주식 차트 몇 개를 확인했다. 내가 옆에 서자 그가 낮에 말했던 트레이드 차트를 꺼내서 자신이 진입했던 시기와 빠져나온 시기를 보여주었다. 뒤에서 자세히 나오지만 뉴먼의 트레이딩 방법론에서는 테마에 맞는 섹터 선정이 핵심이다. 뉴먼은 틈새 섹터를 명확히 정의한다. 서 있는 내게 뉴먼이 표에 적힌 온갖 섹터 이름들을 읽어주었다. 리튬, 마리화나, 코발트, 흑연, 대체 에너지, 로보틱스, 국가 안보, 주택건설, 유전자시험, 웨어러블, 농업, 해운 등 대부분은 뉴먼이 편할 대로 정의한 섹터명이었다.

**커서 무슨 일을 하고 싶은지 어린 시절 희미하게라도 생각해 본 적이 있었나요?**

아주 어린 시절을 떠올리면, 의사가 되고 싶어 했죠. 아버지가 의사였거든요. 보니까 동네에서 성공한 사람들은 죄다 의사였고 나도 되고 싶은 마음이 있었어요. 그러니 의사가 되는 게 딱이기는 했죠.

**예과 과정을 밟으셨나요?**

네, 화학이 전공이고 생물학이 부전공이었습니다. 필요한 예과 과정은 3년 만에 다 이수했습니다. 3학년이 끝나고 여름방학에 유럽으로 배낭여행을 갔어요. 인생 첫 여행이었고, 그야말로 개안한 느낌이었습니다. 너무 재미있어서 학교로 돌아가지 말아야겠다는 결심까지 했죠.

**대학을 계속 다녔나요? 아니면 3년만 다니고 학위를 받았나요?**

3학년을 끝으로 졸업해도 됐지만 몇 개 학점이 부끄러울 정도로 안 좋은 상태였어요. 다시 들어야 하는데 들을 준비가 전혀 안 돼 있었지요. 내가 뭘 하고 싶은지도 모르는 상태이기는 했어요. 4학년을 끝내기는 했지만 이수한 과목이라고는 스쿠버 다이빙 하나였지요.

**시장에 처음으로 흥미를 느끼거나 조금이라도 의식하게 된 건 언제였죠?**

고등학생 때 경제학 수업을 들었고, 수업 내용 중 하나가 10만 달러로 모의 투자를 하는 거였어요. 인터넷이 학교에 막 보급된 때라 시의적절한 과정이었죠. 나는 개장 전에 주가를 확인하는 방법을 찾아낸 덕분에 어떤 주식을 사야 할지 전날 알 수 있었죠. 아주 어릴 때부터 주식판의 작은 오류를 발견했던 거죠. 10만 달러를 100만 달러로 불렀어요.

**결과론적으로는 시스템의 허점을 이용했던 셈이군요.**

그렇죠.

## 2500달러로 100만 달러를 번 대학생

**첫 트레이딩은 언제 했나요?**

대학 4학년 때 컴퓨터실에서 주식 트레이딩을 시작했어요. 그땐 내 개인 컴퓨터가 없었거든요.

**트레이딩을 시작하게 된 동기는 무엇인가요?**

의과대학과 더 공부해야 하는 상황에서 탈출하고도 싶었죠.

**트레이딩을 하게 된 계기가 돈을 많이 버는 쉬운 길이라고 생각해서였습니까?**

기본적으로는 그렇죠.

**기본 지식을 갖추고 시작했나요? 트레이딩이나 시장에 관한 책도 읽고요?**

전혀요. 주식 트레이딩을 시작하기 전까지는 경제건 투기건 통계건 투자에 관한 책은 조금도 안 읽었어요.

**그러면 어떤 주식을 사고 언제 사야 할지는 어떻게 결정하셨나요?**

차트를 보면서 되는대로 시작했죠. 1년이 지나도록 7~8센트에서 주가가 꿈쩍도 하지 않는 주식이 있더라고요.

**동전주를 선택한 이유가 싸서였습니까?**

싸기도 했고, 움직일 때는 크게 움직이니까요. 하루는 가장 크게 오른 종목이 무엇인지 검토했더니 전부 동전주였어요.

**처음 시작한 시드는 얼마였나요?**

초가을에 운전을 하다가 우박을 동반한 돌풍을 만났고, 보험금으로 2500달러를 받았어요. 그 돈으로 주식 트레이딩 계좌를 열었습니다. 내가 했던 행동 중 가장 칭찬할 만한 부분은 이익 목표치를 정한 것이었죠. 하루에 3%를 벌면 1년이면 100만 달러가 되겠더라고요.

**그건 너무 순진무구한 생각인데요.**

예. 순진하기 짝이 없었죠. 100% 인정합니다. 센트를 넘어 소수점 이하까지 주문을 접수해주는 증권사를 찾아내기만 해도 다행이라는 걸 그때는 몰랐어요. 내가 트레이딩을 시작했을 때는 1/8달러나 1/16달러 표기에서 소수점으로 센트를 표기하는 것으로 바뀐 지 얼마 안 되었을 때예요. 내가 이용한 증권사는 센트는 물론이고 그 이하 소수점 두 자리까지 표기를 제공했어요. 그런데 당시에 대다수 증권사는 딱 1센트 단위로만 호가를 표시했어요. 그러니 내 첫 주식이 꿈쩍도 안 할 수밖에요. 7센트와 8센트 사이에서 움직이지 않았죠.

**매수 호가는 7센트에 걸려 있고 매도 호가는 8센트에 걸려 있다는 뜻이네요.**

맞아요. 100만 주는 7센트에 매수 호가가 걸려 있고 150만 주는 8센트에 매도 호가가 걸려 있는 식이었죠.

**그 사이의 주가에서는 주문이 접수되지 않았나요?**

내 증권사에서는 접수가 됐어요. 7.01센트에 주문을 넣는 게 가능했지요. 7센트에 판다는 사람이 있으면 내가 중간에 끼어들었어요. 한마디로 새치기였던 거죠. 그렇게 산 주식을 나는 7.99센트에 매도 호가를 걸었고, 그러면서 또 새치기했죠. 내가 시장조성자였던 거죠. 내 주식은 7~8센트 사이에서 요지부동 박스권이었지만, 나는 트레이드한 건마다 수수료를 제하고도 13% 정도의 수익을 올렸어요.

**스톱을 설정해두고 트레이딩을 했나요?**

스톱은 걸어두지 않았어요. 하지만 내가 진입한 가격보다 아래에서 대량의 주문이 체결된다면, 이를테면 7센트에서 거래가 된다고 해도 빠져나오는 건 어렵지 않았어요. 그래봤자 손실은 주당 0.01센트였죠.

**그 트레이드만 놓고 보면 억지로 발을 빼는 건 언제나 7센트에서였겠네요.**

그렇죠. 그 가격에서 대규모 체결이 이뤄진다면 나도 어쩔 수 없었죠.

**트레이드에 관해 아무것도 모르는 초보자였음에도 꽤 영리하게 트레이딩을 하셨네요. 비대칭 트레이딩을 제대로 이용하셨어요.**

그 트레이드를 반복하면서 '이걸로 먹고 살 수 있어!' 하고 생각했을 정도입니다. 하루에도 수백 달러를 벌었고, 또 계속하다 보니 어떤 날은 하루에도 수천 달러를 벌었으니 말입니다. 트레이딩을 해서 100만 달러를 만들기까지 매일의 거래일 동안 얼마를 벌면 되는지 필요한 목표치도 정했습니다. 어떤 날은 정말로 성적이 좋아서 닷새 연일 목표치를 초과 달성했죠. '이제 100만 달러까지 100일 남았어.' 아마도 그렇게 생각한 것 같습니다. 물론 목표치까지는 아직 90만 달러나 남았지만, 충분히 가능해 보였어요.

**100만 달러를 버는 데 얼마나 걸렸습니까?**

정확히 기억은 나지 않지만 1년보다 아주 길게는 아닙니다. 트레이딩에 대해 일자무식인 상태에서 100만 달러를 넘게 벌었던 거죠. 나는 그 비대칭 트레이드 하나만 죽어라 파고들었죠. 스물셋인데 100만 달러를 벌었어요. 그만 은퇴해야겠다고 생각했습니다. 먹고사는 돈도 얼마 안 들었고 실제로 쓰는 돈도 거의 없었어요. 라면만 먹고 살았습니다. 그전에 여름에 갔던 유럽 배낭여행도 비행기 왕복표까지 포함해서 1500달러만 들었어요. 그때의 금리가 6% 안팎이었으니 100만 달러를 통장에 넣어두면 매년 이자로 6만 달러를 받을 수 있었죠. 세금을 떼더라도 먹고사는 데는 그 정도면 충분한 것 이상이었죠.

**100만 달러를 벌고 은퇴 계획을 세우신 거군요.**

그렇죠. 평생 여행이나 다녀야겠다고 생각했습니다.

**첫 100만 달러를 모으기까지 차트를 보면서 트레이딩을 했습니까? 아니면 차트와 무관하게 트레이딩을 했습니까?**

주가가 요지부동인 주식을 찾을 때만 차트를 참조했어요. 다시 말해서 매매 호가 차이가 똑같아서 한동안 박스권만 죽어라 유지하는 주식들 말입니다. 그러니 같은 트레이드를 여러 번이나 반복할 수 있었어요.

## ▌방향 전환

**그때는 그런 식으로 시장을 조성하는 유형의 트레이딩만 했나요?**

예. 그런데 하나는 예외입니다. 20센트에서 몇 주 만에 2.00달러로 급등한 주식을 샀지요. 내가 진정한 주식 트레이더라는 믿음이 생기기 시작할 무렵이었고, 그 주식은 스토리가 정말로 기가 막히게 좋았습니다. 동물 추적시스템 회사였는데, 내 기억에 그때쯤 돼지독감이 유행하기 시작했어요. 처음으로 스토리에 홀딱 반해서 주식을 샀습니다. 그런데 내가 사고 난 후에 난폭하게 떨어지더군요.

**사고 나서 얼마 있다가 주가가 곤두박질했나요?**
거의 즉시였죠. 거짓말 안 보태고 몇 분 만에 2.00달러에서 1.00달러로 떨어지더군요. 식은땀을 줄줄 흘리며 생각했습니다. '이때까지 잘 써먹던 좋은 전략을 팽개치고 딱 한 번 옆길로 샜는데 다 잃게 생겼네.' 반등하기를 기다렸다가 빠져나오기는 했지만, 그 하나의 트레이드로 계좌의 30%가 사라지는 건 막을 수 없었어요.

**포지션 홀딩은 얼마나 했습니까?**
바로 그날 빠져나왔어요.

**다시 시장조성 트레이딩으로 돌아갔나요?**
예. 하던 대로 돌아간 거죠.

**반올림된 매수 호가보다 항상 0.01센트 높은 가격에 매수 주문을 넣었나요?**
처음에는 그랬지만 다른 사람들도 상황을 파악하고는 같은 전략을 쓰기 시작했어요. 그러니 새치기를 하려면 매수 가격은 조금 높이고 매도 가격은 조금 낮춰야 했어요.

**그런 식의 시장조성 게임은 언제 그만뒀습니까?**

1년 정도 하고 그만뒀습니다. 매매 호가 차이가 너무 급격하게 좁혀져서 내가 그런 트레이딩을 접었을 무렵에는 매도가는 매수가에서 1센트의 100분의 2~3 정도만 높여야 했어요.

**그래서 어떤 트레이딩으로 방향을 틀었나요?**

소프트웨어 프로그램을 깔아서 대형 스크린 제일 하단에 틱 테이프(오른쪽에서 왼쪽으로 흐르면서 지금 체결되는 종목의 주가를 나타내는 방식)가 보이게 했어요. 거기서는 내가 관심을 가지는 주식의 티커 창만 보여주었어요. 내가 찾는 주식은 대량 주문 체결이 이뤄지는 종목이었어요. 큰손들이 하는 대로 따라 할 생각이었죠. 나는 큰손들의 대량 매집 신호가 나타나는 주식만 찾아다녔습니다.

**주식 매수 시기는 어떻게 결정했습니까?**

기술적 분석▪을 사용하기 시작했어요.

**기술적 분석은 어디서 배웠나요?**

그냥 차트를 아주 많이 관찰했습니다. 그때까지도 기술적 분석에 관한 책은 한 권도 읽지 않았어요. 커다란 움직임을 보인 차트들을 주로 봤습니다. 이 주식은 왜 이 지점에서 쏘아 올려진 거지? 그 전에 거래량이 확 늘었나? 내가 생각해 낸 것은 아주 단순한 추세선 분석이었고 지금도 여전히 사용하고 있습니다.

**가장 단순한 추세선 분석이요?**

▪ **기술적 분석**
경제 외적인 데이터를 활용해서 가격을 예측한다. 기술적 분석에서 가장 중요한 데이터는 당연히 가격 데이터이다. 기술적 분석은 가격이 반복적인 패턴을 가지고 움직이며, 이런 패턴을 인식해서 트레이딩 기회를 찾을 수 있다는 것을 기본 가정으로 전제한다. 기술적 분석에는 가격 외에도 거래량, 미결제약정(장이 끝난 후에도 반대매매되거나 결제되지 않고 잔존하는 선물옵션계약의 총수-옮긴이), 시장 심리 측정 지수 등도 데이터로 활용한다.

꾸준한 하락 추세를 찾아내서, 스파이크spike(전체 추세선에서 대못처럼 삐죽이 튀어나온 부분-옮긴이)를 연결하는 선을 그렸어요.

### 그건 전통적인 추세선하고는 어떻게 다른가요?

추세선 돌파를 말할 때는 많이들 보합선을 뚫고 올라오는 돌파[■]를 말하디군요. 내 생각에 나는 나만의 추세선을 사용했으니 남들보다 한발 먼저 유리한 지점에서 들어간 셈이었어요(뉴먼이 설명하는 '남들이 말하는 추세선 돌파'는 하락 추세선을 뚫고 올라오는 돌파가 아니라 수평선으로 흐르던 횡보 조정장을 뚫는 돌파를 의미한다. 그의 말에서도 추측할 수 있겠지만 그는 다른 형태의 추세선은 이용하지 않는다. 그는 주가가 저점 근처에서 횡보하던 조정장을 뚫고 상방으로 돌파할 때가 아니라, 하락 추세선을 돌파하는 지점에서 주식을 매수한다. 당연히 후자의 경우가 더 낮은 가격에서 매수 신호를 보낸다).

나는 주가가 하락 추세선을 뚫고 위로 올라오기 시작하는 딱 그 순간에 주식을 매수하는 사람이 되고 싶었어요. 주가가 하락 추세선에서 잔뜩 눌려 있다 보면 대량 매물이 나올 때가 많습니다. 가령 31센트에 10만 주 매도 주문이 걸려 있으면 나는 마지막 1만 주를 사는 사람이 되려고 노력했던 거죠.

[■] **돌파**breakout
가격이 직전 박스권(횡보장)의 위나 아래 또는 보합 패턴(삼각형이나 깃발 등)을 벗어나는 움직임을 말한다.

### 그러다가 주가가 끝내 돌파하지 못한다면요?

그러면 떨어지겠죠. 주가가 움직이는 게 원래 그렇지요. (그가 손가락으로 딱 소리를 냈다) 잘 들어간 거라면 바로 알 수 있죠.

### 진입하고 바로 성과가 나오지 않으면 청산한다는 말이군요.

그래요. 뒤도 안 돌아보고 나옵니다. 30.1센트에 샀는데 30.0센트로 떨어지면 바로 호가를 걸고 나옵니다.

**주가가 계속해서 상향한다면 어디에서 나오나요?**

예전에는 상승세가 처음 삐걱거리는 즉시 절반을 팔았지만, 지금은 여기서 추가 매수를 합니다. 그리고 조정을 겪다가 다시 상승하면 그때 나머지 절반을 팔아요.

**추세선을 볼 때는 어느 정도 기간을 봤나요?**

예전에는 1개월 추세선을 선호했어요. 보통은 그날 들어가서 그날 나오는 트레이드를 좋아했거든요. 제 생각에 1개월 추세선에서의 돌파는 잠재적으로 주가가 6시간에서 8시간 정도는 움직일 수 있다는 뜻이거든요. 더 장기적인 추세선에서의 돌파 가능성을 찾아야 한다는 건 나중에야 알았어요. 그게 가격 움직임이 훨씬 크더군요.

**지금은 추세선 기간을 얼마까지 봅니까?**

요새는 1~5년 추세선의 돌파 가능성을 찾아봅니다. 그러면 계속 매집을 하면서 포지션을 키우다가 훨씬 오른 주가에 팔 수 있거든요.

## ▎촉매의 힘

**단기적인 스윙 트레이딩 전략에서 더 장기적인 전망을 보는 트레이딩 전략으로 바꾼 건 언제였나요?**

지금의 트레이딩 방식을 처음으로 사용하게 된 것은 채팅방에 닉네임 'songw'라는, 훌륭한 리서처가 올린 추천 종목을 보고 따라 하면서였습니다. 그가 뉴스 기사 하나를 올렸는데, 가솔린 혼합연료의 에탄올 함량을 1%에서 5%로 올리는 법안이 발의될 것이라는 내용이 었습니다. 채팅방 사람들은 대수롭지 않다는 반응이었습니다. 그래도 가솔린 비중이 99%에서 95%로 줄어들 뿐이라면서요. songw는 관점을 바꿔 에탄올 측면에서 바라보면 400%나 함량이 늘어나는 것이라고 반박했죠. 내 머릿속에 스파크가 일었습니다. 정말로 대박 사건임을 알았죠. 법안이 통과될 것이 거의 확실했으니 에탄올 관련 주식을 잔뜩 사들였습니다.

**주가에는 이미 뉴스가 반영돼 있지 않았던가요?**

그 포스트가 올라온 건 의회에 법안이 상정되기 2주 전이었습니다. 보도도 캔자스시티 지역 일간지 몇몇 정도에나 실렸어요. 전국적인 매체로는 아직 퍼지지 않은 상태였죠. songw가 워낙에 뛰어난 리서처라 그 일을 잽싸게 알아낸 거죠. 결국에는 주류 언론에서도 보도하기 시작했고, 짐작하시겠지만 뉴스가 보도될수록 관련 주식도 상승 기류를 탔습니다.

**그때 처음으로 포지션을 오랫동안 보유했습니까?**

예.

**에탄올 관련주는 얼마나 오랫동안 보유했나요?**

상승 기류를 타는 동안은 쭉 들고 있었어요. 법안이 통과된 날 바로 팔았습니다. 그런 초대박이 또 없었습니다. 내가 산 에탄올 주식 중에서 3종목이 10거래일 동안 1000%가 넘게 올랐으니까요. 그전까지 벌었던 수익보다 그 2주 동안 한 섹터를 묶어서 했던 트레이드에서 번 돈이 더 많았어요. 그때 처음으로 강한 촉매catalyst에 구체적인 날

짜까지 정해져 있을 때 섹터가 얼마나 강력하게 움직일 수 있는지를 실감했습니다. 이런 트레이드야말로 크게 확신하면서 포지션을 잡을 수 있고 계좌도 몇 배로 불려준다는 사실에 눈을 뜬 거죠.

**법안이 가결되고 주가가 고점으로 올라갔겠네요.**

대중이 이제 시작이라고 믿는 그 순간부터 촉매의 힘이 어마어마하게 발휘되었어요.

**이 트레이드로 뉴먼 씨의 트레이딩 스타일에 변화가 생겼습니까?**

당연하죠. 처음으로 섹터 트레이딩의 개념이라는 것이 머릿속으로 확 들어와 박힌 순간이었습니다. 그때까지 나는 단발성 트레이딩만을 하고 있었어요. 차트가 박스권이라는 이유 말고는 그 주식을 사는 이유가 전혀 없었죠. 강력하고 명확한 촉매의 힘과 그 결과로 인한 주가 상승을 톡톡히 맛본 셈이었죠. 그 시점을 분수령으로 내 트레이딩 전략이 바뀌었습니다. 관련주를 다 사는 방식으로요. 나는 해당 섹터에 속한 주식은 몽땅 다 삽니다. 섹터에 진입할 때는 이른바 산탄총 전술을 씁니다. 해당 분야의 모든 것, 그러니까 섹터 종목들은 물론이고 관련된 종목들도 다 매수합니다. 처음에는 비교적 작은 포지션으로 진입하고, 그 후로는 투자 아이디어를 집중적으로 리서치합니다. 섹터 내 모든 회사의 SEC(미국증권거래위원회) 공시도 다 읽어요. 그 트레이드에 대해서 확신이 들면 추가 매수를 해서 포지션을 수백, 심지어 수천 배는 키웁니다. 처음에는 지켜볼 심정으로 한 종목당 1000달러 정도로 소액만을 매수합니다. 그러다가 내 투자 아이디어와 사랑에 빠지는 순간 수백만 달러도 기꺼이 베팅합니다.

**그 채팅방에는 지금도 들어가나요?**

아니요. 5년 전쯤 나왔어요.

**어째서요?**

남들의 추천대로 하는 건 별로 하고 싶지 않았어요. 타인의 눈으로 내 아이디어를 여과하는 게 내키지 않았죠. 게다가 채팅방은 트레이더들의 탕비실 같은 곳이니까요.

## ∥제품이 마음에 안 들면 주식도 사지 않습니다

**재료를 찾고 섹터 트레이딩에 집중하는 것 말고, 초년 시절과 달라진 트레이딩 접근법이 또 있나요?**

지금은 가만히 앉아서 회사 자료만 뒤적이는 거로는 성에 안 차요. 회사도 직접 방문할 생각입니다. 소비자 제품 회사라면 제품을 한번 사서 써보고 좋은지도 평가해야죠. 제품이 마음에 들지 않으면 주식도 안 삽니다.

**예를 들면요?**

이삼 년 전에 3D 프린팅에 관한 말을 듣고는 1만 달러를 주고 3D 프린터 4대를 다 샀어요. 원하는 모양을 출력해 보려고 독학으로 CAD도 공부했습니다. 거북이 집에 쓸 말뚝을 직접 디자인해서 출력했죠. (뉴먼의 집 뒤뜰에는 대형 반려 거북이가 어슬렁거리며 배회하고 있었다) 어느 회사 3D 프린터가 가장 좋고 왜 좋은지를 알고 싶었거든요. 주주 설명회도 들었고 3D 프린팅 총회도 다녀왔습니다. 3D 프린팅 회사들이 무슨 일을 하는지 이해하려고 거기에 대해 충분히 공부하고 3D 프린터에 둘러싸여 살았더니 주가가 날아오르기 전에 그 섹터 포지션을 잡는 데 크게 도움이 되었어요. 나는 투자하려는 섹터에 대해서는 전문가 수준으로 공부합니다.

**투자하고 싶은 섹터를 결정하면 진입 지점은 어떻게 정하나요?**

3D 프린팅 섹터에서는 주가가 이미 오름세이긴 했어요. 그러니 하락 추세선의 돌파 신호를 진입 지점으로 잡기는 불가능했죠.

**그러면요?**

30일 하락 추세선이나 30일 보합선을 이용해야 했죠.

**단기 조정을 뚫고 나오는 것을 말씀하시나요?**

맞습니다.

## ▌청산 전략

**빠져나오는 지점은 어떻게 정하십니까?**

상황에 따라 달라요. 촉매가 얼마나 중요하고 섹터가 얼마나 강한지에 좌우됩니다. 어느 지점에서 빠져나와야 하는지 미리 정해 놓은 규칙이나 공식은 없어요. 가령 10% 정도 손실이 나고 있을 때도 빠져나오지 않기도 합니다.

**3D 프린터를 예로 든다면, 그 종목들은 얼마에 빠져나올지 어떻게 정하셨나요?**

그 분야 주도주인 3D 시스템스만 해도 주가가 불과 1년 사이에 10달러에서 100달러로 올랐어요. 이제 주주총회에 가도 나하고 몇 사람만 있는 휑한 상황은 면했어요. 채팅방에서도 CNBC에서도 3D 프린팅 주식 얘기로 떠들썩했어요. 다들 관심을 두고 있으니 내가 누리던 우위도 사라졌죠. 그렇게 됐는데도 포지션을 정리하지 않는다면 언제 발을 빼야 하나 애가 닳는 상황에 부닥칠 겁니다.

**시장이 무너질 조짐을 보일 때까지 기다렸나요? 아니면 먼저 빠져나왔나요?**

하락 추세선을 그려서 진입 가격을 정할 때랑 비슷합니다. 다만 이번에는 상승 추세선을 그려서 청산 지점을 잡아요. 섹터에서 작은 종목들의 추세선이 그대로여도 주도주의 상승 추세선이 무너졌을 때 나도 포지션을 전부 정리하기 시작했습니다.

한 가지 꼭 말하고 싶은 게 있습니다. 3D 프린팅을 직접 경험해 본 것이 내 트레이딩 인생에서 가장 고수익 트레이딩을 하게 해주었지요. 바이오프린팅을 하는 3D 회사를 하나 찾아냈는데, 오가노보라는 회사였죠. 인간의 세포를 채취해 배양해서 늘린 후에 그것을 3D 프린터에 집어넣으면 다른 형태의 것으로 만들 수 있어요. 어떤 3D 프린터에 집어넣느냐에 따라서 배양접시에 있을 때와는 다른 반응이 나오더군요. 개개인에게 가장 효과가 좋을 만한 약물을 결정하는 것을 목표로 삼는 기술이었어요. 이런 정보를 접하고 나서 곧바로 오가노보 주식을 사기 시작했죠. 그게 장외주식에 상장되고 2개월 정도 뒤의 일이었어요. 시가총액이라고 해 봐야 4000만 달러 정도가 고작이었어요. 나는 3D 프린팅 주식으로 말 그대로 매일같이 돈을 찍어냈고, 확신이 커지면서 오가노보 주식도 계속 추가 매수를 했습니다. 트레이딩은 맞는 것을 끼워 맞춰야 하는 퍼즐에 비유할 수 있어요. 퍼즐 조각의 숫자가 갈수록 늘어났어요. 3D 프린팅 섹터의 주가가 올라갈수록 거래량도 동반 상승했고, 이게 내 퍼즐의 핵심이었습니다. 나는 회사의 창업자 겸 CEO를 방문했고, 그가 회사에 가진 순수한 열정도 확인했습니다. 최초의 앤젤 투자자도 만나 보았어요. 그 회사의 3D 바이오프린터가 가동되는 것도 내 눈으로 봤습니다. 회사는 나스닥에 정식 상장했고, 동시에 유상증자도 하면서 주가가 30% 내려갔습니다. 그러나 내가 볼 때 정식 거래소 상장이야말로 최후의 매수 기회였고 나는 전부 걸었어요. 가장 많이 모았을 때는 회사 지분을 3~4%는 보유하고 있었죠. 그때 오가노보 주가는 3.50달러였고, 1년 뒤에는 12달러가 되었습니다. 그 가격에서 나는 포지션을 대부분 정리했습니다. 그해에 번 돈이 1000만 달러였습니다.

**포지션을 정리한 후에 오가노보 주가는 어떻게 되었나요?**

조금 올라가는가 싶더니 하락하기 시작했습니다. 지금은 다시 1달러 대로 주저앉았어요.

**거대한 랠리장이 끝나고 결국에는 있던 자리로 되돌아간 거군요. 3D 프린팅 섹터 회사들이 다 그랬습니까?**

예. 다 곤두박질이었죠. 그 회사들 역시 결국에는 있던 자리로 되돌아갔죠.

## ▌스펀지테크의 사기극

**뇌리에 생생하게 남는 다른 트레이드가 또 있나요?**

내가 최고의 수익을 냈던 주식 중 상당수는 지금은 상장폐지되고 존재조차 사라졌어요.

**하나만 예를 들어주시겠어요?**

2009년에 스펀지테크라는 1센트짜리 주식이 눈에 들어왔어요. 하루 거래량이 2억 주였죠. 내부자 거래 신고 보고서를 확인했더니 최근에 1센트의 7/10 가격에 7억 5000만 주를 매입했더라고요. 이건 발행 주식 수의 거의 절반이나 되는 양이었어요! 뭘 하는 회사인지 알아봤더니 비누로 스펀지를 만드는 회사더군요. '오, 조금 솔깃한데!'라고 생각했어요. 제품을 주문해서 시험 삼아 써봤고 꽤 좋았습니다. 하지만 내가 가장 중요하게 본 부분은 내부자들이 발행 주식의 거의 절반을 사들였음을 보여주는 공시 보고서였죠. 그래서 과감하게 600만인가 700만 주 정도 사들였어요.

**어느 지점에서 진입했습니까?**

1~2센트 사이일 때 들어갔습니다. 얼마 안 가 회사에서 대규모 광고 캠페인을 시작했어요. HBO의 풋볼 방송 프로그램인 〈하드 녹스〉의 공식 후원사도 되었죠. 시청자가 선수들을 볼 때마다 유니폼에 적힌 스펀지테크 로고도 같이 보게 되었어요. 그리고 홈런 더비의 후원사가 되었고 배너도 큼지막하게 걸렸습니다. US 오픈 여자 테니스 선수권대회 후원사도 맡았으니 말 다 했죠. 회사는 코트 중앙에 스펀지테크 로고가 큼지막하게 보이게 했고, TV로만 경기를 보는 사람들은 그 로고를 보지 않으려야 안 볼 수 없었습니다. 스펀지테크는 어디에나 다 있었어요. 월그린스와 편의점에도 입점했습니다. 나는 일단 포지션을 홀딩하면서 이 회사가 얼마나 더 커질 수 있는지 지켜보기로 했습니다.

그러던 어느 날, 아마도 주가가 10센트로 오르고 나서였을 겁니다. 친구 몇 명과 술집에 갔는데 이 친구들이 스펀지테크 얘기를 하더군요. 그들은 스펀지테크 광신도였지만, 주식 트레이딩을 많이 하는 친구들은 아니었습니다. 그들도 스포츠 광고를 통해서 이 주식을 알게 된 거였죠. 그때도 주가는 줄곧 오름세였습니다.

나는 매년 여름 여행을 떠나는데, 그해 여름에는 스펀지테크 포지션을 그냥 보유한 채로 여행을 다녀오기로 했습니다. 그때는 그게 유일한 포지션이었어요. 1센트 오르면 10만 주를 팔았죠. 케냐 사파리를 여행하는 중에 스펀지테크 주가가 25센트까지 올라갔다는 친구의 문자 메시지가 왔습니다. 25센트면 회사 시가총액이 4억 달러 근방이라는 뜻이었습니다. 제품이라고는 스펀지 비누 하나밖에 없는 회사가 말입니다. 완전히 패닉에 빠졌죠.

**조금 오르면 포지션 일부를 팔았다고 했으니, 그때 남은 포지션은 얼마였나요?**

그래도 절반 넘게 남아 있었습니다. 몇백만 주나 됐죠. 케냐에서, 그것도 텐트 안이었고 당장은 컴퓨터나 전화 연결도 안 됐어요.

**전화 연결이 안 됐다면서 친구의 문자 메시지는 어떻게 받았나요?**

블랙베리 사용자는 다른 블랙베리 사용자에게 문자 메시지를 받는 건 가능했어요. 국제 전화를 걸 방법이 있다고는 들었지만, 어떻게 하는지는 전혀 몰랐습니다. 어쩔 수 없이 접수 데스크에 있는 여직원에게 뇌물을 주고 그들의 전화 접속식 컴퓨터를 빌려 썼어요. 어찌나 느린지 매도 주문을 다 넣기까지 몇 분이나 걸렸는지 모릅니다. 마지막 주문을 접수했을 때는 주가가 28센트로 정수리까지 오른 상태였어요. 텐트로 돌아온 후에 친구의 울부짖는 문자 메시지가 도착했습니다. "스펀지테크가 5센트로 떨어졌어! 이걸 어쩌지?"

**같은 날이었군요!**

예. 거짓말 안 보태고 내가 텐트로 돌아온 지 5분 뒤의 일이었죠.

**친구분에게는 뭐라고 말했나요?**

일전에 그 친구에게 여행을 떠나기 전에 포지션을 다 정리하고 갈 거라는 메시지를 보내긴 했어요. 그래도 스펀지테크 주가가 5센트로 폭락했다는 친구의 문자 메시지를 받고는 나도 할 말을 잃게 되더군요.

**여행을 간 동안에는 어떻게 주가 확인을 했나요?**

가끔만 확인했어요. 그 포지션에 대해서는 마음을 놓고 있었거든요.

**친구의 문자를 받기 전 마지막으로 주가를 확인한 건 언제였나요?**

7일 전이었을 겁니다.

**문자 메시지를 받지 못했거나 주문 접수가 몇 분만 늦었어도, 남은 포지션의 이익이 거의 다 날아갈 수도 있는 일이었군요.**

그렇죠. 70만 달러짜리 문자 메시지였습니다.

**주가가 그렇게 갑자기 붕괴한 원인이 있었나요?**

《어느 주식투자자의 회상》(이 투자의 고전은 제시 리버모어를 주인공으로 삼았으며, 무허가 거래소와 시장 조작이 난무하던 오래전 금융계 뒷골목을 다루고 있다)의 실사판이라고 할 수 있었죠. 내부자 지분이 7억 5000만 주였어요. 두 달 전만 해도 1센트에 1억 주를 파는 건 꿈도 못 꿀 일이었습니다. 하지만 대대적인 홍보 캠페인을 벌여서 주가를 10센트 이상으로 밀어 올릴 수 있다면 10센트에 내놔도 아주 싸다고 여겨질 테죠. 그러면 7억 5000만 주를 10센트에 수월하게 팔 수 있겠죠. 그 결정적인 날은 아마도 내부자들이 포지션을 팔기 시작한 날일 거라고 확신합니다. 주가가 무너지기 시작했지만, 그래도 그들은 주식이

더는 팔리지 않을 때까지 계속 팔았습니다(2010년에 증권거래위원회는 스펀지테크와 이 회사 경영진을 "대대적인 펌프앤덤프 주가 조작 사기극을 모의해 대단히 성공적인 회사의 주식을 산다고 믿도록 투자자들을 기망한 혐의"로 고소했다. 스펀지테크는 광고회사인 메디슨 스퀘어 가든과 여러 프로 스포츠 팀에게도 사기를 쳤다. 회사는 후원금과 광고비로 주기로 했던 수백만 달러를 지급하지 않았다).

**뉴먼 씨는 공매도도 하십니까?**

공매도는 절대로 안 합니다.

**그러면 2008년에는 어떻게 매수 포지션만 잡으면서 100만 달러가 넘는 수익을 낼 수 있었나요?**

아무래도 여행이 내 트레이더 경력에 도움이 많이 된 것 같습니다. 보면 시장이 여름에는 언제나 몸살을 된통 앓는 것 같거든요. 그러니 여름 내내 훌쩍 떠나 있는 게 오히려 트레이딩에 크게 도움이 되었어요. 2008년 가을에 돌아왔더니 세상이 무너지고 있더군요. 나는 재충전을 완료하고 달릴 준비가 돼 있었습니다. 내 계좌는 그 어느 때보다 불어나 있는 상태였죠. 관심 종목 목록에 넣을 주식도 잔뜩 생겼더군요. 여름에 트레이딩을 했던 사람들은 의욕을 모두 잃었고 계좌도 반 토막 났지만, 나는 움직임을 포착할 준비를 갖추었습니다.

낙폭이 유독 크고 바닥을 터치하려는 낌새가 있는 몇몇 금융주에 조금씩 발을 담갔지만 거듭 손절매로 청산했습니다. 그래도 어느 순간이 되면 움직임이 올 것이 분명했어요. 그러다 그날이 왔습니다. 금융주에서 무언가 다른 조짐이 보였습니다. 그날 장 마감까지는 10분 남아 있었고, 나는 금융주를 잔뜩 쓸어 담았습니다.

**왜죠?**

급격했던 하락 추세선이 거래량이 크게 늘면서 흐름이 바뀌는 게 보였거든요. 누군가 큰손이 사고 있었고 나도 편승했어요. 주식을 한 무더기 산 것만이 아니라, 지렛대 효과를 위해 2주 만기 금융주 옵션도 왕창 매입했습니다. 장이 끝난 후 친구와 테니스를 치려고 차를 몰고 가는데, 라디오에서 타프TARP(금융기관들로부터 비유동자산 7000억 달러를 매수하기 위해 시행한 정부의 은행 긴급 구제금융 조치)에 관한 보도가 나왔습니다. 이름조차 생소한 단어였지만, 시장이 광기에 가까운 반응을 보일 것이라는 것쯤은 알고도 남았죠. 다음 날 아침, 내가 산 금융주 전부가 크게 올랐어요. 어떤 건 내가 산 가격에서 50%나 올랐습니다. 장이 시작하고 5분도 지나지 않아 나는 전날 샀던 모든 포지션에 대해서 수익을 실현했어요. 그날 하루 번 돈이 거의 90만 달러입니다. 그 포지션들을 보유한 시간은 장이 열리는 시간을 기준으로 딱 15분이었어요. 전날 10분, 그날 아침 5분을 합해서요(뉴먼이 진입한 가격은 시장 바닥 가격이 아니라 단기 저점에 불과했다. 이후 여러 달 동안 시장은 계속 하락했다. 그의 빠른 수익 실현은 운이 좋아도 보통 좋은 일이 아니었다).

**처음에는 동전주 트레이딩으로 시작하셨잖아요. 지금은 굴리는 돈이 수천만 달러는 되는데, 주로 어떤 종목에 초점을 맞추시나요?**

아직도 제 중점 종목은 소형주예요. 시가총액 2억~5억 달러 사이인 소형주들이 내가 선호하는 종목들이에요.

**왜죠?**

그 정도 규모인 회사에서 주가 움직임이 크게 나타날 가능성이 높다고 보거든요.

**계좌 크기가 예전보다 훨씬 커졌는데, 아직 동전주 트레이드를 계속하시나요? 이름만 동전주가 아니라 진짜로 1달러 이하인 주식이요.**

물론이죠. 가끔 합니다. 내가 가장 좋아하는 트레이드에요.

**유동성이 문제가 되지 않나요?**

아니요. 나는 주문을 넣을 때 작게 쪼개서 분할 매수해요. 그러면서 포지션 크기를 조금씩 키워나갑니다. 어떤 때는 매일 조금씩 늘려서 추가 매수하기도 해요.

**매도하는 데는 문제가 없나요?**

내가 괜찮은 종목을 골랐고 주가가 급상승세를 탄다면 시장의 흥분도 덩달아 커져요. 그러면 유동성도 같이 늘어납니다. 내가 수익을 실현할 때는 그 종목의 유동성이 충분히 커진 상태에요.

## ┃ 대마 관련주 진입과 청산

**최근에 했던 트레이드 중에 그렇게 급상승했던 동전주가 있었나요?**

CBD(의료용 대마-옮긴이)가 연방 차원에서 합법화되기 두 달 전쯤에 근처 주류 판매점에 들렀어요(의료용 대마는 대마 농장 법안이 통과되기 전까지는 주마다 합법도 불법도 아닌 일종의 회색 지대에 속해 있었다). 텍사스에서 가장 큰 주류 판매점이었는데, 무알코올 주류 코너 매니저에게 물었어요. "혹시 CBD가 들어 있는 건 없나요?" 매니저가 돌연 하던 일을 멈추고는 이렇게 대답하더군요. "하나 있어요. 이거 덕분에 내가 사는 게 사는 것 같아졌어요." 그는 60대였고, 팔의 통증으로

고생이 심했다고 했습니다. 그 사람 이야기를 듣느라 15분인가 20분 은 붙잡혀 있었어요. 구내방송에서 그의 이름을 부르는 소리가 들리 는데도 그는 신경도 쓰지 않았죠. 나한테 자기가 그 음료를 얼마나 좋아하는지만 줄기차게 말했습니다. 입에 침이 마르도록 칭찬하더 군요. 작은 병 하나에 4달러였고, 나는 한 상자를 샀습니다.

집에 와서 그 회사를 검색해봤어요. 주가는 2센트였고, 마침 2년 하 락 추세선이 딱 끝나는 모양새를 그리고 있더군요. 매장 매니저가 입 에 침이 마르게 칭찬하고 있고 작은 병 하나에 4달러였으니, 회사 매 출액이 좋으리라는 건 짐작이 갔어요. 게다가 단순한 차트상에서도 매수 신호가 나타났죠. 장기간 계속된 하락 추세선을 뚫으려는 움직 임 말입니다. 회사 주식의 2~3%를 매수했어요. 음료를 마셔봤고, 나 한테도 효과가 있는 것 같았어요.

**혹시 아프신 데가 있나요?**

이삼 년 전부터 추간판 헤르니아 디스크가 있어요. 알리브(진통제-옮 긴이)를 매일같이 복용했죠.

**그 CBD 음료가 뉴먼 씨에게도 효과가 있었나요?**

그렇더군요. 그런데 그게 음료 때문인지 위약효과인지는 알기 힘들 죠. 그 매장에 매일 들렀어요. 누가 또 그 제품을 사나 보려고요.

**매니저는 뉴먼 씨가 매장에 매일 오니 이상하게 생각했겠는걸요?**

두 번째로 간 날에 내가 왜 매장에 오는지를 말했습니다. 그 회사 주 식에 관심이 있고 다른 CBD 주식도 사 모으고 있다고 말했습니다. 멋지다고 생각하더군요. 그 매니저와는 꽤 잘 알고 지내는 사이가 되었습니다. 그곳 매장 점원들도 다 그 음료를 즐겨 마시고 있었죠.

주가가 뛰기 시작하더니 내가 두세 주 전에 샀을 때보다 1000%나 올라서 25센트를 때렸습니다. 그날도 매일 하던 대로 매장에 갔고 매니저가 내게로 달려왔습니다. 그의 얼굴이 새하얗게 질려 있었어요. "방금 그 음료를 매장에서 다 뺐어요. 안에 이물질이 떠다니는 걸 발견했거든요." 내가 대답했습니다. "그런가요. 혹시 다시 입고할 생각이세요?" "일단은 메인 창고에서 다 뺐어요. 다시 입고할지는 미지수예요."

나는 최대한 속도를 내서 차를 몰았습니다. 집에 와서는 당연히 전날 샀던 음료 상자를 꺼냈고, 안에 갈색 이물질이 떠다니는 걸 발견했습니다. 그때까지만 해도 나는 그 주식을 꽤 오랫동안 들고 갈 생각이었어요. 잽싸게 주식을 팔기 시작했죠. 시장 유동성은 넘쳐흐르는 상태였어요. 그날 아침에 CEO가 인터뷰에서 올해 매출액이 100만 달러를 넘으면 코카콜라가 회사 인수에 관심을 보이게 될지도 모른다고 말한 참이었죠. 그날 거래량만 해도 아마 1억 주는 되었을 겁니다. 덕분에 내가 가진 주식이 300만인가 400만 주였지만 주가 움직임에 영향을 주지 않고 완전 꼭대기에서 포지션 전체를 처분할 수 있었어요.

**제품이 주요 유통업체에서 철수 당할 것이라는 정보를 먼저 입수한 셈이군요.**

예. 그건 내부정보까지는 아니지만 밖에 나가서 찾아보면 얼마든지 얻을 수 있는 유형의 정보였죠.

**다른 CBD주 포지션은 어떻게 되었나요? 이물질은 그 회사 하나만의 문제였는데 다른 대마 관련주들도 다 영향을 받았나요?**

내가 팔았으니까 영향을 안 받을 수 없었겠죠. 아마도 내가 개인 투자자로는 그 회사들의 최대 주주였을 테니까요.

그렇다고는 해도 대마주에 대한 관심이 없어지지는 않았습니다. 캘리포니아에서 한 달을 지내면서 CBD주와 THC주(THC도 대마의 일종이다-옮긴이)에 대해서는 전문가가 되었습니다. 상장된 대마 소매회사와 조제회사 체인점을 다 가봤습니다. 메드맨이라는 상장 소매회사는 시가총액이 10억 달러였어요. 거기 매장에서 45분을 있었어요. 직원이 20명이었죠. 내가 있는 동안 손님은 딱 한 명만 왔다 갔고 싱글조인트(대마초 형태의 일종-옮긴이)를 사 갔어요. 어처구니가 없더군요. '직원들의 시급은 15~20달러는 될 거고, 매장 위치는 금싸라기 땅에 있으니 임대료만 해도 꽤 나갈 거야. 그런데 팔리는 물건은 없으니 장사는 거의 공치고 있는 셈이야. 이런 회사 시총이 어떻게 10억 달러나 나가는 거지?' 나는 공매도는 하지 않으니 그 주식에 대해 공매도를 할 수는 없었지만 소액 담아 놓은 게 있기는 했어요. 매장을 갔다온 후에 그 작은 포지션도 바로 팔았습니다. 그리고 그 주식에 대해 블로그 포스트도 올렸죠.

**그 주식은 결국 어떻게 되었나요?**
6달러 넘던 주식이 2~3달 만에 2달러 정도로 무너졌어요.

## | 골프 코스 지표

**뉴먼 씨가 말한 예를 보면 신제품을 항상 주시하는 것 같아요. 그게 뉴먼 씨의 투자에서 가장 핵심적인 접근법인가요?**
나는 신제품 얼리 어답터입니다. 어떤 때는 신제품에 대해 남들이 생각하지도 않은 사용법을 먼저 구상하기도 합니다. 어느 해인지 기억은 안 나지만, 한번은 바이오측정 스캐너를 사서 내 랩톱에 연결해서

지문 로그인이 가능하게 한 적도 있어요. 한 손에는 그 접속 케이블을 다른 손에는 아이폰을 들고서 생각했죠. '이건 확실한 아이디어인데, 왜 내 아이폰에는 이런 기능이 없는 거지?' 몇 년 후에 바이오측정 센서 기술 회사인 어센텍에 주목하기 시작했습니다. 하락 추세선을 돌파하려는 신호가 보였을 때 주식을 샀어요. 주가가 오를수록 포지션을 계속 늘렸죠. 그러다가 어센텍이 삼성과 수주 계약을 체결했어요. '됐어. 이제 날아오를 준비가 다 된 거야!' 그렇게 확실하게 오를 거라고 확신한 주식은 처음이었죠. 돈이 되는 대로 다 담았습니다. 계좌에서 3분의 1이 넘는 포지션이었어요.

**한 종목에 계좌의 3분의 1이 넘는 포지션을 잡은 거군요!**

그래요. 지금도 가끔 그렇게 하곤 합니다. 발표가 났을 때 내 평균 매수 단가는 훨씬 아래에 있었어요. 계속 추가 매수를 하면서 포지션을 불려 나갔어요. 삼성과의 계약이 발표되고 2주쯤 지나서 애플이 회사를 인수했습니다. 내가 트레이딩을 하면서 보유한 종목이 매각된 건 그 회사가 유일했어요.

**한 종목에 계좌의 3분의 1이 넘는 돈을 걸었다면, 리스크로부터 어떻게 보호하나요?**

주식이 맞지 않는 방향으로 움직이면 포지션을 늘릴 때와 같은 방법으로 포지션을 조금씩 줄여요.

**주식이 맞지 않는 방향으로 움직인다는 말은 무슨 뜻인가요?**

주가가 내리거나, 유동성이 감소하고 있거나, 대량의 매도 주문이 나오는 경우를 말합니다. 내가 회사 지분을 몇 퍼센트 정도 매수한다는 것은 그 주식의 방향에 대해 나름대로 꽤 좋은 아이디어가 있어서입니다. 그러니 주식이 내 아이디어와 다른 방향으로 움직이기 시작한다면 포지션을 줄이기 시작할 수밖에요.

이어서 가상화폐와 뉴먼의 가상화폐 투자에 대해서도 긴 대화를 나누었다. 간단하게 설명하자면, 그는 차트의 돌파 신호를 읽고 일찌감치 매수 포지션을 잡았고, 무섭도록 상승하던 흐름이 끝난 2017년 후반까지 가상화폐 핵심 포지션을 계속 보유하고 있었다. 우리는 그가 포지션을 청산하기로 결정한 이유가 무엇인지에 대해 대화를 나누었다.

**분위기 전반에 변화가 있어서 빠져 나오기로 했던 건가요?**

그런 분위기 변화를 나는 '골프 코스 지표'라고 불러요. 골프 버디들과는 주식 얘기는 안 하는 편입니다. 첫 티샷을 하려고 나갔는데 주식 투자라고는 해본 적도 없는 60세 먹은 분이 라이트코인에 대해서 물어보더군요. 대중이 라이트코인을 다 알게 되었다는 명백한 신호였죠. 내가 라이트코인을 사 모은 지 1년쯤 되는 시기였어요. 슬슬 발을 뺄 때라는 생각이 들었습니다.

**트레이드가 강제 청산된 후에도 시황이 좋다면 재진입을 모색하는 편인가요?**

다시 사는 거야 어렵지 않죠. 나는 더 높은 가격에 다시 들어가는 것도 꺼리지 않습니다.

**트레이딩 방식에 영향을 준 책이 있었나요?**

첫 투자서를 읽은 게 아마도 주식 트레이딩을 시작하고 1년이 넘어서였을 겁니다.

무슨 책이죠?

《어느 주식투자자의 회상》이요.

그 책이 뉴먼 씨의 트레이딩 방식에 영향을 주었나요? 그렇다면 어떤 영향인가요?

내가 하던 방식을 더 강화하게 되었습니다. 가장 중요한 건 트레이드의 환경이 적합할 때는 포지션을 크게 잡고, 적합하지 않다 싶을 때는 작게 잡게 되었죠. 내 트레이딩의 성공 확률은 50% 미만이지만, 전체 성적은 좋은 편입니다. 1년에 한두 건 정도는 퍼즐 게임의 모든 조각이 다 있어야 할 곳에 있는 종목을 알아보니까요. 그러면 그 하나의 트레이드에 크게 베팅을 해야죠.

《어느 주식투자자의 회상》에서 받은 영향이 또 있다면요?

책에 이런 일화가 나오죠. 제시 리버모어가 한 주식에 대량 포지션을 잡고 있었는데 신문에서 그 사실을 보도했습니다. 뉴스가 나가고 다음 날 주가가 급등했고 리버모어는 늘어난 유동성을 잽싸게 이용해서 포지션 전체를 처분하고 나왔습니다. 나는 동전주나 소형주 포지션을 보유할 때 그 일화를 상기합니다. 다시 말해 유동성이 늘어나 포지션의 수익을 실현할 수 있는 순간이 오면 그 기회를 반드시 이용해야 한다는 사실 말입니다.

## "트레이딩은 퍼즐입니다"

### 뉴먼 씨의 트레이딩 방법을 한마디로 정의한다면요?

내가 보는 트레이딩은 퍼즐입니다. 퍼즐의 네 귀퉁이부터 시작해 차근차근 맞춰 나가야 한다는 점에서요.

### 네 귀퉁이는 무엇입니까?

첫 번째 귀퉁이는 기술적 분석입니다. 차트 패턴이 맞아 떨어져야 해요. 두 번째 귀퉁이는 깨끗한 주식 구조입니다.

### 깨끗한 주식 구조요?

스톡옵션도 신주인수권도 없는 주식을 말합니다. 총 주식 수가 2억 주 이하라면 더 좋죠.

### 다른 두 귀퉁이는요?

섹터를 잘 골라야 하고, 해당 종목이나 섹터를 상승시킬 만한 촉매나 스토리가 있어야 합니다. 네 귀퉁이부터 맞춘 다음에 조각을 채워나가야 합니다.

### 조각들을 예로 든다면 무엇이 있습니까?

공시 내용을 자세히 보고, 경영진의 과거 행적을 확인하고, 제품을 시험 사용해 보고, 포지션을 알맞게 피라미딩하는 거죠.

### 철칙으로 지키는 트레이딩 규칙이 있습니까?

다음 기회를 찾는 거죠. 이다음의 대박 기회가 무엇인지 찾는 걸 절대로 게을리하지 않아요. 시장이 적절하게 움직이지 않을 때는 언제 포지션을 정리해야 하는지 이해해야 해요. 그래야 재진입도 맞게 잡을 수 있습니다. 10배짜리 위험조정수익률을 얻을 기회가 없는지 항상 살펴봐요.

### 성공적인 트레이더가 되는 데 결정적으로 도움이 된 개인적인 기질이 있습니까?

금융위기가 끝나고 데이비드 테퍼(애팔루사 매니지먼트의 창업자)의 인터뷰를 정말로 인상 깊게 봤어요. 테퍼는 자신을 무리 지어 대이동 중인 영양으로 비유했고, 본인은 계곡에 제일 먼저 도착해서 신선한 초록 풀을 마음껏 먹는 영양이 되고 싶다고 했습니다. 먼저 도착하면 사자가 있을 위험이 있으니 무리의 가운데를 유지하는 게 더 안전하기는 하지만, 그러면 신선한 초록색 풀도 차지하지 못합니다. 뇌리에 강하게 박히는 말이었죠.

**뉴먼 씨를 비유하는 말이라고 생각했나요?**

내가 시장에 머무르고 싶은 위치를 설명하는 말이었어요. 나는 첫 번째가 되고 싶습니다. 물론 일착으로 공격받을지도 모르죠. 하지만 내가 다음번 크게 될 테마에서 남들보다 앞설 수 있다면 견딜 수 있어요.

**성공에 도움이 된 또 다른 성격이 있다면요?**

나는 실수하면 얼른 인지해서 중심을 잡고 정정해요. 실수에서 배우는 성격이랄까요? 잘못했다는 것을 깨닫고 주식을 처분하면 그걸로 끝입니다. 단 1분도 그 트레이드에 연연하지 않아요. 어차피 일어난 일이고 다 끝난 일입니다. 받아들이는 거죠.

빠르게 행동한다. 뉴먼과의 인터뷰를 정리하다가 잠자리에 들었던 어느 날 밤 문득 깨달은 사실이었다. 뉴먼을 인터뷰하는 동안에도 깨닫지 못했고, 심지어는 녹취 내용을 정리하면서 이번 장을 쓰기 시작한 며칠 동안도 미처 깨닫지 못했다. 눈이 휘둥그레질 정도로 성공적인 뉴먼의 트레이딩 내역도 그렇고 그가 거듭해서 앞서 나가는 데는 일관된 이유가 있다. 그가 빠르게 행동한다는 사실이다. 나스닥의 호가 표시가 분수에서 소수로 바뀌기 시작한 무렵에 증권사마다 표시되는 소수 자릿수가 달랐고, 그러면서 일시적으로 생겨난 트레이드 기회를 뉴먼은 놓치지 않았다.

이어 뉴먼이 선택한 트레이드에서도 그의 스타일이 드러난다. 그는 장기 하락 추세선이 깨지기 시작하는 시점, 다시 말해 추세 반전의 기술적 신호가 가장 빨리 나타난다고 말할 수 있는 지점에서 시장에 진입한다. 물론 진짜 돌파가 일어나기 전에 여러 번 가짜 돌파 신호가 나타나는 지점에서 매수하는 결과가 빚어질 수는 있다. 그러나 이때도 뉴먼은 빨리 행동한다. 만약 돌파인 줄 알았는데 추세 전환이 없으면 그는 곧바로 매도한다. 그렇기에 섣불리 진입했다고 해도 본전은 거의 다 건질 수 있다.

뉴먼은 신제품 섹터가 걸음마 단계일 때 진입하려고 노력하는데, 대표적인 예가 3D 프린팅 산업이다. 신생 산업 대다수의 주가는 탄생 초기에는 비슷한 사이클을 밟는다. 신제품 섹터가 과대 포장되면서 매수 열풍이 불고 주가도 처음에는 상승 모멘텀이 잔뜩 실린다. 그러나 탄탄한 펀더멘털이 뒷받침해주지 못하기 때문에 시장이 현실을 깨닫는 순간 주가는 왔던 자리로 되돌아간다. 무너진 주가를 회복하는 회사도 있고 그렇지 못한 회사도 있다. 그러나 어느 쪽에 해당하건 뉴먼은 주가의 우상향이 시작된다 싶으면 남들보다 먼저 시장에 진입하는 편이다.

나는 시장의 마법사들이 들려주는 교훈을 주제로 강연을 할 때면 "쉽게 돈 많이 버는 방법이라서"야말로 트레이딩을 하고 싶은 동기로 삼아서는 안 된다고 몇 번이나 말하곤 했다. 내 말을 비웃듯이, 이런 관점이야말로 뉴먼이 트레이딩을 시작하게 된 동기를 정확하게 설명하고 그는 보란 듯이 성공했다! 벼락부자를 꿈꾸며 트레이딩하는 사람들은 대부분 실패한다는 내 생각은 달라지지 않았지만, 뉴먼을 인터뷰하고 나서는 이 규칙에 전혀 해당하지 않는 트레이더들도 있다는 것을 인정하지 않을 수 없었다.

## | 진입은 빠르게

추세선을 돌파하고 곧바로 또는 조만간 돌파가 예상될 때 매수하는 것이 뉴먼이 성공 트레이딩을 하는 핵심 비결이다. 물론 추세선 돌파 지점에서 진입하는 것 자체는 성공 트레이딩을 보장하는 처방이 아니다. 게다가 오늘날 너도나도 다 차트 분석을 하고 있고 추세선 가짜 돌파도 대단히 자주 일어나기 때문에, 기술적인 돌파 신호를 가지고 진입하는 트레이드는 장기적으로는 큰 수익은커녕 순손실이 나기 십상이다. 그럼에도 뉴먼의 트레이드 진입을 본다면 (인터뷰가 끝나고 뉴먼은 모니터에 차트를 연달아 띄우면서 종목마다 어느 지점에서 진입했는지를 보여주었다) 그의 진입이 얼마나 훌륭한지 감탄이 나오지 않을 수 없다. 차트마다 나타난 그의 진입 지점은 장기적인 하락장에서 완전한 바닥에 가까웠으며, 수직에 가까운 대대적 상승장이 이어지기 직전이었다. 보는 사람이 소름 돋을 정도의 진입 지점이었다. 뉴먼이 다음 달 가격 움직임 복사본을 미리 확보한 것은 아닌가 싶을 정도였다.

그렇다면 뉴먼은 어떻게 해서 기술적 신호라는 성능이 변변치 않은 도구를 이용해서 그토록 놀라운 성적을 낼 수 있었던 것인가? 추세선 돌파는 그의 전체 전략에서 한 부분에 불과하다는 사실을 이해해야 한다. 추세선 돌파만 이용하는 매수는 패배자의 게임 전략이다. 뉴먼의 종목 진입이 효과를 볼 수 있던 것은 그가 '어떤' 돌파 지점에서 매수해야 하는지를 잘 알고 있어서였다. 뉴먼의 중요 트레이드들은 다는 아닐지라도 다음과 같은 몇 가지 공통점이 있다.

## 【 뉴먼의 트레이드 진입 기법 】

### "주가 상승 신호를 포착하고 빠르게 행동한다"

1. 주가가 크게 떨어졌거나 저점 근처에서 오랫동안 횡보했다.
2. 회사의 제품이나 서비스는 주가를 상방으로 바꿀 잠재력을 가지고 있다.
3. 조만간의 주가 상승 전망을 암시하는 촉매가 존재한다.
4. 해당 종목은 뉴먼이 전체적인 주가 우상향의 가능성이 있다고 정의한 섹터에 속해 있다.
5. 뉴먼은 해당 회사의 제품을 잘 파악하고 있으며 제품 성능도 직접 확인한다.
6. 이런 주식은 갑작스럽게 존재감을 드러내는 신호를 보여준다. 주가가 장기간 하락 또는 횡보하다가 급작스럽게 상승한다거나, 비교적 오랫동안 거래량이 죽어 있던 주식이 돌연 거래량이 급증한다. 어떤 때는 두 가지 신호를 동시에 보인다.

이 특징들이 다는 아니더라도 대부분 들어맞는다면 추세선 돌파를 위한 준비가 다 끝난 셈이라고 봐도 된다. 하락 추세선 돌파 지점에서 진입한다는, 흔히들 써먹는 단순한 전략처럼 보였던 트레이딩 방식이, 알고 보니 여러 조건을 다 따져서 적절히 들어맞는 것을 확인한 후에야 진입하는 대단히 복잡한 전략이었던 것이다.

뉴먼이 추세선 돌파를 진입 신호로 사용하는 단순한 접근법을 구사하면서도 그토록 성공을 거둔 데에는 다른 이유도 있지만 그건 트레이드 진입과는 아무 상관도 없다. 뉴먼은 날아오를 준비가 되었다고 생각한 순간에 주식을 산다(결정적인 돌파를 눈앞에 두고서 대량 매물이 쏟아져 나오면 마지막 대량 매물을 사는 것을 예로 들 수 있다). 뉴먼은 주식을 산 후에 상승세가 보이기는커녕 도로 내려가기 시작하면 주저 없이 포지션을 정리하고 발을 뺀다. 뉴먼은 돌파 후 상승 가능성이 조금이라도 있는 지점에서 진입하기 때문에, 결과적으로는 진입 지점을 잘못 잡은 것이 드러날지라도 어지간해서는 거의 본전인 상태로 빠져나올 수 있다. 따라서 뉴먼의 압도적인 실적은 단순히 트레이드 진입 전략이 남들보다 뛰어나서만은 아니다. 진입 전략도 훌륭하지만, 그의 예상대로 주가가 움직이지 않을 때 주저 없이 트레이드를 청산하는 과감한 능력도 중요한 역할을 한다. 그 자신은 정식 용어로 자신의 청산 전략을 설명하지 않겠지만, 그것은 누가 봐도 훌륭한 리스크 통제 전략이다.

여기서 뉴먼이 진입에 사용하는 기술적 신호를 피터 브랜트(3장)의 진입 신호에 비교하지 않고 넘어갈 수 없다. 아주 흥미로운 결과가 나온다. 뉴먼은 하락 추세선이 돌파되는 지점에서만 매수하는데, 신호가 거짓이 아니라면 더 유리한 지점에서 진입하는 것이기 때문이다. 그리고 그는 유리한 진입 가격을 찾아내기 전까지 여러 번 반복되는 거짓 신호에도 과감하게 진입한다. 브랜트는 정반대 접근법을 이용한다. 그는 추세선 돌파는 신뢰하기 힘들다며 피하는 편이다. 그는 수평적 조정이 끝나고 돌파가 일어날 때만 트레이드에 진입하는데, 이런 돌파 지점은 신뢰성이 훨씬 높은 데다 유의미하고 가까운 보호용 스톱을 걸어두기 쉬워서라고 한다. 두 트레이더가 똑같은 기술적 진입 신호에 대해 반대의 시각을 보이지만, 둘 다 대단히 성공적인 트레이딩을 하고 있다. 트레이딩 방법에 하나의 정답은 존재하지 않는다는 원칙을 전형적으로 보여주는 사례이다.

## ┃청산은 과감하게

뉴먼과 브랜트는 진입 타이밍에서 서로 정반대의 입장을 보여주고 있지만, 뉴먼이 포지션을 정리하는 타이밍은 제이슨 샤피로(4장)가 말하는 역발상 트레이딩 철학을 구현하고 있다고 볼 수 있다. "나는 모두가 무엇을 하는지 알아내려 노력해서 반대로 행동합니다. 모두가 똑같은 트레이드에 들어가 있다면 모두가 돈을 잃을 테니까요." 샤피로의 이 말은 뉴먼의 트레이드 청산 방법을 잘 설명해 준다. 이번 인터뷰에서 나온 중요한 트레이드들을 보면 뉴먼은 자신이 매수한 주식의 인기가 최고조에 달했을 때 주식을 매도했다. 그중 몇 가지를 정리하면 아래와 같다.

---

### 【 뉴먼의 트레이드 청산 기법 】
"가장 뜨거울 때 청산한다"

1. 뉴먼은 가솔린의 에탄올 함량을 늘리는 법안이 의회에 상정된 날 언론 보도가 실리며 관련 종목들의 주가가 꼭대기에 올랐을 때 해당 종목을 전부 팔았다.

2. 그는 3D 프린팅 섹터가 CNBC 보도 주제가 될 정도로 인기가 올라가고 채팅방에서도 온통 해당 분야의 이야기로 들썩이자 이 주식들을 전부 청산했다.

3. 주식 투자를 하지 않는 친구들마저도 스펀지테크 주식 이야기를 하는 것을 보면서 그는 이 종목 포지션을 조금씩 줄이기 시작했고, 가장 꼭대기에 올랐을 때 잔량을 처분했다.

4. '골프 코스 지표'를 확인한 후에는 보유하던 가상화폐 포지션을 청산했다.

---

자신의 트레이딩 방법론과 계획을 지킬 수 있어야 한다. 계획에도 없는 트레이드를 하고 싶은 마음을 경계해야 한다. 뉴먼이 (손실률로 따졌을 때) 가장 크게 손해가 난 것은 초보 시절의 일로, 그동안 꾸준하게 수익을 내주었던 시장조성 전략을 무시하고 스토리가 좋아서 가격이 치솟은 주식을 충동적으로 매수해서였다. 이 한 번의 트레이드로 하루 만에 그의 계좌 금액 30%가 사라졌다.

대단히 놀랍게도 뉴먼은 장기 투자 관점에서는 쳐다보지도 않을 종목들에서 가장 성공적인 수익을 냈다. 3D 프린터 주식과 오가노보는 섹터 전체가 크게 치솟았지만 결국에는 폭락해서 뉴먼이 처음 매수했을 때보다 훨씬 낮은 가격대로 주저앉았다. 스펀지테크는 내부자 거래를 위한 한편의 사기극이었고 주식은 종잇조각만도 못하게 되었다. 결론적으로, 주식의 장기적인 가치가 아니라 보유한 동안의 주가 상승 여부가 중요하다. 뉴먼의 진입과 청산 기법은 큰 손실이 나는 사태를 방지해주고 부수적인 수익도 챙기는 데 효과를 발휘한다. 성공 트레이딩에서 중요한 것은 예측이 아니라 적절한 방법의 자산운용이다. 다시 말해 진입과 청산 방법을 잘 정하는 것이 중요하다.

## 행운을 만드는 투자 습관

뉴먼이 순전히 운이 좋아서 그 많은 트레이드에서 성공했다고 생각하기 쉽다. 예를 들어, 매장 직원이 음료 안에 이물질이 들어있다고 말해준 덕분에 그는 대마주 한 종목을 거의 정수리 부근에서 전량 매도할 수 있었다. 하지만 뉴먼이 행운이 먼저 다가올 수 있도록 행동했기 때문이라고 바꿔 생각해야 한다. 그는 현장 조사를 하고 매장 판매량을 계속 점검한 덕분에 그런 귀중한 정보를 먼저 확보할 수 있었다. 케냐 사파리 여행 중에 스펀지테크가 신고가에 올랐다는 소식을 친구가 블랙베리 문자 메시지로 전해준 것은 정말로 큰 행운이기는 했다. 하지만 뉴먼이 구사일생한 이유는 그 메시지에 본능적으로 옳게 대응해서였다. 그는 시장이 광적인 환희에 휩싸였을 때 포지션을 전량 매도한 덕분에 손해가 아니라 큰 수익을 낼 수 있었다.

스펀지테크 트레이드는《헤지펀드 시장의 마법사들》에 나온 트레이딩 원칙을 완벽하게 입증하는 사례이다. "희열이나 공포에 빠진 시장과 같은 편에서 포지션을 잡고 있다면 마음을 비워야 합니다. 상승이든 하락이든 포물선으로 움직이던 가격은 언제라도 돌연 멈추기 마련입니다. 천만다행으로 거의 수직선을 그리는 시장과 내 포지션이 같은 편이라면 추세가 아직은 같은 방향으로 움직이는 동안 포지션을 조금씩 정리해야 합니다. 시장의 반대편에 서는 것이 두려워 행동으로 옮기지 못하겠다면, 그것이야말로 포지션을 줄여야 한다는 좋은 신호가 될 수 있습니다."

피터 린치의《전설로 떠나는 월가의 영웅》을 읽은 독자는 이번 인터뷰의 내용이 린치가 주장하는 핵심 메시지와 강하게 공명한다는 사실을 알아차렸을 것이다. 신제품을 써보고 인근 매장에 가서 제품 판매량을 확인하는 습관은 뉴먼의 성공 트레이딩에 중심적인 역할을 하며, 가장 수익률이 높은 트레이드 몇 개를 이끌었다. 그리고 그런 습관이 있었기에 뉴먼은 진입도 청산도 남들보다 한발 빠르게 할 수 있었다. 뉴먼은 피터 린치의 "잘 아는 회사에 투자하라." 철학을 생생하게 구현하고 있다. 또한 뉴먼은 린치가 말하는 "10루타" 가능성이 높은 종목, 다시 말해 10배로 올라갈 수 있는 종목을 찾아내는 데 집중한다.

뉴먼은 이거다 싶은 확신이 드는 순간 속도를 높여서 해당 포지션의 규모를 늘린다. 어센텍의 경우, 이 한 종목 포지션이 전체 계좌에서 적을 때는 1/3, 많을 때는 1/2을 차지할 정도였다. 고확신 종목에 대해 공격적으로 포지션을 설정한 것이 그가 압도적인 연평균수익률을 거두는 데 크게 기여했다. 하지만 뉴먼의 이런 트레이딩 스타일은 특별한 만큼이나 대단히 조심해야 하는 기법이며 함부로 따라 했다가는 큰코다칠 수 있다. 극단적이기까지 한 뉴먼의 포지션 집중이 성공한 것은 세 가지 요소가 밑을 받쳐주기 때문이다. 첫째로, 그가 높은 수익률을 낸 트레이드는 고확신 트레이드이다. 둘째로, 그는 점진적으로 포지션을 늘리기 때문에 한 종목이나 한 섹터가 계좌의 1/3까지 포지션이 커져도 평균 진입 단가는 상당히 낮다. 그래서 주가가 떨어지더라도 밑에서 충격 완화 장치가 안전하게 받쳐준다. 셋째이자 가장 중요한 요소로, 주가가 하락 움직임을 시작한다거나 그의 예상과 엇나가고 있다는 신호가 나타나면 그는 발 빠르게 포지션 규모를 줄이거나 전부 청산한다. 뉴먼과 같은 대응 기술이 없는 트레이더가 이렇게 하나의 포지션에 집중한다면 대단히 위험할 수 있고 심하면 계좌의 손실은 끝을 모르고 늘어날 것이다.

# UNKNOWN MARKET WIZARDS

크리스 카밀로 Chris Camillo

# 소셜 미디어는
# 내 원천입니다

**크리스 카밀로**의 방법론은 기술적 분석도 펀더멘털 분석도 아닌, 소셜 차익거래라는 제3의 방법이다. 이것은 주식에 영향을 미칠 가능성은 높지만 아직 주가에 반영되지 않은 트렌드를 간파해 수익을 내는 방법이다. 성공적인 트레이더는 자신에게 맞는 시장 접근법을 만들어야 한다는 것을 크리스 카밀로처럼 분명하게 입증한 사례는 찾아보기 힘들 것이다.

시장 분석의 역사가 존재한 이래로 분석 방법은 기술적 분석과 펀더멘털 분석 둘 중 하나거나, 둘을 결합해서 쓰는 것이었다. 크리스 카밀로의 접근법은 펀더멘털 분석■도 기술적 분석도 아니다. 현대 프로세싱 성능의 결합과 소셜 미디어가 등장하지 않았다면 그의 방법론은 세상에 존재하지도 못했을 것이다. 카밀로는 자칭 "소셜 차익거래social arbitrage"라는 전혀 새로운 유형의 시장 분석과 트레이딩 방법을 만들었다.

카밀로의 트레이딩 방법론은 일상의 사회 트렌드와 문화 이동을 관찰하면서 발전시킨 결과물이었다. 사회 트렌드를 더 넓고 더 자세히 간파하기 위해 그는 티커태그스 TickerTags라는 회사를 차렸다. 이 회사는 자체 소프트웨어를 사용해서 특정 종목에 중

■ 펀더멘털 분석

경제 데이터(생산, 소비, 수출 등)를 이용해 가격을 예측한다. 펀더멘털 분석가는 수요-공급 균형이 크게 확대되거나 좁혀지는 방향으로 잠재적 변화가 발생하는 것을 포착함으로써 트레이딩 기회를 발견한다. 금융선물의 펀더멘털을 분석할 때는 중앙은행 정책, 인플레이션 통계수치, 고용 데이터 등을 사용한다. 기술적 분석과 펀더멘털 분석은 상호 배타적인 방법이 아니다. 많은 트레이더가 두 분석 방법을 다 활용해서 자유재량 트레이딩을 결정하기도 하며 자동 트레이딩 시스템의 한 요소로 산입하기도 한다.

요하다 싶은 단어들 또는 단어의 결합(카밀로가 부르는 말로는 '태그tag'이다)
이 소셜 미디어상에서 얼마나 언급되는지를 모니터링하고 측정한다. 카
밀로가 그의 방법론을 설명할 때면 다들 그게 무슨 터무니없는 방법이
냐는 반응을 보인다고 한다. "사람들이 뭐라고 하냐면요. 'PER(주가수익배
수)은 보지도 않는다는 거군요. 경영진을 관찰하지 않는다니요. 주가 움
직임은 왜 안 보시나요.'입니다. 그러면 나는 '저는 제 태그 말고는 아무
것도 안 봅니다.'라고 대답하죠."

　카밀로의 트레이딩 경력은 넓은 해협을 두고 떨어져 있는 한 쌍의 섬
으로 묘사할 수 있다. 두 섬은 넓은 해협을 사이에 두고 떨어져 있으며,
한 섬은 울퉁불퉁한 바위로 뒤덮여 황량하고 다른 섬은 수목이 빽빽하
게 우거진 열대의 낙원이다. 10대 시절에 처음으로 트레이딩이라는 것
을 해봤을 때를 제외하고 카밀로의 초보 트레이더 시절은 건드리는 것
마다 대참패를 면하지 못했다. 수년 동안 쓰는 방법마다 실패했으니 투
자 자산도 소리 소문 없이 어느 순간 다 녹아 없어지고 말았다(그나마 다
행이라면 얼마 안 되는 월급을 모아서 한 투자였기에 잃은 돈이 크지는 않았다). 10
년의 공백을 끝내고 카밀로는 2006년에 트레이딩 세계로 복귀했고, 이
전과는 전혀 다른 방법으로 트레이딩을 하면서 눈부신 성공을 거두었다.
트레이딩을 재개하고 거의 14년이 흐른 지금까지 카밀로는 68%의 연평
균수익률(연간 복리를 적용해서 산출한 누계 수익률)을 달성했으며, 8만 3000
달러였던 그의 투자 원금은 중간의 현금 인출까지 포함해 2100만 달러
로 늘어났다.


　카밀로가 불특정 문제에 대해 조언을 구한다면서 내게 얼굴 한번 보
고 싶다는 이메일을 보내면서 그를 알게 되었다. 나는 그에게 화상 통화
가 아니라 직접 볼더시로 와도 괜찮다면 숙소를 제공해주겠다는 답장을

보냈다. 그와 나는 우리 집 근처 내가 자주 가는 식당인 버프라는 곳에서 긴 브런치를 먹으며 대화를 나누었다. 카밀로는 본업은 트레이딩이지만 영화에도 오랫동안 깊은 관심을 두었고 대학 시절에는 영상화하지는 못했어도 시나리오를 쓰기도 했다. 현재는 카밀로와 그의 친구들이 지역 회사에 투자하는 내용을 담은 짧은 동영상 시리즈인 〈덤 머니〉를 제작해 유튜브에 올리고 있다. 카밀로는 언제가 될지는 모르지만 영화 제작 과정을 조금 더 이해하고 나면 트레이딩에 대한 영화도 만들고 싶다고 말했다. 그는 내게도 참여할 생각이 있는지 (구체적으로 어떻게 영화를 찍을지는 아직 정해진 게 없었다) 그리고 혹시라도 아이디어를 나눠줄 수 있는지 물었다. 나는 아무래도 실제 영상화하기는 매우 까다로운 작업이 될 것 같다고 말했다. 트레이딩 세계를 정확히 묘사하면서 동시에 영화적인 재미까지 갖춘다는 것은 양립 불가능한 목표로 보여서였다. 카밀로는 아직 두 세계를 다 이해하지는 못했지만, 이런저런 생각은 많이 하고 있었다.

내가 카밀로를 만났을 때는 '시장의 마법사들' 시리즈를 또 한 권 집필하기로 한 상태였지만 처음 이메일을 주고받을 때는 아직 결심이 서지 않았다. 그가 자신을 소개하는 이메일을 보고 나서 그를 마법사 후보로 삼아도 괜찮겠다는 생각이 들었고, 그에게는 책에 실리는 데 관심이 있다면 월별 수익률 현황표를 보내줄 수 있는지 문의했다. 볼더에서 카밀로를 만나기 전부터 이미 그와의 인터뷰를 책에 싣기로 결정했기에 첫 만남에서는 트레이딩에 대한 대화는 의도적으로 피하려 노력했다. 그것은 정식 인터뷰를 위해 아껴두고 싶어서였다.

인터뷰 일정을 짜면서 나는 8시간짜리 대장정 인터뷰 허락을 받아냈다. 처음 만난 자리에서 그가 한번 말하면 끝이 없는 사람이라는 것을 알아본 데다 물어볼 내용은 많아서였다. 효율성을 높이려고 (카밀로는 댈러스에 산다) 나는 내가 오스틴에 머무는 날과 겹치게 인터뷰 일정을 잡았다. 그런데 아침에 오스틴 공항에 도착했더니 항공편이 폭풍으로 인해 결항했고, 다음 비행기는 그날 오후 늦게나 가능했다. 유일한 선택지는 차를 렌트해서 장대비와 기상 악화로 인한 교통지옥을 뚫고 4시간을 운전하는 것이었다. 어떤 트레이더는 트레이딩에 대한 말을 많이 아끼는 편이라 인터뷰를 진행하기가 고역이고, 어떤 트레이더는 묻기만 하면 막힘없이 술술 대답한다. 결항과 악천후 속 운전으로 온몸의 기가 다 빠진 느낌이었지만, 카밀로와의 인터뷰는 후자에 속했다. 천만다행이 아닐 수 없었다.

우리는 카밀로 집 뒤뜰의, 적당히 벽과 지붕이 있어서 빗발이 들이치지 않는 곳에서 인터뷰를 했다. 인터뷰는 카밀로가 회원권을 가진 근처 클럽에서 저녁을 먹는 중에도 계속되었다. 레스토랑의 소음과 인터뷰 대화가 뒤섞여서 녹음되는 사태를 피하려고 우리는 지상의 '와인 셀러'를 별실로 사용할 수 있도록 제공받았다. 정말로 고마운 배려였다.

**시장을 처음으로 인식하게 된 계기가 무엇이었나요?**

형이 증권 브로커였어요. 아무래도 형이니 우러러보게 되잖아요. 그래서 트레이딩이 대단한 일이라는 첫인상이 뇌리에 박히지 않았나 싶어요. 하지만 진짜로 시장에 관심을 가지기 시작한 건 열둘인가 열세 살쯤 되었을 때예요. (그가 크게 웃었다) 지식 차익거래를 할 기회가 없나 호시탐탐 노렸으니, 아주 어릴 때부터 트레이딩을 했다고도 말할 수 있겠어요.

**지식 차익거래요?**

어렸을 때 개라지 세일(개인이 차고 등을 이용해 중고 물품을 판매하는 일)의 매력에 흠뻑 빠져 지냈어요. 한 열두 살쯤부터였을 겁니다. 매주 수요일과 목요일에는 신문에 나온 개라지 세일을 분석하느라 시간 가는 줄 몰랐어요. 시간이 나면 개라지 세일을 하기도 전에 그 집을 찾아가 어떤 물건을 판매할 건지 물어보곤 했어요. 쓸만한 건 되팔 생각이었거든요. 물건 종류마다 관심이 있는 구매자를 유형별로 분류했어요. 이를테면 오래된 선풍기에 관심이 있는 사람은 "팬 맨Fan Man"이라고 불렀죠. 오래된 시계에 관심을 보이는 사람도 따로 부르는 명칭이 있었어요.

**물건의 종류마다 관심이 있는 구매자는 어떻게 찾아냈나요?**

골동품 상점이나 벼룩시장에 가서 그런 물건에 관심이 있고 흔쾌히 더 비싼 값도 치를 만한 사람들을 알아냈습니다. 그때는 이베이가 없었거든요.

**물건의 질은 어떻게 평가했죠? 골동품 시계라고 샀는데 그냥 고물일 수도 있지 않겠습니까?**

그걸 어떻게 정확히 알아냈는지는 나도 뭐라고 말할 수가 없네요. 개라지 세일과 에스테이트 세일estate sale(임종 전 또는 임종 후 본인이나 유가족이 물건을 정리하는 판매-옮긴이)은 보통 나이 든 여성들의 전유물이에요. 그들은 의류나 가구, 도자기, 골동품 같은 것에 대해서는 정말로 해박해요. 반대로 남성 취향의 물건, 예를 들어 시계라든가 낡은 기차 세트 같은 것에 대해서는 아는 게 거의 없어요. 그런 남성 취향 물건에는 번호만 매겨서 대충 처분하고 맙니다. 내가 노리는 건 판매자가 가치 없다고 생각해서 아주 싼 값에 처분하는 물건이었어요.

그리고는 그 물건에 관심을 가지는 구매자를 찾아냈죠. 그 일을 이곳 댈러스에서 몇 년을 했는지 몰라요. 중독되다시피 흠뻑 빠져 살았습니다. 뭐라고 불러야 하나요. 그 보물 사냥인지 지식 차익거래인지 하는 일에 말입니다.

**나이도 어렸는데 개라지 세일하는 곳까지는 어떻게 갔습니까?**

자전거도 탔고 버스도 탔죠.

**돈을 얼마나 버셨나요?**

몇 주 내내 한 푼도 못 벌다가도, 운이 트인 주말에는 100달러나 200달러는 벌었어요. 그때 내게는 그 돈이 세상의 전부였습니다. 그리고 나는 자동차 디테일링 아르바이트도 했어요. 사업가 기질이 농후했죠. 몸은 꼬맹이면서 정신은 서른 살이었던 겁니다. 정작 열심히 해야 할 일은 하지 않았죠. 고등학교 졸업 성적이 하위 25% 이내였습니다. 내 머리가 다른 아이들보다 나빠서는 아닙니다. 그냥 관심이 가지 않으니 공부도 열심히 하지 않은 것이라고 해두죠. 당시에는 학교생활이 도통 재미가 없고 돈 버는 데 재미를 들였지요. 지금이라면 ADD(주의력 결핍 장애)를 진단받고 약물치료를 받지 않았을까 싶어요. 그때는 그런 진단명이 없었지요.

**개라지 세일 차익매매에서 본격적인 트레이딩으로는 어떻게 넘어가게 되었습니까?**

개라지 세일에 가기 전 매주 금요일과 토요일에는 세븐일레븐에 가서 레몬 맛 스내플 아이스티를 샀어요. 스내플만 냉장고 두 개를 가득 채워 진열돼 있을 정도였죠. 어느 날 아침인가 세븐일레븐에 갔는데 스내플을 정리해서 냉장고 반에 몰아서 담고 있었어요. 남은 스내플이 거의 없었고 내가 좋아하는 맛은 다 팔리고 없었죠. 점원에게 왜 그러는지 물어봤습니다. 시장에 애리조나 같은 다른 신제품이 많이 나와서 앞으로는 스내플 종류를 줄여서 들여놓을 계획이라고 하더군요.

그날 집으로 와서 형한테 그 일을 말하면서 물었어요. "형, 내가 이걸로 돈을 벌 방법이 없을까?" 형이 뭐라고 했냐면요. "풋옵션을 사서 스내플 주가 하락에 베팅하면 되지." 형은 스내플의 실적 발표가 1주일 뒤라고 알려주며 풋옵션을 어떻게 거는 건지 설명해 주었습니다. 나는 형에게 300달러를 맡겼어요. 형이 나 대신 스내플 풋옵션을 샀고, 1주일 뒤에 스내플은 물류창고에 재고가 늘어났다고 발표했습니다. 나는 그때는 그게 무슨 말인지 몰랐습니다. 그러나 세븐일레븐에서 얻었던 인사이트가 틀리지 않았고, 나는 그 풋옵션으로 돈을 3배로 불렸어요. 그건 마법이었어요. 그때부터 트레이딩이라는 것에 매료되었죠.

**몇 살이었나요?**

14살이요.

**풋옵션이 무엇인지 형의 설명을 제대로 이해하셨나요?**

그럼요. 다 이해했어요. 다만 그 어린 나이에는 그게 얼마나 강력한 방법인지 깨닫지 못했던 거죠. 스내플 포지션을 통해 이해했던 그 트레이딩 방법을 훗날 내 투자 경력에서 최종적인 방법론으로 삼게 될 것이라고는 그때는 미처 알지 못했습니다. 내 방법론으로 정착된 건 아주 한참이 지나서입니다.

그 후 고등학교 시절과 대학 초년생 때도 트레이딩을 하기는 했지만 어떻게 됐겠어요. 잘되지 않았어요. 끔찍한 수준이었죠. 이 책을 읽으면 이 방법을 쓰고, 저 책을 읽으면 저 방법을 썼어요. 제목은 기억 안 나는데 어떤 책에선가 은 시장을 폭등시킨 헌트 형제(헌트 형제로 통칭되는 넬슨 벙커 헌트, 라마 헌트, 윌리엄 허버트 헌트는 1970년대 초, 은이 온스당 1.5달러일 때부터 10년 동안 수십억 달러 규모로 은을 대량 매집했고 1980년대 초에는 은 가격을 50달러까지 폭등시켰다. 그러나 정부 개입으로 은 가격이 10.80달러로 폭락했고 헌트 형제는 법정에 섰다-옮긴이)에 대한 이야기를 읽었습니다. 그 후로 한동안은 상품 시장에 꽂혀 지냈어요. 우리 집에서 몇 Km 떨어진 곳에 은을 파는 상점이 있었어요. 가서 100온스짜리 실버바를 샀어요. 매일 신문을 펼쳐서 은 가격 차트를 확인했습니다. 내가 상품 트레이딩으로 수익을 전혀 내지 못하고 있다는 걸 5개월이 지나서야 깨달았죠. (그가 크게 웃었다)

**카밀로 씨의 트레이딩에 긍정적인 영향을 준 투자서가 있습니까?**

몇 년 동안 많은 투자 책을 읽었어요. 하지만 크게 영향을 받은 건 딱 한 권이에요.《전설로 떠나는 월가의 영웅》이요.

**스내플 풋옵션 트레이드야말로 그 책의 주제를 그대로 살려낸 트레이드였다고도 볼 수 있겠군요.**

확실히 그랬죠. 그 책에 많이 공감했고, 어떻게 해야 성공적인 투자가 가능한지 고민할 때도 크게 영향을 받았어요. 내가 매장을 보고서 스내플 트레이드를 했던 게 요행수만은 아니라는 자신감도 얻게 되었죠. 피터 린치의 책을 읽지 않았다면 '가게를 쓱 둘러보기만 해서는 월스트리트의 똑똑한 인간들을 이길 수 없어.'라고 생각했을 겁니다. 나는 기술적 분석으로 하는 투자에는 관심이 없었어요. 펀더멘털 분석도 관심 밖이었죠. 펀더멘털 분석에 수긍이 가기는 했지만 나하고는 인연이 없다고 생각했죠. 나한테는 지루한 방법이었어요. 펀더멘털 분석을 잘하는 똑똑한 사람들이야 널렸고, 남들보다 더 잘하려면 시간을 아주 많이 들여 공부해야 하는데 내가 그걸 그렇게 열심히할 리가 없죠.

**린치의 책에서 얻은 핵심 교훈을 한마디로 정의한다면요?**

일상생활에서 투자 기회를 찾아라. 그게 내가 파악한 그 책의 중심 주제였어요.

**트레이딩 계좌는 언제 개설했습니까?**

대학생 때 피델리티에서 개설했어요. 다니던 대학에 블룸버그 단말기가 있었지만 아무도 사용법을 모르더군요. 설명서를 읽고 사용법을 익혔어요. 옵션 트레이딩▪을 많이 했어요. 대학생이라 가진 돈도 얼마 없었고 내 생각에는 얼마 안 되는 돈으로 큰 수익을 낼 유일한 방법이었어요. 외가격out-of-the-money(풋옵션에서는 선물 가격이 행사 가격

보다 높고, 콜옵션에서는 계약 가격이 행사 가격보다 낮은 것을 의미한다. 내가격in-the-money은 반대를 의미한다–옮긴이)에 하이 리스크인 옵션 트레이딩만 거의 줄기차게 했어요. 나는 20배는 벌려고 욕심냈고 트레이드마다 모두 돈을 잃었어요.

**▪옵션 트레이딩**
통화, 채권, 주식, 주가지수 등 특정 자산을 장래의 일정 시점에 미리 정한 가격으로 팔거나 살 수 있는 권리(옵션)를 매매하는 것이다. 팔 권리는 풋옵션put option, 살 권리는 콜옵션call option이라고 한다. 옵션의 매매 가격은 프리미엄이라고 부른다.

**트레이딩 자금은 어떻게 마련하셨나요?**

주말에는 계속 자동차 디테일링 아르바이트를 했고 벌이가 나쁘지 않았어요. 그리고 피델리티에서는 상근직으로 근무하는 뮤추얼펀드 트레이더가 되었지만, 명칭만 근사했지 신나는 일은 아니었어요. 전화 문의가 오면 대답해 주고 고객에게 뮤추얼펀드 호가를 알려주는 게 제 업무였어요.

**전일제 직업에다 자동차 디테일링 부업까지! 공부할 시간이 있었나요?**

오히려 바쁘게 움직이니까 하는 일마다 더 잘되었어요. 학교 수업에는 흥미가 없다 보니 유급 먹지 않을 정도로만 공부했죠. 수업은 툭하면 빼먹었고, 지하실로 내려가 공중전화 버튼을 누르며 트레이딩을 했죠. 전화기 버튼으로 옵션 코드 번호를 누르면, 컴퓨터가 내가 입력한 옵션 코드를 읽고는 다시 확인차 내게 들려주는 식으로 진행되었어요. 굼벵이가 따로 없었습니다. 가끔은 주문 하나를 넣는 데만 15분에서 20분은 걸렸어요.

**피델리티에서 전일제 직원으로 근무했다고 하셨습니다. 그러면 주문은 어떻게 접수하셨나요?**

피델리티에서는 시간외장을 담당했어요.

**트레이딩 계좌에는 금액이 얼마나 있었습니까?**

정말로 적었어요. 트레이드에 진입하는 족족 다 돈을 잃었다고 했잖아요. (그가 웃었다)

**수익이 난 트레이드가 하나도 없었나요?**

몇 개는 있었지만 어떤 종목이었는지는 기억이 안 나네요. 돈을 다 까먹었다는 것만 기억납니다.

**일해서 번 돈을 투자로 다 잃고 있었군요.**

100% 다 잃었죠.

**흥미롭군요. 첫 트레이드는 그렇게나 성공적이었는데 그 뒤로 꾸준히 잃은 게 말입니다.**

첫 끗발만 좋았던 거죠. 그 뒤로는 방법도 다양하게 몇 년을 내리 잃었고요. 남들도 아는 기법으로 트레이딩을 하는 게 어떤 장점이 있는지 모르겠더라고요. 그러다 보니 어느 순간에는 투자에 대한 흥미도 사라졌어요.

**결과만 놓고 보면 당연할 수도 있는 일이죠. 그런데 결국에는 다시 시장에 대한 흥미를 찾았잖아요. 트레이딩 세계로는 언제 돌아왔고, 돌아오게 된 계기는 무엇인가요?**

한참이 지나서였습니다. 한 10년 뒤에야 트레이딩을 다시 시작했어요. 시장 조사 회사에서 일하고 있었고 일도 잘하는 편이었지만, 월급만으로는 내가 원하는 재무적 욕구가 도저히 채워지지를 않았어요. 그래서 결국에는 다시 트레이딩을 시작하게 되었죠. 큰돈으로 시작하지는 않았어요. 8만 달러 계좌로 시작한 거로 기억이 나네요.

**그전에는 했던 트레이드마다 다 실패했다고 하셨죠. 그런데도 트레이딩으로 돈을 벌 수 있을 거라고 생각한 이유가 있나요?**

시장에 기회가 있다는 건 알겠는데 어떻게 해야 기회를 잡을지는 모르겠더라고요. 어떻게 하다 가장 처음의 방법으로 돌아가게 된 건지는 기억이 나지 않아요. 아마도 잠재의식이 자연스럽게 나를 이끌었던 것 같아요. 그리고 시장 조사 회사에서 일했던 것도 도움이 되었고요. 나는 세계 최대의 시장 조사 패널 회사에서 패널 선정 부서 전체를 이끄는 팀장이었어요(시장 조사 패널 회사는 설문을 위해 대규모 응답자를 모집하고 이 중에서 패널을 선정해 설문에 필요한 목표 청중에 매칭한다). 대규모 시장 조사라는 게 어떤 건지 훤히 알고 있었죠. 시장 조사라는 게 원하는 만큼 결과가 정확하게 나오기가 힘들어요. 사람들은 말과 행동이 다르니까요. 아이폰이 출시되었을 때 "자판이 없는 휴대전화를 사시겠습니까?"라는 질문을 했을 겁니다. 그러면 응답자들은 "자판이 없는 휴대전화라니, 안 삽니다."라고 대답했겠죠. 사람들의 말과 행동이 얼마나 불일치하는지가 보이니 시장 조사 자체에 대한 신뢰가 사라졌어요. 게다가 말도 못하게 느렸죠.

**느리다는 것보다는 정확하지 않은 게 더 문제라고 보이는데요.**

그런 데다가 느리기까지 했죠. 회사가 시장 조사를 할 생각이 있으면, 제일 먼저 조사 주제를 생각하죠. 그리고 조사를 위한 질문을 만들어낼 제3의 회사를 섭외합니다. 여기서 몇 주가 걸린 다음에 설문지가 패널 회사로 넘어가죠. 이런 일이 다 끝나고 조사 결과를 분석하는 데도 6~7주는 족히 걸려요. 얼마나 비효율적인지. 나는 트레이딩을 다시 시작하면서 내 눈으로 본 것으로 투자를 하는 처음의 방법으로 돌아갔어요. 그때만 해도 어릴 때의 일이 그냥 운이 좋아서였는지 아니면 진짜 실력이었는지는 나도 알지 못했어요. 하지만 그 방법으로 몇 년을 트레이딩했더니 하는 것마다 좋은 수익이 나왔습니다.

## 식당 대기 줄이 의미하는 것

**몇 가지 예를 들어주시겠어요?**

피터 린치식의 트레이드인 셈이었죠. 치즈케이크 팩토리나 피에프창이 있겠네요. 월스트리트의 트레이더는 치즈케이크 팩토리나 피에프창에 직접 가서 확인하지는 않죠. 기사로만 접했지 두 레스토랑 회사가 미국 중부에서 어떤 의미인지는 이해하지 못하죠. 나는 텍사스에 사니까 이 회사들이 일생에 한 번 있을 투자 기회라는 걸 한눈에 알 수 있었어요. 그들은 판을 바꾸고 있었어요. 사람들이 프랜차이즈 식당에 들어가려고 평일에도 몇 시간이나 대기하는 일이 처음으로 생긴 겁니다. 중국 음식이 무슨 맛인지도 모르는 사람들이 말입니다.

**그리고 대기 줄은 지금도 길죠. 식당의 긴 대기 줄을 직접 본 게 중요한 의미가 있었습니까?**

긴 대기 줄을 직접 본다는 게 중요한 게 아니라 월스트리트가 지리적 편견이나 다른 편견으로 인해 눈앞의 것도 보지 못하는 눈뜬장님이라는 사실이 중요했죠. 조금만 살펴도 그 사실을 깨달을 수 있었죠. "당신의 방법은 중소기업에는 적절할지 몰라도 대기업에는 들어맞지 않을 수 있습니다."라고 말하는 사람들도 있기는 합니다. 전혀 그렇지 않습니다. 처음에 애플 아이폰이 출시되었을 때 나는 애플 주식을 샀어요. 사람들이 본인에게 편향이 있다는 사실조차 깨닫지 못하는 걸 이용한 거죠.

처음에 아이폰은 AT&T를 통해서만 배급되었어요. 당시에 맨해튼의 AT&T 통신망은 형편없기로 악명 높았죠. 있으나 마나 한 통신망이었습니다. 아무도 그 사실을 언급하지 않았지만, 그게 아이폰이 출시되고 첫해에 다른 곳보다도 월스트리트에서 아이폰 보급률이 더 떨어진 이유였어요. 게다가 금융계에서는 법인 통신에 써야 했으니 블랙베리에 완전히 매인 몸이었죠. 나는 남들보다 먼저 그런 편견을 알아챘습니다. 뉴욕에 사는 친구가 아이폰에 대해 한 첫 말이 이런 것이었어요. "여기서는 AT&T 때문에 아이폰은 쓰고 싶어도 못 써!"

아이폰 출시 첫날도 절대로 잊지 못할 겁니다. 누군가 그걸 처음으로 보여줬을 때 내가 어디에 있었는지도 생생히 기억합니다. 파티장이었고 그곳에 있는 25명의 반응을 눈에 담았죠. 보자마자 대단한 제품이라는 것을 알았습니다. 심지어 나는 애플 팬이 아니었어요. 살면서 애플 제품은 가져본 적도 없었어요.

트레이딩으로 복귀하고 1년 동안 수익률이 얼마나 좋았는지 나 자신도 놀랄 정도였지만, 솔직히 그게 내 실력인지 운인지는 자신이 없었어요. 그때 포트폴리오 추적 서비스 사이트인 코베스터에 회원으로 가입해 있었어요. 한동안은 코베스터에 등록된 3만 개 계좌 중에서 내가 최상위권에 드는 트레이더였어요. 그제야 비로소 내가 상당히 잘하는 편이라는 걸 알게 되었죠. 직장 동료에게 한 말도 기억이 나요. "언젠가는 회사에서 받는 돈보다 내 증권 계좌로 버는 돈이 더 많을 거야." 내 연봉은 가장 높을 때도 20만 달러 남짓이었거든요. 같은 시기 계좌에 있는 돈은 10만 달러뿐이었지만 무섭도록 빠르게 늘고 있었습니다. 과연 100만 달러로 불어나는 날이 올지 나도 궁금하기는 했어요. 하지만 100만 달러가 되기까지 별로 오래 걸리지 않았고, 직장에서 받는 월급보다 트레이딩해서 버는 수입이 더 많아졌어요. 그날 회사를 그만뒀습니다.

**전업 트레이더가 되려고 회사를 그만둔 건가요?**

예. 나한테는 참 좋지 않은 결정이었어요. 이후 마음고생이 심했거든요. 때늦게 든 생각이긴 한데, 내가 트레이딩을 재개하고 나서 성공한 데에는 잡음을 무시하고 인내하는 능력이 크게 기여했습니다. 난 어디에 소속되어 일하는 트레이더가 아니니, 트레이딩해야 한다고 압박하는 사람도 없었어요. 6개월 동안 트레이딩을 하지 않아도 누구한테도 변명하지 않아도 되었죠. 그 몇 년 동안 내가 가장 크게 실수한 것들을 보면 번번이 트레이딩을 너무 많이 하다가 생겨난 실수였어요. 그냥 묵묵히 고확신 트레이딩만 했다면 지금보다 계좌가 10배는 더 늘어나 있었을 거라고 장담합니다. 남들의 레이더에 탐지되지 않는 중요 정보를 확보해서 고확신을 가지고 종목에 진입할 수 있을 때야말로 내 방법론이 진가를 발휘하거든요. 문제는 그런 기회가 자주 오지는 않는다는 겁니다. "앞으로 세 달은 고확신 트레이드만 기다리면서 아무 것도 하지 않을 거야."라는 말을 쉽게 할 수 있는 사람이 있겠습니까.

## | 소셜 차익거래

**그런 고확신 트레이드를 찾아내는 방법에 대해서 자세한 설명 부탁드립니다.**

나는 그걸 '소셜 차익거래social arbitrage'라고 부릅니다. 여기서 '소셜'이라는 말은 금전적인 의미가 아닙니다. 레이더망에 포착되지 않는 중요한 정보를 빨리 간파하는 능력이 내 트레이딩의 성패를 좌우해요. 다시 말해 투자 대중이 인지하지 못하거나 저평가하고 있는 정보를 의미하죠. 어떤 면에서는 과거 개라지 세일에서 활동할 때의 초점을 뒤집은 것이었다고 볼 수 있죠. 개라지 세일에서 물건을 구매할 때는 남자들 취향인지라 주최자인 여자들이 잘 몰라서 가격을 싸게 내놓은 것을 찾는 데 집중했습니다. 월스트리트의 편견을 잘만 이용하면 여성이나 어린 세대나 시골에 주력하는 회사에 대한 정보를 먼저 알아내는 기회가 생기겠더라고요. 지금이야 내 트레이딩 방법론이 전적으로 그 부분에 중점을 둔다고 말하기 힘들지만, 초년 시절에는 많이 역점을 둔 부분이었지요. 내가 패션이나 대중문화에 많이 빠져 지내기도 했고요. 그건 월스트리트 트레이더나 펀드 매니저의 레이더 망에는 전혀 걸리지 않는 분야이죠.

**거래 종목은 어떻게 찾아내셨나요?**

말하자면 뇌의 재훈련이죠. 평소처럼 똑같이 생활하지만 다른 방식으로 관찰하면 됩니다. 잠재적으로 의미가 크다고 생각하는 것을 발견하면 나는 후속 조사에 들어가요. 가령 2013년에 웬디스가 프레첼 베이컨 치즈버거를 재판매한다고 발표했을 때는 자주 매장에 가서 내 눈으로 관찰했어요. 십여 군데나 되는 매장에 가서 매니저들과 직접 말을 주고받았습니다. 그들에게 웬디스에 몇 년을 근무했는지, 과거의 다른 계절상품과 비교해서 이번 상품은 어떤지 물어봤습니다. 돌아오는 대답은 한결같았어요. "이런 대박 상품은 처음입니다." 고객들에게도 신제품을 어떻게 생각하는지 물어봤죠.

**하지만 고작해야 댈러스에서만 소비자 분위기를 조사했을 뿐이잖아요. 그게 전국적인 열풍을 대표한다고 장담하기는 힘들지 않을까요?**

댈러스를 무시하면 안 됩니다. 물론 댈러스는 미국을 대표하는 시장 중 하나에 불과할 수 있죠. 그래서 패스트푸드를 주제로 토론하는 온라인 사이트도 여러 군데 들어가 봤어요. 믿기 힘들겠지만 그런 사이트가 정말로 있어요. 이건 월스트리트가 완전히 간과하는 위대한 트레이드였어요. 패스트푸드 회사마다 계절상품을 출시해요. 보통 봄에 많이 내놓죠. 그런 제품들은 구색 맞추기지 판매에 지대한 영향을 주지는 못해요. 하지만 이번에 웬디스의 신상품은 그 어마어마한 판매량에 회사 전체의 명운이 바뀔 정도였습니다. 웬디스는 그 정도 초히트 상품을 내놓은 적이 없었으니 웬디스 주식을 유심히 지켜보는 사람들의 레이더에도 포착되지 않았던 거죠.

## | 언더아머 트레이드

**트레이딩을 시작하고 여러 트레이드를 했을 텐데, 그중에서도 특히 고통스러웠던 트레이드는 무엇인가요?**

이상하게 들리겠지만 가장 후회되는 종목 중 하나가 가장 큰 수익을 낸 종목이기도 했어요. 몇 년 전 겨울이 혹한이었잖아요. 그때 많은 소비자가 언더아머의 콜드기어를 사 입더군요. 월스트리트가 처다보지도 않는 제품이었죠. 콜드기어는 방한용 언더웨어였으니까요.

**내가 크로스컨트리 스키를 타거든요. 그래서 파타고니아 같은 브랜드에서 나오는 언더웨어를 1970년대부터 입기 시작했습니다. 콜드기어는 다른 브랜드하고 뭐가 다른가요?**

언더아머는 매스마켓을 목표로 삼았어요. 다른 회사들보다 방한용 언더웨어 유통망이 훨씬 넓었어요.

**소비자 트렌드는 어떻게 알아내셨나요?**

소셜 미디어에서 트렌드를 읽었어요. 단어 조합을 독자적으로 아주 많이 만들고 저녁마다 모니터링했어요. 그 트레이드를 했을 때는 콜드기어, 언더아머, 그리고 몇 개 단어가 들어간 조합을 모니터링했어요. 게시판에 내가 추적 중인 단어 조합이 등장하는 양을 모니터링하고, 그 양이 비정상적으로 높으면 무언가 일어날 것이라는 첫 신호로 받아들여요. 보통 종목을 리서치하고 분석하는 데 쓰는 시간은 하루 4시간이 고작이에요. 하지만 언더아머 같은 종목을 발견하면 실사에 하루 14시간이나 15시간을 써요. 그런 작업을 며칠, 많게는 몇 주를 합니다.

**실사는 구체적으로 어떻게 진행하죠?**

내가 트레이딩하려는 종목과 관련이 있는 데이터라면 있는 대로 다 수집하려고 노력해요. 한 가지 가설을 세우고 시작해요. 이번 트레이드에서 내가 세운 가설은 언더아머가 콜드기어에 힘입어 기록적인 매출을 달성 중이라는 것이었어요. 이제 가설이 맞는지 검증해야죠. 매장 매니저들이랑 소비자들과 인터뷰했어요. 온라인 사이트에 들어가서 내 가설과 관련이 있는 정보는 다 긁어모았고요. 확인이 필요한 정보는 사실상 충분히 다 확인했어요. 언더아머 트레이드 포지션은 내가 한 중에서는 거의 최대에 속하는 크기였어요. 내게 있어 고확신 트레이드라는 것은 그 트레이드에 대한 신뢰도가 95% 이상인 것을 의미해요. 하지만 아무리 신뢰도 수준이 높다고 해도 필승을 장담할 수 있다는 건 아니죠. 언제라도 외적 요인이 끼어들기 마련이니까요.

**그게 왜 가장 후회하는 트레이드 중 하나가 되었나요?**

언더아머가 실적 발표를 하기 며칠 전에 스포츠웨어 브랜드 룰루레몬이 실적을 발표했어요. 재앙이 따로 없었죠.

**언더아머와 룰루레몬이 서로 관련이 있었나요?**

충분히 관련이 있었죠. 룰루레몬이 실적을 발표하고 나서 주가가 최악으로 폭락을 했고 며칠 후 언더아머도 마찬가지로 무너졌거든요.

**그게 카밀로 씨가 말하는 외적 요인이었겠군요.**

그래요. 그 즈음해서 비교적 명망이 높은 리서치 회사가 언더아머의 순이익 감소를 예상하면서 주가가 하락할 것이라고 분석한 보고서를 발표했어요. 그동안에 난 내 최대라고 할 수 있는 포지션을 홀딩 중이었는데 말입니다. 나는 1주일 전에 98% 확신하면서 종목에 진입했어요. 그런데 그런 이벤트가 연달아 터지니 확신 수준은 60% 정도로 떨어졌죠.

**그래서 어떻게 하셨나요?**

공포와 자기 의심에 사로잡혀 포지션의 2/3를 팔았어요.

**포지션 크기가 얼마나 되었죠?**

계좌의 8~10% 정도를 걸고 있었어요. 문제는 옵션까지 같이 건 포지션이라 종가가 옵션 행사 가격보다 낮으면 포지션 금액을 전부 잃을 수 있다는 거였어요. 나로서는 굉장히 큰 포지션이었고, 하루에 그 돈을 다 잃고 싶지는 않았죠.

**포지션을 잡을 때는 옵션을 자주 사용하나요?**

시장에 유동성이 적절하고 옵션 가격이 합리적일 때는 옵션을 사용하는 편입니다.

**트레이드의 몇 퍼센트 정도가 그런 조건을 충족하나요?**

50% 정도 됩니다.

**트레이드에 지렛대 효과를 더하려고 옵션을 사용하는 거군요.**

그렇죠.

**옵션은 외가격, 내가격, 등가격at-the-money(기초자산의 계약 가격과 행사 가격이 같은 옵션-옮긴이) 중 어느 것을 사용하시나요?**

트레이딩을 오래 하면서 달라지더군요. 예전에는 외가격 옵션을 이용했습니다. 지금은 포트폴리오 규모가 몰라보게 늘어났기 때문에 보통은 등가격이나 내가격 옵션을 사용하는 편입니다. 하지만 굉장히 확신하는 트레이드에서는 가끔은 외가격 옵션에도 투자합니다.

**하나의 트레이드에는 보통 계좌의 몇 퍼센트를 포지션으로 잡습니까?**

고확신 트레이드라면 최대 5~15%까지 잡아요. 주가가 크게 떨어지지 않더라도 포지션 금액 전체를 다 잃을 위험도 있으니까 그건 넘지 않습니다.

**옵션 포지션의 날짜는 얼마나 멀리 떨어지게 해서 거나요?**

나는 정보를 주는 이벤트로 무엇이 있는지 알아내려고 노력해요. 대개는 실적 발표가 그런 이벤트죠. 요새는 월스트리트도 똑똑하게 굴고 있어요. 신용카드라든가 다른 데이터로 레이더망에 걸리지 않은 정보를 전보다 빨리 알아내니까요. 그러니 내가 트레이드 진입의 토대로 삼은 정보도 상당 부분은 실적 발표 전에 시장이 알게 됩니다. 그래서 나는 옵션 프리미엄 가격이라도 아낄 생각에 만기일이 실적 발표일 전인 옵션을 사려고 합니다. 결국 내가 실적 발표일 전에 알아낸 정보를 시장도 알게 되기를 희망하고 그렇게 하는 거죠.

**남은 언더아머 포지션은 어떻게 되었습니까?**

언더아머 실적 발표일이 되었고 내가 처음에 예상했던 대로 회사는 아주 좋은 실적을 거두었어요. 콜드기어 매출이 신기록을 달성했고, 주가가 얼마나 뛰었는지 정확히 기억은 안 나지만 20% 정도 상승 마감했을 겁니다. 결론적으로는 포지션의 2/3를 손절매했는데도 불구하고 그 트레이드로 굉장히 높은 수익을 냈어요. 하지만 포지션을 다 유지했다면 어땠을까요?

**어쨌거나 높은 수익을 냈는데, 왜 고통스러운 트레이드였다는 건가요?**

내가 절대적으로 옳았는데도 나 자신을 믿지 못해서 포지션을 대부분 청산했으니까요. 나한테는 크게 후회가 되는 트레이드였어요.

**그 사건으로 어떤 영향을 받았습니까?**

게임에서는 자신감이 절대적으로 중요하다는 교훈을 얻었어요. 외적인 요소에 자신감이 흔들려서는 안 되는 일이었죠. 뭘 해야 하는지를 알더라도 그걸 실천에 옮기는 건 또 다른 차원의 문제예요. 과거라면 시장에 대해서 '시장이 내가 모르는 무언가를 알고 있을 거야.'라고 생각하곤 했습니다. 지금은 그런 생각을 털어내려고 꾸준히 노력하고 있어요. 언더아머 트레이드 이후 나는 밖으로 걸어 나와 나 자신에게 이렇게 말했습니다. "절대로, 앞으로 내가 모르는 것을 시장이 알고 있다고 짐작해서 트레이드를 떨구는 일 따위는 하지 말자."

## ┃〈기묘한 이야기〉로 선점한 넷플릭스 트레이드

**이후에 그 교훈을 잊지 않아 도움이 된 트레이드가 있었나요?**

물론 있었죠. 몇 년 전 넷플릭스가 〈기묘한 이야기〉 스트리밍을 시작한다고 발표했을 때 큰 도움이 되었어요. 넷플릭스는 세계 언론이 가장 많이 다루는 회사 중 하나였으니 월스트리트의 난다 긴다 하는 사람들도 눈을 떼지 않았죠. 넷플릭스가 새 시리즈 방영을 발표할 때마다 나는 그 시리즈에 대한 대중의 관심이 얼마나 깊은지 알아보려고 온라인에서 오가는 대화량을 조사해요. 월스트리트는 넷플릭스 주가를 평가할 때 구독자 수에 집중합니다. 넷플릭스에 대해서도 닐슨의 시청자 수 집계처럼 구독자 수를 집계해주는 회사가 있어요. 그러나 그런 접근법으로 다가가면, 넷플릭스의 최고 인기 프로그램들을 시청하는 사람들의 수가 번번이 똑같다는 문제가 있어요. 그런 식의 통계법으로는 중요 정보는 알아내지 못합니다.

넷플릭스가 〈기묘한 이야기〉 스트리밍 서비스를 시작했을 때 그게 히트작이 되리라는 건 다 알았어요. 한마디로 그건 중요 정보가 아니라는 뜻이었죠. 넷플릭스에서는 자주 히트작이 나오니 새로운 히트작이 생기는 것은 아무 의미가 없었습니다. 진짜로 알아봐야 할 부분은 〈기묘한 이야기〉가 이례적 히트작이 될 것인가의 문제였습니다. 나는 사람들의 대화에서 '기묘한 이야기'라는 단어가 얼마나 많이 등장하는지를 측정하고, 그 결과를 지난 5년 동안 넷플릭스의 상위 5개 히트작에 대한 대중의 언급 수와 비교했어요. 다른 히트작들은 방영 첫 주에는 언급량이 정점으로 치솟았지만 이내 이전 수준으로 돌아갔어요. 〈기묘한 이야기〉는 달랐습니다. 첫 주의 대화량이 고점으로 오른 것은 맞지만, 다음 주에도 다다음 주에도 화제가 시들지 않고 계속 고점 수준을 유지했어요. 〈기묘한 이야기〉가 처음 스트리밍되고 60일 동안 온라인에서 언급된 횟수를 모두 더하면 넷플릭스 2위 히트작의 3배나 되었습니다.

이번 넷플릭스 트레이드에서는 특히 흥미로운 부분이 있는데, 월스트리트의 분석가들이 하나같이 해당 분기의 실적 저조를 예측했다는 사실이에요. 그때가 내가 언더아머 트레이드를 하고 2~3년인가 지났을 때였는데, 여기를 봐도 저기를 봐도 넷플릭스에 대한 부정적인 분석 보고서만 난무했습니다. 그걸 보니 초조한 마음이 가시지 않았지만 그래도 뚝심 있게 행동하기로 했어요. 넷플릭스에는 이미 큰돈을 투자한 상태였고, 흔들리지 않고 그대로 들고 갔습니다. 심지어는 넷플릭스에 대한 글도 하나 올렸어요. 고확신을 가지고 걸어놓은 콜옵션 포지션을 꽉 붙들어 매기 위한 내 나름의 노력이었습니다.

실적 보고서가 발표되었고, 넷플릭스는 예측을 훌쩍 상회하는 순이익을 보고했습니다. 회사는 〈기묘한 이야기〉의 큰 인기에 힘입어 높은 순이익을 달성했다고 발표했어요. 〈기묘한 이야기〉가 히트작이라는 건 모두가 알고 있었지만, 그게 앞선 히트작들과는 차원이 다른 인기를 얻는다는 건 미처 알지 못했던 겁니다. 그러나 나는 다르다는 걸 알고 있었어요. 덕분에 그해에 가장 수익률이 높은 트레이드를 하게 되었습니다.

**다른 트레이드에서도 중요한 교훈을 얻는 게 있다면요?**

2008년 선거가 끝나고 얼마 지나지 않아서 미셸 오바마가 제이 레노의 〈투나잇 쇼〉에 노란색 제이크루 원피스를 입고 출연한 일이 있었어요. 나도 그 방송을 시청했습니다. 제이크루로서는 이후 10년의 운명을 바꾼 분수령이 된 호재였어요. 방송이 끝나고 나서 미셸 오바마의 사진이 타블로이드 언론과 패션지의 표지를 일제히 장식하지 않았겠습니까? 그 사진이 나가고 나서 아프리카계 미국인들이 제이크루를 괜찮은 브랜드로 전적으로 포용하기 시작했습니다. 그 트레이드를 잡지 않은 걸 두고두고 후회했습니다.

**하지만 직접 눈으로 보셨으니, 트레이드 기회로 인식했을 법한데요.**

기회라고는 인식하지 못했어요. 눈으로만 봤지 관찰은 하지 않았던 거죠. 그 트레이드를 잡지 않은 심적 충격이 너무 커서 오죽하면 이 베이에 들어가 같은 옷을 한 벌 샀겠어요. 지금도 벽장에 보관하고 있습니다. 원하시면 보여드리죠.

**그 옷은 왜 샀죠? 좋은 트레이드를 놓친 것을 계속 상기하기 위해서인가요?**

그렇습니다. 시장에는 좋은 기회가 무궁무진하고 내가 매일 그것을 놓치고 있다는 사실을 상기하려는 목적에서 샀어요. 그 트레이드를 놓치고 나서야 내가 나만의 방법론으로 기회를 발견했으면서도 놓치고 지나간 트레이드가 수두룩하다는 사실을 깨닫게 되었습니다.

**그 일이 어떤 변화의 계기가 되었습니까?**

내 방법론을 쓸모있게 적용해야 한다는 것을 깨달은 계기가 되었죠. 데이터를 늘려야 했어요. 퍼널funnel(시장 조사나 마케팅에서 고객의 전환율을 측정하는 한 방법-옮긴이)을 넓히려면 어떻게 해야 하나 알아내야 했어요. 나만의 방법론으로 아주 좋은 수익을 내고 있으니 이렇게 생각했죠. '만약 내가 트레이드 기회를 10건, 심지어 100건을 놓치고 있다면 퍼널을 넓히기 위해 어떻게 해야 하나?'

**제이크루 트레이드 기회를 왜 놓쳤다고 생각한 거죠?**

내 방법론은 사실 굉장히 쉬워서 이론적으로는 누구라도 가능해요. 하지만 대단히 어려운 방법이기도 하죠. 주가가 크게 움직인다면 가격 등락폭이 그렇게 큰 데에는 이유가 있어요. 대부분은 회사 서비스나 제품 수요에 변곡점이 생겨서입니다. 그런 변화를 먼저 식별할 방법이 있는가? 그런 기회가 있다는 건 알았지만, 어떻게 해야 더 많은 기회를 더 먼저 포착할지는 모르겠더군요. 나는 정말로 어쩌다가 무작위로, 그것도 물리적으로만 기회를 포착하고 있었습니다. 그 순간에 그곳에 있었기 때문에 내 눈으로 목격한 경우에 한해서였죠.

친한 친구한테 쌍둥이 자녀가 있는데 그의 아내가 페이스북에 포스트를 올렸어요. 내용인즉 이랬습니다. "쌍둥이가 태어나서 처음으로 너무 조용한 거예요. 뭔가 비극적인 사건이 일어났을까 덜컥 겁이 났죠. 놀이방으로 뛰어 올라갔더니 아이들이 TV에서 나오는 〈처깅턴〉을 뚫어져라 보느라 조용한 거였어요. 이 프로그램은 제 구원자입니다." 다른 엄마들도 아이들이 그 프로그램이라면 사족을 못 쓴다는 포스트를 올렸어요. 포트폴리오 매니저이고, 친구 아내가 이런 포스트를 올렸다면 뭐라도 해야 하지 않겠습니까? 몇 초 동안 그 포스트를 읽고는 다음 단계로 들어가야 할 순간입니다. 그 포스트를 읽고 〈처깅턴〉이 뭐지?' 하고 궁금해한 그 순간의 나 자신이 자랑스러워요. 구글에 검색했더니 유럽의 작은 회사가 만든 방송 프로그램이고, 다행히 상장된 회사더군요. 미국에서 그렇게 인기가 높으니 조만간 대규모 라이선스 계약을 맺는 것도 헛된 망상은 아니겠구나 싶었어요. 나는 그 회사 주식을 샀고, 4개월 정도 뒤에 주가는 50% 올랐습니다.

그날 나는 나만의 게임에 진입했던 겁니다. 하지만 심지어 포스트를 본 그날에도, 내가 놓치는 좋은 기회가 얼마나 많은지 짐작조차 되지 않았죠. 그래서 그 후 몇 년 동안은 어떻게 해야 내 방법론을 더 많이 사용할 수 있을지 거의 강박적으로 고민하기 시작했습니다. 방법론을 잘만 다듬으면 헤지펀드를 차려 트레이드에 그걸 이용해도 될 거고, 아니면 월스트리트에 팔 수도 있겠다고 생각했죠. 결국에는 둘

다 하게 되었지만요.

## | 티커태그스

카밀론 씨의 방법론을 이용하면 이론적으로 무수하게 많은 트레이드를 찾아낼 수 있지만 놓치는 것도 많다고 하셨죠. 그런 문제는 어떻게 해결하셨나요?

트위터와 페이스북에 들어가서 일일이 트렌드를 읽으려고 했지만 아무리 생각해도 비효율적이었어요. '이렇게 하지 말고, 어떤 상장회사에든 유의미하게 적용할 수 있는 대표적인 단어나 단어 조합 체계를 구상하는 건 어떨까?' 중요한 상장회사의 이름, 모든 CEO, 모든 제품, 모든 브랜드, 모든 기술, 모든 문화 이동, 그리고 모든 정부 규제 등 회사에 영향을 줄 만한 모든 언급을 다 포함하는 단어 조합을 만들어내는 거죠. 그건 본질적으로는 사람들이 말이나 글에서 회사에 영향을 줄 만한 것을 알아낼 수 있도록 미리 이름을 붙여야 하는 문제였어요. 나는 이런 단어 조합을 '티커태그스'라고 불렀어요.

잠재적으로 유의미한 단어 조합을 전부 종합하다니, 작업량이 어마어마할 것 같은데요. 그만한 작업량을 어떻게 소화하셨습니까?

제 파트너가 유능한 컴퓨터 과학자였어요. 우리는 인근 대학의 학생들 40명을 고용해서 티커태그스를 큐레이팅하게 했어요. 그들이 종합하고 정리한 티커태그스 숫자만 25만 개였습니다. 트위터나 페이스북 등의 소셜 미디어에서 정식으로 데이터 사용 허가를 받고, 그 비체계적인 데이터를 티커태그스와 결합하는 것이 아이디어 목표였죠. 그러면 소셜 네트워크에서 이 태그들의 상대적인 언급 빈도를 측정할 수 있으니까요. 예를 들면, 최신형 아이폰이 출시되기 전 3주 동안 소셜 미디어에서 아이폰이 언급된 빈도와 바로 전 버전의 같은 기간 언급 빈도를 비교해서 보여드릴 수 있습니다.

**사업 비용이 꽤 들었겠는걸요?**

일단 트레이드 수익 중 100만 달러를 빼서 회사를 차렸어요. 회사 이름은 티커태그스입니다. 그리고 추가로 200만~300만 달러 정도 자본을 모집했습니다.

**어떤 사람이 조합하고 정리하느냐에 따라서 그런 태그의 가치도 크게 달라지지 않나요? 40명의 대학생이 그 일을 잘할 거라고 자신할 수 있었나요?**

그들에게 회사별로 태그를 큐레이팅하는 방법을 지도해 주었습니다. 학생마다 담당해야 할 회사 목록을 할당받았어요. 목록에 있는 회사에 맞게 리서치를 하고, 분기별 실적 보고서를 조사하고, 뉴스 기사를 찾아보는 방법을 가르쳐 주었죠. 주가 드라이브 요소를 찾아내는게 최종 목표였습니다. 회사의 명운이 바뀔 수도 있는 모든 관련 단어에 태그를 달았어요. 가령 웬디스의 경우에 '프레첼 베이컨 치즈버거'를 태그로 달았던 것처럼요.

다 정리하고 보니 2000개 회사에서 태그가 100만 개가 넘더군요. 대화량의 비정상적인 증감을 탐지하고, 아주 미세한 주제에 대한 관심도가 벤치마크로 정한 것보다 늘었는지 줄었는지, 그 벤치마크가 회사 내부의 것(전년 동기 비교 등)인지 아니면 경쟁사 제품인지 등을 이해할 수 있었습니다. 미세 주제에 대해서 어느 순간 갑자기 대화량이 폭증한다면 우리 회사의 시스템이 바로 그걸 탐지합니다. 그러면 시스템도 막바지에 이르면서 백미를 드러냅니다. 내 방법론을 가지고 열심히 작업했던 모든 것의 최종 결과물이 탄생하는 거죠. 나는 월스트리트에서도 가장 훌륭한 기관용 데이터 프로그램을 구축했다는 자부심에 벅차올랐습니다.

**티커태그스 덕분에 찾아낸 종목을 하나만 예로 든다면요?**

지금은 티커태그스를 이용해서 남들보다 굉장히 빨리 좋은 제품을 발견하게 되었습니다. 라 크록스도 거기에 해당합니다. 라 크록스는 잘 아시죠?

**아내랑 저랑 거짓말 조금 보태서 한 트럭은 사서 마셨습니다.**

우리는 라 크록스가 좋다고 말하는 사람들이 빠르게 늘어나고 있다는 걸 일찍 알아낼 수 있었어요. 라 크록스만이 아니라 병입 음료 섹터 전체가 고성장하고 있었어요. 우리는 소비자 행동이 변하고 있다는 것을 월스트리트가 깨닫기 전에 먼저 간파할 수 있었죠. 제조사가 내셔널 비버리지 코퍼레이션인데, 플로리다에 본사를 둔 다소 괴짜 회사이고 나는 그곳의 초창기 투자자였어요. 이 회사 매출은 대부분 라 크록스에서 나와요. 그러니 라 크록스에 전력투구할 수밖에 없었죠.

내가 하는 투자에서는 변화를 초기에 탐지하는 게 대단히 중요합니다. 그게 전부에요. 사실 월스트리트에서도 앞서서 변화를 간파하는 실력을 기르는 게 전부이기는 하죠. 그렇다면 그런 변화를 가장 먼저 포착할 수 있는 시점은 언제일까요? 그 제품이나 서비스가 좋다고 말하는 사람들이 확 늘어나기 시작하는 시점입니다. 사회적인 추이가 소다수에서 스파클링 워터로 바뀌고 있었고, 마침 공교롭게도 문화적 변화가 일어나고 있다는 것을 알아챈 그 시점에 라 크록스라는 브랜드가 이미 떡하니 존재하고 있었어요. 노다지를 찾은 기분이었죠. 내 방법론이 가장 아름답고 순수하게 적용된 종목이 바로 내셔널 비버리지였어요. 한 회사에는 긍정적 영향을 줄 수 있고 다른 경쟁사에는 부정적인 영향을 줄 수 있는 문화적 변화를 일찍 탐지하는 것, 그게 내 방법론입니다.

정보가 만들어지는 출발점은 사회적 소통입니다. 온라인에서건 오프라인에서건 사람들이 화제로 삼아요. 그런 다음에는 비금융 언론에 그 제품에 관한 기사가 실리고, 또 그다음에야 금융 언론이 콕 집어서 회사를 소개합니다. 마지막 정점은 회사의 실적 보고서죠.

월스트리트도 지금은 과거보다 훨씬 방대한 양의 정보에 앞서 접근할 수 있어요. 신용카드 사용 내역 등을 통해서요. 신용카드 사용 내역은 실적 발표가 나기 전에 사람들이 무엇을 많이 사는지 알려줍니다. 트레이더인 내게는 경쟁 상대인 셈이죠. 나도 신용카드 사용 내역을 구독해서 받아보고는 있지만, 거기에만 의존할 수는 없어요.

**소셜 미디어의 언급이 빠른가요? 아니면 신용카드 사용 내역이 더 빠른가요?**

정확히 그게 요점입니다. 카드 사용 내역보다 더 빠르게 정보를 입수하려면 어떻게 해야겠어요? 유일한 방법은 대화의 흐름에 집중하는 것밖에 없습니다. 이렇게 말하면 사람들이 반문해요. "그렇다면 소비자 행동이 미래에 어떻게 변할지를 예측하려 하는 건가요?" 그게 아닙니다. 나는 미래 예측을 하려는 게 아니라, 현재를 정확하게 그리고 빠르게 탐지하려고 노력하는 겁니다. 소비자가 미래에 무엇을 할지를 예측하려는 게 아니라, 지금 그들이 무엇을 하고 있는지를 정확히 보려고 노력하는 겁니다. 소비자는 지금 무엇에 관심을 보이는가? 그들은 지금 무엇을 사는가? 소비자들이 화제로 삼는 건 지금 유행하는 것이거나 당장 유행하게 될 것입니다. 내 세계에서는 그게 소비자 행동의 변화를 가장 빠르게 탐지할 수 있는 시점입니다.

**소셜 미디어로 이미 조기 신호를 감지할 수 있는데 굳이 카드 사용 데이터를 구독하는 데는 이유가 있습니까?**

내가 가진 정보가 언제 시장에 퍼질지를 알고 싶어서 구독합니다.

**그렇다면 신용카드 사용 데이터를 출구 장치로 이용한다는 말씀이네요.**

그렇죠. 내가 보기에 그 데이터는 정보가 시장에 퍼질 만큼 퍼졌다는 것을 알려주는 지표입니다.

**온라인 채팅방에서 화제가 된 제품을 공매도 기회로 이용하는 경우도 있습니까?**

물론 있죠. 내가 문화적 변화를 좋아하는 게 월스트리트가 매번 한발 늦게 포착을 해서거든요. 이를테면 여성들은 전통적인 브래지어에서 와이어리스 브래지어로, 심지어는 노브라로 문화가 변했어요. 나는 여자들이 '브라리스'나 '브라레트'와 같은 말을 화제로 삼는 것을 보면서 그런 변화를 일찌감치 눈치챘어요. '브라레트'는 여자들이 와이어가 없는 브래지어를 두고 하는 말이에요. 빅토리아 시크릿은 와이어가 있고 볼륨을 강조하는 전통적인 브래지어로 유명하고 그게 그들의 브랜드 이미지죠. 그런데 문화적 트렌드의 변화가 이 회사 브랜드에 파괴적인 영향을 미치고 있었어요. '브라리스'나 '브라레트'와 같은 단어가 대화에서 언급되는 빈도만 모니터링해도 확실하게 알 수 있었어요. 그런데 월스트리트는 그걸 전혀 알지 못한 겁니다.

**그렇다면 그 아이디어를 이용해서 빅토리아 시크릿의 풋옵션을 샀겠네요.**

그랬죠. 두 분기에 걸쳐 실적 발표가 나기 전마다 단기 풋옵션을 샀어요. 그리고 두 번의 트레이드가 다 성적이 좋았습니다.

**공매도를 이용했던 다른 사례가 있나요?**

예. 내가 모든 트레이드를 통틀어 가장 좋아하는 트레이드가 있는데, 대장균 공포 때문에 치폴레(멕시코 음식을 판매하는 미국의 레스토랑 회사)가 크게 타격을 입었던 것 기억하시죠?

**기억하다마다요.**

월스트리트에서는 대장균 공포가 치폴레 방문객 수에 얼마나 영향을 주는지 가늠하려고 방대한 작업을 했습니다. 대장균 공포가 엄습하기 전 치폴레는 점심시간이면 줄이 길게 늘어서기로 유명했죠. 치폴레가 워낙에 트렌디한 브랜드이다 보니 사람들도 거기서 점심을 먹었다는 트윗을 많이 올렸죠. 그리고 치폴레에서 얼마나 오래 기다렸는지에 대한 트윗도 자주 올렸어요. 나는 단어 조합을 모니터링해서 실시간 방문객 수를 가늠할 수 있었어요. '치폴레'와 '점심' 또는 '치폴레'와 '줄'과 같은 단어 조합이 온라인 대화에서 얼마나 등장하는지를 측정한 거죠. 그런데 하룻밤 사이에 그런 단어 조합이 언급된 수가 50%가량 뚝 떨어진 겁니다.

**그때 대장균 뉴스는 거의 다 저녁 뉴스로 보도되었죠. 주가가 곧바로 추락했나요?**

주가가 곧바로 추락하기는 했는데, 그때의 하락은 최종적인 바닥 가격 근처에는 가지도 않았어요. 대장균 공포로 인한 충격이 오래가지는 않을 것이라는 게 시장 전반의 분위기였습니다. 그 사건으로 인해 결국에는 매장 방문객 수가 붕괴 수준에 가까울 정도로 떨어질 것이라고는 아무도 예상하지 못했어요. 하지만 나는 방문객 수가 계속 급감 추세라는 것을 알 수 있었어요. 다음 해에도 치폴레와 관련된 멘선 수는 결코 회복하지 않았거든요.

**그러면 공매도 포지션은 언제 잡으셨나요?**

뉴스가 나가고 바로 했지만, 다음 해에도 실적 보고서처럼 치폴레와 관련된 뉴스가 보도되는 시기를 노려서 전후로 들어갔다가 나오곤 했습니다.

아, 공매도를 해서 큰 수익을 냈던 종목이 또 있네요. 〈블랙피시〉(갇혀 지내는 범고래가 사람에게 입히는 물리적, 심리적 피해를 다룬 다큐멘터리 영화 이다. 영화는 베테랑 조련사를 포함해 세 사람이 죽은 원인으로 시월드의 범고래 한 마리를 집중 조명해서 다루었다)라는 다큐멘터리 영화가 상영되고 나서 그 충격을 이용해 시월드 공매도를 했습니다.

**저도 봤습니다. 훌륭한 영화였죠.**

그 영화는 전 세계 온라인에서 시월드에 대한 대대적 규탄 운동이 벌어지는 기폭제가 되었습니다. 브랜드가 피해를 입는 부정적 사건은 언제라도 일어나기 마련이고 보통 그런 피해는 비교적 쉽게 회복되기는 합니다. 악재가 터지고, 회사 브랜드가 타격을 입고, 그리고 몇 주나 몇 달이 지나면 모두의 기억이 희미해지죠. 그런데 시월드는 아니었어요. 부정적인 대화가 급증한 것으로도 모자라 계속해서 증폭된 아주 드문 상황이었습니다. 다른 회사들은 악재가 터져도 얼마 뒤에는 진정이 되는데 시월드에 대한 비난은 좀처럼 가시지 않았죠. 다음 1년 반 동안 시월드 주가는 40% 넘게 떨어졌어요. 그 기간에 그 주식에 공매도를 몇 번을 했는지 모를 정도였습니다. 실적 보고처럼 중요 정보가 발표되는 날 앞뒤로 진입과 청산을 반복했어요. 내 생각에는 상황이 개선될 여지가 없었고 시장은 회사가 발표하는 중요 정보를 믿지 않으려 했으니까요.

**그 트레이드에서는 시월드에 대한 멘션 수를 중요한 자료로 삼았습니까?**

아뇨. 그보다는 대화의 분위기가 어느 방향으로 흐르는지 해석하는 것을 포인트로 삼았습니다. 특히 부정적인 언급이 많이 등장하는지를 주로 살폈어요. 영화가 상영되고 나서 소셜 미디어상의 시월드 언급은 거의 100%가 부정적인 내용이었고 몇 년이 지나도 중립적인 대화로 바뀌지 않았어요. 보통 나는 시장 심리를 보고 트레이딩하지는 않지만, 이번만큼은 투자 심리가 한쪽으로 심하게 편향된 아주 드문 상황이었어요.

**계좌에서 매도 포지션은 몇 퍼센트 정도입니까?**

약 20%요. 나는 중립적이고 기회주의적인 성향이지만, 어떤 이유에선지는 몰라도 내가 트레이딩 인사이트를 발견하면 그중 80%는 매수 포지션을 거는 게 맞더라고요. 아무래도 대화량의 비정상적인 증가를 찾다 보면 부정적인 대화보다는 긍정적인 대화가 급증하는 경우가 많은 것 같기는 합니다.

**티커태그스를 매각하기로 한 이유는 무엇인가요?**

이삼 년 전에 트위터에서 통보가 왔어요. 앞으로 몇 년 동안 데이터 수집 비용이 큰 폭으로 늘어날 것이라는 내용의 통보였죠. 결정해야 했습니다. 다시 벤처캐피털로 500만 달러를 모집하거나 회사를 팔거나 양자택일해야 했고, 우리의 선택은 매각이었습니다. 내가 티커태그스를 차린 이유는 다른 사람들도 마음에 들어 할 좋은 아이디어라고 생각해서가 아니었어요. 내가 무슨 정보가 필요한지 알았기 때문에 세운 회사였죠. 그리고 오늘, 티커태그스는 더는 내 회사가 아닙니다. 나도 의뢰하는 고객 입장입니다.

**카밀로 씨라면 무료 구독이겠네요?**
그 회사의 자문이기도 합니다. 하나부터 열까지 내 손이 닿았던 회사이니 플랫폼을 정비하는 걸 도와주고 있어요. 나만큼 이 회사 플랫폼의 진가를 잘 아는 고객도 없으니까요.

**자문료는 따로 받나요?**
티커태그스 무료 구독을 하고 있잖습니까. 그 플랫폼 구독료는 굉장히 비쌉니다. 헤지펀드나 은행 정도는 돼야 구독료를 감당할 수 있을 겁니다.

**헤지펀드나 프롭 트레이딩 회사들이 구독하게 되면 플랫폼의 효과성이 타협하게 될 수도 있다는 우려는 들지 않았나요?**
전혀요. 헤지펀드들이 내가 가진 이 툴을 전적으로 신뢰하게 되기까지는 아주 오래 걸릴 거라고 봅니다. 사실 티커태그스를 발전시키는 동안에도 내 트레이드 아이디어를 헤지펀드에 자주 들려주곤 했어요.

**트레이드 포지션을 잡은 후에 아이디어를 공유했나요?**
헤지펀드에 내가 트레이딩하는 종목에 대해 거리낌 없이 말하곤 했어요. 심지어 포지션을 일부만 잡아놓은 상태에서도 말했죠.

**그렇게 정보를 나누다가 혹여 포지션을 다 취하기도 전에 그 종목의 가격이 움직이는 사태가 일어날까 걱정은 들지 않던가요?**

아뇨. 그 사람들이 내가 말하는 정보에 움직일 리가 없었죠. 내 방법론은 그들에게는 낯설고 뜬금없는 것이었어요. 그들로서는 이런 접근법을 마음 놓고 믿기 힘드니 혹시나 트레이드에 진입한다고 해도 당연히 나보다는 그 종목에 다가가는 속도가 훨씬 느릴 수밖에 없었죠.

혼자 이렇게 고민했던 적이 있어요. 왜 월스트리트는 내 방법론을 조금 더 진지하게 고민하지 않는 것인가? 티커태그스를 세우기 전까지는 왜 그러는지 전혀 이해할 수가 없었습니다. 회사를 세우고 2년 동안 2주에 한 번은 뉴욕에 갔어요. 상위 헤지펀드 중 찾아가 보지 않은 데가 없을 정도였어요. 펀드 매니저들은 두말할 나위 없이 아주 명석한 사람들이었어요. 문제는 그들 세상에는 잡음이 너무 많다는 겁니다. 세상과 시장을 보는 방식이 저마다 달랐어요. 그들만의 공고한 방식으로 세상과 시장을 바라보고 있는데, 내 방법을 선택하는 것은 너무 극단적이고 급진적인 변화였어요. 대화량 등으로 특정 주가의 움직임을 판단하는 것은 생각도 못 할 일이었죠. 그들은 그래 본 역사가 없으니까요. 그들은 데이터의 신뢰성을 더해줄 높은 상관관계를 원했습니다.

넷플릭스와 관련된 대화량이 갑자기 치솟는다고 해서 번번이 주가가 치솟는다고는 장담할 수 없어요. 그건 어쩌다가 한번 나오는 호재였습니다. 데이터를 이해하고 해석하는 게 중요합니다. 그리고 그 결과를 기꺼이 신뢰할 수 있어야 합니다. 헤지펀드 매니저들은 반복적이고 체계적인 정보를 원하죠. 그들은 이런 접근법을 취한다면 고확신 트레이드 정보를 얼마나 자주 접할 수 있는지 알고 싶어 했습니다. 나로서는 단정적인 답을 해주기가 곤란한 부분이었어요. 1년에 손에 꼽을 수도 있고, 25번이 넘을 수도 있으니까요. 그들은 수천 종목의 티커에 효과적으로 반복 적용할 수 있는 방법론을 원합니다. 그들은 이 데이터의 적용 방식이 가변성이 높다는 사실에 마음을 놓지 못했어요. 하지만 나는 아니죠.

자기 방법론이 아닌 한 신뢰하기가 힘들죠. 대중에게 판매되는 시스템 중에서 가치 있는 시스템이 몇 퍼센트나 될까요. 그렇더라도 내가 항상 말하는 게 있습니다. 만약 판매 중인 시스템의 90% 이상이 합리적인 리스크 수준에서 수익을 내더라도—물론 그냥 말하는 비율이기는 합니다만—그 시스템을 구입한 사람의 90% 이상은 여전히 손실이 나고 있을 것이라고 장담합니다. 이유가 뭘까요? 아무리 좋은 시스템과 방법론도 손실이 나는 기간이 있고, 본인이 개발한 방법론이 아닌 이상 무한히 신뢰하기 힘듭니다. 그렇다 보면 결국에는 포기하게 되는 겁니다. 카밀로 씨는 헤지펀드에 그들이 처음 보는 전략을 제시했습니다. 그들로서는 카밀로 씨처럼 그 전략을 신뢰하기가 힘들 수밖에요. 심지어 카밀로 씨도 지금처럼 확신하기까지 여러 해가 걸렸을 테니까요.

그냥 여러 해가 아니죠. 내가 내 방법론을 지금처럼 크게 확신하기까지 10년 넘게 걸렸으니까요.

태그 하나에서 대화량이 갑자기 늘어난다면 그건 강세장을 의미할 수도 있지만 반대로 약세장의 신호가 되지도 않을까요?

그래서 대화의 내용을 봐야 합니다. 대화의 방향이 어느 쪽인지 보는 데는 오래 걸리지 않습니다. 대화량 데이터만 가지고 트레이드에 진입하는 실수는 절대로 하지 않습니다. 내가 트레이드에 진입할 때는 그 종목과 관련된 대화 내용에 무언가 주제가 있어야 합니다.

내가 지금 진입해 있는 종목이 좋은 예가 되겠군요. 두 달쯤 전에 저가 화장품 제조사인 엘프를 거론하는 대화량이 급증했어요. 지난 몇 년간 실적 부진에서 헤어나오지 못하던 회사였죠. 대화량 급증만으로는 아무 의미가 없었어요. 대화량이 늘어난 게 소비자가 제품을 좋아해서인지, 불만이 있어서인지를 알아야 했습니다.

더 자세히 확인하니 제프리 스타라고 유튜브 구독자 수가 1500만 명인 메이크업 강사 겸 아티스트가 만든 동영상이 대화량 급등의 원인이었어요. 동영상에서 제프리는 얼굴 반은 월마트와 타깃에서 8달러를 주고 산 엘프 제품으로 화장을 하고, 반대쪽은 60달러짜리 고가 제품으로 화장을 했어요. 그는 8달러짜리도 60달러짜리 못지않게 화장이 잘된다고 말했죠. 그의 말 한마디에 소비자의 인식이 바뀐 겁니다. 드럭스토어 전용의 싸구려 화장품에서 괜찮은 품질을 가진 화장품으로 엘프의 브랜드 이미지가 변하게 된 거죠. 두 달 만에 주가가 50% 이상 올랐어요. 엘프 주식을 분석하는 애널리스트들도 제프리 스타가 누구인지 몰랐을 거라고 장담합니다.

**똑같은 단어 조합으로 주식의 강세와 약세를 찾아내는 데 동시에 사용한 적이 있나요?**

있지요. 총기 회사 스미스 앤 웨슨이 좋은 예입니다. '총'과 '강좌'의 조합은 총기류 구매량 증감을 파악하기에 좋은 지표이지요.

**'총'과 '강좌'요?**

예. 강좌입니다. 왜인지 궁금하시죠? 처음으로 총기류를 구매한 사람은 총기류 강좌를 검색해요. 총기류 판매를 알아보는 또 다른 좋은 지표로는 '총'과 '금지'가 있습니다. 나는 총기류 금지를 우려하는 사람들과 총기류 강좌를 검색하는 사람들의 수가 급증하면 총기류 판매가 늘어나는 조기 신호라고 판단했어요. 그래서 이런 단어 조합을 스미스 앤 웨슨의 제조사인 아메리칸 아웃도어스 브랜드 코퍼레이션의 매수 신호로 해석한 적이 한두 번이 아닙니다. 반대로 트럼프가 취임했을 때는 같은 단어 조합을 매도 신호로 해석했죠. 총기류 금지와 총기류 강좌를 언급하는 사람들의 수가 눈에 띄게 줄었어요. 당연히 총기류 시장 매출이 급감했고 주가도 폭락을 면치 못했어요.

같은 단어 조합으로 해당 종목의 상승과 하락을 예상하는 데 모두 이용한 사례가 또 있는데, 미국 최대 지붕 자재 유통회사 중 하나인 비컨 루핑이었어요. 예년보다 우박 피해가 심하면 비컨 루핑의 매출액도 늘어나요. 우박으로 인한 재산피해가 얼마인지 바로 알기는 힘들어요. 우박을 동반한 폭풍이 아무리 심해도 주택이 많은 인구 밀집 지역에 닥친 폭풍우는 지붕 자재 시장에 구멍 하나 뚫지 못할 테니까요.

**그냥 하는 농담은 아니네요.**

맞아요. 그냥 농담이 아니에요. (그는 자기가 말하고도 우습다는 기색이었다) 보험회사에서 지붕 파손 보험금 청구 금액을 추산하는 보고서를 발표하기는 하지만, 그건 폭풍우가 지나가고 몇 달이나 지나서죠. 내가 검색하는 단어 조합은 '지붕', '우박', '파손' 등이에요. 3월부터 5월까지는 이 단어 조합이 급증하는 시기예요. 두 해 전에는 예년 같은 시즌의 증가량보다도 이 단어 조합의 대화량이 3배나 급증했어요. 연달아 세 번에 걸쳐 대화량이 비정상적으로 급증했죠. 이번 계절에는 우박 피해가 극심했다는 사실을 알아채고는 비컨 루핑 주식에 매수 포지션을 잡았어요. 예상대로였죠. 비컨 루핑이 아주 강한 실적 보고서를 발표했거든요. 작년은 반대로, 같은 3월부터 5월까지 똑같은 단어 조합이 등장하는 대화량이 크게 줄었어요. 그리고 비컨 루핑의 주가는 거의 50% 추락했습니다.

아까 티커태그스의 태그가 100만 개가 넘는다고 하셨죠. 그러면 그런 태그 중 극히 일부만 팔로우가 가능할 것 같은데요. 무슨 태그를 팔로우할지는 어떻게 결정하나요? 그리고 중요한 트레이드를 놓치지 않기 위해서는 어떤 방법을 쓰나요?

세세한 태그까지 다 확인하는 건 불가능하죠. 그래서 나는 '우산 태그'를 사용합니다. 우산 태그는 특정 주제가 소셜 미디어에서 갑자기 늘어나고 있다는 것을 조기에 알려주고 더 자세히 봐야할 태그에 대한 인사이트를 얻게 해 줍니다.

**우산 태그에는 어떤 것이 있습니까?**

'obsessed(중독)'과 'new'에 'game'이라는 단어를 조합하면 온라인에서 새로운 게임에 대한 대화가 급증할 때 미리 알 수 있어요. 우산 태그는 이런 식으로 그 순간에 내가 팔로우를 시작해야 할 특정 게임이 무엇인지를 알게 해주는 단서가 됩니다. 어떤 때는 내가 처음 들어보는 게임일 때도 있어요.

**우산 태그의 단어 조합은 아까 말한 '총'과 '강좌', '지붕'과 '우박'과 '파손' 같은 단어 조합하고 어떻게 다른가요? 어째서 그런 것을 '우산 태그'라고 부르는 건가요?**

우산 태그는 섹터 범주 전체에 적용이 가능한 단어들을 조합한 것이에요. 예를 들어 완구류 범주 하나만 해도 내가 관찰해야 하는 단어 조합이 수백 개, 심지어는 수천 개가 될 수도 있어요. 하지만 '장난감'이라는 말에 '중독'이라는 감정 단어를 결합하면 그날 완구류 섹터에서 어떤 이례적인 일이 벌어지고 있는지를 식별할 수 있습니다.

결국 우산 태그의 단어 조합은 특정 종목 하나가 아니라 한 섹터 전체에서 벌어지는 현상을 알려주는 신호겠군요.

바로 보셨어요. 어떤 우산 태그는 하나의 섹터만이 아니라 특정 트렌드를 파악하게 해주는 넓은 의미를 지니기도 해요.

**그런 광범위한 의미의 우산 태그로는 무엇이 있습니까?**

무언가를 '못 찾겠어요'라는 말이 대표적이긴 합니다. 사실 나는 우산 태그에 대해서는 기밀 엄수 주의라서요. 특히 포괄적인 우산 태그는 더더욱 남한테는 말하지 않습니다.

**광범위한 우산 태그가 보낸 신호로 잡았던 대표적인 트레이드가 무엇인지 궁금하네요.**

몇 년 전에 광범위한 우산 태그가 '엘머스 글루'에 대한 멘션이 급증하는 걸 찾아냈어요. 처음에는 무척 황당했습니다. 왜 엘머스 글루지? 더 검색해보니 엘머스 글루 멘션은 슬라임 놀이와 관련이 있더라고요. 왜 그때 아이들 사이에서 슬라임 놀이가 선풍적인 유행이었잖습니까. 슬라임의 주재료가 엘머스 글루라서 불티나게 팔려나갔지요.

**엘머스 글루 제조사는 어디인가요?**

뉴웰 브랜즈였어요.

**엘머스 글루가 그 회사에서 비중이 큰 제품인가요?**

그 부분이 흥미로웠지요. 엘머스 글루는 뉴웰 브랜즈에서 차지하는 비중이 아주 작았어요. 게다가 뉴웰 브랜즈는 성장 속도가 거북이 걸음마였어요. 나는 슬라임 놀이가 이렇게나 선풍적으로 유행을 하니 엘머스 글루 판매도 최소 50%, 많으면 100%까지도 오를 수 있을 거라고 계산했어요. 성장률이 연 1.5%밖에 되지 않는 회사에서 그 정도 매출 증가라면 회사의 운명 자체가 바뀔 수도 있는 일이지요. 엘머스 글루의 판매 폭증에 힘입어 해당 분기 순이익도 17%가 올랐습니다. 내가 아주 뿌듯해하는 트레이드입니다. 뉴웰 브랜즈를 분석하는 그 누구도 엘머스 글루의 판매량 증가에 주목할 생각은 하지 못했으니까요.

**트레이드 진입부터 청산까지 어떤 프로세스를 따르시나요?**

아직 시장이 모르거나 주목하고 있지 않다 싶은 정보를 보면 그게 회사의 운명을 바꿀 만한 정보인지부터 판단해야 합니다. 대기업이고 정보가 특정 사업 부문에만 한정돼 있으면 매출에도 큰 영향을 주지 못하거든요. 이 정보가 회사의 성장에 잠재적으로 중요한 영향을 미칠 수 있다고 판단하면, 그다음으로 투자 대중에게 그 정보가 어느 정도나 퍼져 있는지를 알아봐야 합니다. 시장이 아는 정보라면 가격에도 반영돼 있을 겁니다. 중요한 정보인 데다 아직 시장에 널리 퍼지지 않은 정보라면, 내가 트레이드 포지션을 잡고 있는 동안 회사에 유의미한 영향을 줄 만한 외적 요소가 있는지 조사해야 합니다. 소송 중이라거나, 경영진에 변화가 있다거나, 신제품 라인이 등장하는 등 내 트레이드 아이디어의 밑천이 된 정보를 무의미하게 만들 만한 의외의 요소가 있는지 알아봐야죠. 이렇게 정보의 효력을 반감시킬 만한 요소들이 없다는 판단이 들면 그제야 나는 '정보 불균형' 상태라는 결론을 내립니다.

이 방법론이 재미있는 게, 사실 나는 회사의 다른 펀더멘털이나 주가 움직임 같은 것은 전혀 모른 채로 이 방법론을 적용하거든요. 나한테는 그 회사가 저평가인지 고평가인지는 중요하지 않아요. 시장이 이미 알고 있는 정보를 토대로 비교적 효율적으로 움직인다는 게 내 기본 가정입니다. 그러다가 내가 아는 새로운 정보가 그림에 추가되는 순간 주가도 거기에 맞게 달라질 겁니다.

마지막 단계로 트레이딩 창구를 정합니다. 그래야 어떤 옵션을 사는 게 적절한지 정할 수 있으니까요. 예를 들어, 신작 영화가 예상보다도 훨씬 크게 흥행할 것 같아서 디즈니 주식에 진입했다면, 나는 만기일이 개봉 주말 이후인 옵션을 삽니다. 이때 옵션 프리미엄 비용을 가능한 한 최저로 유지하기 위해서는 정보가 시장에 퍼질만한 시점 직후에 만기일이 있는 옵션을 선택해야 합니다. 통상적으로 옵션 만기일은 실적 발표일 전후로 있는 편이지만, 제품 출시라든가 아니면 순이익 예측에 도움이 되는 카드 사용 내역 데이터 확보도 옵션 만기일을 정하는 한 요소입니다. 만약 실적 발표 전에 정보가 균형을 이룰 것이라고 기대하는 게 합리적이라면, 그때는 만기가 실적 발표일 전인 옵션을 매수하는 게 훨씬 유리합니다. 그런 옵션 가격에는 실적 발표일 전후의 높은 변동성이 반드시 반영되는 건 아니라서요.

### ▮ "정보의 평형이 이뤄진 순간이 내가 청산하는 시기입니다"

**그런 방식으로 트레이드에 진입하는 거군요. 그러면 청산은 어떻게 하시나요?**

나는 시장이 아직 보지 못하거나 진가를 모르는 정보를 딱 하나 가지고 있을 뿐이지만, 주가를 움직일 수 있는 요소는 매우 많습니다. 내 방법론을 비유하자면, 룰렛 게임에서 검은색 숫자 다섯 개를 제거한 상태에서 빨간색에 돈을 거는 것과 비슷합니다. 내가 투자의 성공을 자신한다는 뜻이 아니라 지식의 우위에 있다는 뜻이죠. 매도를 추천하는 금융회사의 분석 보고서로든, 언론 보도로든, 아니면 회사 자체의 보고서로든 내가 가진 정보가 어느 순간에는 월스트리트에도 퍼집니다. 나는 이걸 '정보의 평형'이라고 부르고, 그 순간이 내가 청산하는 시기입니다. 정보의 평형이 발생하면 나는 곧바로 포지션을 정리해야 합니다. 나는 정보 불균형이 존재할 때만 보유 상태를 유지하고, 정보의 평형이 등장하는 순간 청산해야 합니다.

**그 트레이드가 수익이 나고 있는지 손실 중인지와는 상관없이요?**
정보의 평형이 등장했을 때 내 트레이드가 수익 중인지 손실 중인지 하고는 전혀 상관이 없는 문제이지요. 어느 쪽이든 내 방법론을 따르는 게 더 중요하니까요.

**지금 주가가 얼마인지는 알 필요도 없다는 말로 들리네요.**
주가가 얼마인지 알려고 하지도 않습니다.

**헤지펀드는 언제 시작했고 왜 접었나요?**
티커태그스 프로젝트가 완성에 접어들 즈음에, 남들이 한번 해보는 게 어떠냐고 권하니 헤지펀드를 차리는 쪽으로 마음이 동하더군요. 사람들이 내 수익률을 보고는 같은 방식으로 더 큰 금액을 굴린다면 헤지펀드로서도 손색이 없을 거라고 했죠.

**나라도 같은 말을 했을 겁니다.**
티커태그스가 헤지펀드에 딱 맞는 프로그램이라는 것을 사업 콘셉트로 잡았어요. 1년 반 정도 가족 펀드를 운영하는 사람들을 만나고 다녔고, 23명의 투자자를 모집했습니다. 주로 댈러스 지역의 투자자들이었죠. 위탁받은 자산이 거의 1000만 달러였습니다. 펀드를 차리는 경비로 25만 달러가 들었고요. 헤지펀드를 차리니 그렇게 재미있을 수가 없었습니다. 그건 투자에서도 조금은 다른 세상이고 나는 그 세계에 들어간 적이 없었으니까요.

**헤지펀드 이름은 뭐라고 지었습니까?**

SIA요. 소셜 인포메이션 아비트리지Social Information Arbitrage의 약자입니다. 티커태그스의 베타 모드 완성 시기에 맞춰서 헤지펀드를 출시했습니다.

**카밀로 씨의 방법론을 본인의 헤지펀드에만 사용하지 않고 티커태그스를 통해 다른 펀드에도 파는 것이 꺼려지지는 않았나요?**

전혀요. 티커태그스의 가치가 내 작은 헤지펀드의 가치를 훨씬 능가한다고 생각했거든요. 티커태그스를 데이터 프로그램으로 마케팅하려고 헤지펀드 사람들을 만나고 다녔는데, 첫 주부터 문제가 생겼어요. 그들은 티커태그스의 콘셉트는 무척 마음에 들어 했어요. 하지만 내가 헤지펀드를 운용하는 한 나를 다시 만날 일은 절대로 없을 거라고 하더군요. 내가 그들보다 먼저 데이터를 확인하고서 프론트 러닝 front-running(선행매매)을 할지도 모르는데, 그런 위험을 감수하고 싶지 않다고 했습니다. 둘 다 할 수 있다고 생각하다니, 내가 순진했던 거죠. 간단히 말해서 그 헤지펀드의 영업일은 딱 60일이었고, 결국 나는 펀드를 청산하기로 했어요.

**카밀로 씨의 티커태그스 사업에 방해가 되기 때문에 영업을 시작하자마자 펀드를 접은 거군요?**

그게 옳은 결정인지 틀린 결정인지는 모르겠지만, 어쨌든 내 결정은 그랬습니다.

## | 최고의 선택, 최악의 시장

**펀드 폐쇄를 결정하기 전에 트레이딩했던 종목이 있습니까?**

두 건의 트레이딩을 했습니다. 첫 번째 종목은 잭스 퍼시픽이라는 작은 완구회사였습니다. 디즈니의 〈겨울왕국〉과 정식 라이선스 관계를 맺고 출시한 스노우 글로우 엘사 인형 때문에 그 종목을 매수했어요. 크리스마스 시즌에 맞춰 출시된 상품이었죠. 그 상품은 그해 크리스마스 시즌만이 아니라 이후 7~8년 정도는 연휴 시즌마다 가장 인기 있는 상품이 되었어요.

**디즈니 영화와 제휴를 맺고 출시한 제품이니 그 인형의 높은 매출액을 다른 사람들도 다 알아보지 않았을까요?**

〈겨울왕국〉과 라이선스 계약을 맺은 제품들이 워낙에 많았기 때문에 남들도 다 그 완구회사의 진가를 알아본 건 아니었습니다. 재미있는 게, 인기 제품이 등장하면 사람들이 다 거기로 모여들더라고요.

**신제품 인형이었는데, 어떤 태그로 그 인형의 인기를 감지할 수 있었나요?**

모든 회사마다 맞는 태그가 있어요. 리서처들이 분기마다 기업 정보를 업데이트해서 유의미한 새로운 태그가 나오면 추가합니다. 스노우 글로우 엘사도 그렇게 새로 추가한 태그였어요. 지난 5~6년 동안 연휴 시즌에 인기 있었던 완구류들을 벤치마크 삼아서, 스노우 글로우 엘사의 대화량과 다른 완구류의 대화량을 비교했죠. 이 인형이 블록버스터가 될 것이라고 직감했고, 실제 결과도 그랬죠. 그건 중요한 기준에 완벽하게 부합하는 고확신 트레이드였어요. 다시 말해, 시장이 아직 이 인형이 얼마나 대단한 인기 상품이 될지 알아보지 못한다는 것과 회사가 초고속 성장을 하게 될 것이라는 기준 말입니다.

**워낙 작은 회사였으니 그때 크게 성장했겠네요.**

어마어마했죠. 그러니 내가 그 트레이드를 뿌듯해 할 수밖에요. 내가 헤지펀드를 세우고 첫 트레이드였습니다. 실적 발표 전날 밤에는 잠도 잘 안 오더라고요. 다음 날 회사가 발표한 실적은 기대치를 가뿐히 뛰어넘었습니다. 프리마켓pre-market에서 주가는 30%나 올랐습니다. 세상을 다 얻은 기분이었어요. 나는 그저 내 투자자들에게 좋은 인상을 주고 싶을 뿐이었어요. 다 나와 잘 알고 지내는 같은 도시 사람들이었으니까요. 그런데 본장이 시작하기 직전에 10여 분 동안 주가는 30%가 빠졌고, 본장이 열리고 나서도 거의 오르지 못했습니다. 그리고 두 시간 동안 주가가 25% 내려가면서 회사 상장 역사상 가장 거래량이 많은 날 중 하나가 되었죠. 왜 그러는 건지 이유를 알 수가 없었어요. 도무지 이해되지 않았습니다.

그전까지 회사는 히트 상품을 하나도 내놓지 못하고 있었어요. 이제는 최대의 히트 상품이 생겼는데 주가가 급락하다니요. 이유는 2개월이 지나서야 알게 되었습니다. 회사는 과거 2~3년 동안 가시밭길을 걸어왔습니다. 최대 주주인 펀드가 11%의 지분을 가지고 있었는데, 그날 포지션 전량을 처분했던 겁니다. 잭스 퍼시픽은 거래량이 많은 주식이 아니었고, 이 펀드는 유동성이 강하고 풍부한 첫날에 포지션 전량을 처분하기로 결정을 내린 거지요.

**카밀로 씨의 말대로라면 실적 발표일에 '정보의 평형'이 이뤄진 것이니 발표가 나고 곧바로 포지션을 청산해야 맞지 않나요?**

내 포지션은 전량이 외가격 콜옵션이었어요. 옵션 가격이 행사 가격보다 약간 낮은 상태였죠. 본장이 보합세로 열렸다가 내려갔기 때문에 나로서는 포지션을 청산할 기회가 없었습니다.

**결국 옵션 프리미엄을 하나도 건지지 못했다는 말이네요. 그 종목 트레이딩으로 펀드 전체 자본에서 몇 퍼센트를 잃었나요?**
4% 정도였습니다. 펀드의 두 번째 트레이드에서는 같은 금액으로 수익이 났어요. 그러니 펀드 폐쇄를 결정했을 때는 잃은 것도 번 것도 없었죠. 내 펀드에서 손해가 난 사람은 나 하나였어요. 그 펀드를 세우느라 25만 달러를 썼으니까요.

**첫 트레이드에서 돈을 잃었을 때는 펀드 폐쇄 결정을 내리게 될 것이라고는 카밀로 씨 본인도 몰랐죠. 첫 트레이드에서 손실이 난 게 신경이 쓰였나요?**
신경이 쓰이다마다요. 남의 돈을 굴려주려면 무엇이 필요한지 톡톡히 배운 경험이었습니다.

**본인 돈을 잃은 것보다 더 신경이 쓰였겠군요.**
괴로워 죽을 지경이었죠. 내 계좌를 굴려서 잃는 돈이라면 10배를 잃어도 그렇게나 골치가 아프지는 않았을 겁니다. 나는 고확신 트레이드에서는 어지간해서는 돈을 잃지 않아요. 그런데 이건 어느 때보다 크게 확신하며 들어간 트레이드였어요. 같은 기회가 10번 오면 10번 다 할 겁니다.

### ▌"관심 가진 주제에만 집중하는 게 내 강점입니다"
카밀로 씨의 접근법은 내가 인터뷰한 트레이더들과는 아주 다릅니다. 카밀로 씨

**는 자신이 다른 트레이더들과 어떤 점에서 다르다고 생각하시나요?**

나는 절대로 실력 있는 기술적 트레이더나 펀더멘털 트레이더는 되지 못할 겁니다. 두 방법론은 내 취향이 아니거든요. 매일 밤 내 분석을 하면서 보내는 그 4시간을 나는 정말로 사랑합니다. 다음의 위대한 트레이드로 나를 이끌어줄 아이디어를 언제쯤 만나게 될지는 나로서도 알 수 없습니다. 이건 어렸을 때 개라지 세일을 하면서 느꼈던 기분과 같습니다. 밤이면 분석 프로세스를 시작하지만 내가 무엇을 발견하게 될지는 나도 모릅니다. 그냥 그 매일의 분석 작업이 즐거워서 하는 거고, 그게 내가 그 방법을 잘하는 이유입니다.

내 방식은 다른 트레이더들과는 많이 다르죠. 나처럼 리스크를 잘 견디는 트레이더는 좀처럼 찾기 힘들 겁니다. 나는 손절매 예약 주문 설정을 사용한 적이 없어요. 대다수 트레이더는 "손실 중인 포지션에 추가 매수를 하지 마라."라고 말할 겁니다. 내 포지션이 현재 손실 중인데 정보의 배분에 아무 변화가 없으면 나는 포지션을 2배로 높입니다. 주가는 신경 쓰지 않아요. 다른 트레이더들은 체계적이고 규칙적인 방법론을 원합니다. 나는 체계적이고 규칙적인 방법론과는 최대한 멀리 떨어진다는 입장이지요.

**카밀로 씨 본인의 개인적 기질이 성공에 중요한 역할을 했다고 보나요? 타고난 기질은 무엇이고 학습으로 얻은 기질은 무엇인가요?**

내가 지금 어린아이였다면 아마도 ADD 진단을 받았을 겁니다. 내가 관심을 가지는 주제에만 집중하는 능력이야말로 내 최고의 강점이지요. 내가 하는 분석은 작업량이 어마어마하고 대개는 바로 보상을 얻기도 힘들어요. 고확신 트레이드를 찾아내지 못하고 몇 달을 그냥 보내야 할 수도 있습니다.

**ADD가 맞는 표현일까요? 그건 집중력이 없을 때 나오는 진단 아닌가요?**

제 생각은 다릅니다. ADD는 집중력이 없는 것을 말하지만, 원래부터 관심이 있는 것에는 예외지요. 정말로 관심이 있는 분야에는 오히려 고도의 집중력을 보이게 됩니다.

**중요한 영향을 미친 또 다른 기질이 있나요?**

인내심이죠. 트레이드 기회는 불현듯 갑자기 등장하잖아요. 그런데 그게 언제 오고 어떤 회사일지는 모르는 일입니다. 매일 내가 하는 분석을 계속하다 보면, 당장 내일 기회가 올 수도 있고 몇 달 뒤에 올 수도 있어요. 그때 그 기회를 움켜쥐면 됩니다. 그런 트레이드가 등장하기까지 참고 기다리기만 하면 되는 일이죠.

**타고나기를 인내심이 강한 편인가요?**

오히려 정반대죠. 처음 트레이딩을 시작했을 때는 참을성이라고는 전혀 없었어요. 15년을 트레이딩하면서 조금씩 인내심을 기를 수 있었어요. 지금이야 인내심에서는 어떤 트레이더한테도 뒤처지지 않는다고 자부합니다. 내가 쓰는 전략 자체가 비상한 인내심이 필요하거든요. 내 방법론을 이용하면 이상적인 트레이드는 두 달에 한 번 정도에 불과해요. 매일 그렇게 고되게 분석하면서도 트레이딩은 가물에 콩 나듯 해야 하니 참고 기다리기가 힘들기는 합니다. 그 점이 아직도 많이 어려운 부분이기는 해요.

**트레이더를 희망하는 분들에게 해주고 싶은 조언이 있나요?**

월스트리트의 전문 트레이더들은 이렇게 하고 있다는 생각에 자신에게 맞지도 않는 쪽으로 변하려고 하지 마세요. 수학에는 도통 관심도 없고 재능도 없다면 수학에는 파고들지 마세요. 아무 배경지식도 없으면서 섣불리 금융 분석 기법을 배우려고 하지 마세요. 본인의 배경에 맞는 기법을 찾을 수 있습니다. 지식을 공부하는 것이건 크게 관심이 가는 분야이건 말입니다. 거기에 시간을 아끼지 말고 투자해서 깊은 전문 능력을 기르세요. 자신에게 맞는 방법을 쓴다면 척척박사라는 사람들을 이길 수 있습니다. 전문 트레이더들 대부분이 척척박사인 사람들이잖아요. 본인이 뛰어난 능력을 발휘할 수 있는 틈새를 찾아내야 합니다. 나는 신참 트레이더에게 이렇게 묻고 싶습니다. "본인이 공략하는 틈새는 무엇입니까?" "당신은 어느 분야에 전문 지식이 있나요?" "순수하게 열정 하나만으로 없는 시간까지 쪼개가면서 하루에 4시간을 분석하고 조사해도 아깝지 않은 방법은 무엇입니까?" 투자는 관심거리를 현금화할 수 있는 유일무이한 산업입니다. 그러니 내가 이렇게나 신이 날 수밖에요.

성공적인 트레이더가 되려면 자신에게 맞는 시장 접근법을 찾아내야 한다. 내가 인터뷰한 마법사들 중에서 카밀로만큼 이 원칙을 극명하게 입증한 사람도 없었다. 카밀로는 단순히 본인에게 맞는 접근법을 찾아낸 것을 넘어 완전히 새로운 유형의 트레이딩 방법론을 발명했다. 펀더멘털 분석에도 기술적 분석에도 매력을 느끼지 못한 카밀로는 소셜 차익거래라는 제3의 시장 분석 방법을 발굴했다. 이것은 주식에 영향을 미칠 가능성이 높지만, 아직 주가에는 반영되지 않은 사회적 변화나 트렌드를 간파해서 수익을 내는 방법이다. 카밀로는 처음에는 일상의 변화를 관찰해서 트레이드를 찾아냈지만 결국에는 티커태그스라는 소프트웨어를 개발했고, 이후 소셜 미디어는 그가 트레이드 기회를 찾아내는 가장 중요한 도구가 되었다.

이렇게 반문하는 독자가 많을 것이다. "소셜 미디어를 트레이딩 도구로 활용한다는 아이디어가 매력적이기는 하지만, 티커태그스를 이용할 수 없는데(티커태그스는 현재 기관 고객들만 구독할 수 있다) 그게 나한테 무슨 도움이 된다는 것인가?" 이렇게 말하는 사람들은 더 큰 부분을 놓치고 있다. 티커태그스가 사회와 문화 트렌드를 굉장히 효율적으로 간파하게 해주는 수단이기는 하지만, 유일한 수단은 아니라는 사실이다. 카밀로는 티커태그스를 개발하기 전에도 10년 동안 일반적인 접근법을 사용해서 대단히 성공적인 수익을 올렸다. 요점은 관찰력을 기르고 소비자 행동의 새로운 트렌드를 간과하지 말아야 한다는 것이다. 그렇다면 일상생활도 소셜 미디어도 훌륭한 트레이드를 찾아내기 위한 좋은 원천이 될 수 있다. 예를 들어, 카밀로는 중서부에서 치즈케이크 팩토리와 피에프창 매장이 북새통을 이루는 것을 보면서 기회를 발견했다. 월스트리트에서는 두 레스토랑 체인점이 얼마나 인기가 있는지 아직은 모르고 있었다. 제품에 대한 소비자 반응을 먼저 파악한다면 대형주에서도 좋은 기회를 찾아낼 수 있다. 이를테면 처음 아이폰이 출시되었을 때 소비자들의 반응을 보고 카밀로가 애플에 매수 포지션을 잡았던 것이 좋은 예이다.

## ㅣ손해를 봤다고 나쁜 트레이드가 아니다

여기서 질문, 카밀로는 자신의 헤지펀드에서 첫 트레이드로 잭스 퍼시픽 콜옵션에 대한 매수 포지션을 취했지만, 지불했던 옵션 프리미엄을 한 푼도 건지지 못했다. 그는 어떤 실수를 했던 것인가? 독자는 스스로 답을 고민한 후 아래를 읽기 바란다.

이제 답이다. 질문 자체가 속임수였다. 그는 실수하지 않았고, 그 점을 중요하게 봐야 한다. 카밀로는 자신의 방법론을 철저히 따랐고, 다른 때보다도 크게 확신을 하면서 매수 포지션을 잡았다. 회사 역사상 유례 없는 매출액 증가를 기록했으니 상승에 베팅을 하는 것이 당연했다. 다만 카밀로가 전혀 예측하지 못했던 변수가 문제였다. 지분이 가장 큰 대주주가 수익을 실현하기 위해 포지션을 전량 청산하면서 급등 조짐을 보이던 주식이 순식간에 급락하고 말았다. 가끔은 아무리 세심하게 계획을 세운 트레이드일지라도 실패할 수 있다. 하지만 그렇게 했던 트레이딩에서 손실이 난다고 해서 잘못된 트레이드라고 치부해서는 안 된다. 그 반대이다. 카밀로는 만약 똑같은 트레이드를 또 만난다면 그때도 마찬가지로 계획대로 할 것이라고 말한다. 사실 어떤 트레이드에서 손실이 날지 선험적으로 아는 것 자체가 불가능한 일이기 때문이다. 그러니 교훈을 잊지 말자. 손해를 본 트레이드와 나쁜 트레이드를 혼동해서는 안 된다. 두 개를 엄연히 다른 것으로 구분해야 한다. 손실이 나도 좋은 트레이드일 수 있고, 이익이 나도 나쁜 트레이드일 수 있다.

현재 포지션을 홀딩 중인 상태일 때는 남의 말에 신경 쓰지 말아야 한다. 본인의 접근법을 지키고 반대되는 의견에 휘둘리지 않도록 조심해야 한다. 카밀로도 그렇게 했다가 지금까지도 후회하는 종목이 있다. 그는 반대되는 시장 의견을 듣고 당황해서는 언더아머 콜옵션 포지션을 2/3나 청산했지만, 드러난 결과는 그의 트레이드 아이디어가 전적으로 맞는다는 것이었다. 이 일로 카밀로는 교훈을 얻었고, 넷플릭스 매수 포지션을 잡았을 때는 시장 의견과 반대였어도 흔들리지 않았다. 대중의 의견에 휘둘리다가는 두고두고 후회하는 처참한 결과를 낳을 수 있다.

내가 인터뷰한 트레이더들은 트레이드 기회를 기다릴 줄 아는 인내심이야말로 가장 귀중한 덕목이라고 손꼽아 말한다. 하지만 인내심은 기르기가 가장 어려운 덕목 중 하나이기도 하다. 카밀로도 고확신 트레이드에만 진입했다면 지금보다 수익률이 훨씬 높았을 것이라고 믿는다. "지난 여러 해 동안 저질렀던 큰 실수를 보면 언제나 트레이딩을 지나치게 많이 했을 때 나왔습니다." 카밀로의 접근법은 다 좋지만, 고확신 트레이드가 많아 봐야 두 달에 한 번, 심지어는 그것보다 훨씬 적게 등장할 수도 있다는 문제가 있다. 하루에 4시간씩 트레이드 기회를 검색하고 조사하면서 몇 달간 한 건의 트레이드에도 진입하지 못하는 상황을 견디는 게 쉬운 일은 아니다. 그러나 카밀로는 인내심을 기르기 위해 지금도 노력하고 있고, 과거보다 인내심이 좋아진 것이 성공적인 트레이딩 성적을 거두는 데 크게 기여했다고 믿는다.

모든 트레이드가 다 똑같은 것은 아니다. 카밀로도 그렇고 많은 트레이더도 트레이드마다 가지는 확신 수준이 다를 수 있다. 구체적인 방법론에 들어맞는 트레이드가 보일 때마다 다 진입한다거나 고확신 트레이드에 대해서만 포지션을 잡는 것이 아니라 그 중간을 취하는 전법도 있다. 바꿔 말하면 트레이드마다 포지션 규모를 다르게 할 수 있다. 고확신 트레이드에 대해서는 포지션을 크게 잡고, 확신이 높지 않은 트레이드에는 포지션을 작게 잡는 것이다.

## ▎자신감은 트레이더의 미래 지표

자신감은 트레이더의 미래가 어떨지를 알려주는 가장 훌륭한 지표이다. 시장의 마법사들은 앞으로도 시장을 꾸준히 이길 수 있다는 자신감이 상당히 높은 편이고, 카밀로의 자신감도 못지않게 높다. 그는 본인의 방법론을 크게 자신하고 강력한 시장 우위를 제공해줄 것이라고 확고하게 믿는다. 지금까지 좋은 결과를 내주었지만, 미래에는 더 좋은 결과를 만들어줄 것이라고 기대한다. 트레이더가 시장에서 이길 수 있다고 장담하는 말이 진짜인지 아닌지를 확인하게 해주는 한 가지 방법은 그들의 자신감 수준을 측정해보는 것이다. 트레이더는 자신에게 이렇게 물어야 한다. "이 트레이딩 방법론과 프로세스를 쓰면 시장에서 이길 수 있다고 자신할 수 있는가?" 단호하게 "그렇다."라고 답하지 못한다면 트레이더는 본인의 접근법을 더 자신하기 전까지는 리스크 노출을 엄격하게 제한해야 한다.

카밀로는 14세에 처음으로 트레이딩을 했다. 내가 인터뷰한 성공적인 트레이더 중 상당수는 이른 나이부터 트레이딩과 시장에 대해 흥미를 보였다. 이런 특징에 부합하는 트레이더라면 아마도 성공 가능성이 평균 이상은 되지 않을까.

성공적인 트레이더는 자기가 하는 일을 사랑한다. 카밀로가 성공 트레이더가 될 수 있었던 것은 흥미와 열정을 가지고 시장에 접근할 수 있는 본인만의 접근법을 찾아냈기 때문이었다. 실제로도 그의 방법론은 어린 시절 기업가 흉내를 낼 때와 비슷한 점이 무척이나 많다. 그는 펀더멘털 분석에도 기술적 분석에도 매력을 느끼지 못했고, 만약 그가 이 두 가지 전통적인 방식을 따랐다면 성공이 아니라 실패한 트레이더가 되었을 것이다.

피터 브랜트 Peter Brandt

# 의견은 강하게,
# 홀드는 약하게

**피터 브랜트**는 자신의 강점은 리스크 관리이며, 자신의 우위는 원칙과 인내심, 그리고 계획적인 주문 수행에서 나온다고 말한다. 그는 자신의 철칙을 깬 트레이드로 손실을 입고 난 후에야 기본의 중요성을 절감했다. 의견은 강하게, 홀드는 약하게. 그의 트레이드 모토이다.

아주 놀라운 사실이었다. 내가 인터뷰한 시장의 마법사들은 상당수가 첫 트레이딩에서 된통 쓴맛을 봤다. 몇몇은 여러 번이나 그런 쓴맛을 봤다. 실패했던 경험이라면 피터 브랜트도 둘째가라면 서러울 정도였다. 그러나 브랜트에게는 남들과 다른 점이 있었는데, 그는 처음의 처참한 패배를 딛고 일어나 그 후 10년은 눈부신 성공을 거두었지만, 이른바 감을 몽땅 잃고는 뒤도 돌아보지 않고 트레이딩 세계를 떠났다. 그리고 트레이딩 인생 2막을 재개하고 오랫동안 높은 성과를 내고 있다.

브랜트는 뼛속까지 구식 기법을 고수한다. 그의 트레이딩은 고전적인 차트 분석을 충실하게 따른다. 다시 말해 브랜트는 리처드 섀배커가 1932년에 발표한《기술적 분석과 주식시장의 이익*Technical Analysis and Stock Market Profits*》이 첫 포문을 열고 나중에 로버트 D. 에드워즈와 존 맥기가 1948년에《주식 추세의 기술적 분석*Technical Analysis of Stock Trends*》을 출간하면서 대중화한 차트 분석의 맹신자이다.

브랜트는 1970년대 초에 원자재 브로커로 트레이딩 시장에 입문했다.

그 시기에 고인플레이션과 원자재 가격이 폭
등하면서 이제 원자재는 금융시장의 산간벽
지가 아니라 새로운 핫플레이스로 바뀌게 되
었다. 그때의 선물시장은 상품, 즉 원자재만
취급했기 때문에 정식 명칭은 상품시장이었
다. 그러다가 1970년대 초를 기점으로 통화
와 금리, 주가지수 선물이 등장했다.[*] 오늘날
은 이것들이 선물시장에서 압도적인 비중을
차지하는 만큼 상품시장이라는 명칭은 다
소 어폐가 있다(선물시장에서 행해지는 트레이딩
은 대부분이 금융 선물에 집중돼 있으므로 선물 트

■ **선물시장**

현시점이 아니라 미래의 특정 인도일
에 넘겨줄 원자재나 금융상품을 거래
하는 곳이다. 리스크 헤저가 얻을 수 있
는 선물시장의 장점으로는 다섯 가지
를 손꼽을 수 있다. 첫째, 선물 계약은
표준화된 계약 방식이므로 직접 구매
자를 찾아 나서지 않아도 된다. 둘째,
거의 모든 거래가 온라인으로 거의 곧
바로 체결된다. 셋째, 선물 거래 비용
(수수료)은 개별적인 선도계약에 드는
비용에 비교하면 대단히 미미하다. 넷
째, 선물 계약의 최초 계약일과 최종 거
래일 사이에 언제라도 반대매매를 할
수 있다. 다섯째, 선물거래소가 선물 계
약을 보증해준다.

레이더라고 하면 사실상 주식과 채권, 통화 선물 트레이더를 의미한다고 봐야 한다.
그런 맥락에서 보면 이 책에 등장한 선물 트레이더들의 말은 주식과 채권 외에 다른
금융상품은 시도조차 해보지 않았던 투자자들에게도 직접적으로 귀중한 조언이 될
수 있을 것이다).

선물을 거래하려는 브로커들이 거래소를 에워싸고 소리를 고래고래
질러대는 구닥다리식 상품거래소. 현대의 조용하고 효율적인 전자 트레
이딩과는 거리가 멀어도 한참이나 멀었던 이곳에서 브랜트는 트레이딩
일을 시작했다.

브랜트의 트레이딩 경력은 다 합하면 27년이다. 처음에 14년을 일하
다가 11년을 쉬었고 다시 일을 시작해 지금까지 13년째 일하고 있다. 이
렇게 공백이 긴 이유는 인터뷰 내용에 나온다. 그는 1981년 말까지는 이
렇다 할 트레이딩 성과가 없었다. 그리고 그 후 27년 동안 그는 무려 통
산 58%라는 인상적인 연평균수익률을 달성했다. 그는 공격적으로 트레
이딩한 덕분에 그런 높은 수익률을 세운 것이라고 재빨리 덧붙이기는

한다. 그의 말이 맞기는 하다. 그의 계좌는 연간 변동성이 57%나 되니까 말이다.

많이들 쓰는 샤프 지수Sharpe ratio(해당 투자의 리스크 정도를 반영해서 투자 성과를 평가하는 방식-옮긴이)로 성과를 평가하면 브랜트는 누구보다도 제일 먼저 점수가 크게 깎일 것이다. 샤프 지수에는 변동성(리스크)을 평가에 반영할 때 상방과 하방 변동성을 구분하지 않는다는 큰 결점이 있다. 샤프 지수는 순전히 리스크라는 측면에서만 보면 큰 이익도 큰 손실 못지 않게 나쁘다고 간주한다. 이것은 우리가 직관적으로 떠올리는 리스크의 개념과는 완전히 다르다. 브랜트 같은 트레이더는 손실을 잘 막지만 큰 수익은 불규칙적이기 때문에 샤프 지수로 실적을 평가하면 상당히 불리한 편이다.

조정된 샤프 지수adjusted Sharpe ratio는 원래의 샤프 지수와는 다른 위험조정수익률 평가 방식으로, 리스크 항목에 변동성이 아니라 손실을 산입하기 때문에 큰 이익이 불리하게 평가받을 소지가 없어진다. 샤프 지수와 곧바로 비교되는 것이 조정된 소티노 지수adjusted Sortino ratio이다. 샤프 지수와 비교해서 조정된 소티노 지수가 높게 나올수록 수익 분포가 양(+)으로 급격히 기울어있고 큰 손실보다는 큰 이익을 더 많이 내는 편이라는 의미이다, 반대로, 조정된 소티노 지수가 낮게 나올수록 수익 분포가 음(-)으로 크게 기울어있으며 큰 이익보다는 큰 손실을 더 많이 낸다는 의미이다. 대부분의 트레이더는 샤프 지수와 조정된 소티노 지수가 얼추 비슷하게 나온다. 그러나 브랜트는 아니다. 그의 가장 큰 이익은 가장 큰 손실을 덮고도 남는데, 그의 조정된 소티노 지수(3.00)는 샤프 지수(1.11)의 거의 3배나 된다! 그의 위험조정수익률이 얼마나 높은지를 강하게 보여주는 또 다른 지표인 손익비(이익 합계/손실 합계)에서도 그는 2.81이라는 높은 점수가 나온다. 그가 트레이딩을 한 기간에 비해서도 무척이나 높은 점수이다.

브랜트는 사실 '숨은 마법사들'에 딱 들어맞는 트레이더라고 말하기는 힘들다. 그가 오랫동안 무명의 트레이더였던 것도 맞고 아직도 금융시장 전체에서 유명세가 낮은 것도 맞기는 하다. 하지만 그가 마켓 레터인 '팩터'를 발행하고 트위터 팔로워 수도 급격히 증가하면서 지금은 트레이더 무리 사이에서는 제법 인지도와 존경을 얻게 되었다. 내가 저술 작업을 위해 인터뷰했던 트레이더 중 여럿이 브랜트에게 많은 영향을 받았다고 지목하기도 했다. 이런 점에도 불구하고 내가 책 제목의 순수성을 유지하고 싶은 마음까지 접고서 브랜트를 포함한 데에는 그럴 만한 강력한 동기가 있었다.

어떤 면에서 브랜트는 내가 '언젠가' 책을 쓰겠다고 마음만 먹은 데서 벗어나 저술을 위한 예비 단계를 시작하도록 움직이게 만든 촉매제였다. 나는 '시장의 마법사들' 후속작을 쓴다면 다른 사람은 빼도 브랜트는 꼭 포함시킬 생각이었다. 브랜트와 나는 친구 사이이다. 나는 그의 트레이딩에 관한 견해를 잘 알고 있으니(내 생각이기는 하다) 만약 그의 생각을 제대로 서술하지 못한다면 두고두고 후회할 것이 뻔했다. 그때 브랜트는 콜로라도 스프링스에 살고 있었고 몇 달 후에는 애리조나로 이사할 예정이라고 말했다. 내가 사는 곳도 콜로라도주 볼더시에서 고작 160km 정도만 가면 되는 곳이었으니 그가 이사 가기 전에 인터뷰하는 것이 여러모로 효율적일 것 같았다. 게다가 인터뷰를 진행하면서 책 작업도 시작할 수 있으니 일거양득의 효과도 얻을 성싶었다. 하지만 만사가 내 뜻대로 될 리가 있나. 인터뷰 일정을 다 잡고 봤더니 브랜트는 이미 투손으로 이사 가고 없었다.

공항에 도착했더니 출구 에스컬레이터 밑에서 나를 기다리고 있는 브랜트가 보였다. 그를 다시 보니 반가웠다. 못 본 지는 고작 1년 남짓

인데도 그는 걸음걸이가 무척이나 달라져 있었다. 등을 살짝 구부정하게 굽힌 걸음걸이었다. 그는 35년 전 한밤중에 화장실에 가려고 자리에서 일어났다가 큰 사고를 당했다. 그는 짜증을 내며 그때를 생각하곤 한다. '복도 한가운데 누가 의자를 놔둔 거야?' 브랜트는 몽유병이 있었다. '의자'는 의자가 아니라 위층 난간이었다. 그는 '의자' 위로 엉금엉금 기어 올라갔고, 그다음에 그가 기억하는 것이라고는 바닥에 대자로 뻗어서 움직일 수가 없다는 사실이었다. 거의 6m 아래로 떨어진 것이다. 정신이 번쩍 들었다. 뭔가 큰일이 나기는 했다. 우당탕하는 소리에 아내인 모나도 잠에서 깼고, 그녀는 곧바로 911에 전화했다.

브랜트는 40일 넘게 입원해 있었다. 몸에는 전신 깁스를 둘렀고 몸의 자세를 규칙적으로 바꾸기 위해서 매트리스 두 개 사이에 납작하게 끼인 채였다. 그 낙상 사고로 인해 브랜트는 척추 수술을 6번 받았고, 나이가 든 지금은 등의 통증이 심각하다는 것이 한눈에도 확연했다. 그는 만성 통증에 시달리지만 내가 물어보기 전에는 그 사실을 말하지 않았다. 그는 참을성이 많으며 아프다고 투덜대지도 않는다. 또한 통증 때문에 짜증이 난다고 해서 진통제를 복용하지도 않는다.

브랜트의 차에 타고 투손 외곽의 보안이 철저한 주택단지에 있는 그의 집으로 갔다. 그의 집 뒤뜰에 있는 파티오에 앉아 인터뷰를 진행했다. 저 멀리 소노라 사막이 굽어 보였다. 소노라 사막은 의외로 초록이 무성했다. 세계 다른 어떤 사막보다도 많은 식물종이 자라는 곳이었다. 사막이라고 하면 상징적으로 떠오르는 사와로 선인장을 비롯해 다른 사막에는 없는 식물종들도 있다. 멀리 수평선 너머로 봉우리가 두 개인 산이 우뚝 솟아 있었다. 아름다운 봄날이었다. 멈추지 않는 산들바람에 풍경도 쉴새 없이 찰그랑거리며 소리를 냈다. "녹음하는 데 문제가 없겠어요?" 브랜트가 물었다. "괜찮을 것 같은데요." 무지에서 나오는 자신만만한 대답이었다. 나중에 녹취를 하면서 망할 풍경 소리 탓에 녹음한 내용을 몇 번이나 재생하고 또 재생했는지 모를 정도였다.

**어릴 적 장래희망에 관해 구체적으로 생각한 적이 있나요?**

우리 집은 끔찍하게 가난했습니다. 우리 어머니는 홀어머니였죠. 내가 쓸 용돈은 내가 알아서 벌어야 했습니다. 지금 생각해보면 그때도 돈 버는 쪽으로는 머리가 아주 탁월했나 봐요. 제법 큰 구역 두 곳에서 신문을 돌렸죠. 일요일이면 새벽 5시에 일어나서 수레에 신문 150부를 싣고 돌렸어요. 눈이 올 때는 썰매를 끌었죠. 공병도 모았습니다. 동네 잡화점의 전단 돌리는 일도 했습니다.

**그때가 몇 살이었습니까?**

10살 정도부터 돈을 벌기 시작했습니다.

**전공은 무엇이었습니까?**

광고학이요. 무척 재미있었어요.

**광고에서 트레이딩으로, 어쩌다 전향하게 된 겁니까?**

두 가지 계기가 있었어요. 제 형은 은화를 사 모았습니다. 1960년대 말부터 1970년대 초까지 미국에서는 개인이 금을 소유하는 것은 불법이었지만 은화는 괜찮았습니다. 그때 형은 은화를 액면가보다 20%나 비싸게 주고 사 모았습니다. 비대칭 리스크 트레이딩도 그런 트레이딩이 없었죠. 손실 위험은 최대 20%에 한정되지만, 은 가격이 상승하면 이익은 무한대로 열려 있죠.

**브랜트 씨도 은화를 사 모았습니까?**

아뇨. 그럴 돈이 없었습니다. 그래도 마음이 솔깃하기는 했습니다. 나는 은화 가격을 추적하기 위해 《월스트리트 저널》을 읽었습니다. 형이 은화를 사기 시작했을 때 은 가격은 1온스당 1.50달러였습니다. 1974년에 은 가격은 3배가 넘어서 4.50달러까지 치솟았습니다. 형은 벤츠를 몰고 다녔습니다.

**트레이딩으로 옮기게 된 두 가지 계기가 있었다고 했죠. 나머지 하나는 무엇입니까?**

그때 나는 시카고에 살고 있었는데, 대두 거래소에서 트레이딩하는 친구 하나를 알게 되었습니다. 그 친구 아들도 내 아들도 하키를 했기 때문에 나와 그 친구도 제법 친하게 지냈습니다. "피터, 와서 내가 일하는 곳 구경이나 좀 해요. 내가 점심 쏘죠." 점심도 먹고 그 친구도 볼 겸 시카고 상품거래소로 갔습니다. 식당의 커다란 유리창 아래로 거래소가 보였습니다. "우와!" 트레이더들을 보면서 한순간에 빠져들었습니다. 내 안에서 무언가 불꽃이 일었어요. "나도 해보고 싶어요." 나는 친구에게 트레이더 일에 대해 질문 세례를 퍼부었습니다. 상품거래소에 비치된 소책자들을 잡히는 대로 다 집어 왔습니다.

**그때는 광고 일을 하고 있을 때였죠?**

그렇죠.

**일은 만족스러웠나요?**

세계 5위의 광고회사에서 고속 승진을 하고 있었죠. 책임도 막중했고요. 캠벨과 맥도날드 같은 대기업 고객도 있었습니다.

**직접 참여한 광고 작업이 있습니까?**

맥도날드의 '즐겁게 청소하는' 광고입니다. 유튜브에서 찾으면 나옵니다. 맥도날드의 상징인 로널드 맥도날드를 만드는 작업에도 동참했습니다.

**일이 즐거웠나요?**

아주 즐겁게 일했습니다. 다만 회사 생활에는 정치술도 필요하다는 것이 마음에 들지 않았습니다. 게다가 거래소 사람들이 하는 일을 보니 마음이 홀렸습니다. 하루가 끝나면 일한 성과가 그대로 드러난다는 것도 좋았죠. 거기에 더해, 근무 시간도 9시 30분부터 1시 15분까지입니다! 물론 그 사람들이 만들어내는 것도 내 마음을 끌었습니다.

**트레이더가 된 사람들의 95% 이상이 파산한다는 사실을 몰랐으니 겁도 없었겠죠. 통계학에서 말하는 '치우친 표본'의 함정에 걸린 거죠.**

그건 나중에야 알았습니다. 하지만 그때 내 눈에 들어온 건 상품거래소 옆의 주차장에 즐비하게 서 있는 벤츠와 포르쉐였습니다.

**가난하게 자라다 보니 트레이딩을 하면 부자가 될 수 있다는 생각에도 마음이 끌렸겠네요?**

그게 컸죠.

**마음만으로 끝난 것은 아니었죠. 실제로 트레이더가 되기까지는 어땠습니까?**

트레이더가 되겠다는 결심이 굳게 섰습니다. 그때에도 거래소 회원권은 가격이 무척이나 비쌌습니다. 내 형편으로는 가당치 않은 금액이었습니다. 고민만 하는데 형이 은화를 살 때 거래하는 브로커 한 명을 소개해 주었습니다. 그 브로커는 미니애폴리스에 살았고 컨티넨털 그레인이라고, 시카고 상품거래소에서 카길 다음으로 큰 회사에서 일했습니다. 그 브로커가 내게 컨티넨털 그레인이 직원을 채용 중이라고 알려주었습니다.

1972년 이전만 해도 곡물 시장에서 대중의 투기 열풍 같은 것은 거의 없었습니다. 그러다가 1970년대 초에 상품시장에 대대적인 강세장이 불면서 상황이 변했습니다. 컨티넨털은 헤지를 원하는 고객이나 투기를 원하는 고객을 모집하는 일에 전사 차원의 노력을 기울였습니다. 상품거래소의 대기업 중에서는 처음이었죠. 그들은 중개 업무를 전담하는 컨티 코모디티스라는 자회사도 따로 차렸습니다.

**브로커 일을 시작하면서 걱정 같은 건 들지 않았나요? 영업은 어떻게 할 생각이었습니까?**

아뇨, 어차피 일을 하다보면 다 겪을 것들인데요. 나는 컨티에 들어가 브로커가 되기 전에 1차 교육프로그램을 이수했습니다. 총 8명이 프로그램을 이수했고 기간은 3개월이었습니다.

**월급을 받았나요, 아니면 건당 수수료로 받았나요?**

6개월은 기본급 정도를 주었습니다. 정확한 액수는 기억이 나지 않습니다. 아마 월급이 1300달러 정도, 대충 그 금액일 겁니다. 내가 광고회사에서 일하던 마지막 해에 받은 연봉이 2만 8000달러였어요. 연수입이 확 줄어든 거죠.

## 고객 모집

**교육프로그램을 이수하고 정식 브로커가 되고 난 후에 고객은 어떻게 모집했습니까?**

곧장 뉴저지로 달려가 캠벨 사람들을 만났습니다. 그리고 오크 브룩에 가서 맥도날드 사람들에게도 찾아갔습니다.

**광고계의 연줄을 이용할 생각이었군요.**

네. 나한테는 인맥이 있었습니다. 게다가 다들 꽤 높은 자리에 있는 연줄이었죠. 그들하고는 제법 잘 알고 지내는 사이였으니까요. 그리고 마침, 이런 식품 대기업들은 생전 처음 보는 원자재시장의 강세장에서 제대로 된 헤지 수단을 마련하지 못하고 있었어요. 그들은 백기를 들기 직전이었습니다. 원료 수급이 힘들어서 회사 운영에도 큰 차질이 왔습니다. 고기, 콩기름, 설탕, 코코아, 모든 원료의 가격이 치솟았지만 대비는 하나도 되어 있지 않았습니다. 말해 뭡니까. 심지어 국세청마저도 손익 헤지에 대한 세무 처리 방법을 몰라 쩔쩔매던 시절이었는 걸요.

그때가 1973년과 1974년의 강세장 직후인 1974년 후반이었습니다. 나는 오늘날의 현대적인 선물 산업이 전개되고 딱 한두 해쯤 지나서 트레이더가 된 거죠. 나는 캠벨 사에 한 가지 제안을 했습니다. 시카고로 구매 대리인을 두 달 정도 파견해 주면, 선물 교육을 받을 수 있게 해주겠다고 장담했습니다. 그들이 파견한 직원은 나중에 캠벨의 구매 담당 중역이 되었고, 내 고객 계정에도 중요한 고객이 하나 추가되었습니다. 맥도날드도 내 고객 계정에 이름을 올렸고, 다른 헤저 hedger들도 추가되었습니다. 풋내기 젊은 브로커치고는 실적이 꽤 좋은 편이었죠.

**스펙계좌**speculation account**(투기거래 계좌)인데도 자율적 트레이딩 권한이 있었나요?**

전권을 받았죠.

**트레이딩은 언제 시작했습니까?**

1976년부터 시작했습니다. 그즈음에야 조금이나마 돈을 모았거든요. 내가 진짜로 원하는 건 트레이딩이었어요.

**본인의 첫 트레이드를 기억하나요?**

(그는 잠시 생각에 빠져서 기억을 되짚었다) 그건 조금 더 먼저였습니다. 1975년 후반인가 그랬네요. 컨티 사는 내가 중개 일을 제법 잘한다고 판단해서 입회장으로 들어갈 수 있는 배지를 주었습니다. 내 친구 존은—내가 트레이딩에 흥미를 가지는 계기가 되었던 그 친구 말입니다—대두 트레이더였습니다. 하루는 그를 보러 갔더니 그가 장담하더군요. "피터, 대두 시장이 곧 치솟을 거야." 나는 계약 하나를 샀습니다. 뭣도 모르고 한 행동이었죠. 대두 시장은 5센트가 6센트 정도 오르더니 곧바로 내려앉았습니다. 결국 12센트나 손해를 봤죠(그 계약으로 입은 손실은 총 600달러였다). 얼마 뒤에 존을 만났는데 그가 감탄하더군요. "그 정도면 대박 상승이지!" 그제야 현실을 알게 되었습니다. 존처럼 거래소의 주문 흐름order flow에 역행해서 거래하는 트레이더에게는 1~2센트만 올라도 훌륭한 거래이고, 6센트 상승은 꿈에서나 나올 '대박' 트레이딩이었습니다. 큰 교훈을 얻었습니다. '강세장'이니 '약세장'이니 하는 말은 아무 의미가 없었습니다. 트레이드 시한을 얼마로 잡아야 하는가? 원하는 것은 어떤 종류의 가격 움직임인가? 상황이 엇나간다고 말해주는 가격 움직임이나 이벤트는 무

엇인가? 이런 것들이 중요했습니다.

**그 일 이후로 브랜트 씨의 트레이딩은 어떻게 진행되었나요?**

그 후로 3년 동안 고객 계좌 서너 개에 큰 손실이 났습니다. 귀리(귀리는 변동성이 낮은 시장이고, 거래 규모도 작은 편이다. 그래서 다른 곡물 시장보다 얻을 수 있는 이익도 적은 편이다) 거래를 하게 돼서야 비로소 계좌에 큰 문제가 있다는 사실을 깨닫게 된다는 오래된 농담도 있지 않습니까.

**트레이드에 진입할지는 어떻게 결정합니까?**

처음에는 컨티의 펀더멘털 분석가들이 하는 말을 귀담아들었습니다. 그들은 매일 아침 시장이 열리기 전에 회사 전체 스피커로 그날 시황 전망을 말했습니다. 곡물 선적이나 파종이나 작황 등에 대해 떠들어댔죠. 그리고 어떤 곡물을 트레이딩해야 하는지 추천도 했습니다. 내 고객 계좌에 처음으로 큰 손실이 난 것도 그들의 추천을 따라서였습니다. 컨티의 멤피스 사무실에 근무하는 기술적 분석가는 매일 아침 방송에 출연하는 사람이었습니다. 그는 점수도표point-and-figure chart (시간보다는 순수하게 가격 움직임에 근거해서 구간을 그리는 도표)를 이용했습니다. 그는 1976년에 대두시장에서 콜옵션을 크게 한 건 했죠. 그래서 나는 점수도표 책을 사서 재미 삼아 그 방법을 연습하기 시작했습니다. 이어서 두 번째 고객 계좌에 구멍이 뻥 뚫렸죠. 다음으로 시도해 본 방법은 계절적 패턴이었습니다. 그것도 안 되니 스프레드 거래■도 시도했죠.

**■ 스프레드 거래**
같은 시장에서 1개월 안에 만기가 끝나는 계약을 사고 다음 달이 만기인 계약을 팔아서 두 선물 거래의 가격 차이를 이용하는 트레이딩이다.

**브랜트 씨에게 맞는 방법을 찾으려고 노력한 거군요.**

이 방법 저 방법 다 시도해 봤고 번번이 실망만 했습니다. 그래도 나는 운이 좋은 편이었습니다. 요새 보면 학자금 대출을 풀로 끌어와서 가상화폐를 거래하다가 결국에는 부모님 집의 지하실에 얹혀사는 신세가 되는 젊은이들도 있잖아요. 그래도 나는 등 기대고 누울 소득원은 있었습니다. 트레이딩으로 돈을 잃어도 길거리에 나앉지는 않았습니다. 나는 나만의 트레이딩 노하우를 익히고 수익을 잘 내는 트레이더가 되고 싶었습니다.

**계좌를 열고, 다양한 방법을 시도하고, 돈을 잃고, 트레이딩을 중단하고, 그리고는 이 과정을 처음부터 다시 시작하는 악순환에서는 어떻게 벗어났습니까?**

아마도 두 가지 계기가 그런 고리를 끊게 하지 않았나 싶습니다. 첫째로는, 감당할 수 없을 만큼 손실이 커지면 끊고 나와야 한다는 것을 배웠습니다. 둘째로는, 차트 애호론자인 동료 하나가 내 책상으로 와서 말하더군요. "잠깐 시간 좀 내주세요." 우리는 계단을 내려가 길 건너 서점으로 들어갔습니다. 그는 내게 에드워즈와 맥기의 《주식 추세의 기술적 분석》을 사주었습니다. 나는 얼마 전에도 그 책을 꼼꼼히 정독했습니다. 글쎄요, 그 책이 아무 도움도 되지 않는다고 말하는 사람도 있기는 할 겁니다. 하지만 적어도 나한테는 아닙니다. 허투루 넘길 소리가 하나도 없었습니다. 이런 상황에서는 이렇게 저런 상황에서는 저렇게 해야 한다고 가르쳐 주었죠. 덕분에 가격에 대한 기본적인 이해를 다질 수 있었습니다. 시장에 언제쯤 들어가야 하는지도 이해하게 되었죠. 에드워즈와 맥기의 책을 읽기 전에는 그런 것에 대해서는 하나도 몰랐습니다. 어디쯤에서 트레이딩에 진입해야 하는가? 나는 막무가내로 하고 있었습니다. 그리고 그 책 덕분에 어디쯤에서 보호 수단을 마련해 둬야 하고 시장이 어딜 흘러갈 건지에 대해서도 내 나름의 이해를 쌓을 수 있었습니다. 그 책은 나를 차트의 세계로 이끌었습니다. 터널 끝에 있는 빛을 본 기분이었습니다. 차트 안에 트레이더로서 나를 발전시킬 기회를 볼 수 있었습니다. 그리고 차트대로 트레이딩을 하기 위해 개설한 계좌도 수익률이 좋았습니다.

**그 책이 성공 트레이딩과 실패하는 트레이딩을 가르는 분기점이었던 것인가요?**

그렇죠. 1979년에는 계좌의 이익이 점점 불어나고 있었습니다. 지금 생각해보면 그 계좌의 변동성이 지나치게 크기는 했습니다. 아직은 포지션 크기를 적절하게 운용하는 요령은 없었으니까요. 그래도 트레이딩을 시작하고 처음으로 계좌 이익이 꾸준히 늘어나고 있었습니다.

**브랜트 씨에게 그 책을 사준 트레이더도 잘나가는 트레이더였습니까?**

사실 트레이딩에서는 매번 참패하는 사람이었죠. 참 좋은 친구지만, 트레이더로서는 성공하지 못했습니다.

**브랜트 씨가 성공적인 트레이더가 되도록 결정적인 도움을 준 사람이 정작 본인은 성공적이지 못한 트레이더였다는 것이 아이러니하네요. 그가 사준 책이 브랜트 씨에게는 인생 최고의 선물이 되었겠군요.**

맞아요! 보여줄 게 있습니다. (그는 방을 나가 1분 뒤에 손에 책 한 권을 들고 들어왔다) 나는 오래전부터 에드워즈와 맥기의 책 초판을 사려고 희귀서 딜러들에게 수소문을 했습니다. 맥기가 직접 사인해 보스턴의 친구에게 주었던 책이 마침내 내 손에 들어왔습니다.

내 짐작에는 그때도 기업용 헤지계좌는 여전히 운용 중이었을 것 같은데요. 브로커에서 전업 트레이더로는 언제 전향했습니까?

일 년 정도 뒤입니다.

기업 계좌를 중개하는 것과 본인 계좌로 트레이딩하는 것을 같이 겸하기는 무리였나요?

하려면야 할 수야 있었겠지만 내키지 않았습니다.

왜죠?

트레이딩에만 전념하고 싶었거든요.

하지만 그 기업 계좌를 포기하면 중개로 얻는 막대한 소득도 같이 포기해야 하지 않았습니까?

그거야 각오해야죠. 나는 계좌를 다른 사람에게 팔았습니다.

나라면 포기 못 했을 것 같습니다.

포기할 수 있었을 겁니다. 사실 나도 넘긴 계좌에서 나오는 수수료를 일부나마 계속 받기는 했습니다.

## ▌"방향과 타이밍, 두 가지가 관건입니다"

수수료가 꽤 짭짤한 계좌였을 텐데요. 믿고 맡길 브로커는 어떻게 골랐습니까?

내게 최고의 멘토가 되어준 사람에게 계좌를 넘겼습니다. 그의 이름은 댄 마키입니다. 아마도 내가 본 중에는 최고의 트레이더일 겁니다.

댄 마키의 트레이딩 방식은 무엇입니까?

"나는 역사의 기본, 경제학 기본, 그리고 심리학 기본이라는 렌즈를 끼고 시장을 봅니다." 그가 즐겨 하는 말이었습니다. 컨티에서는 천재로 통했죠. 그는 한 번에 대량의 곡물 포지션을 몇 달이나 유지하는 진정한 포지션 트레이더였습니다. 시장의 큰 흐름이 바뀌는 순간을 읽는 감각이 탁월했습니다. 그는 이렇게 말하곤 했습니다. "옥수수가 바닥을 향하고 있네. 지금이 시즌 저점이야." 그러면 그의 말이 맞더군요.

**그건 그냥 직관에서 나오는 거네요.**
그렇죠. 직관이죠. 그도 그가 왜 아는지 설명 못 할 겁니다.

**마키 씨는 강세장에는 매도 포지션을, 약세장에는 매수 포지션을 걸었겠네요.**
그랬습니다.

**그는 당신하고는 정반대로 트레이딩을 하고 있었던 거군요.**
네, 정반대였죠.

**그런 사람을 멘토로 삼았군요. 그에게서 무엇을 배웠습니까?**
리스크 관리요. 그가 약세장에서 매수할 때는 포지션을 크게 잡고 홀드만 하는 것이 아닙니다. 그는 저점을 찾아서 시장을 샅샅이 뒤졌습니다. 그러다가 한 주가 끝나고 손해를 본 트레이드는 과감히 빠져나와서 다음번 적절하다 싶은 타이밍에 재진입을 시도했습니다. 그는 언제나 시장을 조사하고 또 조사했습니다.

**흥미롭군요. 브랜트 씨가 했던 말 중 하나가 한 주가 끝났을 때 손실이 난 트레이**

드는 청산한다는 것이었지요. 40년 전에 댄 마키 씨의 트레이딩을 보면서 그렇게 한다는 아이디어를 얻었다는 말로 들리네요. 그리고 그때 배운 전략을 지금도 트레이딩에서 계속 사용하고 있다는 것이고요.

맞습니다. 댄이 하던 말이 있죠. "트레이드에서는 방향과 타이밍, 이두 가지가 전부입니다. 하나라도 잘못되면 그 트레이드는 텄다고 봐야 합니다."

**댄 마키 씨에게서 배운 다른 교훈도 있나요?**

있죠. 그는 자신의 능력보다도 포지션을 훨씬 작게 꾸렸습니다. 댄은 자본을 보호할 수 있다면 다른 거래는 언제라도 할 수 있지만 그러기 전에 가진 칩들부터 제대로 간수해야 한다는 교훈을 알려 주었습니다.

**브랜트 씨는 가진 칩을 여러 번 잃었죠.**

한두 번이 아니었죠.

**댄 마키 씨의 조언은 하나같이 리스크 관리에 대한 것이었군요. 대부분의 사람들이 원하는 트레이드 진입에 대한 조언과는 전혀 상관이 없었어요. 댄 마키 씨 말고 다른 중요한 멘토가 있었나요?**

가장 중요한 멘토는 댄이었죠. 댄 말고 중요한 조언을 해준 트레이더가 또 있었는데, 그는 차트 애호론자였고 "피터, 수익을 내는 당신만의 방법과 우위가 있어야 해요. 차트는 당신의 경쟁력을 높여주지 않아요."라고 조언해주었죠. 정신을 차리게 만드는 말이었지만 사실 듣는 순간은 잘 와닿지 않았습니다. 한 5년쯤 지나니까 이해가 되더군요.

**그분의 말인즉, 차트는 다른 사람들도 다 볼 수 있는 것이라는 뜻이겠죠.**

네. 그리고 차트 패턴을 그리는 건 실패하기 딱 좋죠. 차트 패턴이 먹히지 않는다는 건, 차트 패턴보다 더 믿을 수 있는 신호가 존재한다는 뜻이겠죠. 이 생각에는 슈웨거 씨도 동의할 것 같습니다(동의하다 마다였다. 나는 선물시장을 분석한 책에서 '차트 분석의 가장 중요한 규칙'이라는 제목으로 한 장 전체를 할애했다).* 게다가 차트 패턴은 수시로 바뀝니다. 이번 차트 패턴을 완전히 숙지했다고 생각했는데 갑자기 다른 패턴으로 변하기도 하죠. 수시로 바뀌는 차트나 실패해서 제 역할을 못하는 차트 패턴이나 도움이 안 되기는 거기서 거기입니다.

**브랜트 씨의 계좌를 댄 마키 씨에게 넘기고 트레이딩에만 전념한 후에는 어떻게 되었습니까?**

1980년에 팩터 리서치 앤 트레이딩을 차리고 사무실을 임대했습니다.

**왜 사명을 '팩터'라고 지었나요?**

별거 없고 그냥 유머 감각이었죠. 1975년부터 1978년까지는 나도 일이 술술 풀렸습니다. 캠벨에 펀더멘털 정보를 주고 그들이 헤지 투자를 하도록 도와주는 일을 했습니다. 1979년이 되니 차트 분석에도 어느 정도 도가 텄고, 곡물 시장에서 잠재적으로 무언가 중요한 가격 움직임이 일어나기 시작했다는 징후가 보였습니다. 그렇다고 바로 캠벨에 가서 바닥에 머리어깨 패턴이 형성되고 있으니 선물 헤지를 해야 한다는 말을 할 수도 없었죠. 대신에 대두 가격이 6달러일 때 댄 마키나 다른 펀더멘털 분석가들을 찾아가 물었습니다. "대두가 9달러로 치솟을 것 같은 느낌이 옵니다. 시장을 볼 때 어떤 부분을 자세히 보시나요?" 그들은 그런 가격 폭등이 어떻게 일어날 수 있는지 펀더멘털 관점에서 설명해 주었죠.

시카고 상품거래소(이하 CBOT)의 트레이더들은 내가 캠벨에 설명하는 말을 듣고는 한마디 덧붙였습니다. "멸치(멸치는 콩가루 대체재로 어육을 만들 때 사용된다)에서 뭔가 이상 징후가 어렴풋이 나타나기는 했습니다." 나는 차트를 말하는 거였지만 그들에게는 내가 펀더멘털에 대한 의견을 말한다고 들렸나 봅니다. 그다음부터는 내가 의견을 말하면 "브랜트의 헛소리 팩터"라고 하더군요.

**회사에 대해서는 어떤 계획을 세웠습니까? 돈을 모아서 운용할 생각이었나요?**
아니요. 내 계좌로 트레이딩만 할 생각이었습니다.

**트레이딩을 하는 데 굳이 회사까지 차릴 필요는 없지 않았나요?**
그렇긴 하죠. 그래도 트레이딩 회사를 차리니 기분은 좋았습니다.

### "차트만 믿다가는 큰코다치는 상황이 됐습니다"

**처음에 전업 트레이더 일을 시작했을 때와 지금의 방법론에 변화가 있었나요?**
있죠. 제법 달라진 편입니다.

**무엇이 달라졌죠?**
그때는 팝콘 트레이드였죠.

**팝콘 트레이드요?**
팝콘 튀길 때를 생각해 보세요. 냄비 꼭대기까지 튀어 올랐다가 바닥으로 곧장 내리꽂죠? 이익이 났다가 들어간 지점까지 줄곧 내려가는 거래를 나는 팝콘 트레이드라고 부릅니다. 지금은 팝콘 트레이드를 피하려고 노력합니다.

**또 달라진 것이 있다면요?**

차트만 믿다가는 큰코다치는 상황이 되었습니다. 1970년대와 1980년대에는 차트만 가지고도 트레이드를 하는 게 지금보다는 훨씬 쉬웠습니다. 패턴도 단순하고 깔끔했죠. 휩소whipsaw 시장(휩소 시장이란 가격이 심하게 출렁이는 시장을 말한다. 추세를 추종하는 트레이더는 휩소 시장에서는 가격 역전이 발생하기 직전에 포지션을 설정하는 실수를 범하기가 쉽다)이 지금처럼 잦지 않았어요. 그때는 차트 패턴만 잘 봐도 계좌에 돈이 쌓일 수 있었습니다. 패턴을 믿어도 괜찮았죠.

**본인이 스스로 정립한 이론이 있을 것 같습니다. 한 가지 정도 설명한다면요?**

내가 볼 때 고빈도 트레이딩들이 차트의 돌파 지점에서 변동성을 만들어냅니다. 결국 가격이 직전 박스권이나 보합 패턴을 벗어나 움직일 수 있다는 것은 잠재적으로 돌파 방향을 향한 새로운 추세가 만들어질 수 있다는 의미입니다.

**고빈도 트레이딩은 단기 트레이딩에 불과한데도 변동성에 영향을 준다는 겁니까?**

그들이 돌파 지점에서 변동성을 만들어내기 때문입니다. 아주 짧은 변동성이지만, 나 같은 트레이더한테는 포지션을 청산하게 만들기에 충분합니다. 지금 대형 참가자들이 늘면서 시장이 더 성숙해진 면도 있다고 봅니다. 슈웨거 씨는 시장이 왜 달라졌다고 보십니까?

너무 많은 사람이 다 똑같이 행동한다면 예전처럼 차트 분석으로 계속 효과를 보기는 불가능하지 않을까요.

그겁니다. 당시에는 차트를 볼 줄 아는 사람들이 많지 않았거든요.

**초창기 시절하고 지금하고 접근법이 또 달라진 점은요?**

예전에는 1~4주 패턴으로 트레이딩을 했다면 지금은 8~26주 패턴을 봅니다.

**그게 더 믿을 수 있어서인가요?**

네.

**참작하는 신호 유형에도 달라진 게 있나요?**

예전에는 보이는 아무 패턴이나 다 이용했습니다. 한 달이면 30~35개의 패턴으로 트레이딩을 했죠. 지금은 훨씬 까다롭게 패턴을 골라냅니다. 대칭 삼각형이나 추세선 같은 패턴으로 트레이딩을 했지만, 지금은 하지 않습니다. 지금은 수평 경계선을 돌파하는 패턴만 봅니다.

**왜죠?**

수평 경계선을 이용하면 내가 맞는지 틀렸는지 훨씬 빨리 알아챌 수가 있거든요.

**패턴 이용이 달라진 계기가 있었나요?**

아니요. 조금씩 깨달은 겁니다. 보니까 내가 이익을 많이 낸 트레이드는 직사각형이나 상승 삼각형, 하락 삼각형 패턴을 이용했을 때더군요. 경계선이 뚜렷한 10주짜리 직사각형 패턴이 있고, 마지막에 가서는 장대 일봉이 그 패턴을 돌파한다면요, 그럼 잘 가고 있다는 거죠.

그래도 돌파가 확실하다 싶다가도 시장이 다시 내려앉는 문제가 발생할 수 있잖아요. 돌파 지점에서 샀다가 시장이 스톱 주문을 발동하기 직전까지 갔지만 홀딩하기로 마음을 바꿨고 장기적인 패턴은 계속 좋아 보인다면 어떻게 하십니까?
그러면 두 번째 기회를 노리기는 하지만 두 번째 기회에서 끝입니다. 그리고 같은 날 기회를 잡으려고 하지도 않습니다. "10센트 박스권에서 30센트나 잃었어." 시카고거래소 사람들이 그렇게 말하는 걸 자주 들었거든요. 10센트 박스권에서 30센트나 잃는 건 절대 원치 않지만, 충분히 일어날 수 있는 일이죠.

두 번째 기회에서 스톱아웃으로 빠져나왔는데, 가격이 크게 움직이다가 다진 후에 장기 추세로 넘어가는 패턴이 생기면요? 그 가격 움직임을 다 놓치는 셈이 아닌가요?
꼭 그렇지만은 않아요. 시장이 지속형 패턴(추세 내에서의 조정)을 만든다 싶으면 그때 들어가도 되니까요. 하지만 그건 다른 트레이드라고 봐야 하죠.

## | "가격 변화를 보지 가격대를 보는 게 아닙니다"
그러니까 1.20달러에서 두 번이나 강제 청산이 되었어도 1.50달러에 다시 매수 포지션을 잡는 것도 개의치 않는다는 거군요.
그런 건 상관하지 않습니다. 그건 사람들이 흔히 빠지는 사고의 함정이죠. 나는 가격 변화를 기대하며 트레이드에 들어가지 가격대를 보고 트레이드를 잡는 게 아닙니다.

**과거하고 달라진 방법론이 또 있습니까?**

리스크 감수가 예전보다는 확 줄었습니다. 트레이드를 잡을 때는 진입 시점 원금에서 0.5% 정도로 이탈하는 수준까지만 리스크를 제한합니다. 진입하고 이삼일 내에 손익분기나 그것보다 조금은 수익을 내는 지점에서 스톱을 걸어 놓습니다. 지난해 평균 손실은 23bp였습니다.

**보호용 스톱을 트레이딩의 핵심으로 삼는다는 말이군요. 혹시 오버나잇 시간에는 스톱을 걸어놓고 자리를 비우나요?**(전자 트레이딩 시대가 오면서 선물시장은 하루 24시간 내내 트레이드가 체결된다. 여기서 딜레마가 생긴다. 밤에 자리를 비울 때 스톱 주문을 걸어놓지 않으면 하룻밤 사이에도 가격이 크게 움직여서 애초에 감수하려 했던 리스크 수준보다도 훨씬 크게 손해가 날 수 있다. 반대로, 오버나잇 스톱을 걸어 놓으면 경미한 거래량으로 인해 무의미한 가격 움직임이 발생한 것에 불과한데도 스톱 주문이 체결되기도 한다)

그건 시장에 따라 다릅니다. 나는 멕시코 페소화에는 오버나잇 스톱을 걸지 않지만, 유로화는 너무 유동적이라 스톱을 겁니다. 구리에는 오버나잇 스톱을 걸지 않지만 금에는 스톱 주문을 넣어둡니다.

**전업 트레이더로 일하면서 처음으로 맞은 최악의 해는 언제입니까?**

1988년이요.

**그때 크게 잃기 전까지 9년 동안은 잘 벌었다는 거네요. 1988년에는 무슨 일이 있었나요?**

다 엉망이었죠. 그때 나는 차트 패턴에서 너무 빨리 진입했습니다. 시장을 쫓아가기에 급급했죠. 정작 주문을 냈어야 할 때는 주문을 내지 않았고요.

**1988년의 트레이딩이 '엉망'이었던 이유가 뭐라고 생각합니까?**

1987년이 너무 좋았던 게 문제였죠. 600%나 벌었으니까요. 최고의 해였습니다. 그런 해는 다시는 안 올 겁니다. 한 해를 마감하면서 자기만족에 빠졌던 것 같습니다.

**1988년에는 얼마나 잃었나요?**

한 5% 정도 될 겁니다.

**언제 정상 궤도로 돌아갔습니까?**

1989년이요. 한 해 손해를 막심하게 보고 나니 기본이 중요하다는 것을 절실히 깨달았습니다.

## "자신을 용서할 줄 알아야 합니다"

**처음에 트레이더가 되었을 때 이랬으면 좋았겠다 하는 점은 없나요?**

나 자신을 용서할 줄 아는 게 제일 중요합니다. 실수야 늘 하니까요.

**다른 건요?**

다들 시장 방향을 알 수 있다고 생각하겠지만 실제로는 헛다리 짚을 뿐입니다. 내 최대의 적은 나 자신입니다. 그리고 내가 타고난 본능은 툭하면 나를 잘못된 길로 이끕니다. 나는 충동적인 사람입니다. 내가 철저한 프로세스를 마련하지 않은 채로 스크린만 보면서 진입 주문을 넣는다면 자기 파괴를 하는 거죠. 본능을 누르고 철저하게 훈련하고 체계를 마련한 절차에 따라서 주문을 넣어야 합니다. 그럴 때만이 차트를 가지고 잡은 포지션에서 성공을 맛볼 수 있습니다. 어떤 방식으로 트레이드에 진입하고 청산할지 처음부터 목표와 의도를 정하고 시작해야 합니다. 내 장점은 내가 세운 프로세스를 따르는 것입니다. 자찬하자면 나는 주문을 잘 넣는 사람이지 트레이더가 아닙니다. 어떤 때는 머릿속에 드는 본능을 무시하고 시장에 진입하기도 합니다. 결심하기 쉬운 주문은 아니죠.

**왜인가요?**

요 1년 동안 구리는 40센트의 박스권에서 움직였고, 오늘 나는 신고점 근처에서 구리를 샀습니다. 각오를 하고 건 주문이죠(나중에 알고 보니 브랜트는 상승장에서도 꼭대기 근처에 간 날 구리를 샀고 다음 날 강제 청산되었다. 실제로도 브랜트는 이런 트레이드를 많이 자주 한다. 그의 트레이드는 대부분 빠르게 손절매하는 것으로 끝날 때가 많다. 그럼에도 그가 성공하는 것은 평균 이익이 평균 손실보다 월등히 크기 때문이다). 내가 큰 이익을 낸 트레이드는 대부분이 반직관적으로 한 것들이었죠. 내가 어떤 감으로 진입했는지가 그것의 그 트레이드의 결과를 짐작하게 해주는 좋은 지표는 아닙니다. 감만 가지고 트레이드에 큰 금액을 걸었다면 내 성과는 지금보다 아주 많이 초라했을 겁니다. 최근 1년도 사실은 곡물 시장 상승에 돈을 걸고 싶은 마음이 굴뚝같기는 합니다.

**이유는요?**

곡물가가 저점 중에서도 저점이거든요. 바닥을 기고 있습니다. 내 기억이 맞는다면, 40년 전에 내가 처음으로 했던 옥수수 트레이드의 가격이 지금보다도 오히려 높을 지경입니다.

인플레이션을 생각한다고 해도 지나치게 낮은 가격이긴 하군요.

그렇죠. 올해 몇 차례 곡물 선물 매수를 시도했는데 번번이 손실만 입고 나왔습니다. 올해 곡물 트레이드로 가장 이익을 본 건 캔자스시티산 밀에 대한 매도 포지션이었습니다. 올해 세 번째로 이익을 많이 남긴 트레이드입니다. 사실 그 트레이드를 한 것도 차트를 부인할 수 없어서였습니다. 저런 차트 패턴에도 캔자스시티산 밀에 매도 포지션을 잡지 않는다면 차트를 뚫어져라 보고 있을 의미가 없다고 생각해서였죠. 곡물가가 바닥을 단단히 다지고 있다는 본능을 억누르고 한 투자였습니다.

재미있는 결과네요. 기대하고는 반대대로 했던 것이 올해 최고의 곡물 트레이드가 되었다는 것이네요. 아닌 말로, 응원하는 팀 따로, 돈 건 팀 따로였다는 소리군요.
맞습니다.

| **"핵심은 손실 감수"**

시간이 지나고 보니 좋은 트레이드였던 거군요. 전혀 기대하지 않았던 것들이 보통은 최고의 트레이드가 되곤 합니까?

그렇다고 봅니다. 혹여 기대한다고 해도, 내가 트레이드에 대해 느끼는 감이랑 실제 결과 사이에는 역의 상관관계가 존재하는 것 같습니다.

왜 그렇게 생각하죠?

관습적 지혜에 순응하는 트레이드에 대해서는 맹신하기가 쉽거든요. 한때는 트레이드를 잘못하면 신경이 쓰여 죽을 지경이었습니다. 개인적인 모욕감까지 느낄 정도였죠. 지금은 아닙니다. 연달아서 잘못된 포지션을 걸 수 있다는 것이 오히려 자랑스러울 정도입니다. 내 장점은 내가 손실 감수에 능숙하다는 겁니다.

트레이드의 건당 손실에 괴로워하는 것이 아니라 작은 손실을 감수함으로써 큰 손실이 쌓이는 것을 막을 수 있다는 점에 자부심을 느끼시는 거군요. 그런 점에서 보면 손절매하는 것은 결점이 아니라 오히려 브랜트 씨가 가진 개인적 강점인 셈이군요. 왜 장기적인 성공을 거두셨는지 이해가 됩니다.

트레이더 일에서 핵심은 손실 감수입니다. 손절매를 한다고 해서 트레이딩을 잘못하고 있다는 뜻은 아닙니다. 트레이딩이라는 것이 참 이상한 게, 다 옳게 했는데도 손해를 입을 수 있습니다. "잘하고 있는 거야."라고 직접 알려줄 피드백 고리 같은 건 없습니다. 나는 내가 낸 주문만을 통제할 수 있을 뿐입니다. 트레이드의 결과는 내가 통제할 수 있는 게 아닙니다. 주문을 낼 때마다 생각합니다. "내가 1년 뒤에 이 차트를 보면서 내 포지션 날짜와 가격을 아무렇지도 않게 볼 수 있을까?" 그렇다는 답이 나오면 좋은 트레이드입니다. 승패는 그다음 문제입니다.

**전업 트레이더 일을 시작하면서 큰 도움이 되었던 것들이 또 있습니까?**
솔직히 내가 지금처럼 리스크 회피 성향이 강했다면 1980년대에 연속해서 거대한 이익을 내지는 못했을 겁니다.

**그때의 리스크 감수는 어느 정도였습니까?**
트레이드 건당 최대 10%까지는 리스크를 감수했습니다. 매번 그렇지는 않았지만 높을 때는 그 정도나 되었죠.

지금보다 무려 20배나 높았군요!

네.

아이러니하긴 하네요. 경력 초기에 적절한 리스크 수준을 파악하지 못했던 것이 오히려 큰 도움이 되었다는 말로 들리네요. 나는 성공한 사람들이 성공하게 된 것은 재능이나 승부욕이나 타고난 요령이 있어서라고 믿기는 하지만, 운도 크게 작용하기는 하더군요. 세상에 잠재력이 있는 사람은 널렸지만, 그들에게는 아무 일도 일어나지 않죠. 브랜트 씨의 성공담은 처음에 트레이드의 리스크를 너무 크게 감수하는 잘못을 해도 결과는 아주 좋을 수 있다는 것을 잘 보여주고 있어요. 사실 브랜트 씨처럼 하다가는 계좌가 순식간에 사라져 버릴 수 있잖아요.

내 말이 그 말입니다. 10년이 지나고 생각해 보니 내가 트레이더로 성공한 것은 전적으로 '우주의 기운이 작용'해서였습니다. 나는 처음에 회사에 소속되어 일을 시작했습니다. 내가 시작했을 때 멘토가 되어줄 사람들도 있었습니다. 적절한 회사에서 일을 시작한 것도 있었죠. 광고계에서 쌓은 인맥 덕분에 고객 계좌도 좋았지요. 내가 트레이딩을 시작했을 때는 시장이 내 방식의 차트 추종에 완벽하게 들어맞았죠. 나는 계좌의 10~15%를 스위스 프랑화와 독일 마르크에 매수 포지션을 걸었고, 그게 쪽박이 아니라 대박 거래였죠. 내가 실력이 좋아서라고 말할 수가 없어요. 내가 똑똑하거나 능력이 있어서가 아니었죠. 내가 잘나서 성공한 게 아니었습니다. 우주의 기운이 작용해서였습니다.

**코모디티스 코퍼레이션**(코모디티스 코퍼레이션은 뉴저지주 프린스턴에 있는 프롭 트레이딩 회사였다. 이 회사가 전설로 기억되는 이유는 그곳 출신의 트레이더 몇몇이 지금 세계 최고의 트레이더로 칭송받기 때문이다. 그중에서도 가장 유명한 둘을 꼽는다면 《시장의 마법사들》에도 나온 마이클 마커스와 브루스 코브너이다)*에서 자산운용을 하게 된 건 어떻게 해서였습니까?

어쩌다 시작하게 되었는지는 기억이 나지 않지만 그들이 먼저 손을 내밀었습니다. 시카고거래소에 있는 사람이 나를 추천한 게 아닐까 싶습니다. 나는 면접을 보려고 뉴워크로 날아갔고, 그들이 보낸 리무진을 타고 '성'(코모디티스 코퍼레이션의 건물이 진짜로 성이라는 것이 아니라 그만큼 본사 건물이 정교하고 아름답다는 뜻이었다)으로 갔습니다.

맞아요. 그 회사 사옥은 정말로 근사했죠. 아름다운 갤러리를 거니는 느낌이 들 정도였습니다(나도 코모디티스에서 리서치 애널리스트로 일했었다).
환상적이죠!

인터뷰에서 특별히 기억에 남는 게 있나요?
트레이더들이 다 사차원이었죠. 학자 분위기가 물씬 풍겼어요. 나처럼 거래소에서 잔뼈가 굵은 트레이더하고는 완전히 달랐죠.

회사는 운용 자본으로 얼마를 맡겼나요?
처음에는 10만 달러였지만, 나중에는 100만 달러로 올렸다가 또 500만 달러 이상으로 올렸습니다.

코모디티스 코퍼레이션 소속 트레이더로 일한 경험은 어땠나요?
제일 큰 문제가 트레이딩 규모에 익숙하지 않다는 것이었습니다. 한 번에 채권 100계약 이상의 트레이드를 잡으려니 간이 오그라드는 느낌이었죠. 처음에 100계약 주문을 넣었을 때는 덜덜 떨렸습니다. 뭔 정신으로 했는지 모르겠습니다. 평생 잊을 수 없을 겁니다.

코모디티스 코퍼레이션에서 계좌를 몇 년 정도 운용한 후에야 채권 100계약 같은 규모의 포지션을 잡게 되었나요?

3년 정도요.

트레이딩 규모가 커진 것이 성과에 영향을 주었습니까?

네.

**어떤 식으로요?**

겁이 많아졌습니다. 채권 100계약 포지션을 가지고 있는데 시장이 1%까지 반대로 움직이면 금액만 10만 달러입니다. 금액으로 따지니 어마어마했습니다. 나는 채권 시장 트레이딩을 중단하고 내 원금으로 트레이딩을 시작했습니다. 그건 내 트레이딩에도 결정적인 충격을 주었어요. 1991년인가부터 실적이 급격히 나빠졌거든요. 지금에야 그때 상황이 명확히 보이긴 합니다. 그때는 상황을 파악하고 말고 할 정신이 없었어요. 하지만 지금은 내가 왜 그랬는지 알 것 같습니다.

**코모디티스 코퍼레이션하고의 관계는 어떻게 끝났습니까?**

1992년에는 내 실적이 쪼그라들었죠. 회사가 세운 벤치마크 실적에도 미치지 못했어요.

**그래도 코모디티스 코퍼레이션에서 지낸 기간 전체를 놓고 보면 꽤 잘하지 않았나요?**

그랬죠. 큰 손실 같은 건 나지 않았으니까요. 그것보다는 내 실적이 손익분기 근처로 떨어졌다는 게 문제였습니다. 몇 퍼센트 잃거나 따거나 하는 수준이었죠. 나는 트레이딩 규모를 확 줄였고, 배분된 자본을 대부분 놀리고 있었습니다. 회사가 어떤 태도로 나왔겠습니까. "1000만 달러 계좌를 가지고 있는데 고작 200만 달러 포지션으로만 트레이딩을 한다고?"였죠.

**코모디티스 코퍼레이션이 먼저 계좌 운용을 중단시켰나요? 아니면 브랜트 씨가 먼저 그만두겠다고 했나요?**
상호 합의에 따른 결정이었습니다. 예전의 날카로운 감각이 사라지고 없었지요.

**그 후에도 본인 계좌로는 트레이딩을 계속했습니까?**
2년 정도 더 했습니다.

**코모디티스 계좌를 운용하는 부담감에서 벗어나고 기분이 후련했나요?**
아니요. 트레이더로서의 나 자신에 대해 자괴감이 들었습니다. 트레이딩을 하는 재미가 시들해졌습니다. 트레이딩이 고역이 되어 버렸죠. 실적을 내는 방법을 알고 있다고 자신했지만 그 방법과 실제 실적이 따로 논다는 생각이 들었습니다. 감정적으로는 정말로 버티기 힘든 간극이었습니다.

**그런 간극이 왜 있었던 걸까요?**
겁쟁이가 되었으니까요. 나만의 장점이 사라졌다는 생각이 들었고, 어떻게 되살려야 할지도 몰랐습니다.

**그래도 코모디티스 코퍼레이션의 계좌를 운용하지 않아도 되니 약간의 안도감이 들지는 않았나요?**

내 계좌로 트레이딩을 할 필요가 없다는 게 안도감이 더 컸습니다.

**계좌를 완전히 청산한 날, 안도감 말고 다른 감정은 안 들었나요?**

온갖 감정이 다 들었죠. '드디어 벗어났다.' 하는 생각도 들었고 '결국 백기를 든 거네.' 하는 생각도 들었습니다. 그날 하루를 마감하면서 나는 계좌 청산에 들어갔습니다. 시카고거래소에서 청산 당하는 다른 사람들이랑 내가 다를 게 뭐가 있었겠습니까?

**트레이딩 세계로는 언제 복귀했습니까?**

11년 후인 2006년에요. 시간도 장소도 다 기억납니다. 나는 책상에 앉아 있었고 왼쪽에는 아내인 모나가 서 있었습니다. 갑자기 트레이딩을 하고 싶다는 생각에 마음이 두근거리더군요. 몸을 돌려 모나에게 "내가 상품 트레이딩을 다시 시작하는 거 어떻게 생각해?"라고 물었습니다. 아내는 썩 달가워하지 않았습니다.

**마지막 몇 년은 트레이딩을 하면서 무척 힘들어했기 때문이 아니었을까요?**

내가 어땠는지 아내는 잊지 않고 있었습니다. "정말로 다시 하고 싶어?" 그래서 나도 대답했죠. "꼭 해야겠어." 나는 곧바로 계좌를 개설했습니다.

**브랜트 씨는 1995년에 상품 트레이딩을 중단했다가 2006년에 재개했습니다. 트레이딩을 하지 않았던 그 시간 동안 시장을 조금이라도 눈여겨 봤나요?**

선물 계좌조차도 안 가지고 있었던걸요.

**차트도 보지 않았던 건가요?**

차트 프로그램조차도 깔지 않았습니다.

**그 11년 동안 차트에는 눈길도 주지 않다가 돌연 트레이딩을 다시 시작했다는 거 군요. 결정적인 계기가 있었습니까?**

아쉬워하는 마음이 있었던 것 같습니다. 게다가 결과가 나빴던 것도 계기가 되었고요. 그 찝찝한 결과를 인정하기 싫다는 생각이 들기 시작했습니다. '피터, 그렇게 끝나게 둬서는 안 돼.' 그런 생각이 들었습니다.

**트레이딩을 재개하고 나서는 어떻게 되었나요?**

트레이딩 세계를 너무 오래 떠나 있었기 때문에 전자 트레이딩으로 세상이 바뀌었다는 것도 모르고 있었습니다. 타임스탬프 기계를 벽장에서 꺼내고 주문표를 한 무더기 인쇄하기까지 했으니 말 다했죠. (세상 모르는 구닥다리 행동이 기억난 듯 그가 웃었다) 내가 애용하던 차트 분석 방식이 달라진 세상에서 다시 먹힐지 아닐지도 알지 못했죠. 트레이딩을 재개하고 몇 건은 잘 풀렸습니다. 차트 분석도 여전히 효과가 있었고요. 기분이 좋았습니다. 두 해 정도는 정말로, 정말로 잘 풀렸습니다.

**심리적으로는 예전으로 완전히 돌아갔던 거네요?**

네, 아주 즐겁게 했습니다.

## 기본으로 돌아가기

트레이딩을 재개하고 전반적으로는 꽤 잘 풀린 것으로 압니다. 하지만 한 해 크게 잃은 적이 있었죠. 다른 해와 비교하니 유독 두드러지는 해였네요. 2013년에 무슨 일이 있었던 건가요?(2013년에 브랜트의 수익률은 -13%였다. 이 한 해를 빼고 2007년부터 2019년까지 그의 연평균수익률은 49%였다. 두 번째로 성적이 안 좋은 해도 16%나 수익이 났다)

네. 그 해는 처참했죠. 두 가지 이유가 맞물려서 작용했습니다. 첫째로는 아마도 다른 사람의 돈을 받아서 대신 운용하기로 했던 것도 원인이 되지 않았나 싶습니다.

**본인 계좌로만 트레이딩한다는 오랜 철칙을 깨고 투자자들의 돈을 받아 규모를 늘린 이유가 있습니까?**

지인들이 자기 돈을 대신 운용해 달라고 계속 부탁했거든요. 내키지 않았지만 하도 여러 번 부탁을 듣다 보니 결심이 약해졌습니다. '까짓거, 해보는 거지.'라는 생각이 들었습니다. 지금 생각해봐도 이해할 수 없는 결정이었습니다. '도대체 내가 왜 그랬을까?' 그래야 할 이유가 없었거든요.

**다른 사람의 돈을 받아서 굴려준다고 해서 2007년 트레이딩 이후로 유일하게 그해에만 손실이 날 이유가 있었나요? 게다가 최악의 MDD도 겪으셨죠?**

MDD야 일어날 수 있는 일이기는 하지만, 그렇게 깊게 그렇게 오랫동안 이어질 일은 아니었습니다. 나름대로 그때를 바라보는 관점이 생겼습니다. 내 계좌로만 트레이딩할 때는 모노폴리에서 돈을 따는 것처럼 트레이딩을 했습니다. 트레이딩 자금이라는 것은 계속 높여가야 할 점수 같은 것이었죠. 감정적으로 분리될 수 있었죠.

**대다수 사람에게 계좌의 원금은 모노폴리 게임의 돈이 아니라 진짜 돈입니다. 계좌에 있는 돈을 감정을 배제하고 바라볼 수 있는 시각은 언제부터 기르신 겁**

니까?

아마도 처음에 트레이딩을 시작하고 이삼 년 정도 지나면서 그렇게 바라볼 수 있게 된 것 같습니다. 한 1980년대 정도일 겁니다.

**그런데 다른 사람의 돈을 운용할 때는 트레이딩 돈을 모노폴리 돈처럼 바라보는 시각이 바뀌었다는 거군요?**

완전히 바뀌었죠. 친구들의 돈을 대신 굴려주니 그건 진짜 돈으로 다가왔습니다. 머릿속이 뒤범벅되었습니다.

**그렇게 돈 굴려주는 일을 얼마나 오래 했나요?**

첫 고객 계좌로 트레이딩을 시작한 게 2013년 1월이었습니다. 그리고 2014년 6월에는 투자자들에게 돈을 전부 돌려줬습니다.

**2014년 6월은 브랜트 씨의 MDD 바닥과 얼마나 가까웠나요?**

딱 바닥이었습니다. 우연히 시기가 맞물린 게 아니었습니다. 투자자들의 돈을 다 돌려줘서 바닥을 쳤던 겁니다.

**투자자들에게 돈을 돌려주지 않았다면 이후에 큰 폭의 만회도 없었을 것이라는 말로 들리는군요.**

그렇게 들리는 게 아니라 정말로 그렇습니다. 투자자들에게 돈을 돌려주지 않으면 바닥을 뚫고 지하까지 내려갔을 겁니다.

**투자자들에게 돈을 전부 돌려줘야겠다고 결심하게 만든 계기가 있었나요?**

나는 운이 좋았습니다. 솔직하게 고민을 털어놓을 트레이더 동료들이 있었으니까요. 그들은 내 상황을 알고 있었고, 다른 사람의 돈을 운용해주면서 내 트레이딩도 엉망이 되고 있다는 것을 이해해 주었습니다. 그들은 내가 투자자들에게 돈을 다 돌려주고 예전처럼 내 계좌로만 트레이딩을 해야 한다고 충고했습니다.

**다른 사람의 돈까지 관리해주면 트레이딩에 필요한 멘탈이 망가진다는 것을 이미 어렴풋이 감지하고 있었을 것 같은데요?**

문제가 뭔지는 어느 정도 감지하고 있었지만, 나 자신이 문제를 인정하지 못했다는 게 문제였습니다. 투자자들의 계좌가 줄어든 시기에 그들에게 가서 돈을 벌어주지 못하니 돌려주겠다고 말하는 건 정말 싫었습니다.

**그들의 계좌를 청산했을 때 손실은 얼마나 나 있었나요?**

가장 심한 계좌가 한 10% 정도 줄어 있었습니다.

**하지만 같은 기간에 브랜트 씨 계좌의 손실은 더 컸겠죠.**

아무래도 투자자들의 계좌보다는 내 계좌로 더 공격적으로 트레이딩을 했으니까요.

**아까 2013년의 손실에는 두 가지 요인이 있었다고 했지요. 첫 번째는 투자자 계좌를 운용한 것이었고, 두 번째는 무엇입니까?**

일단 트레이드에 진입하면 규칙에 따라 움직이지만 처음 진입 결정은 상황에 따라 임의로 판단합니다. 거짓 추세선 돌파라든가 휩소 가격 움직임이 많을 때는 시장과 차트가 따로 놉니다. 그럴 때면 나는 시장과 다른 보폭으로 움직이는 접근법을 사용합니다. 또 어떤 때는 평소의 접근법을 무시하고 진입하기도 합니다. 나는 체계적인 사람도 아니고 인내심이 강하지도 않습니다. 나는 조금 성급하게 트레이드에 진입하는 편입니다. 시장이 확인 시켜 주기도 전에 트레이드를 잡거나 약한 패턴만 보고 트레이드에 진입하기도 합니다. 내 방법론이 시장과 따로 놀고, 그것도 모자라 나 역시도 내 방법론과 따로 놀게 되는 시기도 있었어요. 2013년부터 2014년까지 쭉 그랬습니다. 그때는 CTA(선물시장에 정식 등록된 트레이더들)*들도 무너지고 있었습니다. 시장 행동이 변했으니 트레이더로 살아남으려면 변해야 한다는 말만 해대고 다녔죠. 그들의 말을 무조건 믿었습니다. 그래서 내 방법을 바꾸기 시작했습니다.

**어떻게요?**

지표를 추가했습니다. 평균 회귀 트레이딩(가격은 평균으로 회귀하는 성향이 있으므로 강세일 때 팔고 약세일 때 사는 방법)을 시도해 봤습니다.

**평균 회귀 전략은 브랜트 씨가 쓰는 방법과는 정반대인데요.**

그러니까요. (그는 질질 끌며 단조로운 어조로 말했다) 잘되는 게 하나도 없으니 절망감에 이것저것 계속 시도했던 거죠. 악순환이었습니다. 그러니 3~4개월내 5%의 MDD를 기준으로 삼았어야 했는데 18개월내 17%의 MDD를 기준으로 삼았던 거죠. 토끼굴을 파고들었으니 자본을 까먹는 기간도 예전보다 훨씬 늘어났던 겁니다.

**그렇게 MDD가 커지는 동안에 투자자의 돈을 운용하지 않았다면 트레이딩 방법에 변화를 시도했을까요?**

절대 아니죠.

투자자에게 돈을 다 돌려준 후에야 계좌가 반등하기 시작했다고 했습니다. 수익률 반전 뒤에 다른 숨은 요인도 있었습니까?

원래 쓰던 방법이 더는 먹히지를 않으니 변해야 한다는 거짓말로 나자신을 속였던 거죠. 결국에는 기본으로 돌아가야 한다는 사실을 깨달았습니다. 나를 깨우치는 사고 프로세스가 가동되기 시작했습니다. '이 방법 저 방법 괜히 건드리기만 하고 있어. 지푸라기를 잡는 거랑 뭐가 달라. 나도 건사 못하면서 말이야. 내가 무너지면 내가 자부하던 방법도 같이 무너지는 게 당연하지.'

본인의 원칙에 따라 트레이딩을 하는 것으로 돌아간 후에는 어떻게 달라졌습니까?

멋진 한 해가 되었죠. 물론 시장이 좋은 것도 한몫했지만요.

2013년부터 2014년까지 MDD가 심했던 덕분에 다른 사람의 돈을 관리하는 것이 본인한테도 맞지 않고 본인의 원칙과 방법을 지켜야 한다는 확신까지 생기게 되었군요. 그밖에 또 다른 교훈이 있다면요?

계좌가 고점에서 저점으로 하락하는 사태를 두 해나 겪고 나니 내 자본을 보는 시각이 달라졌습니다. 그전에는 오픈 트레이드open trade(아직 청산이 완료되지 않은 트레이드. 가령 매수한 후 헤지하지 않고 롱 포지션을 보유하고 있거나, 공매도한 후 헤지하지 않고 쇼트 포지션을 보유하고 있는 경우를 말한다)를 포함해서 계좌의 원금 총액만을 중시했습니다. 이제 나는 오픈 트레이드에 들어간 자본은 포함하지 않습니다. 체결이 완전하게 다 끝난 트레이드에 대해서만 원금 증감을 계산합니다.

그러면 심리적으로 어떤 차이가 있나요?

솔직히 오픈 트레이드의 미실현 수익은 내 수익이 아닙니다. 내 돈이 아니지요. 그러니 마이너스가 나도 속이 크게 쓰리지 않습니다. 시장이 나오는 정반대로 움직이는 것도 조금은 느긋하게 바라볼 수 있고요.

**그러면 처음에 걸었던 스톱 가격에 가까워져도 일단 올라가고 있으면 시장에 더 맡기겠다는 거군요.**

훨씬 느긋하게 맡기는 거죠. 트레이드의 수익이 원금의 1%가 되면 포지션을 절반은 청산합니다. 그러면 나머지 절반에는 수익이 더 불어나도록 여지를 남길 수 있죠.

**포지션의 남은 반에 대해서는 스톱을 올려서 걸고요?**

아주 소극적으로 걸기는 해도 스톱을 올리긴 합니다. 만약 목표이익을 70% 정도 채웠다 싶으면 나는 스톱을 겁니다. 그건 내가 팝콘 옥수수 트레이딩을 하던 시절에 세운 트레이딩 방법입니다. 1계약당 1800달러의 미실현 수익이 났고 목표이익이 2000달러라면, 200달러를 더 벌자고 수익을 다 잃을지도 모르는 리스크를 감수할 필요가 있을까요? 그래서 목표이익에 가까워지면 스톱을 올립니다.

## | 3일 스톱 규칙

**목표이익까지 30% 정도 남았을 때 스톱을 올리는 건 어떻게 결정하나요?**

그 가격까지 가면 기계적인 3일 스톱 규칙을 사용합니다.

## 3일 스톱 규칙이요?

매수 포지션을 가정하면 첫날은 포지션을 잡은 후 가장 고점이 되는 날입니다. 둘째 날은 고점인 날의 저점보다 아래에서 장이 마감되는 날을 말합니다. 셋째 날은 둘째 날의 저점보다 아래에서 종가가 마감되는 날을 말합니다. 나는 셋째 날 종가에서 시장을 나옵니다.

**그 3일이 사흘 연속은 아닐 수도 있겠네요.**

맞습니다. 셋째 날이라는 것이 첫째 날에서 2주 뒤일 수도 있습니다. 내가 3일 스톱 규칙을 만든 건 최고의 규칙이라고 생각해서가 아닙니다. 절대로 최고의 규칙은 아닙니다. 그보다는 나는 자유재량 트레이딩을 하기 때문에 아무 결정도 내리지 못하는 것이 끔찍하게 싫거든요. 후회하고 싶지도 않고요. 나중에 후회해봤자 무슨 소용입니까. 그래서 자동으로 적용되는 규칙을 만들었습니다. 그러면 오픈 트레이드의 수익이 다 사라지는 사태를 예방할 수 있으니까요.

**트레이드의 초기 리스크를 0.5%로 잡는다고 했죠. 그러면 목표이익은 어느 정도나 잡나요?**

원금의 한 2% 정도 되겠네요.

**그 수준에 도달하면 그 포지션을 다 빼고 수익을 실현합니까?**

대개는 수익을 실현합니다. 어쩌다가 예외로 스톱을 아주 빠듯하게 설정해둘 때가 있어요. 특히 매도 포지션을 취한 경우라면 더 그래요. 시장이란 게 오르는 속도보다는 무너지는 속도가 훨씬 무시무시하니까요

**수익을 실현한 후에 재진입을 고려한다면 어느 지점에서 들어갑니까?**

그건 재진입이 아닙니다. 완전히 새로운 트레이드입니다.

**시장이 계속 추세선을 따라 움직인다면요?**

나는 그런 추세는 대부분 놓치는 편입니다. 엔드존에서 10야드 떨어진 곳에서 킥오프를 날리는 것보다는 30야드 정도 선에서 노는 편이 훨씬 마음이 편입니다. 그러면 큰 가격 움직임을 놓칠 때가 종종 있기는 하죠.

**그런 방법을 쓰면 추세에서 놓치는 부분이 많기는 하겠네요.**

그렇죠.

**주식 트레이딩에도 선물 트레이딩과 같은 방법을 씁니까?**

네.

**주식 차트와 선물 차트에서 다르게 봐야 할 부분이 있습니까?**

없습니다.

**의외네요. 나는 주가가 선물보다 가격 움직임이 훨씬 불규칙하다고 생각했거든요.**

나도 그렇게는 생각합니다. 하지만 주식도 달리기 시작하면 움직임이 같아집니다.

## ┃"내 목표는 손익비의 최대화입니다"

**일전에 보낸 마켓레터에서 '아이스라인'이라는 표현을 봤습니다. 무슨 뜻인가요?**

미네소타에 살 때 집 옆에 호수가 있었는데 툭하면 얼음장이 되었죠. 그 얼음장은 호수에 빠지지 않도록 지지해주지만, 만약 물속에 빠진다면 그 얼음 때문에 위로 올라오지 못합니다. 그걸 가격 차트에 비유할 수 있습니다. 아이스라인은 뚫고 올라가기 어려운 저항선이지만, 반대로 내려가지 않게 막아주는 지지선이 됩니다. 만약 그날 장중 적어도 절반이 아이스라인 아래 박스권에서 움직이고 있는데 시장이 돌파 기미를 보인다면, 그 박스권의 저점이 유의미하게 봐야 할 리스크 기점이 될 수 있습니다.

**아이스라인을 밑도는 장중 박스권이 절반을 넘지 않으면요? 그때는 전 거래일의 저점을 리스크 기점으로 사용하나요?**

그렇게 합니다.

**장기 차트에 중요한 변화가 생기지 않는 한 진입일에서 저점을 잡는 것이 일반적이라고 보는데요. 브랜트 씨가 성공을 거둔 데는 리스크를 낮게 유지한 것이 큰 역할을 했다는 점은 이해했습니다. 하지만 리서치를 하면서 본인의 리스크 감수가 너무 낮다는 생각은 하지 않았나요? 한 개의 가격 봉만 보기보다는 몇 개의 봉을 보고 저점을 잡는 것이 리스크 관리 측면에서 더 좋지 않을까요?**

네. 그런 리서치를 하기는 했습니다. 만약 트레이드에 진입하고 처음 며칠은 시장이 등락하는 것에 조금은 더 숨통을 주었다면 수익이 더 올라가기는 했을 겁니다. 내 목표가 최고의 수익이라면 스톱도 조금은 더 여유 있게 걸 테죠. 하지만 내 목표는 수익 최대화가 아니라 손익비**■**(손실 대비 이익)의 최대화입니다.

**■손익비**
손익비는 리스크 대비 수익률의 비율이며, 계산하는 방법은 익절매한 트레이드의 수익 총액을 손절매한 트레이드의 손실 총액으로 나누는 것이다.

**추적 스톱■도 쓰시나요?**

아니요. "나는 500달러로 추적 스톱을 걸어둬야지." 그런 말을 들을 때면 내 생각은 이렇습니다. '그게 무슨 엉터리 기법이야! 더 사야 하는 순간에 판다고?' 나로서는 도무지 수긍이 가지 않는 기법입니다. 게다가 일부 트레이더들은 오픈 트레이드의 미실현 수익을 이용해 계약 수를 늘린다고 하는데 그것도 전혀 이해가 안 갑니다. 그거야 말로 내가 보기에는 가장 어리석은 트레이딩 아이디어입니다. 그러면 트레이드는 옳게 하는 것일 수 있지만, 여전히 돈은 잃는 겁니다. 내 경우는 포지션 크기를 점점 줄입니다. 트레이드에 진입한 날이 포지션이 가장 크지요.

■ **추적 스톱** trailing stop
추적 손절매 또는 익절매, 롱 포지션에서 고점 대비 일정한 폭 이하로 하락하거나 쇼트 포지션에서 저점 대비 일정한 폭 이상으로 상승할 경우 포지션을 자동으로 청산하게 해주는 기법이다.

## ▎주말 규칙

**주말 규칙**weekend rule**이라는 말씀을 하셨는데, 그건 무슨 뜻입니까?**

주말 규칙은 1970년대에 리처드 돈치언이 한 말로, 시장이 금요일에 신고점이나 신저점 근처까지 가면 월요일이나 화요일 장초반까지는 그런 움직임이 이어질 가능성이 높다는 뜻입니다. 나는 그 규칙을 이렇게 해석합니다. 만약 시장이 금요일에 가격을 돌파한다면 패턴이 완성되었고 돈치언이 말한 규칙이 내 트레이드에 유리하게 작용하는 것으로 받아들입니다.

**주말 규칙이 맞는지 분석해 보았습니까?**

통계적으로 분석해 보지는 않았습니다. 하지만 내가 가장 수익을 많이 낸 트레이드는 대개가 금요일에 추세선을 돌파한 것들이었습니다. 특히 주말이 사흘이라면 그 규칙이 더 들어맞았죠. 금요일 종가 기준으로 순손실이 났는데도 청산하지 않은 거래들은 다른 거래들보다 손실이 더 크게 납니다. 내 기준은 그랬습니다. 금요일 종가 기준으로 손실이 난 포지션은 청산하는 게 그나마 최선이라는 교훈을 얻었죠.

**그 규칙이 들어맞는 이유가 무엇이라고 봅니까?**

금요일 종가는 그 한 주를 결판 짓는 가장 중요한 가격입니다. 사람들이 주말 동안 포지션을 보유하는 리스크를 받아들이기로 결심하는 가격이니까요.

**금요일 규칙을 매번 고수하나요?**

가끔은 어기기도 합니다. 그런데 그럴 때마다 시장에 호되게 당합니다. 다양한 유형의 트레이드 결정에 대한 데이터를 꾸준히 수집하지 않은 게 가장 후회되기는 합니다.

**그렇게 진입 가격에서 빠듯하게 리스크를 잡아서 통제하는 방법을 쓰면 큰 손실에 노출될 위험이 줄어들긴 하겠네요. 지나고 보니 특별히 힘든 거래가 있었습니까?**

당연히 있죠. 1991년 1월에 원유에 매수 포지션을 걸었습니다. 미국이 이라크를 공격해서 1차 걸프전이 시작되었을 때죠. 공습 속보가 나가기 전에 원유 종가는 뉴욕에서 29달러 부근이었습니다. 이때는 시장이 24시간 내내 열 때가 아니라서, 커브Kerb(런던의 시간외 시장) 가격은 그날 밤 약 2~3달러 정도 올랐습니다. '내일 뭔가 큰일이 날 것 같아.' 그런 기대감을 품고 잠자리에 들었습니다. 큰일이 나기는 했죠. 내가 기대했던 큰일은 아니지만요. 다음 날 원유는 전날 뉴욕 종가보다 7달러 떨어진 상태에서 시작했습니다. 밤사이로만 따지면 10달러나 움직인 거지요. 단연코 내가 했던 트레이드 중에 최대의 손실이었습니다(시장이 하룻밤 사이에 움직임을 뒤집은 사태로 이 유가 추락과 관련이 있는 또 다른 설명은《새로운 시장의 마법사들》에서 톰 바소와의 인터뷰 편에서 나온다).*

**시장이 큰 갭 하락으로 시작한 것을 보고 장초에 시가로 빠져나왔나요? 아니면 조금 기다린 다음에 청산했나요?**

가만히 기다리기만 하면서 손실을 가지고 모험을 하지는 않습니다. 오래전에 배운 교훈이 있죠. 손실을 조금이라도 줄이려고 손실로 모험을 하다가는 결국 손실이 더 커진다는 걸요(그날의 폭락에 만족하지 않는 듯 원유 시장은 다음 날도 폭락했고, 그리고 한 달이 지나서야 바닥에 도착했다). 이런 트레이딩 원칙은 잘못된 트레이드에도 적용됩니다. 나는 잘못된 트레이드를 가지고 모험을 하지 않습니다.

**그 한 건의 트레이드로 입은 손실은 얼마입니까?**

원금의 약 14% 정도에 해당하는 손실을 봤습니다.

**그때 기분이 어땠습니까?**

충격이었죠. 그냥 멍했습니다.

**주간 마켓레터를 쓰게 된 동기는 무엇입니까? 수고가 만만치 않게 드는 일인데요.**

솔직히 말하면 '팩터'는 단 한 명의 구독자를 위해 쓴 것입니다. 나는 나를 위해 '팩터'를 씁니다. 내가 계속해서 상기해야 하는 모든 것을 나 자신에게 설교하기 위한 방편으로 만듭니다.

**혹시 트레이드를 대중에 공개하면 같은 가격 지점에 너무 많은 주문이 걸려서 본인의 트레이드에 악영향을 줄 수 있다는 염려는 없습니까?**

아니요. 악영향이 있는 것 같지는 않습니다.

**보통은 금요일 장이 끝나고 일요일 밤에 장이 열리기 전까지(시카고상품거래소는 시카고 시각 기준으로 일요일부터 금요일까지, 18시에 시작해 다음 날 17시에 마감한다- 옮긴이) 다가오는 주에 대비해서 차트 분석을 하고 트레이딩 결정을 내린다고 알고 있습니다. 혹시 주중에 새로운 트레이드 진입을 결정하기도 하나요?**

주말이 끝나기 전에 트레이드도 모니터링할 겸 시장 목록을 정리합니다. 가끔은 주중에 시장을 추가하기도 하지만 그런 거래는 규모를 최소로 합니다. 그 트레이드가 만약 주말에 정한 주중 모니터링이 필요한 시장 목록에 들어 있지 않다면 어지간해서는 트레이드를 시작하지 않으려고 합니다. 여기서 자료를 충분히 모은 다음에 뛰어들었어야 하는 트레이드 목록이 정리되네요. 장담하는데, 만약 주말에 정리한 잠재적 트레이드 목록에 없는데도 실제로 트레이딩했던 것들을 정리하면 죄다 손실이 난 거래들일 겁니다.

**데이 트레이딩도 합니까?**

트레이드에 진입하고 처음 이삼일 정도는 타이트 스톱tight stop(손실을 줄이기 위해 스톱 가격을 올리는 행동-옮긴이) 기회를 얻으려고 바짝 긴장하고 데이 트레이딩도 하죠. 하지만 그 하나의 예외를 빼면 데이 트레이딩은 하지 않습니다. 가만히 앉아서 종일 모니터만 본다면 폐인이 될 겁니다. 그럼 결국 잘못된 결정을 내릴 거고, 멀쩡하게 잘되고 있는 트레이드를 청산하겠죠. 시장이 열리지 않을 때 접수했던 주문에 대해서도 안절부절못할 겁니다. 분명히 모니터에서 깜빡이는 가격에 홀려서가 아니라 엄격하게 차트를 분석해서 진입 결정을 내린 트레이드여도 그러겠죠. 나로서는 정해진 방법에 따라 트레이딩을 하는 것이 최선입니다. 결정을 내리고, 주문을 작성하고, 주문을 접수하고, 흐름에 맡기는 거죠.

장 중에 트레이드 진입 결정을 내리면 트레이드에 혼선이 빚어질 수 있다는 말을 들으니 일전에 에드 세이코타와 나누었던 대화가 생각나는군요. "세이코타 씨 책상에는 시세 단말기가 없네요." 그 말에 세이코타 씨가 이렇게 말하더군요. "시세 단말기를 책상에 두는 것은 슬롯머신을 두는 것과 같습니다. 결국에는 온종일 그 기계에 밥을 주고 있을 겁니다."*

다음 날 아침 브랜트와 나는 블랙왓치라는 식당에서 아침을 먹으며 인터뷰를 이어나갔다. 브랜트는 자신의 성과가 꽤 좋기는 하지만《시장의 마법사들》을 비롯해 내 이전 책에 나온 위대한 트레이더들 몇몇과는 뛰는 리그가 같지 않다고 말했다. 왜 그렇게 생각하는지 말하려고 트레이더들의 이름을 줄줄이 읊었다. 그리고는 내 책에 자신이 포함되지 않는다고 해도 전적으로 이해할 수 있고 기분 나빠하지 않을 것이라고도 말했다. 브랜트는 빈말하는 성격이 아니니 괜한 겸양에서 나오는 소리는 아니었다. 하지만 확실히 필요가 없는 겸양이었다. 나는 브랜트에게 내 책에서 그가 빠질 가능성은 조금도 없다고 대답했다. 그가 오랫동안 거둔 우수한 실적도 실적이려니와, 그에게는 독자들에게 꼭 알려주고 싶은 귀중한 인사이트가 많다는 말도 덧붙였다. 그는 자신의 과거 트레이드를 보여주기 위해 차트 몇 개를 준비해 왔고, 우리의 인터뷰는 거기서부터 속개되었다.

이건 수익이 가장 컸던 트레이드입니다. 돌파를 하고 나서는 한 번도 빠지지 않았습니다. (브랜트는 뉴욕증권거래소 종합주가지수 차트를 보여주면서 1987년 초에 매수 포지션으로 진입했던 지점을 가리켰다. 그것은 긴 기간 수평으로 이어진 조정 구간 위에서의 돌파 지점이었다. 이 돌파가 일어나고 지수는 곧바로 상승했고 그 상방 움직임은 사실상 깨지지 않았다)

이건 2008년에 했던 대규모 트레이드입니다. 당시에 파운드화가 2.00달러에서 1.40달러로 한 달 만에 추락했죠. 이때도 시장은 하방 돌파를 한 후로 그 지점으로는 다시 돌아가지 못했습니다. (그가 건네준 차트에는 고점에서 형성된 머리어깨 조정이 하방 돌파 이후에는 큰 폭으로 하락한 것이 보였다. 처음의 폭락 후로 약간의 반등만 잠시 있었을 뿐 계속 내리막이었다. 그는 그 소폭 반등에 관해 설명했다) 이때를 보면서 큰 폭 하락이 일어난 후에 오는 첫 랠리는 결코 오래 가지 않는다는 것을 알았죠. 혹시라도 반등을 노려 팔고 싶은 거래가 있으면 수직 하강 후의 첫 랠리에서 팔아야 합니다. 보통 그런 랠리는 반전한 날로부터 딱 이틀 정도만 유지됩니다. (그는 비슷한 돌파를 보인 다른 차트도 보여주었다. 거기서도 오랜 기간 조정이 이어지다가 돌파가 생기고 이후 가격이 큰 폭으로 움직였다)


**보여주신 차트들을 보면 브랜트 씨는 긴 조정 후의 돌파가 있은 다음에 매수나 매도를 하시는군요. 혹시 페넌트(세모깃발)와 플래그(네모깃발) 패턴▪에서 돌파를 한 다음에 트레이드에 진입한 적은 없나요?**

주봉 차트에서 패턴이 완성된 모습을 기준으로 삼습니다. 가격이 크게 움직이는 동안 페넌트나 플래그가 만들어지고

▪ **페넌트형과 플래그형 패턴**
가격이 등락하면서 만들어지는 소폭의 단기(대개 2주 미만) 조정을 의미한다.

훨씬 더 큰 목표점을 향해 나아가는 모습을 보인다면 그때는 트레이드에 진입합니다. 하지만 우연히 생긴 단순한 패턴에 불과할 때는 트레이드에 진입하지 않습니다.

브랜트 씨가 시장 관찰에 대해 올린 의견 하나가 리트윗되면서 온갖 답글을 받았죠. "대체 S&P 500 지수가 1000포인트쯤은 낮아진다는 것에 매도 포지션을 취하라고 권하는 브랜트 같은 사람에게 왜 신경을 쓰는 거야?"라는 답글도 있었죠. 그런 답글을 보면 어떤 생각이 듭니까?

'의견은 강하게, 홀드는 약하게'가 내 좌우명입니다. 일단 트레이드가 내 계좌에서 정식 포지션으로 편입되면 그 순간부터 무작정 홀드하거나 하지는 않습니다. 뜨거운 감자처럼 언제라도 떨굴 수 있습니다. 강한 의견을 내세워 진입한 트레이드일지라도 단 하루 만에 시장에서 빠질 수 있습니다. 하지만 트위터 세상에서 사람들이 기억하는 건 강한 의견입니다. 슈웨거 씨가 무슨 말을 하면 그게 평생 동안 슈웨거 씨의 의견이 되는 셈이지요. 그들은 추천의 말은 기억하지만 내가 하루나 이틀 후에 50bp 손실 또는 50bp 이익을 보고 빠져나왔다는 건 잊어버립니다. 트위터에서 슈웨거 씨가 강세장을 예견했다가 약세장 예견으로 돌변하면(또는 그 반대의 경우도) 부정적인 반응이 잔뜩 달립니다. 하지만 유연하게 의견을 바꿀 줄 아는 것이야말로 트레이더에게는 실전에서 큰 도움이 되는 태도입니다.


브랜트 씨가 트레이딩을 시작한 후로 시장이 크게 달라졌지요. 간단한 트레이딩 시스템을 개발하고 테스트하는 데만도 방 하나 크기의 메인프레임이 필요하던 시절은 지나갔습니다. 지금은 강력한 컴퓨팅 파워를 가진 장비를 갖추고 트레이딩 소프트웨어에 쉽게 접속할 수 있습니다. 트레이딩 전산화가 사실상 전무하던 시절에서 방대한 양의 트레이딩도 동시에 전산 처리할 수 있는 시절로 옮겨왔습니다. 인공지능과 고빈도 트레이딩 시스템에 기반해 트레이딩하는 시대가 도래했습니다. 기술적 분석을 통한 시장 분석이 성역으로 여겨지던 시대에서 아무라도 기술적 분석에 기반한 트레이딩할 수 있는 시대로 옮겨왔습니다. 브랜트 씨처럼 차트 분석을 하는 것도 프로그램을 이용한 시스템 트레이딩도 다 흔해졌습니다. 브랜트 씨는 이런 변화를 다 무시하고, 처음 트레이더가 되었을 때 썼던 차트 분석 기법을 여전히 사용하고 있죠. 하지만 섀배커가 자세히 설명한 그 기법은 거의 90년이나 된 것입니다. 시장이 크게 달라졌어도 아직은 이런 차트 분석 기법이 주효하다고 생각하나요?

아니요. 아닙니다. 절대로 아닙니다.

**그렇다면 옛적에 만들어진 기법을 사용했는데도 어떻게 여전히 성공적인 수익률을 거둔 것인가요?**

그 문제에 대해서는 저도 생각을 많이 했습니다. 섀배커가 설명했을 법한 모든 차트 패턴의 진입 지점에서 트레이드에 진입한다면 수익을 내기가 정말로 어려울 겁니다. 시장이 더는 그런 패턴대로 움직이는 것은 아니니까요. 차트 패턴을 보고 트레이딩을 하면 돈을 벌 수 있었던 시절도 있었습니다. 그런 좋은 시절은 지나갔습니다.

**고전적 차트 분석은 그 자체만으로는 더는 주효하지 않다는 뜻이군요.**

그렇다고 봅니다. 굵직한 장기 패턴이 더는 들어맞지 않습니다. 추세선도 효력이 없어요. 채널선도 도움이 안 됩니다. 대칭삼각형도 소용이 없어요.

**그래도 아직 유효한 부분이 있다면요?**

수평 경계선이 있는 단기 패턴에서는 그나마 아직은 유효한 편이라고 봅니다. 기간은 1년 미만이고 26주 미만이라면 더 좋지요. 이런 패턴들로는 머리어깨형, 상승삼각형과 하락삼각형, 직사각형 보합 등을 들 수 있습니다.

브랜트 씨가 말한 패턴들은 크게 도움이 되지는 않는다는 것인데요. 그래도 패턴은 합리적으로 유의미한 수준에서 체계적으로 손절매 지점을 정하면서 진입 지점을 고르도록 도와주지 않나요?

맞습니다. 차트는 저항이 가장 적은 경로를 알려줍니다. 하지만 차트는 예언을 하지 않습니다. 사람들이 차트로 가격을 예측할 수 있다고 생각하는 순간 아주 위험합니다. 차트는 비대칭 리스크나 보상이 있는 트레이드의 구체적인 진입 지점을 찾을 때는 아주 멋진 수단이죠. 그게 끝입니다. 나는 예상대로 가격이 움직일 확률보다는 손익분기나 그것보다 조금 나은 수준에서 발을 뺄 수 있는 확률을 계산하는 데 더 초점을 맞춥니다. 가령 내가 금에 매도 포지션을 잡는다고 칩시다. 내가 볼 때는 금이 60~70달러 정도 하락할 가능성이 높아요. 누군가가 "금값이 60~70달러 하락할 거라고 얼마나 자신합니까?"라고 묻는다면 잘못된 질문입니다. 그 사람은 이렇게 물어야 합니다. "손익분기보다 훨씬 나빠지지 않은 지점에서 그 트레이드를 청산할 수 있다고 얼마나 자신합니까?"

## | "내 우위는 리스크 관리입니다"

브랜트 씨는 본인이 트레이드 신호를 포착하려고 쓰는 방법론에 큰 우위가 없다고 하시는데, 본인의 우위는 무엇이라고 생각합니까?

내 우위는 차트 분석이 아니라 리스크 관리입니다. 내 우위는 원칙과 인내심, 그리고 계획적인 주문 수행에서 나옵니다. '팩터'의 독자 하나가 한 말이 있습니다. "피터, 당신이 남들보다 잘하는 건 진입하기 전에 몇 주는 시장을 관찰하고 시장이 안 좋다 싶으면 장 마감 때 바로 빠져나올 수 있다는 점이에요." 내가 무슨 생각이 들었겠습니까. '세상에, 나를 완벽히 아는 사람이 나타났어.' 차트의 역할은 내가 기꺼이 베팅할 수 있는 지점을 알려주는 것에 그칩니다. "시장이 정확히 이 가격을 시작으로 새 추세가 형성될 거야."라고 말할 수 있는 지점을 알 수 있다는 거죠. 그건 다른 의미로 바꿔 생각할 수도 있죠. '차트에서 저점이 말려 올라가지 않을 가능성이 아주 높은 봉을 찾을 수 있을까?'

**그렇다면 브랜트 씨는 어느 지점에서 트레이드에 진입해야 할지 정확히 알아내지는 못한다는 거네요. 브랜트 씨가 찾아낸 것은 가능성이 거의 50-50인 비대칭 트레이드에 관한 주문을 넣을 수 있는 지점이니까요.**

좋은 설명입니다. 내가 거두는 이익은 사실 10~15%의 트레이드에서 나옵니다. 나머지는 다 버립니다. 똑같은 패턴이 연초에서 연말까지 계속되는 편이죠. 문제는 나로서는 어떤 트레이드가 그 이익이 나는 10~15%의 트레이드에 속할지 알 수 없다는 겁니다.

**내가 알기로 브랜트 씨는 전적으로 기술적 분석 진영에 속하는 트레이더인데요. 그래도 본인한테 맞는 접근법이 아니기는 하지만 펀더멘털 분석에서도 중요하게 여기는 부분이 있습니까?**

내 멘토인 댄 마키가 펀더멘털에 대해 흥미로운 철학을 가지고 있었죠. 그분은 펀더멘털 뉴스는 대개가 엉터리라고 생각했어요. 댄은 지배적 펀더멘털 요인 이론을 세웠는데, 그 이론에서는 장기 동안, 그러니까 1년에서 5년 정도는 시장 동력이 되는 핵심적인 펀더멘털 요인이 한 가지가 있다는 것이었죠. 다른 나머지 뉴스는 그냥 그 지배적 펀더멘털 요인이 이끄는 대로 추세를 따라 회전하게 만들 뿐입니다. 그리고 항상은 아니어도 관습적 지혜 대부분은 중요한 펀더멘털 요인을 하나도 이해하지 못 합니다. 한 주 동안 CNBC를 봐 보세요.

이 지배적 펀더멘털 요인은 언급조차 하지 않습니다. 지배적 펀더멘털을 안다고 해도 어떻게든 감추려 합니다. 대침체기 이후 시행된 양적 완화에서 이런 성향이 두드러지게 나타났습니다. 이 양적 완화가 주식시장 강세장을 이끈 강한 동력이었는데도요. 사람들이 하는 말 좀 들어보세요. "중앙은행은 양적 완화를 지속할 수 없어. 채무가 산더미처럼 쌓이고 있잖아. 이런 시장에서는 공매도를 해야 해."

**댄 마키 씨의 그 개념을 본인의 트레이딩에 적용합니까?**

아니요. 하지만 댄은 1998년에 죽었는데 그가 생각했던 것이 지금 시장 동력이 되는 것에 사뭇 놀라곤 합니다.

### | "시장은 연금 보험이 아닙니다"

**트레이더가 되고 싶은 후배들에게 어떤 조언을 해주고 싶습니까?**

제일 먼저 한 가지를 묻고 싶습니다. "걸어 놓은 트레이드로 본전까지 다 잃는다면 생활이 크게 달라질 것 같은가?" 그렇다는 대답이 나오면 트레이더가 되어서는 안 됩니다. 문제 해결 능력이 없으니 트레이더가 되어서는 안 됩니다. 어느 정도 규칙적으로 트레이딩 수익이 쌓이기를 원한다면 트레이더가 되어서는 안 됩니다. 시장은 연금 보험이 아닙니다. 트레이더가 되고 싶은 사람들에게는 자신만의 트레이딩 방식을 수립하기까지는 적어도 3년이라는 시간을 주고, 실력을 갖추기까지는 5년은 시간을 주라고 말하고 싶습니다. 트레이딩 실력을 갖추기까지 3~5년을 투자할 수 없다면 트레이딩을 해서는 안 됩니다. 수익을 내는 트레이더가 되는 데 시간이 아주 오래 걸리는데도 다들 그걸 무시합니다. 단순히 돈을 벌고 싶다는 이유만으로 트레이더를 꿈꿔서는 안 됩니다. 트레이더가 되어서 생활비를 버는 것이 목표라면 성공 확률은 1%가 고작일 것입니다.

나는 트레이더가 되고 싶어 하는 후배들에게 조언해달라고 했는데, 브랜트 씨는 누가 트레이더가 되어서는 안 되는지에 관해서만 말하고 계시네요.

인정합니다.

그런 충고를 다 들은 후에도 "알겠습니다. 그래도 한번 해보고 싶습니다."라고 말하는 사람이 있을 겁니다. 그런 사람들에게 해주고 싶은 충고가 있다면요?

손실을 개인적인 치욕으로 받아들이지 않는 법을 배워야 합니다. 시장은 사람 개개인에 대해서는 신경 쓰지 않습니다.

또 다른 충고는요?

자기만의 방법을 찾아야 합니다. 단순히 남의 방법을 가져다 베끼기만 해서는 결코 성공하지 못합니다.

나 역시도 트레이더들에게 해주고 싶은 중요한 말입니다. 그래도 브랜트 씨의 설명을 듣고 싶습니다.

다른 트레이더들의 방법을 그대로 모방할 때는 한 가지 커다란 위험을 각오해야 합니다. 늦건 빠르건 모든 트레이더는 큰 폭의 MDD를 겪게 되기 마련입니다. 힘든 시기를 겪으면서 이해한 사실입니다. 혹여 내가 10개의 트레이드에서 줄지어 손실이 난다고 해도 내가 정한 규칙에 따라 행한 트레이드였다면 잘못된 점이 없다고 이해합니다. 그런데 다른 사람이 내 방법을 베꼈다가 그렇게 연달아 손실이 나면 확신을 가지기가 힘들 겁니다. 그 접근법은 언젠가는 필연적으로 힘든 시기를 만날 수밖에 없고 그러면 그 사람들은 내 방법을 유지할 수가 없습니다. 그런 이유에서 트레이더는 자신이 트레이드 진입 결정을 내린 이유가 무엇인지를 정확히 파악하고 있어야 합니다. 그것만이 힘든 시기에도 살아남는 유일한 방법입니다.

**그 말을 들으니 질문이 생기네요. 브랜트 씨는 자신이 한 모든 트레이드가 다 잘못돼 보이는 상황에서는 어떻게 합니까? 여전히 시장과 다른 방향으로 움직입니까?**

규모를 줄입니다. 예전에는 그렇게 연달아 힘든 시기가 오면 나 자신에게 물었습니다. '트레이딩 방법에 변화를 줘야 하는 걸까?' 그런 식으로 대응하니 결국에는 엉뚱한 길로만 빠져들어서 끝이 좋지 못했습니다. 최후의 수단으로 트레이딩 접근법을 최적화한다며 이 방법저 방법을 쓰는 것은 해결책이 아닙니다. 오히려 길을 잃고 헤매게 될 뿐입니다. 나는 트레이딩 방법을 유지하려고 최대한 노력합니다. 나한테는 그것만이 계좌 하락에서 벗어나 정상 궤도로 돌아오는 유일한 방법입니다.

**트레이더가 되려는 후배들에게 또 어떤 조언을 해주고 싶습니까?**

좋은 공이 올 때까지 기다리는 방법을 터득해야 합니다. 내가 처음 트레이더가 되고 제일 어려운 질문은 다른 게 아니었습니다. 나한테 적절한 공은 무엇이지? 내가 과감하게 방망이를 휘두를 만한 좋은 공은 무엇이지? 내가 보기에 모든 트레이더는 이 질문에 대한 답을 찾다가 적당히 타협하게 됩니다. 과감하게 방망이를 휘두르고 싶은 종류의 트레이드가 무엇인지 아주 구체적으로 특정해서 정의할 수 있습니까? 이 질문에 대답할 수 있을 때만이 트레이더는 포지션 비중 조절이나 레버리지, 스케일링scaling(가격이 변동될 때 포지션을 배로 늘리거나 반으로 줄이는 기법), 트레이딩 운용 같은 다른 중요한 문제도 다룰 준비를 마치게 되는 것입니다.

**먼젓번에 트레이더가 된 동기는 돈을 벌고 싶어서가 아니라고 했습니다. 어떤 동기가 좋은 동기일까요?**

시장은 멋진 도전 무대입니다. 문제 해결 과정을 즐길 줄 알아야 합니다. "내 나름의 방법을 찾았고, 결과에 만족해."라고 말할 수 있게 된다면 시장에서 커다란 만족감을 얻을 수 있을 것입니다.

**아쉽게 놓친 트레이드에 대해서는 어떻게 생각합니까?**

받아들여야죠. 내가 그런 트레이드를 부르는 이름이 있습니다. 이른바 '○○할 걸' 트레이드입니다. 큰 규모의 '○○할 걸' 트레이드는 연평균 대략 두 개 정도는 됩니다. 내가 놓쳤다는 것을 받아들여야지 어쩔 수 있나요.

**그런 트레이드가 손절매한 트레이드보다 더 속이 쓰린가요?**

예전에는 그랬습니다. 미치도록 속이 쓰렸죠. (그는 '미치이이이도록'이라며 강하게 말했다)

**그런 기분을 어떻게 넘겼습니까?**

돌파를 기다리면서 트레이드에 진입할 지점을 알아내는 것이 아니라 미리 계획을 세우고 주문을 접수했습니다. 그러니 놓치는 트레이드의 수가 줄었습니다. 그리고 경험이 쌓일수록 다른 좋은 트레이드도 얼마든 있다는 것도 배우게 되었습니다. 정말로 놀랍게도, 충분히 오래 기다리면 다른 좋은 트레이드가 항상 등장하더군요. 나는 지금은 내가 놓친 시장을 아쉬워하기보다는 실수를 하지 않으려고 더 조심합니다.

**이기는 트레이더와 지는 트레이더의 차이점을 말한다면요?**

이기는 트레이더들은 리스크를 존중합니다. 어떤 트레이드를 하든 리스크를 제한하려 합니다. 그들은 자신들의 트레이드가 성공할 것이라는 자동적인 가정을 세우거나 하지 않습니다. 아, 자동적인 가정을 세우기는 하네요. 트레이드가 잘못될지도 모른다는 가정이요. 이기는 트레이더는 이기는 트레이드에 대해서 지나치게 환호하지도 않고 지는 트레이드에 대해서 지나치게 낙담하지도 않습니다. 반면 지는 트레이더는 리스크를 너무 높게 감수합니다. 그들만의 방법을 쓰지 않아요. 시장을 쫓기에 급급합니다. 좋은 트레이드를 놓칠지도 모른다는 두려움이 강해요. 감정을 억제하지도 못하고요. 열광과 우울 사이에서 크게 파도를 치죠."

조금 모순이기는 했다. 사람들이 성공 트레이더가 되는 데 가장 중요한 요소라고 흔히들 생각하는 것이(트레이드에 진입하는 방법) 브랜트에게는 오히려 가장 중요하지 않은 요소에 속한다. 브랜트도 고전적 차트 분석 기법은 사실상 우위가 다 사라진 것이나 마찬가지라고 인정한다. 중요한 것은 리스크 관리이다. 브랜트에게 차트 분석이라는 방법론은 적절한 진입 지점을 알려주는 도구일 뿐 리스크 관리를 실행하면서 언제라도 수정될 수 있다. 브랜트는 모든 트레이드 포지션을 잡을 때는 항상 대규모 손실이 발생하지 않도록 스톱을 걸어둔다. 그러면 1차 걸프전이 발발했을 때처럼 의도한 가격대보다도 훨씬 아래에서 스톱이 실행되는 드문 상황을 미연에 방지할 수 있다. 그런 트레이드는 그에게는 그것 한 번으로 족했다.

브랜트의 트레이드에서는 리스크를 아주 적게 감수하고 목표가에 도달할 합리적 잠재력이 있다고 믿어지는 트레이드만을 하는 것이 핵심 전략이다. 보통 이 목표가는 그가 세운 리스크 최대치의 서너 배 정도이다. 그가 차트를 사용하는 것은 수익을 보호하거나 손실을 막기 위한 보호 스톱을 유의미한 범위 내에서 정할 수 있도록 가격 포인트를 찾아내기 위해서이다. 이 가격대에서는 상대적으로 소폭만 가격이 움직여도 트레이드가 잘못되고 있다는 유의미한 신호가 발산되기 때문이다.

이런 트레이드의 한 예로는 큰 폭으로 상방 돌파가 발생해서 상승장 속에서 시장이 마감했고 이 거래일의 저가가 브랜트가 말하는 '아이스라인'보다 한참 아래인 날에 매수 포지션을 잡은 상황을 들 수 있다. 브랜트의 트레이딩 접근법은 내가 위대한 트레이더들에게서 발견한 공통점을 또 한 가지 보여준다. 위대한 트레이더들의 방법론에서 핵심은 비대칭 트레이드 기회를 찾아낸다는 것이다. 비대칭 트레이드란 인지한 상방 잠재력이 필요한 리스크 수준을 크게 상회하는 트레이드를 의미한다.

일부 독자는 브랜트가 전체 수익이 줄어들 가능성을 감수하면서까지 보호 스톱을 빡빡하게 거는 전략을 사용한다는 것에 다소 의아할 수 있다. 왜 수익 극대화 방법은 쓰지 않는 것인가? 수익을 늘리지만 올라간 투입 금액만큼 리스크도 올라가는 것은 최적의 트레이딩 접근법이 아니기 때문이다. 수학적으로 간단히 계산해 봐도, 포지션 크기가 늘어난다면 고수익/고리스크 방법은 저수익/저리스크 방법을 쓸 때보다(비록 수익률은 더 높지만) 위험조정수익률이 낮을 때보다 위험조정수익률이 더 높을 때는 동일한 리스크에서 수익률이 더 높기 마련이다.

성공 트레이더가 되려면 자신만의 트레이딩 스타일을 개발해야 한다. 브랜트의 멘토는 펀더멘털 분석에 의지했고 장기 투자를 하는 성향이었지만, 브랜트의 트레이딩 방법은 엄격하게 기술적 분석에 의지했으며 트레이드 건당 기간도 훨씬 짧았다. 특히 손절매한 트레이드일수록 홀딩 기간은 더 짧았다. 브랜트는 멘토로부터 자산운용의 중요성을 배웠지만, 트레이딩 방법에서는 철저하게 자신만의 스타일을 개발했다.

브랜트는 트레이딩 방법에서는 자신만의 원칙을 고수하고 체계적으로 움직였지만 단 한 번 예외가 있었다. 2013년에 그는 여러 달이나 순손실을 입은 상태였고, 그가 진입하는 트레이드마다 번번이 시장이 반대로 움직였다. 그러다 보니 기술적 분석 트레이더들이 시장이 변했다고 입을 모아 하는 말에 마음이 흔들렸다. 마음이 약해진 순간 브랜트는 수년간 성공 트레이딩을 이끌어주었던 자신만의 방법을 포기하고 남들의 트레이딩 방법을 갖다 쓰기 시작했다. 온갖 방법을 다 실험해 보았지만 계속해서 그리고 더 크게 손실이 발생할 뿐이었다. 결국 2013년은 2006년에 트레이딩 세계로 다시 돌아온 후로 처음이자 유일하게 손실이 난 해가 되었고, 그도 인정하다시피 5%로 그칠 수 있었던 MDD는 17%로 낙폭이 훨씬 커졌다.

자신만의 방법으로 트레이딩을 한다는 것은 다른 말로는 '다른 사람의 추천만 듣고서 트레이드에 진입하지 마라'라는 원칙으로 귀결된다. 브랜트는 그가 트레이더 세계로 입문하도록 영향을 준 입회장 중개인이 추천하는 말만 듣고 아무 생각 없이 첫 트레이딩을 했다. 그 중개인은 그 트레이드로 돈을 벌었지만 브랜트는 손해를 봤다. 그 중개인이 정한 트레이드 시한이 브랜트가 정한 시한보다 훨씬 짧다는 것을 브랜트는 까맣게 모르고 있었다. 남들의 충고나 조언을 그대로 따르면 이상한 일이지만 결과가 나쁠 때가 정말로 많다. 다른 성공 트레이더에게서 귀중한 교훈을 배울 수야 있지만, 자신의 방법을 개척하는 것이 아니라 타인의 추천만 가지고 트레이드에 진입하면 손실이 나는 것은 거의 기정사실이라고 봐야 한다. 다음 트레이드에서 혹시라도 돈을 잃는다면 "이거 한번 해봐."라는 말에 이끌려서 하지는 않았는지 생각해 보자.

## ▌"최대의 적은 나 자신입니다"

트레이더로 입문했을 때 미처 알지 못해서 아쉬웠던 부분이 무엇인지를 묻자 브랜트는 "나에게 최대의 적은 나 자신입니다."라고 대답했다. 그렇게 생각하는 사람은 브랜트만이 아니다. 인간은 감정과 충동의 동물이고, 트레이더들은 감정과 충동에 이끌려 잘못된 선택을 한다. 브랜트의 말을 빌리면, 그는 충동적인 사람이고 만약 모니터에 나오는 것만 보고서 본능에 이끌려 트레이드를 체결한다면 자기 파괴적인 결과가 나왔을 것이라고 한다. 브랜트는 트레이드 결정에서 주문까지 정밀한 프로세스를 세우고 따랐으며 감정 개입을 차단한 것이 성공 비결이었다고 믿는다. "트레이드 과정은 별거 없습니다. 결정을 내리고, 주문을 작성하고, 주문을 접수하고, 흐름에 맡기는 거죠." 브랜트는 모니터를 뚫어져라 보는 일은 하지 않으며, 장이 열리지 않는 금요일 마감부터 월요일 개장 전까지 집중적으로 차트를 분석하고 거래 계획을 세운 것에 한해 새 트레이드 포지션을 정한다.

인간의 감정이 트레이드에 악영향을 미친다는 브랜트의 말은 윌리엄 에크하르트가 《새로운 시장의 마법사들》에서 피력한 주장을 생각나게 했다. "감정적 만족을 위해 트레이딩을 한다면 잃을 것입니다. 감이 좋아서 들어가는 트레이드는 대개는 잘못된 트레이드이기 때문입니다."* 실제로도 최고의 트레이드는 가장 반직관적이거나 받아들이기 힘든 트레이드일 수 있다. 브랜트에게 2019년에 최고의 수익을 안겨준 트레이드는 곡물 매도 포지션이었는데, 이것은 그가 곡물 시장에서 하고 싶던 것과는 정반대되는 트레이드였다.

트레이드를 주문하고 체결하기 위한 프로세스를 구체적으로 정한다면 백해무익한 감정적 결정을 피하는 길이기도 하고 성공 트레이딩을 위한 선결 조건이기도 하다. 내가 인터뷰한 성공 트레이더들은 하나같이 자신만의 방법론을 구체적으로 세워놓고 있었다. 그리고 좋은 트레이드의 반대는 성급한 트레이드이다. 브랜트는 미리 구체적으로 정해 놓은 기준에 부합하는 트레이드를 선택하며, 매수하는 타이밍 역시 진입일까지 구체적으로 계획을 세워놓고 진입한다. 포지션으로 편입한 트레이드에 대해서는 손실이 날 경우에 대비해 손절가를 미리 정해 놓으며, 수익이 날 경우에 대비해서도 수익 실현 계획을 세워둔다.

많은 트레이더가, 특히 초보 트레이더일수록 나쁜 트레이드와 손실을 입는 트레이드에는 결정적 차이가 있다는 사실을 이해하지 못한다. 이 둘은 절대로 같은 것이 아니다. 브랜트는 해당 트레이드를 청산하고서 1년 후에 차트를 봤을 때 포지션을 취한 날짜와 가격을 떳떳하게 볼 수 있다면 좋은 트레이드라고 말한다. 돈을 벌었는지 잃었는지는 상관이 없다고 한다. 한마디로, 수익이 났는지가 아니라 자신만의 방법을 지키면서 한 것이 좋은 트레이드의 공통분모라는 뜻이다(물론, 그의 견해에는 리스크를 감당할 수 있고 장기적인 수익이 날 수 있는 방법론이어야 한다는 기본 전제가 깔려 있다). 아무리 좋은 트레이딩 방법을 쓸지라도 일부 트레이드에서는 손실이 날 수밖에 없고, 내가 취한 포지션이 이기는 트레이드가 될지 아닐지는 선험적으로 알 도리가 없다.

상당수 트레이더는 트레이드 규모에 있어서 부담스럽지 않은 수준이 있다. 어떤 트레이더는 비교적 소규모 거래에서는 훌륭한 성적을 내다가, 포지션 크기가 커지면 수익률이 급격히 악화되는 경험을 한다. 포지션 크기가 늘어났다고 해서 시장의 유동성이 줄거나 한 것은 전혀 없는데 왜 그럴까? 브랜트도 코모디티스 코퍼레이션이 갑자기 그에게 운용자본을 많이 할당하면서 이런 경험을 했다. 기껏해야 미국 국채 20계약 정도만 주문하던 사람이 100계약 주문을 넣어야 했다. 트레이드당 그가 감당해야 하는 리스크는 달라지지 않았지만, 손실이나 수익을 비율로 따지는 것이 아니라 금액으로 따지기 시작했다. 트레이드당 리스크에도 변화가 없고 포지션 규모를 늘렸어도 시장 유동성이 여전히 풍부하다면, 주문 규모가 커지는 것이 트레이더의 성적에 큰 차이를 불러온다는 것이 이해가 안 될 수 있다. 하지만 인간의 감정도 그렇고 트레이드에 감정이 미치는 영향도 논리적인 것과는 거리가 멀다. 여기서 또 하나 교훈이 나온다. 트레이더는 계좌의 규모가 갑자기 커지는 것을 경계해야 한다. 그보다는 계좌 자본을 점진적으로 늘리면서 이렇게 늘어나는 포지션 규모에 적응해야 한다.

자신의 계좌로 성공적인 트레이딩을 한다고 해서 타인의 돈까지 성공적으로 운용할 수 있다는 보장은 없다. 자신의 돈으로는 멀쩡히 트레이딩을 잘하다가 다른 사람의 돈으로 트레이딩을 할 때는 수익률이 바닥을 기는 트레이더도 있다. 남의 돈을 잃었을 때의 자책감으로 인해 정상적인 트레이드 진입 결정마저 힘들어지는 것도 그런 일이 일어난 한 가지 이유이다. 브랜트 역시 2006년 말에 트레이딩을 재개한 후 타인의 돈을 운용해 주면서 최악의 MDD가 발생했다. 공교로운 우연은 아니었다. 더 재미있는 부분은, 브랜트가 투자자에게 돈을 전부 돌려준 달에 MDD는 바닥을 때렸고, 그 후로는 20개월 연속해서 높은 수익이 났다. 트레이더가 자기 계좌로만 트레이딩하다가 자산운용으로도 영역을 확대한다면, 그것이 본인이 정신적으로 편안하다고 느끼는 트레이딩 규모를 벗어난 크기는 아닌지 스스로를 면밀히 관찰해야 한다.

브랜트는 자칭 '팝콘 트레이드'라고 부르는 트레이딩을 하지 않은 후에야 실적이 개선되었다. 팝콘 트레이드란 크게 수익은 나지만 수익이 꺾이고 나거나 아니면 수익이 손실로 변하고 나서야 포지션을 정리하는 트레이드를 의미한다. 초보 트레이더 시절에 이런 좋지 못한 경험을 한 후에야 브랜트는 같은 결과가 재발하는 것을 막기 위해 몇 가지 규칙을 정했다.

1. 해당 포지션의 순수익이 총자본의 1%가 되면 포지션을 일부 정리하고 수익을 실현한다.
2. 목표이익을 30% 남긴 시점에 도달하면 훨씬 가까운 가격에서 보호용 스톱을 건다.

브랜트는 오픈 트레이드가 금요일 종가 기준으로 손실이 나 있다면 빠져나온다는 규칙도 세워놓았다. 그 포지션을 주말 내내 들고 가는 것이 주중에 오버나잇으로 포지션을 유지하는 것보다 내포한 리스크가 더 크기 때문이다. 그리고 브랜트처럼 저리스크를 선호하는 트레이더에게는 포지션이 금요일 종가로 순손실이라면 시나리오대로 청산하는 쪽이 더 신중한 리스크 관리 기법이라고 전제하기 때문이다. 하지만 금요일 종가 기준에 따라 청산을 하는 가장 큰 이유는 따로 있는데, 브랜트는 금요일 종가를 특별히 중요하게 생각하기 때문이다. 그는 다음 주 장이 시작하고 가격 움직임은 전주 금요일의 상승 마감이나 하락 마감을 이어나가는 경우가 그렇지 않은 경우보다 많다고 본다. 그의 가정이 맞는다면, 결국에는 맞게 진입했던 트레이드일지라도 일단은 청산이 옳다. 그러면 다음 주에 더 좋은 가격에서 재진입할 기회가 생길 것이다.

모든 트레이더가 공통으로 부딪치는 딜레마가 있다. '내 트레이딩 접근법이 시장 움직임과 따로 논다면 어떻게 해야 하는가?' 브랜트는 다른 트레이드에 접근할 때는 들어맞았던 방법이라면 그 방법을 함부로 버려서는 안 된다고 충고한다. 트레이딩 방법을 전격적으로 바꿔서 좋은 결과를 보장할 수 있으려면 그전에 상당한 리서치와 분석으로 확증부터 얻어야 한다. 시장에게 호되게 당한다고 해서 신중하지 못하게 트레이딩 방식을 바꾸는 짓은 절대로 하지 말아야 한다. 그렇다면 트레이더가 트레이드에 진입하는 족족 다 구멍이 나는 상황에서는 어떻게 해야 적절한 행동인가? 브랜트는 트레이드의 규모를 (필요하다면 과감히) 줄이고 시장과 트레이더의 방향이 일치할 때까지 기다려야 한다고 조언한다.

또한 브랜트가 전업 트레이더가 되고 나서 처음으로 손실이 난 해는 최고의 수익을 올리고 바로 다음 연도였다는 사실도 잊지 말아야 한다. 마티 슈워츠는 《시장의 마법사들》에서 이렇게 말했다. "내가 최악의 손실이 난 해는 언제나 최고의 수익이 난 다음 해였습니다."* 진입하는 트레이드마다 최대치까지 수익이 나는 시기가 지나고 나면 으레 최악의 MDD가 발생한다. 최악의 손실은 왜 최대의 수익 뒤꽁무니를 졸졸 쫓아다니는 것인가? 연승은 자기만족을 이끌고, 자기만족은 방만한 트레이드를 이끈다는 것이 한 가지 이유가 될 수 있다. 연승가도를, 그것도 대승으로 연승가도를 달리는 트레이더는 잘못될 수도 있다는 가정은 세우지 않는다. 최악의 시나리오는 고려 대상조차 되지 않는다. 다른 관점에서도 설명할 수 있다. 아마도 탁월한 성과를 거둔 해에는 노출 수준도 높았을 것이다. 여기서도 교훈이 있다. 당신의 포트폴리오가 연일 신고가 행진을 하며 순항하고, 진입하는 트레이드마다 높은 수익이 나고 있다면 조심하라! 이때야말로 자기만족에 빠지지 않게 조심하고 경각심을 더 높여야 하는 시기이다.

트레이딩 방법을 떠나 장기적으로 어떤 종류의 트레이드가 좋고 나

뻘지 그리고 시황이 우호적일지 비우호적일지는 어떻게 알 수 있는가? 시스템 트레이더들은 분류별 트레이드를 테스트해보면서 자신에게 맞는 트레이드와 시장을 찾아낼 수 있다. 그러나 자유재량 트레이더들은 다양한 대안을 시험해볼 수가 없는데, 과거에 자신들이 했던 트레이드를 체계적으로 정리할 알고리즘이 없기 때문이다. 그들이 자신에게 맞는 트레이드 유형을 찾아내려면 트레이드의 내용과 손익을 실시간으로 정리하고 기록하는 수밖에 없다. 이렇게 손으로 정리하다 보면 언젠가는 귀중한 데이터가 될 것이고 트레이딩에 필요한 인사이트도 얻을 수 있을 것이다. 브랜트는 트레이딩 일지를 작성하지 않은 것을 지금도 후회한다. 한 예로, 그는 주말 분석을 한 후 관심 목록에 오르지 못한 트레이드 (즉, '주 전체의' 가격 움직임에 반응해서 형성된 트레이드)는 기준 이하의 성적이거나 순손실이 나올 수 있는 트레이드라고 판단한다. 그는 이 가설이 맞는다고 믿지만 왜 맞는지는 설명하지 못한다. 그는 트레이드 범주별로 장부를 작성했다면 왜 맞는지 답을 알아낼 수 있었을지도 모른다며 아쉬워한다. 여기서도 교훈을 얻을 수 있다. 자유재량 트레이더는 트레이드를 범주별로 분류하고 각 범주마다 결과를 모니터링해야 한다. 그러면 무엇이 자신에게 맞는 트레이드인지 알려주는 귀중한 자료가 탄생하게 될 것이다.

인내심은 모든 성공 트레이더의 공통된 특징이지만 선천적 특징은 아니다. 브랜트는 타고나기를 성격이 급한 편이지만, 스스로 훈련하며 인내심을 키운다. 그는 인내심이야말로 트레이딩 입문의 필수 요소라고 강조한다. "좋은 공을 기다릴 줄 알아야 합니다." 그는 트레이드 아이디어를 다 선택하고 싶은 유혹을 피하고 매력적인 트레이드가 등장하기를 기다린다. 다시 말해, 감수해야 할 리스크가 같은 수준이라면 수익 가능성이 서너 배는 높은 트레이드가 나타나기를 기다린다. 내가 고담 캐피털 창업자인 조엘 그린블라트를 인터뷰했을 때 그도 같은 말을 했다. 그린블라트는 워런 버핏의 말에 빗대 이렇게 설명했다. "월스트리트에는 이른바 스트라이크가 없습니다. 공은 원하는 만큼 무수히 볼 수 있지만, 모든 상황이 맞아떨어질 때만 방망이를 휘둘러야 합니다."*

브랜트가 손실률이 가장 크게 난 트레이드는 1차 걸프전이 시작되기 직전에 했던 원유 매수 포지션이었다. 유가는 하룻밤 사이에 25%나 떨어졌다. 브랜트는 장이 시작되자마자 예정했던 스톱 가격보다 훨씬 아래에서 포지션을 청산했다. 그는 가격이 반등해서 더 좋은 출구가 나올 때까지 기다릴 생각은 조금도 없었다. 손실을 줄이기 위해 무조건 버티는 모험을 하다가는 손실이 더 커질 수도 있었다. 그리고 유가는 그 후 몇 주간 바닥을 모르고 침몰했다. 겨우 한 건의 손절매만으로 무언가를 입증하지는 못하지만 "트레이드 손실을 버티며 모험을 하지 마라."는 교훈은 귀에 새겨야 한다. 실수한 트레이드에도 비슷한 규칙이 적용된다. 손실이 난 트레이드이든 실수한 트레이드이든 트레이더는 버티며 모험을 하기보다는 포지션을 청산해야 한다.

브랜트처럼 성공적인 전업 트레이더가 되는 것은 많은 이가 원하는 생활방식일 수 있지만, 꿈은 꿈일 뿐 이루기가 굉장히 어려운 목표이다. 트레이더를 꿈꾸는 사람들은 대부분 자본이 부족하고 수익을 내는 트레이딩 방법을 개발하기까지 걸리는 시간도 대수롭지 않게 생각한다. (브랜트는 거기에는 3~5년은 걸린다고 말한다) 브랜트는 트레이딩 손실로 생활고를 겪을 수도 있다면 트레이딩 자체를 하지 말라고 충고한다. 게다가 트레이딩에서 나오는 수익으로만 온전히 생활비를 충당해야 한다면 트레이딩으로 성공하기는 사실상 불가능하다. 브랜트도 "시장은 연금 보험이 아닙니다."라고 말하지 않는가. 전업 트레이더로서 안정적인 소득을 벌 수 있을 것이라는 기대는 금물이다.

브랜트는 '의견은 강하게, 홀드는 약하게'를 트레이딩 모토로 삼는다. 트레이드를 잡을 때는 확실한 이유가 있을 때만 잡고, 트레이드를 잡은 후에라도 기대대로 흘러가지 않는다면 재빨리 빠져나와야 한다. 시장이 완전히 반대로 가는 상황에서 약간의 손실만 입고서 빠져나올 수 있다면 그 트레이드는 전혀 잘못된 것이 아니다. 그러니 의견을 바꾸면 남들이 손가락질할지도 모른다는 걱정은 접어두어라. 시장에 맞게 의견을 번복하는 것은 유연성이 있다는 뜻이고, 유연성은 트레이더에게는 약점이 아니라 훌륭한 자질이다.

성공적인 트레이더의 핵심 특징 하나는 트레이딩을 무척 즐긴다는 것이다. 브랜트도 전업 트레이더가 되고 나서 처음 10년은 그랬다. 그가 자신의 초보 트레이더 시절을 설명하는 말을 들으면 거의 강박적으로 트레이딩을 했다는 것을 알 수 있다. 하지만 1990년대 초반에서 중반쯤 되자 트레이딩에서 얻는 재미가 시들해졌다. 그의 말을 빌리면 트레이딩은 '염증나는' 일이 되었다. 트레이딩을 사랑하던 사람이 염증을 느끼게 되었으니 성공 트레이딩의 가장 핵심인 요소를 잃었고 성과도 바퀴가 빠져 삐거덕거리게 되었다는 것은 말하지 않아도 알 수 있다. 10년이 지나서 브랜트는 다시금 트레이딩 세계에 들어오고 싶다는 열망을 품었고, 이번에도 크게 성공한 트레이더가 되었다.


교훈 _ 트레이딩을 진정으로 좋아하는 마음이 있는지 확인하라. 부자가 되고 싶은 마음과 트레이더가 되고 싶다는 마음을 혼동하지 말아야 한다. 트레이딩이라는 일을 사랑하지 않으면 성공적인 트레이더도 되지 못할 것이다.

# UNKNOWN MARKET WIZARDS

제이슨 샤피로 Jason Shapiro

# 역발상 트레이딩

**제이슨 샤피로**는 개인 트레이더가 시장을 이길 수 있다는 걸 보여주는 인물이다. 샤피로는 시장이 강세장의 환희에 휩싸였을 때는 매도 포지션을, 시장에 약세장의 침울한 분위기가 만연해 있을 때는 매수 포지션을 취하는 이른바 '역발상 트레이딩'으로 경이로운 실적을 기록했다.

- 데이비드 리드, 월터 개리슨, 제임스 밴델, 애덤 왕은 가명의 개인이며, 크랜
모어 캐피털, 월터 개리슨 앤 어소시에이츠, 헨튼 그룹, 브라이슨 증권도 가명
의 회사임을 밝힌다.

제이슨 샤피로가 트레이더로서 꾸준히 성공을 거둔 것은 처음 10년 동
안 트레이딩을 하면서 본능적으로 했던 행동들을 180도 뒤집는 방법
을 터득한 덕분이었다. 샤피로가 트레이딩 세계에 몸담은 지도 30년이
다. 그가 하는 일은 한둘이 아니다. 그 자신의 계좌로 트레이딩을 하고,
여러 자산운용사를 대신해서 포트폴리오를 운용하고, 여러 번 반복했던
CTA(선물투자자문) 일을 통해서 투자자 계좌도 대신 운용해주고 있다. 샤
피로는 적을 때는 수백만 달러, 많을 때는 6억 달러까지 자산을 운용했
다. 지금 그는 1인 CTA 회사를 차려서 꽤 만족스럽게 운영하고 있고 아
직은 1인 체제를 넘어 사업을 확장할 계획이 없다.
　샤피로의 실적 기록은 2001년부터 시작되고 여기에는 여러 자산운

용사에서 배분받아 운용한 자본의 수익도 포함된다. 어떤 시기에 그의 수익률이 얼마나 되느냐는 자본을 배분한 운용사가 정한 목표 변동성 전략target volatility(변동성 조절 전략이라고도 한다-옮긴이)에 따라 다르게 나왔다. 나는 일관된 기준에서 그의 실적을 계산하기 위해 전체 기간에서 목표 변동성을 하나의 수준으로만 고정하고 여기에 맞게 그의 수익률을 조정했다. 목표 변동성이 20%일 때 그의 연평균수익률은 34%이고, MDD는 연평균수익률의 절반 이하인 16.1%이다. 샤피로의 변동성 수준은 높은 월별 수익만큼 올라가기 때문에 리스크를 과대 계상하는 편인데, 목표 변동성을 20%로 고정해도 마찬가지이다. 이 사실은 그의 MDD가 상대적으로 제한적이라는 점에서도 입증된다. 샤피로의 위험조정수익률 수치를 보면 조정된 소티노 지수는 2.83이고 월간 손익비는 2.45로 굉장히 탄탄하다. 트레이딩 세계를 떠났다가 2016년에 다시 돌아온 후의 성과 통계는 전체 기간의 성과를 훌쩍 상회한다. 그런데 샤피로의 실적 기록을 보면 한 가지 이상한 특징이 두드러진다. 그의 수익은 주식이나 헤지펀드, CTA 지수와는 음의 상관관계를 지니고 있었다.

나는 샤피로라는 사람을 이메일을 통해 알게 되었다. "제이슨 샤피로를 꼭 만나보시기 바랍니다. 그는 실적만 경이로운 것이 아니라, 시장에 접근하는 방식도 매우 독특하고 흥미를 자아냅니다." 이메일 내용은 내 호기심을 자극하고 후속 조치를 취하게 하기에 충분했다. 나는 샤피로에게 이메일을 보냈다. "저는 '시장의 마법사들'의 새 후속작을 준비 중입니다. 빌 도지라는 분이 샤피로 씨야말로 이 책에 들어갈 완벽한 후보라고 추천해 주셨습니다. 혹시 관심이 가신다면 당신을 부탁드립니다."

샤피로가 답신을 보내왔다. "언론에 소개되는 것은 내키지 않지만 슈웨거 씨의 '시장의 마법사들' 중 처음 두 작품이 제가 걸어야 할 길을 알려주었다는 것은 밝히지 않을 수 없네요. 만나서 이야기를 나누고 싶습니다. 슈웨거 씨가 괜찮다면 어떻게 할지는 그때 논의하지요."

나는 샤피로에게 보낸 답장에서 그의 수익률 자료를 요청했다. 인터뷰하러 멀리까지 가기 전에 그가 완벽한 후보인지 확인하고 싶어서였다. 나는 볼더에 살고 뉴욕에 출장 갈 일이 있을 것 같으니 가는 김에 로드아일랜드에 있는 그의 집에 방문하면 좋겠다고 말했다. 샤피로는 다음 주에 결혼식에 참석하러 볼더에 갈 것이니 만나서 점심 식사나 함께하자는 답변을 보내왔다. 나야 당연히 환영이었다. "그러면 저야 감사하죠!"

일정을 잡으려고 이어서 메일을 주고받는 중에 샤피로가 이런 내용의 메일을 보냈다. "슈웨거 씨의 시간을 뺏고 싶지 않아서 미리 말씀드립니다. 주말 동안 이 문제를 진지하게 고민했습니다. 저는 지금 이 시점에서 슈웨거 씨의 책에 소개되는 것이 정말로 내키지 않는다는 결정을 내렸습니다. 슈웨거 씨가 쓰신 책들은 모두 훌륭하고 제 인생에 좋은 영향을 많이 주었습니다. 슈웨거 씨를 만나 시장과 인생에 대해 나누는 싶은 마음도 여전히 변함이 없습니다. 하지만 책에 실리는 일에 대해서는 먼저 양해부터 드려야 할 것 같습니다."

나는 실망했지만 그나마 멀리 출장을 가지 않아도 되니 다행이었다. 나는 내 집 작업실에서 그를 만나기로 약속했다. 나는 혹시라도 그의 마음이 변할지도 모른다는 생각에 인터뷰하는 동안 녹음을 해도 괜찮은지 물어보고 싶었다. 그러나 책에 (아무리 내 책을 좋아해도) 들어가고 싶지 않다는 그의 결심이 워낙에 단단했기에 나는 포기했다. 이후 두 시간의 인터뷰에서 그는 자신의 이야기를 털어놓았다. 말솜씨도 훌륭했지만, 트레이딩에 대해서도 매우 독특한 관점을 가지고 있었고 그의 조언과 인사이트는 어디에 내놓아도 빠지지 않을 만큼 훌륭했다.

인터뷰를 마치고 나니 아니면 말고의 심정으로 녹음 허락을 구하는 질문을 던지지 않은 것이 후회되었다. 나는 샤피로에게 이메일을 보냈다. "볼더에서 샤피로 씨를 만나 무척이나 즐거웠습니다. 제가 봄까지는 인터뷰가 많이 잡혀 있습니다. 그동안 샤피로 씨도 충분히 시간을 두고 고민하셨으면 좋겠습니다. 샤피로 씨가 제가 쓴 내용을 먼저 읽고 허락하는 조건하에 책에 포함되는 것을 다시 생각해 주셨으면 좋겠습니다. 샤피로 씨의 경험담은 아주 귀중하고, 저는 후대를 위해서라도 꼭 책에 싣고 싶습니다. 봄에 다시 여쭙겠습니다. 부디 참여하는 쪽으로 재고해주시기를 바라겠습니다."

4개월 후에 나는 샤피로에게 다시 메일을 보냈다. "이 혼돈의 시기에 하시는 일이 다 잘되기를 바랍니다. 일전에도 말씀드렸듯이 지금 준비하는 '시장의 마법사들' 시리즈 차기작에 샤피로 씨에 대한 내용을 꼭 넣고 싶습니다. 샤피로 씨의 경험담은 워낙에 흥미롭고 좋은 교훈도 많이 들려주고 있습니다. 저번에도 말씀드렸듯이 저는 인터뷰한 분들께 최종본을 보여드립니다. 혹시 샤피로 씨도 줌으로 인터뷰해주실 수 있으신지요?"

샤피로는 책에 들어갈 내용에 대해 자신이 최종 승인권을 가질 수 있다면 기꺼이 인터뷰하겠다는 답신을 보내왔다. 그동안 들인 공이 허사가 되지 않게 하기 위해 나는 먼저 물었다. "그럼 허락해주신 겁니다. 다만 먼저 말씀드릴 점이 있습니다. 인터뷰를 책에 맞게 글로 옮기는 작업이 98%를 차지합니다. (나머지 2%가 인터뷰이고요) 제가 쓴 글이 마음에 내키는지와 상관없이 허락하지 않을 가능성이 높다면 미리 말씀해주시면 감사하겠습니다. 최종본이 마음에 들지 않아 허락하지 않으시더라도 저는 전혀 개의치 않겠습니다."

1시간 후에 샤피로가 답장을 보냈다. "최종본에 실리고 싶지 않다는 마음이 돌아서지를 않습니다. 그냥 제 성격이 이상해서 그런 것입니다. 솔직히 슈웨거 씨가 괜한 시간 낭비를 하시게 될까 봐 걱정되는군요." 1분 후에 다시 이메일이 왔다. "까짓거, 해보죠."

**10대 시절에 어떤 직업을 갖겠다는 꿈이 있었나요?**

아니요. 나는 10대 시절 문제아 중의 문제아였습니다. 결석을 밥 먹듯이 했고, 어쩌다 출석하면 딴짓만 했습니다. 고등학교를 세 군데에서나 퇴학을 당했습니다.

**왜 퇴학을 당했습니까?**

아무것도 흥미가 없었으니 공부고 뭐고 하나도 안 했죠. 문제를 일으키고 나서도 훈계는 귓등으로 흘려들었습니다.

**그렇게 심하게 반항한 데에 특별한 이유가 있었나요?**

모르겠습니다. 아이들은 원래 학교 가기를 싫어하고, 저도 그랬던 것이 아닌가 싶습니다. 아이들은 원래 선생님 말씀을 안 듣잖아요.

**학교를 세 번이나 퇴학당했을 때 부모님 반응은 어땠습니까?**

내가 열다섯인가 열여섯 살쯤 되니 아버지도 거의 포기했습니다. 아버지로서도 어찌할 도리가 없었으니까요. 어머니는 아동 심리학자였습니다. 어떠했을지 짐작이 가죠. 알아서 하게 둬라. 커서 어른이 되면 철이 들 거다. 이게 어머니의 태도였습니다. 이점에 대해서는 지금까지도 어머니에게 감사합니다.

**학교에 전혀 흥미가 없었으니 성적도 바닥이었겠네요. 대학에 들어갈 마음은 있었나요?**

내가 자란 동네는 중상류층이 사는 곳이었습니다. 그러니 대학에 가

지 않는 사람이 있다는 건 생각도 안 했지요. 내 고등학교 졸업 성적
은 평점 1.7이었습니다.

**그 성적으로 갈 수 있는 대학이 있었습니까?**

나는 사우스플로리다 대학교USF에 입학했습니다. USF는 하버드가
아닙니다. 입학 제도가 까다롭지 않았습니다. SAT와 두 가지 성취도
시험을 합쳐서 점수가 어느 정도 되면 고등학교 성적과 상관없이 입
학이 가능했습니다. 나는 시험에는 강한 편이었습니다. 입학하기에
충분한 점수가 나왔죠. 학교에서 내 고등학교 졸업성적을 보더니 학
사 관찰 대상에 넣더군요.

**무엇을 전공했습니까?**

재무학이요.

**대학에 들어간 후 본인의 태도에 달라진 점이 있었습니까?**

처음 1년은 아니었습니다. 2학년 때였을 겁니다. 친구하고 내가 주
사를 부리다 경찰에 체포된 적이 있습니다. 탬파 시내의 경찰서 유치
장에서 밤을 꼬박 보냈지요. 유치장에 갇혀 있다 나오니 반성하게 되
더군요. '아니지. 평생을 이렇게 살고 싶지는 않아.' 그날 이후로 나는
줄곧 A+만 받았습니다.

**졸업한 후에는 어땠습니까?**

대학에서는 경제학 수업이 재미있었습니다. 마지막 두 해 동안은 경
제나 경영 책을 이삼일에 한 권씩 독파했을 정도입니다. 4학년 때는
부동산 회사에서 사실상 전일제 직원이나 다름없이 일했습니다. 정

말로 최선을 다해 공부했고 이만하면 최고의 MBA 스쿨에 들어갈 수 있을 거라고 생각했습니다. GMAT 시험도 봤고 점수도 거의 만점이 나왔습니다. 한 문제만 틀렸지요. 하버드나 시카고, 와튼은 무난히 입학할 수 있을 거로 생각했지요. 물론 다 불합격이었지만요. 그들은 사회생활을 몇 년 정도 한 사람을 원했습니다.

USF 졸업장으로는 골드만삭스에 명함도 못 내민다는 것을 알았지만 뭘 해야 할지도 몰랐습니다. 나는 1988년에 졸업했고 그때는 일본 경제가 활황이었죠. 대학에서 일본어 수업도 들었는데, 누군가가 일본에서 영어 교사들을 필요로 할 거라고 말해줬습니다. 나는 여자친구와 일본으로 가서 1년 정도 영어를 가르쳤습니다. 일본에 있으면서 HSBC에 입사원서를 냈습니다. 홍콩으로 가서 경영자개발프로그램 과정에 신청해 합격했습니다. 그것은 5년짜리 프로그램으로 다양한 부서를 돌며 근무하는 프로그램이었습니다.

나는 HSBC 측에 재무부서에서 일하고 싶다고 말했습니다. 내가 보니 은행의 모든 트레이딩이 다 그곳에서 진행되고 있더라고요. 하지만 그 부서는 내가 이수하는 프로그램과는 상관이 없는 곳이었습니다. 경영자개발프로그램의 취지는 훗날 고위 간부가 되어서 은행 업무 전체를 통괄하는 제너럴리스트를 키운다는 것이었으니까요. 어영부영 1년을 지내다가 결국 해고당했습니다. 그들에게는 내가 처음부터 밉상이었습니다. 나는 뉴저지에서 나고 자라고 건방지고 젠체하기 좋아하는 유대인 풋내기였지요. 그런 사람이 135년 동안 똑같은 방식으로 일하고 변화를 원하지 않는 스코틀랜드계 기관에서 일한 겁니다. 궁합이 맞을 리가 없었죠.

**해고당한 결정적인 이유는요?**

고등학교에서 퇴학당한 것과 같은 이유입니다. 말을 징글맞게 안 들었습니다.

## |"트레이더는 내게 완벽한 직업입니다"

**트레이딩에는 어떻게 입문하게 되었습니까?**

HSBC 홍콩 본사에서 근무하고 있을 때 항생 선물을 트레이딩하기 시작했습니다. 그 당시에 아메리칸 소프트볼팀에서 아마추어 선수로도 뛰고 있었는데, 선수 하나가 중개인이었습니다. 그 친구가 내게 선물 트레이딩을 알려주었습니다. 항생 선물 1계약을 사기는 했는데 뭐가 뭔지 하나도 모르겠더군요. 제가 대학 때부터 독서광이었잖습니까. 그러니 일단은 나가서 책 한 권을 사서 읽고 뭘 해야 할지 감이라도 잡자는 생각부터 했죠. 점심시간에 회사 건너편에 있는 서점으로 가서 트레이딩에 대한 책을 찾아보았습니다. 책 한 권을 찾았는데 표지에 마법사 그림이 있고 트레이더들을 인터뷰한 내용이더군요. 좋아 보여서 샀습니다.

**샤피로 씨가 처음 읽은 트레이딩 책이 제 책이었던 건가요?**

재무학이나 경제학에 대한 책은 그전에도 많이 읽었지만, 트레이딩 책은 그게 처음이었습니다. 점심시간에 그 책을 사서 사무실에서 읽기 시작했고 잠들기 전에 완독했습니다. 다음 날 아침 일어나서 생각했습니다. "내 평생 직업으로 무엇을 하고 싶은지 이제 알았어. 나한테는 완벽한 직업이야."

**어떤 점에서 완벽했나요?**

그 사람들은 자기가 원하는 시간에 일합니다. 그들은 뛰어난 역발상 투자자들입니다. 다른 사람들이 무슨 생각을 하는지는 아랑곳하지 않아요. 정치니, 처세니 그런 것도 필요 없지요. 혼잣말이 저절로 나왔습니다. "내가 원하던 일이야."

**그 책에서 인터뷰한 트레이더 중에 특히나 공감이 가는 트레이더가 있었나요?**

지금까지도 내게 가장 크게 영향을 준 트레이더들은 코모디티스 코퍼레이션의 트레이더들입니다. 그중에서도 존스, 코브너, 마커스요.

**항생 지수 선물을 사고 나서 결과는 어떻게 되었습니까?**

내 기억으로 그 계약을 산 날 항생 지수는 4000 정도였고 6개월 후에는 7000까지 올랐습니다. 젊고 순진하고 멍청한 트레이더한테는 줄곧 달리는 강세장만큼 좋은 시기가 또 없지요. 1999년에 나스닥 주식을 산 22살의 청년하고 비슷했지요. 매도 포지션을 잡지 않는 한 손해가 날 일은 없었습니다.

**HSBC에서 해고된 후에는 무엇을 했습니까?**

홍콩에 남아 그곳 증권사에서 일했습니다. 야근하면서 미국에 있는 계좌 고객에게 전화해서 나한테 트레이딩을 맡겨 달라고 설득했습니다. 주문을 몇 개 받기도 했지만, 사실은 종일 트레이딩만 하고 있었지요.

내 옆자리 직원은 중국계 말레이시아인이었습니다. 그녀의 이름은 재키 챈으로 자기 계좌로 트레이딩했고, 예전에는 모건스탠리에서 트레이딩을 한 경력도 있었지요. 그녀가 내 선물 계좌에 10만 달러를 맡겼습니다. 여전히 강세장이었고 내가 충분히 벌었다 싶으니 재키는 그 10만 달러를 빼갔습니다. 그때 내가 굴리는 계좌는 70만 달러까지 붙어 있었습니다. 나는 포르쉐를 샀습니다. 억만장자가 되면 어떻게 살지 온갖 궁리를 하고 있었지요.

그러다가 강세장이 끝났습니다. 내 계좌도 6개월 만에 다 녹아버렸습니다. 남은 것이라고는 포르쉐 하나였습니다. 나는 여러 증권사를 전전했고, 결국에는 다시 내 계좌로 트레이딩을 시작했습니다. 닉 리슨 사태(닉 리슨은 손실을 여러 개의 특별 계좌에 나눠서 감추다가 결국 베어링스 은행을 파산하게 만든 파생상품 트레이더이다. 그의 사기 행각이 드러났을 때 밝혀진 손실 금액은 14억 달러였고, 이것은 베어링스 은행 하루 운용 금액의 2배나 되는 금액이었다. 은행은 파산을 선언할 수밖에 없었다)가 터졌을 때 나는 돈을 꽤 벌었습니다.

**그 사건에서 어떻게 돈을 벌었나요?**

리슨의 사기 행각이 발각되었을 때 그는 닛케이 주가지수 옵션에 대해 스트래들 매도 포지션을 걸어놓은 상태였습니다. 싱가포르 정부는 그날 하루 포지션 전체를 청산할 것이라고 발표했습니다. 그날 하루 내내 닛케이 주가지수 선물이 15~20% 할인되어 거래되었습니다. 나는 현금을 사용하여 선물에 대해 롱 포지션을 걸었지요. 다음 날이 되니 할인되었던 선물 가격이 정상화되었습니다. 하루 거래로 거의 20%나 수익을 낸 것입니다.

홍콩 생활에도 슬슬 질려가던 시기였습니다. 그러다가 런던비즈니스스쿨 재무학 석사 과정에 대한 오찬 설명회에 참석했는데 구미가 당겼습니다. 입학 원서를 냈고 합격했습니다. 석사 과정이 시작하기까지는 반년 정도 여유가 있었죠. 일을 그만두고 5개월 동안 아시아를 여행했습니다. 싱가포르, 말레이시아, 태국, 버마(미얀마), 중국, 인도 등등을 돌아다녔죠.

런던에서는 9개월 동안 살았습니다. 과정을 이수하는 기간만큼 머문 거죠. 10%의 시간은 학과 공부에 쓰고 나머지는 항셍과 S&P 선물을 트레이딩하는 데 썼습니다. 그 시기에 트레이딩하면서 귀중한 교훈을 배웠습니다. 그때도 인터넷이 있기는 했지만 아직은 걸음마 시절이었습니다. 문서 한 페이지를 전송하는 데 5분은 걸렸죠. 그래서 중개인한테 매일 팩스로 차트를 보내 달라고 했습니다. 수시로 트레이딩을 하면서 얼마간은 돈을 벌고 있었습니다.

어느 날은 항셍 지수가 초강세장에 접어들 것이라는 느낌이 와서 대규모 포지션을 세웠습니다. 하지만 마침 연휴 시즌을 맞아 친구들하고 아프리카로 놀러 갈 계획도 세워둔 참이었습니다. 한 달이나 떠나 있으면 돌아가는 시황을 알 방법이 전혀 없었습니다. 항셍 포지션을 방치하고 싶지 않았지만, 틈틈이 추적하고 싶어도 그럴 수가 없었습니다. 그래서 중개인에게 만약 항셍 지수가 내가 정한 가격까지 내려가면 포지션 절반을 팔고, 더 아래로 지정한 가격까지 떨어지면 남은 절반도 전부 팔라고 일러두었습니다.

그리고는 아프리카 여행을 떠났습니다. 3주 뒤에 돌아와 브로커에게 전화했더니, 항셍 지수가 15%나 올랐다고 알려주더군요. 여행하는 동안 30만 달러나 번 겁니다. 생각해 보십시오. 매일 팩스로 차트를 받고 단타 트레이딩을 하면서 씨름을 하며 지낸 시간이 무색했습니다. 아프리카로 여행을 가느라 아무것도 보지도 하지도 못했더니 훨씬 더 많은 돈을 번 것입니다. 그때의 경험이 내게 아주 큰 영향을 미쳤습니다. 제시 리버모어의 말이 귓가에 들리는 것 같았습니다. "돈은 가만히 앉아 있어야 버는 거야."(샤피로가 인용한 것은 에드윈 르페브르의 《어느 주식투자자의 회상》에 나오는 말이다. 책에 나온 문구는 다음과 같다. "월스트리트에서 수년을 일했고 수백만 달러를 벌기도 하고 잃기도 했지. 내가 말해주고 싶은 건 하나야. 내게 큰돈을 벌어준 건 기막힌 생각을 해서가 아니었어. 항상 가만히 있어서였지. 알아들었어? 가만히 앉아 있으라고!")

### 런던비즈니스스쿨 재무학 석사 과정에서 배운 점이 많았습니까?

금융 이론에 대한 기초를 다지는 시간이 되었습니다. VaR(최대예상손실액)이나 리스크 산정 등의 기본 개념과 수학 공식을 그곳에서 처음 배웠습니다. 하지만 과정을 이수한 덕분에 평생 기억에 남을 만한 충격도 경험했습니다. 그곳의 교수님 한 분의 배우자가 살로먼 브라더스의 글로벌 채권 수석 담당자로 일했습니다. 그분을 한번 만나보고 싶다는 말에 교수님이 고맙게도 약속을 잡아 주었습니다. 그 남편분은 서글서글하고 인간미가 넘치는 분이었습니다. 그분이 내게 시장에 어떤 방식으로 접근하는지 묻더군요. 그래서 내가 대답했습니다. "모두가 다 하는 것을 알아낸 다음에 저는 정반대로 움직입니다. 다들 똑같은 방향으로 트레이딩할 때는 돈을 잃기 때문입니다."

그는 내 순진무구한 생각에 슬며시 웃으며 조언했습니다. "글쎄요. 그러면 남들이 다 돈을 벌 때도 있겠군요. 유럽 금리 컨버전스 트레이드convergence trade(같은 자산에 대해 두 개의 포지션을 거는 전략. 한쪽에는 매수 포지션을 잡고 다른 쪽에서는 더 높은 가격에 매도 포지션을 잡는다. 인도일에 두 개의 가격이 수렴하면 거기서 시세차익을 얻는다-옮긴이)를 한번 보세요. 모두가 다 하고 있지요. 그리고 유로화가 세상에 등장하게 되는 한 모두가 돈을 벌 겁니다."

직격타를 날리는 논리였습니다. 유로화가 실재하게 된다면, 그리고 그럴 확률이 매우 높으므로 유럽 금리는 수렴할 수밖에 없죠. 수학적 확실성을 담은 논리였습니다. 컨버전스 트레이드는 말하자면 이탈리아 같은 하이일드 채권을 사고 독일 같은 로우일드 채권을 파는 것이지요. 유럽 금리 컨버전스 트레이드는 수익이 날 것이 확실한 거래이므로 월스트리트에 있는 똑똑한 트레이더들은 최대한 포지션을 크게 잡아서 트레이딩을 하고 있었습니다. 롱텀캐피털매니지먼트(이하 LTCM)도 그랬고 살로먼 브라더스도 그랬습니다.

LTCM을 비롯해 다른 헤지펀드들이 대규모 포지션을 잡은 트레이드는 또 있었는데 바로 러시아 채권에 대한 매수 포지션이었습니다. 러시아 채권 금리가 당시에 상당히 높았거든요. 1998년 8월에 러시아는 채무불이행을 선언했습니다. 채무불이행에 따라 러시아 채권 포지션에 대한 마진콜margin call(추가증거금 요구)을 해결하기 위해 채권 보유자들은 다른 포지션을 주로 팔았고, 그들이 주로 판 것은 유럽 금리 컨버전스 트레이드였습니다. 모두 다 동시에 포지션을 청산하려고 내놨지만, 매수자는 씨가 말랐죠. 원할 만한 곳은 이미 그 포지션을 다 가지고 있으니까요. 결국 이 사태로 LTCM과 살로먼 브라더스가 한방에 무너졌습니다.

그 사태를 전체적으로 관찰하면 재미있는 결론이 나옵니다. 어쨌거나 유럽 금리 컨버전스 트레이드는 수익이 나는 트레이드였습니다. 유로화가 현실화되었고, 유럽 각국의 금리는 수렴했습니다. 그러나 이 컨버전스 트레이드를 한 트레이더가 너무 많았다는 게 문제였습니다. 대다수 트레이더가 돈을 잃었고, 심지어는 회사를 몰락시킬 만큼 크게 손실이 나기도 했습니다.

## 심리적 함정

**런던비즈니스스쿨 과정을 이수한 후에는 어떻게 지냈습니까?**

수업은 다 통과했지만 논문을 쓰지는 않았어요. 하고 싶지가 않았거든요. 내 계좌에는 50만 달러가 넘게 있었으니 세상의 왕이 된 기분이었죠. 스물일곱이었고 돈도 많았으니 원하는 건 다 할 수 있다고 자신했죠. 다른 직업은 알아볼 생각조차 들지 않았습니다. 여자친구가 태국에 살아서 그곳으로 옮겨갔습니다. 푸켓 해변가에 집을 빌리고 위성 안테나를 달았어요. 나 스스로를 녹다운시킬 준비에 들어간 거였습니다. 8개월 정도 만에 계좌의 돈을 다 까먹었죠.

**왜 돈을 잃었나요?**

왜 그랬는지에 대한 답이야말로 또 하나 중요한 교훈이라고 할 수 있습니다. 내가 평생을 잊지 못할 교훈이었죠. 다른 사람들도 나와 똑같은 실수를 하더군요. 그들에게서 과거의 내 모습이 보입니다. 그때 미국 증시는 폭발적인 강세장이었습니다. 그래서 나는 약세장이 될 거라는 데 돈을 걸기로 했습니다. 영웅이 될 생각에 득의양양했죠. 매도 포지션을 잡았다가 강제 청산 당하고, 또 청산 당하고가 몇 번이나 반복되었습니다. 그 과정이 계속되었습니다. 그린스펀(1987~2006년까지 연방준비제도 의장-옮긴이)이 "비이성적 과열"에 대한 연설을 하고 시장에 매물이 쏟아졌죠. '저것 봐, 내가 똑똑한 거라니까. 제대로 아는 사람은 그린스펀하고 나밖에 없어.' 그렇게 생각했죠. 그런데 같은 날, S&P가 상승 반전했고 결국은 고점에서 마감했죠. 여자친구를 보며 "난 끝났어."라고 말한 기억이 나네요.

**약세장이 올지도 모른다는 뉴스에 시장이 처음에는 매물을 쏟아내다가 결국에는 반등해서 높은 가격에서 마감한 것이 어떤 중요한 의미를 지니는지 알아챘습니까?**

알기야 알았죠. 하지만 나는 줄곧 하락에만 돈을 걸었잖아요. 그러니 심리적 함정에 빠져 있었죠. '계속 하락에만 베팅하다가 돈을 다 잃었는데 이제 와서 상승에 돈을 걸어야 한다고?' 매도 포지션을 그렇게나 청산해댔는데 결국에는 약세장이 왔을 때 기회를 잡지 못할 수도 있다는 두려움이었습니다. 지금이야 그런 심리적 함정에 빠지는 일이 없지만, 다른 사람들을 보니 매번 똑같은 함정에 빠지더군요.

돈은 다 잃었지만 할 수 있다는 마음은 사라지지 않았습니다. 자리에 앉아 종이에 내가 잘한 것과 못한 것을 수십 쪽에 걸쳐서 적었습니다.

**그렇게 적은 내용을 핵심만 말한다면요?**

한 가지 의견만 고집하지 말아야 합니다. 홍콩에 있을 때 이렇게 말하곤 했죠. "시장이 오를 줄 알았는데 내렸네. 쇼트를 해야지. 시장이 내릴 줄 알았는데 올랐네. 롱으로 간다." 그런 오락가락하는 트레이딩 심리에 기대서 내가 무엇을 해야 할지를 결정했던 겁니다. 시세 단말기가 무언가를 알려준다면 억지로 부정하지 마세요. 그냥 따라가야 합니다.

**계좌가 반 토막 난 후에는 무엇을 했습니까?**

하와이로 가서 신생 CTA의 파트너가 되었습니다. 그 중간에는 여자 친구와 결혼을 했지요. 아내는 미국으로 옮겨가는 것에 대해서는 무덤덤했습니다.

**그때까지 샤피로 씨는 돈을 벌었다가 잃었고 또 돈을 벌었다가 잃었군요. 다른 사람의 돈을 운용할 수 있다는 자신감은 어떻게 생겼습니까?**

그건 자신감의 문제가 아니라 그냥 내가 하게 될 일일 뿐이었습니다. 두 가지로 따로 나눠 생각하고 말고 할 게 없는 일이었습니다. 우리는 다른 파트너의 돈으로 선물 계좌를 개설하고 운용은 내가 했습니다. 꽤 잘 굴렸죠. 실적을 점검했더니 한 50만 달러가 불어났더군요. 아마 18개월 정도 굴렸을 겁니다. 내가 잘한 것도 있었고 수익/리스크 관리도 잘했지만, 그때가 1998~1999년 나스닥 강세장과 시기가 맞물렸다는 것도 한몫했습니다. 잠재적 투자자들에게 "올해 12%를 벌었습니다."라고 말한다면 그들은 시큰둥하게 반응하겠죠. "그래서요? 난 이번 주에만 12%가 올랐는데요."라는 대답이 나올 겁니다. 운용 자본을 모으려고 CTA 총회 몇 곳에 참석했습니다. 나를 제정신이 아닌 사람인 양 보더군요. "그래서, 우리가 돈을 맡기면 하와이로 돌아가겠다는 겁니까? 눈앞에서 비키기나 하세요." 그랬습니다. CTA 자격증으로는 아무것도 이룬 것이 없었습니다. 게다가 앞으로도 무언가를 이룰 수 있다는 보장이 없었습니다. 2000년 초에 나는 시카고로 옮겨 갔습니다. 겔버 그룹에서 프롭 트레이더 자리가 나왔거든요. 그곳에서 한 1년 정도 트레이딩했습니다.

**왜 1년만 일했나요?**

뉴욕에 있는 헤지펀드에서 스카우트 제의가 왔거든요. 그 이직을 이야기하기 전에 CTA에 관해 말해야 할 것 같군요. 제 이야기의 중심축을 건너뛰고 갈 수는 없으니까요. CTA 사무실을 운영하는 동안에 COT보고서 하나를 발견했습니다. 1999년 하반기에는 나는 증시 하락에 돈을 거는 역발상 트레이딩을 생각하고 있었습니다. 시장 거품이라는 전형적인 징후가 곳곳에서 보였으니까요. 흔히들 말하죠. 구두닦이 소년이 주식에 대해 말하면 증시 과열이라는 신호라고요. 쇼트를 해야 한다는 것은 알았지만, 나스닥은 8월부터 1월까지 또 50%가 올라 있었습니다. 그래도 리스크 관리는 잘하고 있었습니다. 주식

선물에 매도 포지션을 잡기는 했어도 다른 데서 돈을 벌고 있었고 손실이 나도 재빨리 손절매했기 때문에 손해를 보지는 않았지요. 시장이 신고점을 달성했을 때는 매도 포지션을 유지하지 않은 상태였었죠. 최소한 과거의 교훈을 잊지 않고는 있었으니까요. 나중에, 그러니까 켈버에서 일할 때는 꼭대기를 잡았고 거기서 가격이 떨어지면서 돈을 벌기는 했습니다. COT 보고서의 데이터를 보니 2000년 1월 전까지는 매도 신호가 전혀 나오지 않았습니다. '대단한 데이터네.' 그런 생각이 저절로 들었습니다.

COT는 상품선물거래위원회Commodity Futures Trading Commission가 투기적 트레이더들과 상업적 트레이더들(기업들)이 보유한 선물 포지션을 세세히 구분해서 발표하는 보고서이다. COT는 더 세분화된 보고서도 발표한다. 예를 들어 물리적 상품 선물의 내역을 보여주기 위해 세분화 COT 보고서는 실물 수급과 관련된 생산자/상인/가공자/이용자, 헤지 거래인 스왑딜러, 펀드 운용인 종합자산운용, 기타 포지션이라는 4개 범주로 구분해서 포지션 데이터를 발표한다.

단정적으로 말하면, 선물 계약은 매수 포지션과 매도 포지션이 항상 동수를 이루므로 상업적 포지션과 투기적 포지션은 서로 반대 방향으로 움직일 것이다. 제이슨 샤피로처럼 COT 보고서를 시장 지표로 이용하는 트레이더들은 상업적 트레이더들이 대개는 옳다고(정보가 더 많고 정확하므로) 전제한다. 바꿔 말하면 투기적 트레이더들은 대개가 틀리다고 가정한다는 의미가 내포돼 있다. 가격대이건 변화이건 듀레이션이건 특정 지표를 강세장이나 약세장 신호로 받아들여야 한다는 것에 대해서는 서로 의견이 다 다르다. 하지만 대략적인 정리는 가능한데, 상업적 트레이더들이 상대적으로 매수 포지션을 많이 하고 있다면(역사적 레벨이나 계절성 요인 등에 비해서), 또는 투기적 트레이더들의 매도 포지션이 상대적으로 큰 편이라면 이는 강세장 신호라고 여겨진다. 그 반대라면 약세장 신호로 여겨진다.

그러니 사람들이 매수 포지션을 취하고 있는 듯 해도 그게 진짜 매수 포지션인지는 의심이 들 수 있습니다. 아마도 개미 투자자들은 1999년에 주식을 사서 수익을 냈을지도 모르지만, 대규모 투기적 트레이더들은 거품이 꼈다는 것을 알았기에 매도 포지션을 취했죠. 강세장의 정점은 그들이 쇼트 스퀴즈Short squeeze(주가 상승으로 손실을 입은 공매자들이 주식을 사들이는 것)를 행하면서였죠. 쇼트 스퀴즈에 들어갔으니 시장은 꼭대기로 올라갔고 남은 매물이 하나도 없었죠. COT 보고서는 바로 그런 정보를 집어낸 것입니다. 그래서 전 그 이후로 COT 보고서를 샅샅이 읽는 편입니다.

**접근법을 바꿨다는 거군요. COT 보고서가 잠재적 정점에 올라설 환경이 무르익었다는 신호를 보내기 전까지는 시장이 고점인지 아닌지 살펴보지 않았다는 것이군요. 다시 말해 상업적 거래자들이 무더기로 쇼트를 하기 전까지는 말입니다.**
바로 그겁니다. 그 지점에 올라서면 그때부터 COT 데이터를 이용했습니다.

**혹시라도 상업적 트레이더들이 오랫동안 매도 포지션을 취하고 있는데 시장이 계속 오른다거나, 그들이 오랫동안 매수 포지션을 취하고 있는데 시장이 계속 내리막일 때는 없습니까?**
당연히 있습니다. 하지만 나는 COT 데이터 수치만 가지고 트레이딩을 하지는 않습니다. 일단은 가격 움직임에 대한 확증이 필요하고,

둘째로는 스톱을 빡빡하게 설정합니다. 한 예로 나는 한두 달 전쯤에 난방유에 대해 매수 포지션을 해놨습니다. 이건 상업적 트레이더들은 롱이 많고 투기적 트레이더들은 쇼트가 아주 많다는 뜻이죠. 나는 강제 청산되었죠. 다시 포지션을 취했고 이번에도 강제 청산이었습니다. 그러다 갑자기 상황이 돌변했습니다. 상업적 트레이더들의 롱이 멈춘 겁니다. 내가 시장에서 매수 포지션을 취해서는 안 된다는 의미였죠. 그때부터 시장은 내려가기 시작했습니다. 몇 달 전만 해도 COT는 롱을 추천하고 있었습니다. 하지만 2~3주 만에 중립 의견으로 바뀌었습니다. 그때부터 가격이 무섭게 떨어지기 시작했습니다.

**COT 보고서를 볼 때는 포지션 레벨만 봅니까 아니면 포지션의 주간 변동도 같이 봅니까?**
포지션 레벨만 봅니다.

금이나 원유 시장 같은 곳은 상업적 트레이더들이 거의 항상 쇼트를 하죠. 내가 보기에 샤피로 씨는 절대적 레벨보다는 상대적 레벨을 많이 관찰하는 것 같은데요. 내 이해가 맞는지 알고 싶군요. 이런 종류의 시장에서는 상업적 트레이더들이 매도 포지션일 때가 COT가 말하는 매수 구간이지만, 그때의 매도 포지션은 역사적 레벨보다는 상대적으로 작은 규모라는 거죠?
맞습니다. 나는 상대적 포지션 레벨을 관찰합니다.

**새로 들어간 뉴욕의 헤지펀드는 어땠습니까?**
말만 헤지펀드였지 실상은 날강도와 무능한 트레이더 무리였어요. 그때부터 나는 COT 수치들을 이용하기 시작했어요. 체계적인 방법을 세운 건 아니고 그냥 보고서를 보기만 했죠. 그건 문제가 되지 않

있어요. 그 회사의 다른 트레이더들은 전부 아마추어였어요. 나는 그들이 뭘 해야겠다고 말하면 그 반대로 행동했죠. 그곳에서 일하는 동안 수익률이 꽤 좋았습니다. 하지만 다른 트레이더들은 다 돈을 잃었죠. 결국 연말에 나를 쫓아내더군요.

**샤피로 씨 혼자 수익을 내고 있었는데 해고하다니, 이유가 뭔가요?**
나를 싫어했죠. 자기네는 돈을 잃고 있는데 나 혼자 돈을 버니 그들이 초라해진 거죠.

**누가 해고를 통보했나요?**
레노라는 사람이었습니다. 회사 운영자였죠.

**이유를 뭐라고 말하던가요?**
앞으로는 선물은 취급 안 할 거라나요.

**그 사람들을 왜 날강도라고 말씀하신 건가요?**
내가 그만두고 이삼 년 후엔가 FBI가 레노를 내부자 거래로 긴급 조사했습니다.

**그 헤지펀드를 그만두고 무엇을 하셨습니까?**
실직했더니 아내가 나더러 패배자라고 하더군요. 아내는 나를 미워했고 이혼을 원했습니다. 그때 나는 프린스턴에 살았고, 변호사를 보러 갔더니 그가 내게 직업이 뭐냐고 물었습니다. 내가 트레이더라고 대답하자 그 변호사가 헬무트 웨이머(헬무트 웨이머는 코모디티스 코퍼레이션의 공동창업자이다. 이 회사는 '시장의 마법사들'이 인터뷰한 위대한 트레이더 중 몇 명이 다녔던 곳이기도 하다. 3장의 피터 브랜트도 그중 한 사람이다)라는 사람에 대해 들어본 적이 있느냐고 물었습니다. '시장의 마법사들'을 통해서 이름은 들어봤다고 대답했습니다. 변호사가 자기 아내와 헬무트의 아내가 꽤 친한 사이라고 했습니다. 그래서 나는 그에게 내 이혼 변호사가 되고 싶으면 그의 아내에게 말해서 헬무트와의 자리를 주선해 달라고 했죠.

이틀 후에 나는 벽난로가 있는 헬무트의 커다란 사무실에서 그와 마주 앉았습니다. 헬무트는 코모디티스 코퍼레이션을 얼마 전에 골드만삭스에 매각했지만 회사 내에서 사무실은 그대로 유지하고 있었습니다. 나는 헬무트에게 내가 역발상 트레이더이고 COT 보고서를 참조해서 시장 포지션을 잡는다고 열심히 설명했습니다. 헬무트는 나를 지지해 주었고 운용 자산으로 200만 달러를 맡겼습니다. 그리고 나를 코모디티스 코퍼레이션의 새 경영진에게 데려갔고, 경영진이 내게 200만 달러를 또 맡겼습니다. 나는 400만 달러를 가지고 작은 CTA를 시작했습니다. 내 성적은 좋았습니다. 계좌를 운용하고 첫해에 22%를 불렸죠. 회사가 내게 운용 자금을 더 맡길지도 모른다고 기대했지만 아니었습니다. 아마도 정치적 문제가 아니었을까 싶습니다. 골드만삭스의 새 경영진은 헬무트의 말대로 하는 것은 원하지 않았습니다. 그들이 보기에 그는 떠날 사람이었으니까요.

그즈음에 코모디티스를 대행해서 트레이딩을 하는 크랜모어 캐피털 매니지먼트의 데이비드 리드가 나에게 자리를 제시했습니다. 지금이야 내 방식대로 데이비드를 파악하고 있지만 그때는 그가 나를 채용하는 이유를 몰랐습니다. 그는 헬무트가 나를 원했으니 그도 원한다는 판단으로 제안한 것이었죠. 그는 자기 회사에 들어오는 조건으로 보너스도 제안했습니다. 나는 CTA 사무실을 접고 코네티컷으로 가서 리드 씨 밑에서 일했습니다.

**데이비드 리드 씨는 운용자산으로 얼마를 맡겼습니까?**

첫 자본으로 500만 달러짜리 계좌를 맡겼습니다. 헬무트와 코모디티스가 맡긴 돈을 합한 것보다도 더 큰 계좌였죠. 그들에게는 내가 능력만 있으면 훨씬 큰 계좌를 맡길 자산이 충분했죠.

**결과는 어떠했습니까?**

악몽이었습니다. 리드 씨는 내가 한 말을 다 수긍해서 나를 채용했다고 말했지만, 정작 그곳에 들어가니 그는 내 말을 수용한 것이 하나도 없었습니다. 내가 리드 씨 밑에서 일하는 6개월 동안은 추세추종 전략이 나름의 황금기였습니다.

**한 가지 궁금한 게 있습니다. 나는 그때 리드 씨의 회사가 어땠는지 조금은 알고 있는데요. 그 회사는 전적으로 추세추종 전략에 집중한 것으로 압니다. 샤피로 씨의 역발상 트레이딩 접근법은 그 전략과는 정반대인데요.**

하지만 두 전략을 보완관계로 사용하는 게 맞습니다. 내 접근법은 추세추종 전략과는 음의 상관관계에 있으니까요. 그곳에서 일한 지 반년 정도 되었을 때 리드가 나를 사무실로 불렀습니다. 그때 내 계좌는 기껏해야 1~2% 정도 마이너스였지만, 추세추종은 엄청난 수익을 내고 있었죠. 그가 말했습니다. "샤피로 씨의 전략이 어떤 효과가 있다는 건지 모르겠습니다. 내 수익은 지금 70%를 바라보고 있습니다. 그 말인즉 샤피로 씨는 70%의 손해가 날 것이라는 뜻이죠."

내가 반박했습니다. "이 문제에 대해서는 내게 자리를 제안하면서 한 달은 대화를 나눴습니다. 나는 왜 그렇지 않은지 말했고 리드 씨도 그렇지 않다고 동의했죠." 내용만 조금 다를 뿐 이런 식의 대화가 한 달은 이어졌고, 내 절망감은 커져만 갔습니다. 그러는 동안 회사가 새 사무실로 이전했고 리드 씨는 직원들 앞에서 절대 만족하지 않는 것이 잘사는 인생의 비결이라는 연설을 했습니다. 나를 한껏 비웃는 조언이라고밖에는 생각되지 않았습니다. 나는 버마를 여행하면서 수도원에서 1개월 정도 산 적이 있습니다. 그래서 언제나 만족해야 한다는 것이 내 인생의 태도입니다. '이 빌어먹을 곳에서 나갈 거야.' 그리고 다음 날 나는 리드 씨의 사무실로 들어가서 계약금으로 받은 보너스를 돌려주고 나왔습니다.

### ▎"돈은 중요한 게 아닙니다"

**버마 수도원에서 생활했던 경험담을 듣고 싶습니다.**

내가 버마로 간 것도 그 수도원을 보고 싶어서였습니다. 외국인 관광객을 받기 시작한 지 얼마 되지 않은 시점이었죠. 수도원은 버마 최대 호수인 인레호 한가운데에 있습니다. 수도원까지 가려면 사공이 서서 다리로 노를 젓는 가늘고 긴 보트를 타야 합니다.

수도원 바닥에 앉아 그곳에 비치된 땅콩 그릇에서 땅콩을 꺼내먹고 있을 때였습니다. 승려 하나가 옆에 앉더니 완벽한 영어로 인사를 건넸습니다. 한동안 말을 주고받은 후에 그가 잠깐 수도원에서 지내기를 권했습니다. 그래서 한 달간 그곳에서 살았습니다.

나는 머리를 다 밀고 방에서 명상하며 묵언 수행을 했습니다. 가장 기억에 남는 건 승려들과 매일 아침 속세로 나가 탁발을 한 것이었죠. 그곳 승려들은 일을 하지도 않고 음식을 만들지도 않습니다. 그들은 전적으로 시주에만 의지해서 살았어요. 그러니 매일 아침 시주 받을 그릇을 들고 마을을 돌아다녀야 했고, 사람들은 쌀과 물고기를 시주 그릇에 가득 채워주었습니다. 그게 우리가 하루 먹을 양식이었습니다. 그 경험이 내게는 꽤 큰 영향을 주었습니다. 나는 중산층 가정에서 자랐고 필요한 것은 다 얻을 수 있었고 중산층이라는 지위를 최대한 누리고 살았습니다. 그런데 이곳 버마에서는 집집이 돌아다니며 탁발을 했고, 2달러도 채 가지지 못한 사람들이 내게 매일 시주를 해주었습니다. 진정으로 마음이 겸허해지는 경험이었습니다.

**수도원에서의 생활이 샤피로 씨를 달라지게 했습니까? 수도원 체험을 하기 전과 후의 본인이 다른 사람이 되었다고 생각합니까?**

그건 의문의 여지가 없습니다. 한 달 동안 명상 말고는 아무것도 할 게 없는 방에서 줄곧 명상하고, 음식이라고는 시주받은 게 전부인 생활을 하고 나면 무엇이 중요한지에 대해서 생각이 바뀌게 됩니다. 그때 내 인생에서 중요한 것은 전문가로서 성공하고 보너스를 받는 것이었습니다. 수도원 체험을 한 후로 그런 것이 더는 중요하지 않게 되었습니다. 돈이 모든 것이고 가장 중요한 것이라는 생각에서 벗어나는 데 도움이 되었죠. 정말로 돈은 중요한 게 아니니까요.

**그럼 무엇이 중요한가요?**

행복이죠. 하고 싶은 것을 하면서 하루를 보내는 것이죠. 내가 하는 일을 잘하고 돈을 버는 것도 멋지긴 하지만 그게 원동력은 아닙니다. 원동력은 내가 무언가를 잘한다는 데서 얻는 만족감입니다. "지금 돈이 풍족하니까 그런 말도 쉽게 나오지."라고 말하는 사람도 있습니다. 틀린 말은 아닙니다. 하지만 나도 빈털터리가 된 적이 몇 번이나 있었어요. 헬무트에서 계좌를 받아 운용하기 시작했을 때 나는 두 아이를 부양해야 했고 방 두 개짜리 아파트에서 살았습니다. 침실이 곧

사무실이었습니다! 심지어 책상을 살 돈도 없어서 이케아 TV 받침대를 책상으로 썼습니다. 그때는 아이들도 어렸습니다. 캠코더를 사러 갔는데, 700달러나 하더군요. 비싸서 못 샀습니다.

돈이 없어서 압박감이 들기는 했지만 나는 지금 못지않게 그때도 행복했습니다. 사실인가 싶을 정도로 행복했습니다. 헬무트가, 역사상 가장 위대한 트레이더로 손꼽히는 사람들을 거느린 헬무트 웨이머가 내게 돈을 맡겼고 그걸로 트레이딩을 해서 생활비를 벌고 있으니까요. 미래가 과거보다 나을 것이라는 믿음, 그것이 행복입니다.

지금으로 말하자면, 나는 얼마 전에 이 집을 샀습니다. 멋진 집이고 마음에 듭니다. 하지만 해변가의 웅장한 대저택은 아니죠. 내 차는 1998년형 도요타 4러너입니다. 차는 내게 중요하지 않습니다. 운송 수단일 뿐이에요. 랜드로버를 몰 필요가 없습니다. 버마 수도원에서의 체험이 그런 생각의 시발점이 된 것 같습니다.

**크랜모어 캐피털을 떠난 후에는 무엇을 했습니까?**

헬무트에게 돌아갔습니다. 그가 운용 자산을 조금 주더군요. 다른 투자자에게도 돈을 받아서 300만 달러로 CTA를 다시 시작했습니다. 그 일을 거의 2년 정도 했고 매해 10~15%를 벌었습니다. 운용자산이 300만 달러가 고작이면 자본을 더 모집하기가 힘들죠. 인프라가 필요한데, 나로서는 인프라를 제공할 여력이 없었습니다. 이도 저도 못 하는 상황이죠. 마케팅은 나하고는 영 안 맞고요.

지인 하나가 월터 개리슨 앤 어소시에이츠의 CIO가 되었죠. 그 펀드는 여러 전략을 구사하는 대형 헤지펀드입니다. 그 사람이 트레이더 자리를 제안했습니다. 연봉이 25만 달러에, 초기 운용자산은 5000만 달러, 내 밑에는 퀀트 분석가를 배치해 주고, 파크 애비뉴가 내려다 보이는 커다란 사무실까지 마련해 준다고 했습니다. 이번에도 CTA 사무실을 접고 월터 개리슨으로 들어갔습니다.

내게 배정된 퀀트 분석가의 도움을 받으니 내가 하는 트레이딩의 상당수를 정량화하기가 쉬워졌습니다. 우리는 대부분은 시스템에 따라 프로그램을 돌렸습니다. 하지만 가끔은 시스템 트레이딩을 멈추기도 했고 또 가끔은 시스템이 하지 않을 만한 트레이딩을 하기도 했습니다.

**그렇게 시스템 트레이딩을 무시하는 것이 도움이 되었나요? 아니면 손해를 입혔나요?**

돈을 벌어주었죠. 밑에서 일하는 트레이더는 내 방법을 마냥 좋아하지는 않았습니다. "왜 이렇게 하는 겁니까?" 하고 그가 물으면 내 대답은 이랬죠. "돈을 벌 수 있으니까." 우리는 내가 시스템 트레이딩을 멈추고 나서 일어난 결과를 추적했습니다. 수익이 나지 않으면 내가 하는 행동을 중단하기로 했죠.

**시스템 트레이딩이 하지 않았을 법한 트레이드는 어떤 것을 했나요?**

대부분은 주가지수 트레이드였습니다. 나는 그 트레이더와 자주 대화를 나눴죠. 그 사람 이름은 제임스 밴델이고 지금은 같이 일하지 않습니다. 어쨌거나 제임스는 무조건 약세장을 말하는 사람이었습니다. 제임스가 대대적 약세장을 말하면 나는 롱을 취했고, 그가 어쩌다가 강세장을 말하면 나는 쇼트를 취했습니다. 승자의 모습이 어떤지는 알기 힘들지만, 패자의 모습은 알기 쉽죠. 그를 보면 '나도 저랬지.'라는 생각이 들었어요. 그의 말이나 행동은 내가 태국에서 돈을 다 날렸을 때 했던 말이나 행동과 판박이였어요. 나도 그랬으니 금방 알아챌 수 있었죠. 내가 그보다 똑똑하다는 소리가 아닙니다. 그때의 나와 제임스가 너무나도 똑같았으니 알아챌 수밖에요. 나도 큰 손해를 봤기에 그 끝이 어떨지 잘 알았습니다. 그러니 태국에서의 나를 고스란히 떠올리게 하는 모습을 보면서 정반대로 했던 것이고, 덕분에 돈을 잃는 것이 아니라 벌 수 있었죠. COT가 트레이드 진입 신호를 보내지 않더라도 제임스가 강하게 의견을 피력할 때면 그가 나의 역발상 트레이딩 지표가 되었습니다.

**COT 수치가 아니라 인간 COT 지표를 이용했던 셈이군요.**
바로 그겁니다. 사람들이 내게 자주 묻습니다. "COT 수치가 공표되지 않는 날이 오면 무엇을 기준으로 삼을 건가요?" 그러면 CNBC를 이용해서 트레이딩을 하면 된다고 말해줍니다. 사람들은 CNBC나 블룸버그를 노상 시청합니다. 10명이 시청하면 10명이 똑같이 행동하죠.

**실제로 CNBC에서 무시되는 의견을 기준으로 트레이딩하기도 합니까?**
매번 하죠. 특별한 일이 없는 한 COT 숫자는 TV에서 나오는 의견들과 어느 정도는 일치합니다. 모두가 금을 사야 한다고 말하면 COT의 숫자도 모두가 금에 매수 포지션을 취하고 있음을 보여주더군요.
하지만 충동적으로 진입하는 건 아닙니다. 모든 사람이 하나같이 무언가를 해야 한다고 말하더라도 나한테는 시장 확인이 필요합니다. 모두가 초약세장을 말하고 다우존스가 1000포인트 떨어져서 저점으로 마감하면 나는 매수하지 않습니다. 하지만 모두가 초약세장을 말하고 계속해서 부정적인 뉴스가 나오는데 시장이 상승 마감을 한다면 나는 매수합니다. 내가 배운 교훈은 시장 기록과 싸우지 말라는 것입니다. 인내하면 시장이 진입 시기를 알려줍니다.

반전한 날의 저점이 내 스톱 지점입니다. 나는 시장과 씨름하지 않습니다. 내가 롱을 했는데 시장이 그날의 저점으로 되물림한다면 나는 빠져나옵니다. 그렇게 하는 것이 내게 학습되었지요. 나는 스톱을 걸어놓기도 하지만, 무언가 유의미한 시장 움직임을 근거로 해서 거는 스톱입니다. 뉴스가 나오고 시장이 갭 하락을 했고 그러다가 상승 마감을 했다고 치죠. 그러면 갭 하락한 저점이 이번 트레이드에서는 영원히 내 스톱 지점이 되는 겁니다. 가격이 그 저점이 되는 순간 나는 나옵니다.

결국 샤피로 씨가 이용하는 역발상 지표들은 어떤 방향으로 진입해야 하는지를 알려줄 뿐이라는 것이군요? 그리고 실제로 트레이드에 진입하기 전에는 시장에서 신호가 되는 행동이 나올 때까지 기다리고요. 만약 이후의 시장 행동이 반대로 돌아서고 샤피로 씨가 트레이드에 진입하기 전에 세운 가정이 무너진다면, 빠져나온다는 말씀이시죠.

정확히 그렇습니다. 시장에서 포지션을 잘 잡는 것도 중요하고 시장 행동도 중요합니다. 어느 쪽이 더 중요하다고는 말할 수 없습니다. 둘 다 굉장히 중요하니까요.

리스크를 크게 늘리지 않고도 시장에서 역발상 트레이더가 된 비결이 거기에 있군요.

시장 포지션과 시장 행동 둘 다에 주의를 기울이면 크게 손해가 나지는 않습니다.

시장이 샤피로 씨가 반전 지점으로 여기는 날의 저점이나 고점으로 돌아간다면 포지션을 청산하게 된다는 말씀이군요. 그렇다면 스톱 지점에 가지 않은 날에는 어떻게 청산을 하나요?

트레이드를 한 계기가 된 시장 포지셔닝이 중립으로 돌아가면 수익을 실현하고 나옵니다.

중립 신호로는 어떤 것을 봅니까?

자체 개발한 투자 심리 측정 툴이 있습니다. 그게 0으로 가면 매수하고, 그게 50으로 돌아가면 빠져나옵니다.

그 측정기는 COT 보고서만을 참조합니까? 아니면 다른 자료도 같이 봅니까?

그 질문에 대한 답이 이 책에 들어가는 건 원치 않습니다.

## "시장보다 똑똑한 사람은 없습니다"

아까 역발상 지표로 CNBC를 이용한다고 하셨습니다. 특히 관심을 기울이는 방송 프로그램이 있습니까?

매일 동부표준시로 오후 5시에 방송하는 〈패스트 머니〉의 애청자입니다. 그 프로그램을 이용해서 얼마나 벌었는지는 밝힐 수 없지만요. 거기서 나오는 컨센서스는 매번 역대급입니다. 4명의 패널이 나와서 의견을 말하죠. 나는 처음 5분과 마지막 2분은 꼭 봅니다. 처음 5분은 해당 거래일의 시장이 왜 그렇게 움직였는지에 관해서 각자의 의견을 말합니다. 마지막 2분의 '파이널 트레이드' 코너에서는 익일 거래일에 어떤 트레이드를 하면 좋은지를 추천하지요. 그중에서도 브라이언 켈리라는 사람이 있는데요. 그 사람의 의견을 몇 년은 유심히 살펴봤습니다. 믿기 힘들겠지만 의견이 틀릴 때가 대부분입니다. 차라리 무작위로 찍는 게 나을 정도입니다. 나는 그가 추천하는 트레이드는 절대로 하지 않습니다.

**거래일에도 CNBC를 봅니까?**

배경음악처럼 항상 틀어놓습니다. 나도 관심 있는 것에 관해 말하면 소리를 키웁니다. 어떤 말이 나올지는 미리 짐작합니다. 항상 같은 말이거든요. 시장이 내려가는 중이면 그들은 약세장을 부르짖습니다. 최근에 3월 저점(2020년 3월의 저점을 의미한다. 코비드-19 팬더믹 선언으로 시장은 대대적인 매도 행진을 보이며 바닥으로 내려갔다)을 찍고 반등했을 때는 다들 같은 말을 했습니다. "지금 당장은 시장이 좋지 않다." "지금은 저점이 아니다." "시장이 그동안 너무 급격하게 많이 올랐다." 그러나 어땠습니까? 시장은 연일 상승장이었죠. 그 방송 출연진은 자기가 시장보다 똑똑하다고 자부합니다. 뭐, 나도 그랬었지요. 하지만 아닙니다. 시장보다 똑똑한 사람은 없어요.

시장에서 가장 강력한 말은 '그런데도'입니다. "원유 재고 증가 속도가 예상보다 훨씬 가파르기는 하다. 그런데도 유가가 상승 마감했다."라는 말을 듣는다면 체결가 틱 테이프가 무슨 일인가가 벌어질 것이라는 신호를 보낸다는 뜻입니다. 원유 재고가 예상보다 늘어났다는 것은 모두가 압니다. 그런데도 왜 시장은 상승 마감했을까요? 틱 테이프는 남들이 모르는 것을 알고 있다는 거죠.

**3월에 저점일 때 샤피로 씨는 매수 포지션을 취했나요?**

네, 저점에서 취했지요. COT 데이터로는 다우 선물은 강세장에 들어갔고, 그날 우리는 상승 반전했지요. 하지만 뉴스는 전부 암울한 내용만 내보냈습니다. 재미있는 일이 있었습니다. 그 전날 저녁에 나는 전직 동료가 개설한 채팅룸에 들어갔습니다. 그중 애덤 왕이라는 사람이 있었는데, 시답잖은 말을 하기로는 으뜸이었지요. 애덤은 박사학위 소지자에 리스크 관리자였고, 자기가 제일 똑똑하다고 자부하는 사람이었어요. 그는 트레이딩은 안 하는 사람이었죠. 해봤자 날릴게 빤하니까요.

S&P가 다시 급락해서 추세선의 신저점을 찍은 날이었을 겁니다. 애덤이 채팅룸에 들어와서 "패닉셀은 아니라고 봅니다. 시장은 훨씬 더 내려갈 겁니다. 무조건 항복(더는 희망이 없다고 판단한 투자자들이 무작정 내던지는 투매 행위-옮긴이)은 없었어요." 그 주에 방송에 나온 패널들도 같은 말을 했지요. 애덤은 그전까지는 시장 하락에 대해서는 입도 벙긋한 적이 없었어요. 그런데 시장이 3주 만에 30%나 내려갔는데도 그는 무조건 항복이 없으므로 바닥이 아니라고 말하고 있었지요. 애덤이 그 말을 하는 즉시 나는 시장이 상승을 시작할 것임을 직감했습니다. 그날 밤 시장은 하한가까지 떨어져서 신저점으로 내려앉았습니다. 나는 그날 밤 일부 매수 포지션을 취했습니다. 다음 날에는 전량 매수 포지션을 취했습니다. 시장은 그날 저점을 때리고는 급반등했고 상승 마감했습니다. 그런데도 뉴스는 여전히 약세장 전망이 압도적이었지요.

**시장이 그렇게 폭락한 날 그런 채팅을 나누었다는 것이 우연의 일치일까요?**
절대로 우연의 일치가 아니죠. 그게 중요합니다. 애덤은 모두의 표본이었습니다. 채팅방은 시장에서 무조건 항복 투매가 나오고 있다는 신호를 발산하고 있었던 겁니다. 그런 사람들이 시황이 얼마나 나쁜지를 말한다면 다들 같은 말을 한다는 뜻입니다.

**샤피로 씨의 이직 이야기를 하다가 옆길로 샜군요. 개리슨에서에서의 트레이딩**

**성과는 좋았나요?**

처음에 5000만 달러였지만, 2년 후에는 6억 달러를 운용하게 되었습니다. 그곳에서 5년을 일했고 실적도 좋았습니다. 매년 수익을 냈습니다. 심지어 2008년에도요. 오히려 2008년이 내가 가장 성과가 좋았던 해인 것 같습니다. 그해에 추세추종 전략이 특히나 잘나갔고, 나는 역추세 전략을 사용했거든요. 모든 것이 대단했습니다. 내 은행 잔고는 몇백만 달러나 되었고, 코네티컷의 웨스트포트에 있는 커다란 집에 살았습니다.

**그렇게 잘되고 있었는데 왜 개리슨을 그만뒀습니까?**

회사의 정치 구도가 변했는데 내가 보기에는 조금 문제가 있었어요. 그 무렵 나는 재택근무를 했습니다. 사무실에는 포트폴리오 매니저들과 회의를 하기 위해 한 달에 한 번 정도만 나갔지요. 나는 파트너나 보스가 되고 싶지 않았습니다. 나는 혼자서 조용히 돈을 굴리는 일만 하고 싶었습니다.

진로를 고민하고 있을 즈음에 개리슨에서 마케팅 이사였다가 헨튼 그룹으로 옮겨간 사람이 내게 연락을 해왔습니다. 내게 자산운용을 맡기고 싶다면서요. 나는 월터에게 가서 내가 별도로 CTA를 차려서 자산을 운용해도 되는지 물어봤습니다. 그는 선례를 원하지 않았습니다. 그랬다가는 다른 포트폴리오 매니저들도 독립해서 펀드를 차리고 싶어 할 테니까요. 그의 말에 전적으로 수긍이 갔습니다. 사업을 하면서 예외를 두는 건 안 되니까요. 그래서 그만뒀습니다.

**개리슨을 그만둘 때도 운용 자산은 여전히 6억 달러였나요?**

아니요. 개리슨은 2008년 이후로 자산이 크게 줄었습니다. 내가 그만두었을 때 운용자산은 1억 5000만 달러밖에 안 됐습니다.

**개리슨을 그만둔 후 헨튼에서는 얼마나 일했습니까?**

헨튼에 들어가지 않았습니다. 독립적인 CTA를 차려서 거기를 통해 그들의 계좌를 운용했습니다.

**운용 자산은 얼마였습니까?**

헨튼에서 맡긴 돈이 1억 5000만 달러였고, 별도로 다른 투자자들에게서 6000만 달러를 모았습니다. CTA를 닫기 전까지 3년 동안 계좌를 운용했습니다.

**CTA 사무실을 접은 이유는 무엇입니까?**

개인 생활에 큰 변화가 있었지요. 이혼을 했습니다. 프린스턴에 있을 때도 받아들이지 않았던 그 이혼이요.

**이혼이 촉매가 되었다는 것이군요. 혹시 CTA를 접게 된 다른 이유가 또 있습니까?**

하는 일이 전혀 즐겁지가 않았습니다. 내가 좋아하는 것은 트레이딩인데, 나는 트레이딩은 전혀 못 하고 있었습니다. 나는 그때 마케팅을 위해서 시스템 트레이딩으로만 계좌를 운용했습니다. 투자자들이 "100% 시스템 트레이딩을 하시나요?"라고 물으면 어쨌거나 "그렇습니다."라고 대답은 할 수 있었지요. 처음에는 아주 좋아 보였습니다. 만사가 편했으니까요. 고민할 필요도 없었습니다. 시스템이 만드는 주문을 처리할 트레이더를 고용하면 되는 일이었습니다. 수익률은 여전히 높았지만 내가 직접 할 때보다는 못했습니다. 그래도 자유재량 트레이딩을 겸할 수는 없었습니다. 전량 시스템 트레이딩만 한다고 마케팅을 하고 있었고, 투자자들도 시스템 트레이딩 펀드라는 말을 믿고 우리한테 돈을 맡긴 것이었으니까요.

게다가 수익률이 줄어드는 것에도 크게 짜증이 났습니다. 내 CTA 회사가 돈을 벌고는 있지만 특별히 높은 수익은 아니었습니다. MDD 대비 내 연간 수익은 과거에는 항상 3~4배는 되었는데 이제는 2배 정도로 줄어든 것입니다. 트레이딩 생활도 오래 했고, 돈을 다 날리는 경험도 여러 번 하면서 교훈도 많이 얻었습니다. 그리고 세계 최고의 트레이더 중 하나가 되겠다는 결심이 생겼습니다. 그 자리에 오르지 못한다면 죽도 밥도 아니라고 생각했죠.

사무실에 직원이 6명이었는데 그것도 싫었습니다. 나는 직원을 관리하는 것도 그들의 성공을 책임져줘야 한다는 것도 싫었습니다. 직원들은 내가 밖으로 나가 마케팅하기를 원했지만 나는 마케팅이 싫었습니다.

**직원 수가 꽤 많았군요?**

처음에 CTA를 차릴 때 기관식의 자산운용회사로 키우겠다는 계획을 세워서 그랬습니다. 몇십억 달러를 모집할 생각이었습니다. 그러니 트레이더도 두고 마케터도 두고 퀀트 분석가도 두었지요.

**회사 이름은 무엇이었습니까?**

페르박이요.

**퍼백이요?**

아니요. 페르박입니다.

**무슨 의미입니까?**

CTA 이름을 짓기로 한 날 밤에, 마침 페르 박이라는 유명 물리학자가 쓴《자연은 어떻게 움직이는가》를 읽고 있었습니다. 그가 인간 본성에 관해 쓴 내용이 마음에 들어서 그의 이름을 따라 회사명을 지었습니다. 내방객들에게도 선물로 그 책을 한 권씩 주었습니다.

**CTA 회사를 접은 후에는 트레이딩을 전면 중단했습니까? 본인 계좌의 트레이딩도 접은 건가요?**

예. 로드아일랜드에 있는 농장을 샀습니다.

**장차 무엇을 할 계획이었나요?**

무계획이었습니다. 내 인생을 다시금 고찰해야겠다고 생각했습니다. 소로처럼 살고 싶었습니다. 6개월 정도 장작 패는 생활을 했더니 나중에는 허리가 안 아픈 날이 없더군요.

**왜 로드아일랜드를 선택했습니까?**

코네티컷에 사는 전처와는 충분히 멀면서도 아이들하고는 충분히 가까운 거리였거든요. 사업 기회를 본 것도 있었습니다. 로드아일랜드에서 마리화나가 합법화가 된 지 얼마 안 된 시기였으니까요. 내가 보기에는 그게 굉장히 좋은 기회가 될 것 같았습니다. 잘하면 돈을 많이 벌 수 있지만 커다란 진입장벽이 있었지요.

**어떤 장벽입니까?**

마약 산업에 몸담고 있다는 오명을 원하는 사람은 많지 않았지요. 오명이 대수인가요.

**어떤 점을 기회라고 봤습니까?**

대마 재배를 원하는 사람은 많지만, 사업을 시작할 자금이 없었습니다. 내가 말하는 건 대마 재배에 관심을 가지는 변호사나 의사, 헤지펀드 등이 아닙니다. 대학을 나오지 않았고 육체 노동직에 종사하는 24세의 청년들을 말하는 겁니다. 그들이 15만~20만 달러 정도의 창업비를 들여서 재배시설을 세우면 연 40만 달러 매출을 올릴 수 있었지만 그럴 돈이 없었죠. 나는 그런 시설을 지은 후 그들에게 월 6000달러에 임대했습니다. 그들이 무엇을 만드는지 알고 있었고, 그 정도 월세는 충분히 감당할 수 있다는 것도 알고 있었습니다. 투자금을 회수하는 데 2년 정도 걸렸습니다.

**대마 재배 시설을 운영하는 사람들도 꽤 돈을 벌었겠네요.**

1년에 20만 달러는 족히 벌었을걸요? 나는 그들에게 6년 임대 후 소유하는 조건으로 계약을 했고, 6년이 지난 후에는 재배 시설이 그들 명의로 바뀌었습니다. 누가 봐도 윈윈 계약이었고 좋은 사업 아이디어였습니다.

**샤피로 씨의 시설을 빌려 창업한 사람은 몇 명이었습니까?**

40명가량이었습니다.

## | "트레이딩을 사랑하니까요"

**트레이딩 세계로는 언제 돌아왔나요?**

CTA를 접은 후 1년 반 정도가 지나서입니다. 재혼도 잘했고 필요한 돈도 다 있었는데 이상하게 우울증에 빠지더군요. 인생에서 무언가 빠진 듯 허전했습니다. 무엇이 빠졌나 생각해 보니 트레이딩밖에 없었습니다. 내 인생 중 25년이나 했고 내가 가장 잘하는 일이었으니 오죽했겠습니까. 나는 세계 최고의 트레이더 중 하나가 될 자신이 있었습니다. 그런데 왜 안 하고 있지? 살면서 온갖 부침을 다 겪었지만 우울증에 빠진 것은 처음이었죠.

**돈을 잃었을 때도 우울증에 시달린 적이 없었나요?**

잠깐 울적하기야 했죠. 하지만 그렇다고 우울증에 빠지지는 않았습니다. 그럴 때마다 '괜찮아. 이런 일이 재발하지 않도록 지금 내가 무엇을 해야 할까?'라고 생각했죠.

**우울증에 빠진 원인은 어떻게 알아냈습니까?**

생각하고 말고도 없죠. 나는 트레이딩을 사랑했으니까요.

**트레이딩으로 돌아가게 만든 촉매제는 무엇입니까?**

오랜 친구이자 이웃인 사람에게 찾아가서 대화를 나눴습니다. 그가 브라이슨 시큐어리티스에 지인이 있어서 그 사람하고 만나게 해주었고, 그 회사가 내게 트레이딩 계좌를 맡겼습니다. 브라이슨의 태도는 단순했습니다. "샤피로 씨가 어떻게 하든 간섭하지 않을 겁니다. 돈만 버시면 됩니다."였죠. 그 말인즉 당신이 돈을 잃으면 해고당할 것이고, 돈을 벌면 애정을 듬뿍 주겠다는 뜻이었죠. 그들은 내가 무엇을 어떻게 트레이딩하는지 한 번도 묻지 않았습니다. 18개월 동안 트레이딩 세계를 떠나 있으면 머리가 맑아집니다. 나는 시스템을 이용하면서도 자유재량 트레이딩을 접목했고 거기에 리스크 관리를 더했습니다. 25년을 일하면서 배운 모든 것을 다 이용했습니다. 정말로 멋졌습니다.

**경력 초기에 계좌가 순식간에 날아갔던 때를 빼고 특별히 고통스러웠던 트레이드가 있었습니까?**

아뇨. 잘못된 트레이드에는 집착하지 않습니다. 스톱 가격에 이르면 바로 청산합니다. 완고한 태도 때문에 아쉽게 놓치는 트레이드가 있기는 하죠. 하지만 한 번도, 단 한 번도 스톱을 어기지는 않습니다. 그러니 그런 트레이드에 두고두고 괴로워하지는 않습니다.

**샤피로 씨의 리스크 관리에서 핵심이 무엇인지를 알 것 같습니다. 트레이드에 들어갈 때면 시장이 바닥을 찍었거나 정점에 올랐다는 가정이 뒤집히는 지점에 스톱을 걸어놓는 것이군요. 그 밖에 리스크 관리에서 다른 중요한 전략이 있습니까?**

투자자들은 내 리스크 관리에 대해 "VaR을 정해 두시나요?"라고 묻곤 합니다. 나는 그건 쓰레기라서 이용하지 않는다고 대답합니다. VaR은 역사적 상관관계, 이를테면 30일이나 60일, 90일 또는 더 긴 기간의 상관관계를 토대로 합니다. 최근의 시장을 보십시오. (인터뷰 시기는 2020년 4월이었다) 그런 상관관계는 48시간 만에도 무너질 수 있어요. VaR은 현재의 리스크와는 상관이 없습니다. VaR이 상관관계의 급격한 변화를 포착해서 반영할 때에는 이미 너무 늦습니다.

나는 나만의 리스크 관리 기법을 이용합니다. 나는 하루 종일 시장을 관찰합니다. 시장의 상관관계에 주의를 기울이죠. 무엇보다도 내가 취한 포지션의 상관관계를 유심히 봅니다. 내가 너무 같은 방향으로 움직이는 포지션들에 집중해있다 싶으면 포지션을 줄이거나 역의 상관관계에 있는 포지션에 들어갑니다. 그게 지난 두세 달 동안 시장 변동성이 폭발적으로 늘었어도 내 변동성이 올라가지 않은 이유입니다. 시황과 내 포지션의 움직임을 관찰하고 포지션을 줄였습니다. 돈을 벌었냐고요? 벌었지요. 하지만 훨씬 좋은 건 내 변동성이 손톱만큼도 늘어나지 않았다는 것입니다. 내 일별 수익률만 보신다면 시황이 어땠었는지 전혀 알아보지 못할 걸요.

**그건 포지션을 줄였기 때문입니까? 아니면 역의 상관관계에 있는 포지션을 추가했기 때문입니까?**

포지션을 줄인 게 가장 큰 이유입니다. 하지만 최근의 시황처럼 상관관계가 급증하면 딱히 공식적인 신호가 없어도 역의 상관관계인 포지션을 추가하는 편이죠. 좋은 예가 있습니다. 2020년 2월에 시장이 정점에 올랐을 때 나는 주가지수에 대해 매도 포지션을 잡았습니다. 그때도 내가 일반적으로 보는 신호는 없었지만 말입니다. 다른 시장에서는 매수 포지션을 취하고 주가지수에는 쇼트를 취하면 리스크가 줄어든다는 것이 이유였죠.

그때 2월의 주식시장 고점은 이상했습니다. 보통은 시장이 상승하고 또 상승하면 투기적 트레이더들도 계속해서 롱, 롱을 외칩니다. 그런데 이번 2월 고점에서 투기적 트레이더들의 매수 포지션은 유의미한 수준이 아니었어요. 하지만 그러다 시장이 5% 내려갔고 모두가 매수 포지션을 잡았습니다. TV에 나온 전문가들도 똑같이 당일 저점 매수 buy the dips를 말하고 있었습니다. 그리고 나서 COT 보고서가 발표되었고, 모두가 당일 저점 매수를 하고 있다는 것이 드러났죠. 투기적 트레이더들의 매수 포지션이 몇 년을 통틀어 최대였죠. 그때 나는 시장에 대규모 매도 포지션이 진행 중이고 바이러스 영향과는 상관없이 시장이 훨씬 나빠질 것을 직감했습니다.

**그건 이례적인 트레이드였네요. COT 지표가 극단적이라고는 해도 시장이 고점**

에서 이미 5% 내려갔으니 그 지표에서 추세 반전일을 알리는 신호는 없었을 수도 있지 않습니까? 매도 포지션을 취하게 된 계기는 무엇입니까? 그때도 COT 지표를 이용했습니까?

결정적 계기는 내가 시장 전체에 매수 포지션을 취하고 있다는 것이었습니다. 내가 주가지수 선물을 트레이딩할 때 사용하는 시스템이 있습니다. 자주 사용하지는 않지만 필요할 때는 리스크 완화 장치로 사용하는 편이죠. 기본 아이디어는 시장이 오르는 상황에서 베타값이 좀 더 높은 나스닥이 베타값이 좀 더 낮은 다우보다 느리게 오른다면(그리고 그게 기대하는 가격 움직임이 아니라면), 거기에 내가 주식과 상관이 있는 매수 포지션을 잡고 있으면, 나는 나스닥 선물에는 매도 포지션을 겁니다. COT 보고서가 발표된 후에 시장은 하루 이틀 정도 반등했지만, 나스닥은 다우보다 느리게 올랐습니다. 그 주가 행보만으로도 내가 매도 포지션을 취하기에는 충분했습니다. 어쨌거나 나는 내 매수 포지션을 상쇄할 무언가를 해야 했으니까요.

**COT 지표와 상관없이 트레이드에 진입하기도 합니까?**

가끔은 COT 지표를 무시하고 트레이드를 잡기도 합니다. COT는 완벽한 지표가 아닙니다. 과거에도 그랬고 앞으로도 영원히 완벽한 지표가 아닙니다. 하지만 나는 시장에서 돈을 많이 잃어봤고 악몽이 되는 트레이드도 몇 번을 했기 때문에 역발상 트레이딩을 하지 않는 것은 몸이 거부합니다.

그런 날이 있어요. 이 자리에 앉아서 TV를 보는데 다들 "시장이 내려갈 겁니다."라고 말하죠. 그런데 전화가 와요. 그 사람은 항상 틀리는 사람인데, 내게 시장이 얼마나 내려갈 것 같은지 말하죠. 나는 링크드인에 들어가서 다른 사람의 글을 봐요. 그 사람도 항상 틀리는데 그도 똑같은 말을 하죠. 이런 날은 1년이면 두세 번 정도는 있어요. 모두가 시장이 얼마나 침체장인지를 말하는데 시장은 올라가죠. 이해가 안 되는 일이죠. 그런 일을 여러 번 봤던 나는 시장에 진입해요. 그게 내가 하는 전부입니다. 나는 그런 시장 상황에는 일종의 본능이 발동해요. 아마도 경험에도 나온 본능일 겁니다.

### ▮"역발상 트레이딩은 내 본능입니다"

**샤피로 씨가 성공한 건 뼛속까지 반골이기 때문일까요?**

정확히 보셨습니다. 역발상 트레이딩은 나한테는 본능이나 다름없어요. 아이였을 때도 나는 남들과 반대로 생각했습니다. 반골 기질이 유전자 속에 녹아있죠. 트레이더로서는 크게 도움되는 성격이니 다행이지요. 나는 남들이 똑같은 것을 하면 반대로 하려고 노력합니다. 모두가 아주 높은 수익을 거두는 것은 분명히 아니니까요. 그래서 다들 똑같이 한다 싶을 때 초과 수익을 벌려면 반대로 행동하는 게 유일한 방법이지요. 시장이 충분히 확증을 줄 때까지 기다렸다가 반대 포지션을 취해도 됩니다. 그게 시장의 위대한 점입니다.

**시장에서 배운 교훈이 샤피로 씨의 개인 생활에도 영향을 줍니까?**

내 인생의 모든 측면에 영향을 미칩니다. 사실 그게 문제이긴 합니다. (그가 말하며 웃었다) 시장에서는 역발상 트레이딩이 잘 먹히지만, 사회생활에도 잘 먹히는 건 아닙니다. 인간은 타인의 호감을 사고 싶어 하고 집단의 일부가 되기를 원하지요. 반골인 사람은 친구 사귀기가 힘들어요. 외톨이를 각오해야 합니다. 아내는 나더러 병적인 반골이라고 하더군요. 그게 건강한 행동이라는 뜻은 절대로 아닙니다. 모두가 그렇게 행동해야 한다는 뜻도 아니고요.

**트레이딩과 상관없는 영역에서는 어떻게 반대로 행동하는지 궁금합니다. 예를 든다면요?**

나는 민주당 지지자인 친구들과 자주 논쟁합니다. 그들은 내가 보수파 공화당 지지자라고 생각해요. 반면에 공화당 지지자인 친구들과도 언쟁하고, 그들은 내가 퍼주기 좋아하는 진보파라고 생각하죠. 나는 아주 자연스럽게 반대로 말합니다. 사람들은 논리도 없이 일방적인 관점에 빠져들죠. 만약에 누가 나한테 개인적으로 도널드 트럼프를 멍청이라고 생각하는지 묻는다면, 네, 내가 보기에 트럼프는 멍청이입니다. 그렇다고 그가 하는 말이라면 무조건 다 비난받아야 하는 건 아니지 않습니까? 그건 비논리적입니다.

**그 부분은 더 듣고 싶은데요. 트럼프가 맞는 말을 했는데 조롱을 당한 일이 있다면 그건 언제였습니까?**

그는 자기가 선거에서 이길 거라고 말했고 모두가 비웃었죠. 하지만 그는 대통령이 되었습니다.

**상대방이 진보파이든 보수파이든 그 사람의 생각에 반대하는 이유가 그 반대 의견이 맞는다고 생각해서입니까? 아니면 반대하기 위한 반대일 뿐입니까?**

가끔은 반대를 위한 반대일 때도 있습니다. 어쨌거나 반대 의견도 있다는 것을 알려주는 게 중요하다고 생각하거든요.

**결국 샤피로 씨는 진보파 사람들 앞에서는 보수파 의견을 말하고, 보수파들이 모인 곳에서는 진보파의 의견을 말한다는 건가요?**

항상 그렇습니다. 하도 여러 번 그래서 얼마나 자주 그러는지 말하기도 힘드네요.

## ┃실패에는 변명이 필요 없습니다

**역발상 행동을 하는 것 외에 트레이더로서 성공하는 데 결정적 도움이 된 부분이 또 있다면요?**

내가 성공한 것은 실패를 여러 번 겪은 덕분입니다. 나는 실패를 열린 마음으로 바라보고 거기서 배울 수 있으면 배웁니다. 내가 실패한 것은 다 내 잘못입니다. 시장이 틀려서도, 누군가가 나를 속여서도 아닙니다. 실패에는 이런저런 변명이 필요 없습니다.

인간은 실패하면 중단합니다. 그리고는 겁을 먹죠. 어떤 이유에선지는 모르겠지만 나한테는 리스크에 대한 본능이 있습니다. 실패가 죽도록 싫지만, 리스크를 감수하고 실패하는 것은 두렵지 않습니다. 내 친구 하나는 인간적으로는 정말 멋진 친구입니다. 그의 리스크 수용은 기본적으로 0입니다. 변호사고 생활도 넉넉하지만 변호사 일은 지긋지긋하답니다. 나한테 전화를 걸어서 "저 사람은 명백히 유죄야. 인종차별주의자이고. 그런데도 나는 저런 인간을 변호해야 해."라고 투덜대곤 합니다. 그러면 나는 이렇게 대답해주죠. "그럼 하지 마. 벌어 놓은 돈으로 다른 일을 해." 그 친구는 또 그렇게는 못 합니다. 나라면 반대입니다. 못 할 게 뭐 있습니까. 그 정도 리스크야 감수하면 되지 않습니까? 어차피 언젠가는 죽을 텐데 말입니다.

**그렇게 리스크를 감수하는 태도는 처음 일을 시작했던 20여 년 전처럼 지금도 도움이 됩니까? 아니면 이후 시장에 일어난 구조적 변화의 영향으로 태도가 달라졌습니까?**

역사적으로 그때나 지금이나 큰 차이는 없다고 봅니다. 모두가 매도 포지션을 잡으면, 시장은 악재에도 내려가지 않고 반대로 올라가기 시작합니다. 시장의 바닥이라는 게 그렇습니다. 시장은 호재에는 바닥을 때리지 않고 나쁜 뉴스에 바닥을 칩니다. COT 보고서가 오랫동안 명맥을 유지하면서 유용한 지표가 될 수 있었던 데에는 다 그럴 만한 타당한 이유가 있습니다.

내 딸이 얼마 전에 실물 상품거래 회사에 들어갔습니다. 내 딸은 상품거래에 대해서는 하나도 모릅니다. 딸의 전공은 재무학이 아니라 국제관계학입니다. 얼마 전에 딸과 이런 대화를 나눴습니다.

"아빠, 물어볼 게 있어요. 요새 헤지를 공부하고 있는데요. 만약 그들이(딸의 회사) 광산을 보유한다면 공급량이 얼마인지 알겠네요?"

"그렇지."

"그럼 그들이 항상 소비자와 소통한다면 수요가 얼마인지도 알겠네요?"

"그렇지."

"그럼 회사는 헤지에 대해 나름의 내부정보를 갖게 되는 것인가요?"

"바로 그거지!" (샤피로는 이 말을 하면서 손바닥을 찰싹 부딪쳤다)

"그게 이 아빠가 하는 일이다. 그들은 상업적 트레이더들이고, 나는 그들과 같은 편에서 트레이딩을 해."

"난 아빠 마음이 내키는 쪽으로 한다고 생각했어요."

"그게 내 마음이 내키는 쪽이야. 나는 정보를 가장 많이 아는 사람들하고 같은 방향으로 움직여. 그게 제일 중요해."

**처음에 인터뷰를 두 번이나 거절하셨죠. 왜 마음을 바꾼 건가요?**

아내가 계속 설득했습니다. 다른 사람들이 내 아이디어를 배울 수 있도록 책을 써야 한다면서요. 내가 책을 낼 일은 절대로 없을 겁니다. 그래서 나를 대신해 다른 누군가가 내 생각을 글로 정리해주면 좋겠다고 생각했습니다. 중요한 것은 내 성공사가 아니라 시장이 어떻게 움직이는가에 대한 내 나름의 생각입니다. 나만이 시장이 움직이는 방식을 이해하는 유일한 사람이라고 젠체할 생각은 추호도 없습니다. 시장의 방식을 이해하는 사람도 있지만 아닌 사람이 훨씬 많습니다. 그래서 내가 운이 좋은 것이지요. 모두가 이해한다면 게임도 끝날 테니까요.

내가 세상에 전하고 싶은 메시지가 있으면 (그게 내가 이 인터뷰를 수락한 이유입니다) 그건 바로 참여의 중요성을 알리는 겁니다. 시장이 선반영 메커니즘이라는 것은 모두가 알죠. 하지만 그 선반영 메커니즘 기제가 가격이 아니라 참여라는 것은 알지 못합니다. 가격이 50달러에서 100달러로 올라갔으니 강세장 펀더멘털이 선반영된 것이라고 생각해서는 안 됩니다. 그보다는 모두가 매수 포지션을 취해서 그 결과로 강세장 펀더멘털이 선반영되는 것이라고 봐야 합니다. 이 원리에 완벽하게 들어맞는 예가 아마존입니다. 아마존 주가가 700~800 달러였을 때 모두가 말도 안 되는 주가라고 생각했습니다. 다들 아마존 주가가 거품이라고 했습니다. 하지만 지금 보면 분명해졌잖아요. 그때는 아마존을 보유한 사람들이 많지 않았고 그들이 보기에 아마존은 거품이 아니었던 거죠. 현재 아마존 주가는 2300달러가 넘습니다.

참여의 결정적인 기능은 트레이딩에만 적용되는 개념이 아니라는 것입니다. 내가 참여의 기능을 설명할 때 트레이딩 말고 자주 설명하는 분야가 풋볼 베팅입니다. NFL 최강 팀이 최약체 팀과 경기를 한다면, 어느 쪽이 승률이 더 높은지는 모두가 압니다. 이 경기에서 이뤄지는 스포츠 베팅은 경기의 승패를 놓고 거는 것이 아니라 포인트 스프레드(잘하는 팀에게는 낮은 포인트를 주고 못하는 팀에게는 높은 포인트를 기본으로 매기는 베팅 방식. 보통 풋볼이나 농구처럼 점수가 많이 나는 스포츠에 많이 적용된다-옮긴이)를 놓고 겁니다. 이런 포인트 스프레드가 낮게 잡혔는지 높게 잡혔는지 알려면 어떤 분석 방식을 이용해야 하는지는 저도 잘 모릅니다. 내가 보기에 답은 참여입니다. 모두가 한쪽에 돈을 건다면, 포인트 스프레드가 벌어질 것입니다. 아마도 훨씬 많이 벌어지겠죠. 나는 내 나름의 풋볼 베팅 시스템을 이용합니다. 30명이 베팅했을 때 포인트 스프레드가 얼마나 벌어지는지가 아니라 팀에 건 사람들의 수를 비교하는 시스템이죠. 25명이 넘는 사람이 같은 팀에 베팅하면, 그런 경우는 1년에 여섯 번 정도에 불과하지만, 어쨌거나 그러면 다른 팀에 베팅한 사람들이 돈을 딸 확률은 80%입니다. 내가 풋볼의 점수 격차를 알아맞히는 능력이 기가 막힌 것일까요? (그가 웃었다) 아닙니다. 표집에 들어간 사람들의 80%가 같은 팀에 돈을 건다면 모두가 같은 행동을 할 것이고, 그러면 포인트 스프레드도 더욱 벌어질 것이기 때문입니다.

시장은 가격이 아니라 투기적 참여를 기반으로 작동하는 선반영 메커니즘입니다. 이게 내가 말하고 싶은 가장 중요한 개념입니다.

알고리즘 트레이딩, 고빈도 트레이딩, 인공지능, 헤지펀드의 폭발적 증가까지, 지난 몇십 년 동안 시장은 몰라보게 발전하고 발달했다. 이런 상황에서 개인 트레이더가 시장을 이기는 수익을 거두는 것이 여전히 가능한가? 나는 그렇다고 믿는다. 그리고 제이슨 샤피로는 내가 그렇게 믿어도 되는 이유를 완벽하게 입증하는 사람이었다.

샤피로가 성공적 트레이딩을 하는 핵심적 이유는 다른 시장 참여자들이 감정에 휘둘려 잘못된 트레이드 결정을 내리는 빈틈을 적절히 활용하기 때문이다. 샤피로는 시장이 강세장의 환희에 휩싸여 있을 때는 매도 포지션을 취하고, 시장에 약세장의 침울한 분위기가 만연해 있을 때는 매수 포지션을 취한다. 그가 이 방식을 쓴지 20년이 지났고 시장은 그때하고는 몰라보게 달라졌음에도 불구하고 그 위력이 조금도 줄지 않았다는 것을 눈여겨봐야 한다. 시장의 구조도, 참여자들의 크기와 성격도, 트레이딩 툴도 극적으로 달라졌지만, 단 하나, 인간의 감정은 변하지 않았다. 인간의 감정에는 면역기능이 없다는 사실이야말로 아무리 시장이 변하고 발달하더라도 트레이딩의 기회를 계속해서 등장하게 할 것이다.

샤피로처럼 역발상 트레이딩을 하기 위해서는 내재된 인간의 본능을 거스를 줄 알아야 한다. 치솟는 강세장에 편승하지 못할지도 모른다는 두려움에 본능이 사라고 말할 때 팔 줄 알아야 하며, 가혹하게 내리꽂는 약세장이 언제 끝날지 상상도 되지 않을 때 살 수 있어야 한다. 물론 맹렬한 기세로 올라가는 강세장에서 매도 포지션을 잡거나, 바닥을 모르고 떨어지는 약세장에서 매수 포지션을 잡는 것은 그 행동만 놓고 본다면 재무적 파멸로 인도하는 초대장이다. 정확한 출처는 모르지만 유명한 격언(존 메이너드 케인스라는 설이 가장 유력하기는 하다)처럼, 시장은 당신이 돈을 다 잃기에 충분할 정도로 오랫동안 비이성적일 수 있다.

역발상 트레이딩이 효력을 발휘하려면 자신만의 방법을 마련해서 적절한 시장 진입 타이밍을 잡는 것이 절대적으로 중요하다. 샤피로의 방법에서는 두 가지 요소가 핵심을 이룬다.

1. 투기적 트레이더들의 시장 포지셔닝이 극단으로 치우쳐 있으면 반대 포지션을 잡는다.
2. 시장 행동을 관찰하면서 시장에 진입할 타이밍을 잡는다.

샤피로는 주간 COT 보고서를 주로 이용해서 시장 분위기가 어느 한

쪽으로 지나치게 쏠려 있는지를 판단한다. 그는 극단으로 치우친 투기적 포지션의 반대로, 다시 말해 상업적 포지션과 같은 방향으로 트레이딩을 하려고 노력한다. 또한 정보를 보완하기 위해 TV 금융 뉴스도 자주 본다. 그렇다. TV 금융 뉴스는 트레이딩에 크게 도움이 될 수 있다. 아주 훌륭한 '역발상 지표'이다!

샤피로는 뉴스에서 시장에 대해 그의 생각과는 반대되는 논조가 연일 쏟아질 때 추세 반전의 신호가 보이는지를 찾아본다. 이것이 그가 역발상 포지션에 들어갈 타이밍을 잡는 방법이다. 시장은 약세장을 말하는 뉴스에는 바닥을 때리고 강세장을 말하는 뉴스에는 정점을 친다. 왜인가? 샤피로와 인터뷰를 하기 전에는 나는 그 이유가 펀더멘털이 가격에 비해서 약하거나 강하기 때문이라고 생각했고, 어느 시점에 이르면 뉴스가 가격에 완전히 반영될 것이라고 생각했다. 이 생각도 맞기는 하지만 샤피로가 더 정확한 이유를 설명해준다. 바로 참여의 문제이다. 시장이 바닥을 치는 것은 투기적 트레이더들 모두가 이미 매도 포지션을 취하고 있어서이다. 약세장 뉴스만이 나오는 시기의 자연스러운 시황이다. 호재에 시장이 정점을 찍고 내려앉는 것도 같은 이유로 설명할 수 있다.

샤피로는 트레이더가 되고 얼마 되지 않아 계좌를 두 번이나 날렸다. 한 번은 강세장이 계속되리라 생각해서였고, 또 한 번은 강세장에서 독불장군으로 맞서 싸워서였다. 시황은 반대였지만 두 사건에는 공통분모가 있는데, 잘못된 아이디어로 계좌가 무너질 위험을 방지할 리스크 관리 수단을 마련하지 않았다는 것이었다.

샤피로의 트레이딩에서 절대적인 한 가지는 어떤 포지션을 취하든 손실을 제한하는 자동주문인 손절매 주문을 반드시 걸어놓는다는 점이다. 그러면 COT 보고서로 해석한 지표가 틀리더라도 큰 손실을 방지할 수 있다. 샤피로는 시장이 바닥을 쳤거나 정점을 때렸다고 가설을 세우고 그것과 반대되는 방향으로 손절매 지점을 설정한다.

리스크 관리는 개개의 트레이드만이 아니라 포트폴리오 전체에도 적용해야 한다. 더 구체적으로 말하면 트레이더는 자신이 진입한 시장들의 상관관계가 대단히 높아지는 순간을 알아채야 한다. 그런 순간에는 포트폴리오의 리스크가 평소보다 훨씬 높아질 수 있다. 여러 포지션에서 시장 가격이 동시에 역행할 가능성이 크게 올라가기 때문이다. 샤피로는 시장들의 상관관계가 올라가 리스크가 늘어나면 전반적으로 포지션 규모를 줄인다. 그리고 역의 상관관계에 있는 트레이드를 잡아서 포트폴리오에 추가한다.

초보 트레이더 시절에 샤피로는 아프리카로 3주간 여행을 떠났다. 그리고 그 기간에 시장 상황을 주시하지 못한 것이 오히려 초보 시절을 통틀어 가장 높은 수익을 내주었다. 샤피로는 중개인에게 가격이 반대로 움직일 때에 대비해 대략적인 포지션 청산 지침만 제시해주고 여행을 떠났다. 돌아와 보니 깜짝 선물이 그를 기다리고 있었다. 그가 떠나 있는 동안 포지션이 엄청난 금액으로 불어나 있었던 것이다. 밤낮으로 시장을 주시할 수 없어서 차익실현의 유혹을 피할 수 있으니 수익이 눈더미처럼 불어날 수 있었다. 그 순간 그는 포지션을 '관망'하는 것이 매일 트레이딩을 하는 것보다 훨씬 고수익을 낼 수 있다는 사실을 깨달았다. 이 교훈은 오래도록 진가를 발휘했고 훗날 샤피로가 고안한 그만의 트레이딩 방법론에 고스란히 녹아들었다. 샤피로는 포지션을 스톱에서 청산하지 못하면 COT 기반의 지표 측정이 중립으로 돌아설 때까지 그 포지션을 보유한다. 이런 접근법에서는 어떤 때는 포지션을 몇 개월은 보유해야 하고 시장 소용돌이도 여러 번은 겪어야 한다.

나는 트레이더들에게 다른 트레이더들의 의견에는 귀를 기울이지 말라고 충고한다. 대충 요약하면 이런 식이다. "다른 트레이더가 아무리 똑똑하고 실력이 뛰어나도 그 사람의 의견은 듣지 마세요. 그 말만 듣다가는 반드시 나쁜 결과가 옵니다."* 샤피로를 인터뷰하고 나니 앞으로는 예외를 달아서 충고해야겠다는 생각이 들었다. 만약 매번 틀리는 트레이더나 논평가를 찾아낼 수 있다면(매번 맞는 사람을 찾는 것보다 훨씬 쉽다) 그들의 의견도 '역발상 투자'에는 아주 쓸모가 있을 것이다.

마이클 킨 Michael Kean

# 보완 전략

**마이클 킨**은 뉴질랜드 토박이로, 대학 시절 투자 동아리를 계기로 시장에 관심을 두게 되었다. 마이클 킨 트레이드의 핵심은 상관관계가 없거나 역의 상관관계에 있는 포지션들로 포트폴리오를 구성한다는 것이다.

마이클 킨은 뉴질랜드에서 대학을 다닐 때 취미 삼아 주식 투자를 시작했다. 4년 정도 금융회사에서 투자나 트레이딩과는 상관없는 부서에서 근무하다가, 세계 유수 금융기관들이 밀집한 도시에서 그의 관심에 부합하는 일자리를 얻기를 원하며 뉴질랜드를 떠나 런던으로 갔다. 킨은 금융 시장과 관련된 업무는 한 번도 해본 적이 없었지만 좌절하지 않았다. 런던에 도착하고 2년 후에는 가족과 친구들을 위해 소액 계좌를 운용하는 자산운용사인 스틸 로드 캐피털을 부업 삼아 차렸다. 그리고 결국에는 본업을 그만두고 포트폴리오 운용에 전념하게 되었다. 킨의 자산운용사는 지금도 1인 회사이다. 그의 회사는 대다수 헤지펀드를 압도하는 성적을 거두었지만 운용자산 규모는 지금도 작게 유지하고 있으며(800만 달러), 대규모 자산을 운용하겠다는 야심도 없다.

지난 몇 년 동안 킨은 장기 주식 투자와 주로 바이오테크주에 대한 공매도를 위주로 하는 단기 이벤트 트레이딩을 결합하는 독특한 운용 기법을 발전시켰다. 킨은 매도 포지션을 잡는 경우, 미숙한 트레이더들이 정교한 기법 없이 매수 포지션으로 트레이드에 진입하는 상황을 노린다. 이런 상황은 대개는 펀더멘털이 뒷받침하지 않은 상태에서 뉴스라든가 단기성 호재에 반응해 주가가 급등하는 소형주에서 많이 발생한다.

그의 포트폴리오에서는 장기 투자와 단기 트레이딩이 역의 상관관계에 있으며, 이런 기법 덕분에 그는 주가지수보다 훨씬 빠른 속도로 높은 수익을 내면서 MDD는 20% 아래로 유지할 수 있다. 자산운용사를 시작하고 10년이 지난 지금 그의 연평균수익률은 29%(운용 수수료 차감 전)로, 같은 기간 S&P 500 수익률인 11%의 거의 3배에 달한다. 월간 손익비는 2.86으로, 같은 기간 S&P 500은 0.96에 불과하다.

킨은 런던에서 10년을 살았지만 말투에 뉴질랜드식 억양이 강하게 남은 탓에 나는 그의 말을 잘 알아듣지 못하고 당황해서 몇 번이나 다시 말해 달라고 부탁해야 했다. 가령, 그는 펀드 구조가 아니라 종합운용 계좌 구조를 유지하는 것의 장점을 말하면서 "덕분에 에드먼드를 많이 아낄 수 있었습니다."라고 말했다. 나는 무슨 말인지 몰라 "많은 에드먼드요?"라고 반문하기도 했다. 알고 보니 그는 "운영비admin"를 말한 것이었다. 또 한번은, 노화 관련 황반변성 치료제 임상시험에 대해 말을 하는데 킨이 "더 위험한 주사riskier injections"라는 표현을 여러 번 언급했지만 나로서는 알아들을 수가 없었다. 그가 같은 말을 몇 번을 반복한 후에야 그가 "구제금융 투입rescue injection"을 말하는 것임을 알 수 있었다. 또 있다. 인터뷰에서 킨은 주가 움직임을 설명하면서 "그레인 마감closing grain"이라는 표현을 자주 언급했다. 문맥상으로 주가의 상승 마감을 의미한다고 알아듣기는 했지만 나는 그의 말을 중간에 끊고 싶지 않아서 잠자코 있었다. 나중에 녹취를 위해 인터뷰 녹음을 들은 후에야 이게 "상승 마감closing green"이라는 것을 알게 되었다. 킨은 내가 그의 말을 잘 알아듣지 못하고 몇 번이나 오해하는 것을 보며 웃으며 받아넘겼다. 인터뷰가 끝나고 나서 나중에 그가 이메일을 보냈다. "혹시 내 뉴질랜드 억양을 암호해독하는 데 문제가 있으시면 주저 말고 연락 주세요!"

뛰어난 트레이더이며 킨과 공동 투자도 하는 달지트 달리왈(9장)은 킨을 이렇게 표현했다. "마이클은 두 개의 전혀 다른 접근법을 결합하는 독특한 전법을 구사합니다. 한쪽으로는 주식에 매수 포지션을 취하면서 다른 쪽에서는 독특한 매도 포지션 전략을 구사하죠. 두 접근법을 동시에 취할 수 있다는 것은 그가 얼마나 적응력이 뛰어난 사람인지를 잘 보여줍니다. 그리고 적응력이야말로 투자 게임에서는 없어서는 안 될 능력입니다."

**뉴질랜드 토박이로서 어떻게 시장에 관심을 가지게 되었나요? 뉴질랜드의 주식시장은 크지 않다고 들은 것 같아서요.**

그런 말을 들으니 조금 재미있네요. 하지만 1980년대에는 뉴질랜드의 주식시장도 꽤 컸고, 그런 상태를 아주 오랫동안 유지했어요. 어린 시절에 부모님이 해주신 말로는, 주식에서 한몫 번 덕분에 지금의 농장을 살 계약금을 마련할 수 있었다더군요. 뉴질랜드는 1980년대에 주식시장이 크게 올랐지요. 뉴질랜드가 세계에서 가장 폐쇄적인 경제 체제를 버리고 몇 년 안에 가장 개방적인 경제로 전환할 것이라는 게 그런 강세장이 오게 된 계기였죠. 관세, 보조금, 세금이 모두 크게 줄었어요.

**정부 정책 기조에 변화가 있었나 보군요.**

그렇죠. 노동부가 개입해서 기존 기조를 뒤흔들었죠.

**노동부는 원래 조금 좌파 성향 아닌가요?**

그렇기는 하죠.

**그런데 경제 개방을 적극 지지했다고요?**

그게 재미있는 부분이죠.

**지금 미국은 정반대의 기이한 현상이 벌어지고 있습니다. 공화당이 트럼프의 무역전쟁과 대규모 재정적자를 지지하고 있거든요.**

그것 말고 금융 부문에서도 거대한 탈규제화 바람이 불었어요. 이렇게 모든 정책 기조가 바뀌다 보니 대규모 자본이 뉴질랜드의 주식시장으로 흘러들어온 거죠.

**국내 자본이었나요? 해외 자본이었나요?**

둘 다일 것이라고 생각은 되지만, 어쨌거나 그건 전형적인 개미들이 주도하는 증시 호황이었어요. 모두가 주식에 뛰어들었고, 내 부모님도 다른 사람들과 같이 움직였어요. 두 분은 저축을 몽땅 털어서 주식을 샀어요. 그리고 가지고 있던 주식을 1987년에 팔고 평생의 소원이던 농장을 샀어요. 그때 주식을 판 건 그전에 정부 보조금을 지원받아서 집을 샀는데 최소 5년 이상 보유해야 한다는 조건이었거든요. 5년 기한을 채우자마자 두 분은 집을 팔 수 있게 되었고 판 돈으로 농장을 샀어요. 두 분은 운이 좋았죠. 만약 보유 기한 조건이 5년이 아니라 6년이었다면 이야기의 결말도 달라졌을 테니까요. 미국에 검은 월요일이 있다면 뉴질랜드에는 검은 화요일이 있어요. 1987년 미국 증시 폭락은 뉴질랜드 증시의 거품도 단번에 터뜨려버렸어요. 6개월 뒤에 주식시장은 50%나 내려앉아 있었죠. 그리고 20년이 지나도록 전고점을 회복하지 못했습니다.

**부모님은 그때 주식 투자로 얼마를 버셨나요?**
잘 모르겠네요. 하지만 그때 뉴질랜드 증시가 6배 올랐고, 부모님은 고점을 기록하고 반년 안에 팔았던 걸로 알아요. 적어도 돈을 3배로는 불렸겠네요.

**운이 좋아서였기는 해도 부모님이 주식으로 큰돈을 벌어서 농장을 샀다는 게 킨 씨에게는 중요한 영향을 미쳤겠군요. 부모님이 주식을 팔고 농장을 샀을 때 킨 씨는 몇 살이었나요?**
고작 다섯 살이었죠. 하지만 자라는 내내 그 이야기를 많이 듣다 보니 머리에 깊이 박혀 버렸죠. 아버지는 주식시장에서 큰돈을 번 것이 운이 좋아서였다고는 생각하지 않으세요. 순전히 본인의 실력이 좋아서였다고 생각하죠.

**가족의 일화 말고 시장과 트레이딩에 대해 관심을 가지게 된 계기가 또 있습니까?**
시장에 관심을 가지게 된 건 대학에 다니면서였어요. 친구들과의 주된 대화 소재가 주식시장이었거든요. 나를 포함해서 우리 무리가 총 8명이었고 결국에는 투자 동아리까지 만들었죠. 각자 조금씩 돈을 걷어서 투자 계좌를 개설했습니다. 처음에는 일반적인 공동 투자 동아리였어요. 모임도 가졌고 모두가 아이디어를 냈죠. 그러다가 결국에는 나와 한 친구가 모든 것을 전담했고 나머지 친구들은 우리가 선택한 종목에 그대로 따라왔어요. 졸업한 후에 그 친구는 투자금융회사에 들어갔기 때문에 더는 모임에 참여할 수가 없게 되었어요. 그리고 2004년부터는 나도 내 계좌 포트폴리오를 운용하게 되었고요. 공동 투자 동아리는 2010년까지 유지했습니다.

**수익률은 어땠나요?**

2008년까지는 잘해야 평타였어요. 그러다가 2008년에는 6개월 만에 반 토막이 났습니다. 하지만 내가 보기에는 주가가 말도 안 되게 쌌어요. 나는 몇몇 투자자들에게 투자를 2배로 늘려야 한다고 설득했고, 2009년에는 포트폴리오 평가액이 88%나 올랐습니다.

**공동 투자 동아리가 2010년에 끝나게 된 이유가 있나요?**

나는 그것을 동아리 형태가 아니라 정식적인 투자 구조로 전환하고 싶었어요. 나는 2009년에 높은 성과가 나온 것을 보여주면서 동아리 투자자들에게 종합운용 계좌를 열고 내게 투자를 맡겨 달라고 설득했습니다.

**투자운용에는 시간을 얼마나 쏟았습니까?**

남는 시간은 다 거기에 쏟았습니다. 그때 런던에서 직장에 다니고 있었고, 운 좋게도 내 일은 재택근무가 가능했어요. 매일 새벽같이 일어나서 아침에 본업에서 해야 할 일을 다 마친 다음에 오후에는 미국 시장에 들어가 트레이딩하곤 했어요. 희한한 상황이었죠. 거의 전업 트레이더 흉내를 내면서 월세도 감당할 수 있었으니까요.

**뉴질랜드를 떠나 런던으로 간 이유는 무엇인가요?**

뉴질랜드 젊은이들은 많이들 그래요. 20대에 런던으로 가서 몇 년 정도는 지냅니다.

**시장과 관련된 직장을 찾으려고 런던으로 간 건가요?**

예. 런던은 세계 금융의 중심지이고, 은행이나 펀드 매니저 밑에 들어가 일할 기회를 얻을 수 있을 거라고 생각했거든요. 내 관심사에 부합하는 일자리를 찾으려 했던 거죠.

**런던에서 직장을 구하는 데 어려움은 없었나요?**

내가 런던에 온 게 언제냐면요. 2008년 9월이었어요! (그는 이 말을 하면서 크게 웃었다. 공교롭게도 이때 금융위기가 발생했기 때문이었다) 아직도 기억이 생생합니다. 튜브(런던 지하철)를 나와서 사람들이 나눠주는 무가지 한 부를 받아들었죠. 신문에서는 전날 시티가에서 얼마나 많은 사람이 정리해고를 당했는지 연일 대서특필되고 있었어요. 매번 수만 명이 해고당했다고 나오더군요.

**그런 상황에서 취업은 어떻게 하셨나요?**

스프레드시트 작업을 담당하는 3개월짜리 계약직으로 취직했어요. 3개월이 지나고 나서 4년 계약으로 연장되었습니다. 그리고 트레이딩에 모든 시간을 할애하는 것도 그때 그만뒀습니다.

## 펌프앤덤프 주식 쇼트

**종합운용 계좌로 트레이딩을 시작하면서 어떤 전략을 사용했습니까?**

처음에는 바이앤홀드buy-and-hold(매수 후 보유, 장기 보유)와 매크로 트레이딩을 결합해서 투자했습니다. 하지만 매크로 트레이딩에서는 큰 수익이 한 번도 나지 않더군요. 그 전략은 영 내키지가 않았습니다. 큰 시장에서 트레이딩하는데 나보다 잘하는 누군가가 항상 있으니까요. 장외시장에서 펌프앤덤프 주식에 매도 포지션을 취하면서 처음으로 괜찮은 성공을 거두었습니다. 그런 주식들은 오를만한 이유도 없이 50센트짜리가 5달러로, 10달러로 올랐다가 하루 만에 무너져 내리죠. 나는 그런 동전주들을 리서치하는 회사와 블로그를 찾아냈어요. 그들 대부분은 주가를 인위적으로 띄우는 데 관심을 쏟았지만, 내가 찾는 건 그런 주식들에 공매도를 하는 회사였어요.

그 주식들이 터무니없이 치솟았다가 다시 휴짓조각이나 다름없는 수준으로 내려간다는 건 다 아는 사실이죠. 하지만 그 주식들이 얼마나 치솟을지는 예측하기가 어렵지 않나요? 아무 가치도 없는 주식이 50센트에서 5달러로 오를 수 있다면 10달러까지 가는 건 일도 아닐 수 있습니다. 이런 상황에서 큰 리스크를 감수하지 않고 공매도를 취하는 나름의 노하우가 있습니까?

펌프앤덤프 주식들은 다른 정상적인 주식들과는 다른 고유의 가격 움직임이 있어요. 이를테면 50센트에서 시작하고 매일 20~30% 올리는 식의 패턴을 보입니다. 그러다 보면 주가가 상승 마감을 하지 못하는 날이 옵니다. 그건 인위적인 주가 띄우기에 한계가 왔고 상승도 끝이 났다는 신호입니다. 그게 공매도를 취하는 결정적인 촉매제입니다.

다른 말로 하면, 그런 주식들이 계단식 상승을 하지만 그러지 못하는 날이 올 것이고, 그날을 기점으로 주가가 곤두박질한다는 뜻인가요?

그렇습니다. 처음 하락 마감을 하고 나면 다음 날은 60~70%까지도 내려갈 수 있어요. 그 공매도 전략이 훌륭한 이유는 보통 이런 주식들은 점진적이고 통제된 움직임을 보이면서 상승했기 때문이에요. 진짜 가치를 가진 주식에서는 포물선이 그렇게 가파른 폭으로 상승하는 게 있을 수가 없고 있더라도 가끔이죠.

**그 전략이 항상 들어맞았나요? 혹시 하락 마감한 첫날 매도 포지션을 잡았는데 주가가 다시 신고점으로 오른 일은 없었나요?**

펌프앤덤프 주식을 공매도해서 크게 손해를 본 일은 없었어요. 하지만 그런 걸 할 수 있는 기회는 분기에 한 번 올까 말까입니다.

**그 전략을 얼마나 오래 사용했습니까?**

1~2년 정도 사용했습니다.

**꾸준하게 수익을 내는 전략이었는데 더는 사용하지 않는 이유가 무엇인가요?**

그런 주식에서 괜찮은 공매도 기회를 잡기가 많이 어려운 데다 포지션 크기를 조정하는 것도 불가능했어요. 게다가 작전이 하도 판을 치니 SEC에서도 그런 주식들을 거래 정지시키는 데 더 적극적으로 나설 수밖에 없었죠.

## | 바이오테크 주식 트레이딩

**채 2년이 안 되는 동안 한 해에 몇 건의 트레이드만 했다면, 펌프앤덤프 주식 공매도는 포트폴리오에서 비중이 아주 작았겠군요. 어떤 종류의 트레이드가 큰 축을 차지했나요?**

바이앤홀드 투자가 핵심이기는 했지만, 그것 말고 짤짤한 틈새 전략은 바이오테크 주식 트레이딩이었습니다. 그 기간 바이오테크 주식으로 수익의 60%를 벌었을 겁니다.

**어떤 전략을 사용했나요?**

바이오테크 종목은 훌륭한 트레이딩 섹터입니다. 임상시험 2단계와 3단계의 결과처럼 결정적인 촉매들이 있고, 소형 바이오테크 회사에는 사활이 걸린 일입니다. 이런 회사들은 임상시험 결과에 따라서 밸류에이션이 크게 달라질 수 있다는 점이 트레이더에게는 멋진 기회가 될 수 있죠.

**바이오테크는 고도로 특화된 분야입니다. 생물학이나 의학에 대한 배경지식이 없는 상태에서 그런 이벤트들로만 트레이딩을 하는 건 위험하지 않을까요?**

그 섹터 주식들의 가격 패턴을 활용하면 해당 분야에 대한 전문 지식이 없어도 트레이딩 수익을 낼 수 있어요. 예를 들어 시장이 건강하다면, 임상시험 3단계 결과와 같은 중대 이벤트가 발표 나기 2~3개월 전에 바이오테크 소형주를 사두는 방법도 있습니다. 나는 이런 종목들은 과열이 시작되기 전, 그리고 증권사가 주식 목표가를 상향 조정하기 전, 그리고 소매 투자자들이 임상 결과가 성공하면 주가가 하늘로 치솟을 거라고 전망하면서 매수를 하기 전에 삽니다. 그리고 임상시험 결과가 발표되기 전에 매도합니다. 어떤 주식은 임상시험 결과가 발표되기 전에 기대감만으로 2배까지 뛰곤 하거든요.

**임상시험 결과가 발표되면 주가의 추세선이 오르는 게 아니라 내려가는 상황도 있었나요?**

전체적으로 조정장일 때는 그런 상황이 얼마든 생길 수 있고 실제로도 그랬습니다. 하지만 이 전략에는 큰 함정이 있어요. 임상시험 결과가 언제 발표될지를 알아야 한다는 거죠. 대부분의 바이오 소형주들은, 그러니까 시가총액이 1억~4억 달러 정도인 기업들은 자산이 부실한 편입니다. 현재 3단계 임상시험 중인데도 시가총액이 여전히 낮은 상태에서 지지부진하다면 결과가 부정적으로 나올 가능성이 높다는 것을 암시합니다. 대형 제약회사들은 임상 1단계나 2단계인 소형 제약회사들을 유심히 봅니다. 3단계 임상 중인 회사인데도 인수 타진을 고려하지 않는다는 사실은 부정적인 의미가 있다는 것을 암시합니다.

**임상시험 결과가 발표되는 시기를 어느 정도나마 추측하지 못하는 종목도 있었나요?**

임상 결과 발표 시기를 짐작할 수 없는 바이오주는 어지간해선 진입하지 않거나 진입하더라도 다른 때보다 훨씬 빨리 청산하는 편입니다. 그러면 결과가 발표된 후에도 포지션을 청산하지 못하게 될 가능성을 최소화할 수 있으니까요.

**임상시험 결과가 발표 났는데도 처분하지 못한 종목이 있었습니까?**

두어 번 있었습니다. 임상 결과가 예상과는 전혀 다르게 나왔고, 나는 아직 포지션을 청산하지 못한 상태였죠.

**그러면 어떻게 되나요?**

60~70% 정도 손해가 나는 거죠.

**그 전략을 지금도 사용하시나요?**

아주 조금이요. 지금은 유명무실한 정도로만 사용하는 전략이죠. 미국에서는 의약품 가격이 워낙에 중요한 이슈이고, 바이오테크 섹터는 수익률이 그다지 좋은 분야는 아니었거든요.

**다른 전략이라면 어떤 전략을 사용하나요?**

가끔은 바이오테크 회사의 임상시험 결과에 베팅하기도 합니다.

**어떤 점을 보고 임상시험 결과에 베팅을 하나요?**

임상시험이 실패로 끝날 가능성이 아주 높을 때가 있어요. 내가 그 약품에 대해 아는 게 전혀 없을 때도 말입니다. 가령 시가총액이 3억 달러가 안 되는 회사가 암 치료제 임상시험 3단계를 통과하는 경우는 여태껏 한 번도 없었어요.

**그 신약이 전도유망하다면 대형 제약사가 그 회사를 인수할 가능성도 있지 않나요?**

그럴 수도 있고, 아니면 그 소형 제약사의 시가총액이 3억 달러에서 10억 달러로 뛰어올라 있을 수도 있죠.

**임상시험 결과가 발표 나기 전에는 매수 포지션을 잡고, 결과가 발표 난 후에는 매도 포지션으로 넘어가는 방법도 쓸 수 있지 않을까요?**

가능이야 하죠. 하지만 매도 포지션을 잡을 때는 조심해야 해요. 주가가 예상 못 하게 움직이는 상황은 언제나 있으니까요. 그래서 나는 그런 경우에는 공매도를 취하기보다는 풋옵션을 거는 걸 더 선호합니다.

**앞에서 말한 두 가지 전략 외에도 바이오테크주를 트레이딩할 때 쓰는 다른 전략이 있습니까?**

바이오테크주는 대부분 단타로 합니다. 장중 단타이거나 길어봤자 며칠 정도 유지하는 수준이죠. 그리고 대개가 매도 포지션입니다.

**트레이드에 진입하기 전에 무엇을 주로 보나요?**

바이오테크 종목에서 가장 중요하게 보는 건 당연히 임상시험 결과입니다. 하지만 주가에 영향을 주는 다른 뉴스도 엄연히 있습니다. FDA 관련 뉴스라든가, 임상시험 3단계와 관련된 추가적인 데이터 발표라든가, 기업 발표 등이 그 예이죠. 기업의 언론 발표 내용에 따라 주가가 20~30% 정도 뛸 수도 있어요. 나는 그 뉴스가 예상했던 뉴스인지, 중요한 의미를 담고 있는지, 아니면 투자자의 환심을 사기 위한 내용인지를 파악하려 노력합니다. 바이오테크는 진짜로 재미있는 섹터입니다. 그러니 PR에 능한 경영진을 그렇게 많이 끌어들이는 거겠죠.

**거기에 해당하는 대표적인 종목을 하나만 예로 들면요?**

올 초(2019년)에 했던 아빙거가 딱 그 상황입니다. 회사는 긍정적인 3상 임상 시험 데이터를 발표했고, 다음 날 주가는 전날 종가에서 거의 40%나 뛰어올랐습니다. 하지만 언론 발표를 곰곰이 뜯어보면 2년 전 발표했던 초기 데이터의 후속 데이터에 불과했습니다. 다시 말해 새로울 게 전혀 없는 뉴스였지요. 더욱이 회사의 펀더멘털은 부정적이었어요. 매출도 약했고 부채는 과도했습니다. 나는 공매도를 잡았고, 이틀 만에 올랐던 주가가 제자리로 빠진 것도 모자라 더 빠지면서 나도 포지션을 청산했습니다.

**지난해(2018년)는 처음으로 손실을 기록한 해였군요. 이유가 궁금하네요.**

4%의 손실이 났지만, 그건 S&P 실적과 정확히 일치하는 성적이었습니다. 매수 포지션은 S&P보다 부진했지만, 매도 포지션 덕분에 살았습니다.

**매수 포지션이 왜 부진했나요?**

중국 주식에 과도하게 노출되었는데, 무역전쟁이 터져 버린 거지요. 손해가 제일 큰 건 제이디닷컴이었습니다.

**뭘 하는 회사인가요?**

중국의 아마존이라고 할 수 있는 회사입니다. 2016년에 주가가 20달러로 쌀 때 처음 매수에 들어갔어요. 그리고 주가가 계속 오르면서 2018년 초에는 50달러까지 올랐습니다. 일부는 주가가 올랐을 때 정리해서 수익을 실현했지만, 포지션의 2/3는 계속 유지하고 있었어요. 2018년에 펀더멘털에서 몇 가지가 달라졌어요. 회사의 점유율이 더는 늘지 않았고, 다른 중국 주식들이 하락 추세를 보이기 시작했죠. 그것도 적신호였지만, 진짜 중요한 경고 신호는 따로 있었습니다. 제이디닷컴이 구글과의 투자 계약을 성사했으며 구글의 쇼핑 플랫폼에서 자사 제품을 프로모션할 거라는 내용의 보도자료를 발표한 겁니다. 뉴스 보도에 주가는 갭 상승으로 시작해 장초만 해도 거의 고점에서 머물더니 갑자기 급락 마감을 했습니다. 펀더멘털이 달라진 것에 낌새를 눈치채고 장이 마감하기 전에 나왔어야 했는데 그러지 않았지요. 하지만 최악의 실수는 장중 주가 움직임을 무시했다는 겁니다. 트레이딩으로 먹고사는 사람으로서 사태를 더 정확히 파악했어야 했습니다. 그리고 두세 달 동안 주가는 20달러까지 줄기차게 내려갔습니다.

**그렇게 하락하는데 계속 들고 있었나요?**

(웃음) 계속 들고 있었지요.

**전에도 같은 실수를 한 적이 있습니까?**

있지요. 초보 트레이더 시절에요.

**제이디닷컴에서도 같은 실수를 한 이유가 뭐라고 생각하나요?**

일부 이유는 내가 포지션과 사랑에 빠졌다는 겁니다. 게다가 단타 성과가 꽤 좋은 편이었으니, 이건 계속 들고 있어도 괜찮다고 나 자신을 정당화했던 거죠.

**주가가 도로 20달러까지 내려가고 나서는 어떻게 되었나요?**

사실 20달러면 말도 안 되게 저평가된 밸류에이션이었습니다. 그래서 높은 가격에 팔았던 포지션만큼 들고 있던 포지션 크기를 늘렸습니다(2020년 봄에 제이디닷컴은 빠진 주가를 다 회복하고 신고점을 달성했다).

**단기 트레이딩은 바이오테크 종목에서만 하나요?**

대부분은요. 그래도 단타의 20% 정도는 다른 섹터에서도 합니다. 한 예로 나는 최근에 맥도날드가 캐나다 매장 몇 곳에서 비욘드 미트 제품을 시판할 것이라는 보도를 발표한 후에 비욘드 미트에 공매도를 잡았습니다. 비욘드 미트는 전날 종가가 138달러였는데, 뉴스 보도가 나가고 프리마켓 시가가 160달러 이상으로 뛰어올랐습니다.

**그런데 공매도 포지션을 잡았다고요?**

앞에서 말한 바이오테크 종목의 공매도와 비슷한 이유에서입니다. 맥도날드가 비욘드 미트 제품을 시판하겠다고 발표한 건 좋은 일이었죠. 하지만 비욘드 미트는 상장을 한 이후로 그런 보도를 발표한 게 한두 번이 아니었고, 유일하게 계약을 체결하지 않은 대형 체인점이 맥도날드였죠. 그러니 충분히 예상할 수 있었던 뉴스일 수밖에요.

**그렇다면, 뉴스가 주가에 이미 선반영되어 있었다는 말이네요.**

내 생각에는 선반영된 것 이상이었습니다. 올해 초(2019년) 상장을 하고 나서 비욘드 미트 주가는 두어 달 만에 45달러에서 240달러로 포물선 움직임을 보였습니다. 유통 주식 수float가 많지 않은 데다 쇼트 스퀴즈까지 있어서 그렇게나 극단적인 상승세를 보인 거였죠. 창업자들이 지분의 일부를 매도하고 있다는 뉴스가 나가자마자 주가는 2주 만에 140달러 아래로 곤두박질했습니다. 내가 이 주식을 공매도한 데는 다른 이유도 있었습니다. 맥도날드와의 계약 체결 뉴스가 나갔을 때 이 주식은 이미 무너질 기미를 보이고 있었습니다. 만약 비욘드 미트 주가가 여전히 무섭게 상승 추세였다면 나도 뉴스가 나왔을 때 재빠르게 공매도를 잡지는 않았을 겁니다. 내가 보기에는 그 주식은 성격이 완전히 달라져 있었어요. 그래서 기꺼이 공매도를 취했습니다.

## 포트폴리오 구성

**주가 상승을 이끌 만한 뉴스에 매도 포지션을 취했는데, 그러면서 리스크는 어느 정도까지 허용했나요?**

그런 트레이드에서는 주가가 대략 10% 정도 반대로 움직이는 수준까지는 허용해서 스톱을 설정합니다. 바이오테크가 아닌 포지션에서는 포트폴리오의 30베이시스포인트까지만 리스크를 감수하고, 포지션 크기도 거기에 맞춥니다. 내 중점 분야인 바이오테크 섹터는 한 종목당 포트폴리오의 거의 1% 정도까지는 리스크를 감수합니다. 그리고 트레이드 여건이 특별히 좋다 싶을 때는 2~3%까지 리스크를 허용하기도 합니다.

다양한 전략을 결합해서 포트폴리오를 구축하시는군요. 킨 씨만의 특별한 구축 체계가 있을 것 같은데요.

포트폴리오에서 60%는 대체로 매수 포지션으로 구성합니다. 전반적인 시장이 얼마나 싼지 비싼지에 따라서 포지션 각각의 구성 비율은 달라질 수 있습니다. 포트폴리오의 나머지 부분은 단기 트레이딩과 가끔 하는 장기 바이오테크 매도 포지션을 위해 남겨둡니다. 보통은 분산투자 개념으로 주식/채권 투자를 60/40으로 해서 포트폴리오를 구성하잖아요. 내 경우는 채권이 아니라 단타가 분산투자인 셈입니다.

매도 포지션 중에서 단타는 몇 퍼센트인가요?

70%쯤 됩니다.

매수 포지션 종목은 어떻게 고르나요?

내 매수 포지션은 두 부분으로 나눌 수 있습니다. 하나는 내가 판단하기에 무분별한 매도 행진이 이어지면서 주가가 크게 하락 중인 대형주입니다. 또 하나는 매출이 고성장하는 소형주이고요.

무분별한 매도 행진이라고 판단해서 매수한 대형주로는 뭐가 있습니까?

최근에 매수해서 보유 중인 매수 포지션 종목 중 하나가 바이엘입니다. 이 회사는 1년여 전에 몬산토를 인수했습니다. 그런데 인수 직후에 몬산토 제초제가 암을 유발한다면서 대규모 소송에 제소되었습니다. 몬산토 주가는 역사적 밸류에이션 평균보다 40~50%나 낮아졌습니다. 시장이 잠재적인 법적 보상비를 300억~400억 유로라고 판단해서 주가에 반영한 것이라고 볼 수도 있었습니다. 하지만 내가 보기에 300억~400억 유로의 잠재적 보상비는 너무 터무니없었습니다. 담배회사를 제외하면 법정 합의금이 100억 유로를 넘어간 소송은 하나도 없었어요. 내 예상에 몬산토의 합의금은 50억~100억 유로 수준일 겁니다.

**소형주 매수 포지션 종목은 어떻게 고릅니까?**

보통은 연 매출이 20~30%씩 고성장 중이지만 아직 규모의 경제는 달성하지 못한 회사를 고릅니다. 이런 회사들은 지금 당장은 적자일 수 있지만, 지금과 같은 사업 실적이 유지된다면 2~3년 안에는 괜찮은 주당순이익을 보일 것이고 그러면 주가도 2~3배로 올라있을 가능성이 큽니다. 그런 고성장 소형주는 목표 매출을 달성하고 순이익이 나기 시작하면 주가가 더 상승할 수 있는 촉매가 존재하는 거죠.

**리스크 관리는 어떻게 하나요?**

경기 침체 시에는 주식시장도 20~30%는 내려갑니다. 포트폴리오의 60%인 내 매수 포지션 종목들이 시장과 비슷한 실적을 보인다면 아마도 12~18% 정도 손실이 나겠죠. 그럴 때는 단타 트레이딩과 매도 포지션이 그 손실을 메워줄 거라고 기대합니다.

**포트폴리오 구축이야말로 킨 씨의 리스크 관리에서 핵심이라는 거군요. 그렇다면 개별 포지션의 리스크 관리는 어떻게 하나요?**

임상시험에 실패할 거라고 전망이 되는 회사에 대해 매도 포지션을 잡는다면 리스크 한도는 1~2% 정도까지 허용하겠죠. 올해 들어서는 20% 이상 수익이 났으니 개별 트레이드에 대한 리스크도 그것보다는 조금 올릴 생각입니다. 앞에서 말한 비욘드 미트와 같은 단기 트레이딩의 경우에는 30베이시스포인트까지만 리스크를 허용합니다.

## 손실 트레이드

**가장 고통스러웠던 트레이드는 무엇인가요?**

2012년에 했던 트레이드입니다. 그때는 초보 트레이더 시절이고 지금의 리스크 관리 방법을 사용하지 않았지요. 브로드 비전이라고, 한 달 만에 4배가 된 기술주였습니다. 경영진마저도 주가가 왜 그렇게 급등했는지 모르겠다고 말할 정도였죠. 회사는 진짜배기였지만, 주가 움직임은 전형적인 펌프앤덤프였고 나도 거기에 맞게 대응했습니다. 8달러였던 주가가 한 달 남짓 만에 30달러를 넘었으니 나도 처음에는 주가가 곧 무너질 것이라는 판단하에 공매도 포지션을 잡았습니다. 그런데 상승 추세가 깨지면 무섭게 내려가는 다른 펌프앤덤프 주식과 다르게 브로드 비전은 금세 상승 반전했습니다. 2~3일 만에 2배가 되고 결국 내 포트폴리오도 약 10%나 손실이 발생했습니다. 더는 견딜 수가 없어서 백기를 들었습니다.

**그 주식은 결국 얼마가 되었습니까?**

56달러까지 올라갔다가 거기서부터 줄곧 내리막이더니 8달러가 되었습니다.

**그 일 이후로 하나의 트레이드에서 또 큰 손실이 난 적이 있었나요?**

단기 트레이딩으로 한 종목에서 그렇게 큰 손실이 난 건 그 후로 없었습니다. 매번 매수 포지션에서 손실이 크게 났죠.

**단기 트레이딩 포지션에 주로 의존하는 편이라서 매수 포지션 투자에는 스톱을**

걸어두지 않는 게 이유 아닐까요? 단기 트레이딩은 매수 포지션에 대한 헤지를 위해 주로 매도 포지션을 잡으니까요.

맞습니다.

**매수 포지션을 잡았던 종목 중에서 방향을 잘못 판단해서 크게 손해가 났던 트레이드는 무엇이 있나요?**

2014년에는 연말을 딱 한 달 남기고 그해 수익이 35% 난 상태였어요. 그래서 리스크를 조금은 더 높여도 되겠다고 생각했지요. (그가 그때를 떠올리며 껄껄 웃었다) 그다음으로 떠오른 트레이드 아이디어가 주가가 연일 내리막 행진을 하면서 거의 죽은 것이나 다름없는 원유와 가스 섹터 종목들이었어요. 나는 러시아 주식들과 파이프라인 배분 회사들인 MLP(마스터합자회사, 에너지 부문의 물류와 배분을 담당하는 합자회사-옮긴이) 주식들을 주워 담기 시작했습니다. 지금 생각하면 얼마나 바보 같은 짓이었는지 모릅니다. 주가가 이미 70%나 내려갔으니 더는 내려갈 리가 없다고 생각했던 거죠. 그런데 아니었습니다.

**그 종목들을 매수 포지션으로 잡았으니 스톱을 걸지 않았겠군요.**

그게 문제였죠.

**얼마가 되었을 때 포지션을 잘못된 트레이드라고 판단해서 빠져나왔습니까?**

2주 후에 7%의 손실이 나고 나서 결국 나왔습니다. 두 주 정도 포지션을 더 유지하고 있었다면 약간의 손실로 끝나고 말았을 겁니다. 하지만 나는 그 섹터의 사업 방식을 전혀 모른 채 포지션에 진입했던 거죠.

**원래부터 많이 하던 섹터의 종목들이 아니었던 거죠?**

그렇습니다. 평소 내 전문 분야하고는 전혀 상관없는 섹터였죠. 정말로 생각 없이 했던 트레이드였습니다. 바이오테크주의 공매도처럼 좋은 조건이 나오기를 기다린 것이 아니라, 아는 게 아무것도 없으면서 엄청 싸다는 이유만으로 했던 충동 매수였죠.

**평소의 접근법에서 벗어난 트레이딩을 한 건 그때가 유일했나요?**

예. 그 이후로는 원래 놀던 트레이드 종목들만 고수하자는 원칙을 세웠습니다.

**초보 트레이더 시절에 진즉 깨닫지 못해 후회가 되는 교훈이 있다면요?**

자신감이 넘치는 것보다는 부족한 게 더 낫습니다. 초보 트레이더 시절에는 한 종목을 조금만 공부하고서는 남들보다 잘 안다고 우쭐해지곤 했습니다. 지금은 정반대입니다. 아무리 봐도 나는 멍청이고 트레이딩도 멍청이처럼 합니다. 내 성공률은 기껏해야 50~70% 정도일 겁니다. 그러니 트레이드에 손해가 난 후에야 진입하지 말았어야 할 이유를 찾기에 바쁩니다.

**손실이 나는 기간의 대처법은 무엇인가요?**

트레이딩 자체를 중단하지는 않지만, 트레이드당 리스크를 줄입니다. 여건이 좋을 때는 1% 정도까지 리스크를 감수하지만, 손실 기간에는 리스크 한도를 30베이시스포인트로 줄입니다.

**트레이더 지망생들에게 해주고 싶은 조언이 있나요?**

먼저 끈기와 지구력이 필요합니다. 자신만의 장점을 발전시키기까지는 오랜 길을 걸어야 합니다. 자신의 장점이 무엇인지 알고 그 장점에 맞는 트레이딩 과정을 개발해야 합니다. 또 실수에서 배울 줄 아는 태도가 대단히 중요합니다. 모든 실수를 분석하고, 실수에서 배운 교훈을 트레이딩 과정에 포함해야 합니다. 마지막으로, 힘든 시간을 이겨내려면 트레이딩에 대한 애정을 길러야 합니다.

❖

킨의 핵심적인 리스크 헤지 전략은 아이러니하게도 고리스크 종목에 대한 포지션을 잡는 것이다. 다시 말해, 그는 임상시험 결과 발표를 앞둔 바이오테크 종목에 공매도 포지션을 잡고 다음 날 기업의 실패 발표로 갭 하락으로 장이 시작하면 공매도 포지션을 청산하여 수익을 실현한다.

적절한 리스크 관리는 두 개의 범주로 행해지는데, 하나는 개별 트레이드 차원에서 손절매 주문을 걸어 손실을 제한하는 것이고 다른 하나는 포트폴리오 차원의 리스크 관리이다. 포트폴리오 전체에 대한 리스크 관리는 다시 두 개 영역으로 구분된다. 첫째로, 개별 트레이드와 마찬가지로 포트폴리오 전체의 손실을 제한하는 규칙을 정해두는 것이다. 예를 들어 MDD가 커지면 거기에 따라 노출을 줄이는 과정을 규칙으로 정한다거나, 일정 비율 이상 손실이 발생하면 트레이딩을 중단하는 규칙을 정하는 것을 들 수 있다. 둘째로는, 처음부터 포트폴리오 차원의 리스크 관리를 염두에 두고 포트폴리오를 구성하는 것이다. 포지션들의 상관관계가 극도로 높은 포트폴리오 구성은 가능한 피해야 한다. 상관관계가 전혀 없는 포지션으로 포트폴리오를 구성하는 것이 좋고, 더 나아가 역의 상관관계에 있는 포지션들로만 구성한다면 더할 나위 없을 것이다.

상관관계가 없거나 역의 상관관계에 있는 포지션들로 포트폴리오를 구성한다는 것이 킨의 핵심적인 트레이딩 철학이다. 주식 매수 포지션으로만 구성한다면 포지션 하나가 떨어지면 다른 하나도 떨어질 가능성이 아주 커진다. 킨의 포트폴리오에서는 장기 보유하는 주식 매수 포지션이 가장 큰 비중(주식시장 전반의 잠재적 위험조정수익률을 킨이 어떻게 평가하느냐에 따라 달라질 수는 있지만, 그의 장기 매수 포지션 비율은 평균적으로 대략 60% 수준이다)을 차지한다. 장기 보유 주식 매수 포지션들의 상관관계가 대단히 높다는 문제점을 해결하기 위해 킨은 포트폴리오의 나머지에서는 매수 포지션과 역의 상관관계에 있는 트레이딩 전략을 취함으로써 리스크를 헤지하려고 노력한다.

킨의 트레이딩 포지션에서는 단타 트레이딩이 큰 비중을 차지하고, 바이오테크 종목의 장기 매도 포지션은 비교적 작은 비중이다. 바이오테크 장기 매도 포지션은 물론이고 단타 트레이딩의 거의 3/4도 매도 포지션이므로 리스크를 헤지하는 역의 상관관계가 성립된다. 단타 트레이딩의 매수 포지션들도 장기 투자를 위한 매수 포지션과는 상관관계가 없다고 봐야 하는데, 이 포지션들은 회사의 특정 이벤트에 따라서 행하는 데이 트레이딩이기 때문이다. 역의 상관관계에 있는 전략을 두 가지나 결합한 덕분에 킨은 주식의 장기적인 가치 상승을 충분히 누리면서도 장기 보유할 때 흔히 겪는 침체장의 하락 리스크에도 크게 노출되지 않을 수 있다.

장기 보유 주식 포지션의 리스크를 바이오테크 주식 공매도로 헤지한다는 것은 킨만의 독특한 방법이라서 어지간한 트레이더에게는 권하기 힘들고 실제 적용하기도 쉽지 않다. 그러나 독자들이 새겨봐야 할 부분은 킨이 포트폴리오 리스크를 줄일 때 사용하는 구체적인 방법이 아니다. 그보다 상관관계가 없거나 역의 상관관계에 있는 포지션들로 포트폴리오를 구성한다는 개념을 중요하게 봐야 한다. 트레이더는 하나하나의 트레이드에 신경을 쓰는 것도 좋지만, 그런 트레이드들을 포트폴리오에서 어떤 비율로 어떻게 결합해야 하는지도 못지않게 신경을 써야 한다.

킨은 개별 트레이드 차원에서도 리스크 관리 규칙을 엄격히 적용한다. 공매도 포지션에서는 이론적으로는 리스크가 무제한이기 때문에 리스크 관리가 대단히 중요하다. 킨은 개별 트레이드에서 리스크를 제한하는 게 얼마나 중요한지를 직접 경험해야 했다. 초보 트레이더 시절 그는 포물선 상승을 보이는 주식에 덜컥 공매도 포지션을 잡고는 잘못될 때에 대비한 계획은 하나도 세우지 않았다. 하지만 주가는 며칠 만에 거의 2배가 되었고 포트폴리오는 10% 손실이 나는 타격을 입었다. 그에게는 최악의 손실이었다. 그는 이후에는 절대로 같은 실수를 반복하지 않았다. 킨은 자신의 전문 분야인 바이오테크 종목 트레이드에서는 리스크 한도를 1%로 정하며, 바이오테크 외의 종목에는 30베이시스포인트의 리스크만 허용한다. 또한 장기 보유 주식 매수 포지션에는 따로 보호용 스톱을 걸어두지 않지만, 대형주는 큰 폭으로 가격이 떨어졌을 때에만 진입을 해서 포지션이 추가로 하락할 가능성을 사전에 제한한다.

킨은 트레이딩 전략의 기준에 부합하는 종목에만 들어간다는 규칙을 엄격하게 고수하는 편이다. 하지만 2014년 말에 그는 느슨해져서 규칙을 어겼다. 한 해 마감을 한 달 앞두고 포트폴리오 수익이 35%나 되었기 때문이었다. 그는 수익이 충분히 받쳐주니 리스크를 조금 더 높여도 되겠다고 판단했다. 그는 에너지 관련 종목들을 매수하기로 했다. 평소 그의 트레이딩 방법론과는 상관이 없는 섹터였지만 주가가 급격히 빠진 상태라서 선택한 종목이었다. 그리고 2주도 지나지 않아 그는 그해에 번 수익 중 7%를 반납하고 백기를 들어야 했다. 이는 트레이더들에게 흔하게 일어나는 상황이다. 기간 수익률이 유난히 좋은 탓에 판단 착오로 삐끗하게 되는 것이다. 월등하게 좋은 기간 수익률에 방만해지지 않도록 조심해야 한다.

펀더멘털과 관련된 중대 뉴스가 보도되었는데 주가가 예상과 정반 대로 움직인다면 결정적인 신호를 발산한다고 볼 수 있다. 제이디닷컴이 구글과의 계약 체결을 보도한 후 이 회사 주가는 장 초반 올랐다가 이후 급락한 상태로 마감했고, 한동안 급락세를 면하지 못했다.

UNKNOWN
MARKET
WIZARDS

파벨 크레이치 PAVEL KREJČI

# 프로들을 이긴
# 호텔 종업원

**파벨 크레이치**는 호텔 종업원으로 일하면서 트레이더로서 성공하겠다는 꿈을 안고 2만 달러짜리 주식 계좌를 개설한다. 6개월 만에 80% 손실을 본 그는 실패를 발판 삼아 자신만의 방법론을 연구한다. 결국 14년 동안 전문 매니저 99%를 압도하는 실적 기록을 달성한다.

파벨 크레이치는 누구인가? 펀드시더닷컴의 최고 계좌 수익률 톱 10에 꾸준히 오르고 톱 5 트레이더에도 자주 오르는 이 이름을 보면서 그가 누구인지 궁금해졌다. 펀드시더닷컴은 트레이더들에게 무료로 수익률 분석 정보를 제공해 주고 사이트에 증권사 계좌를 링크를 걸게 해줌으로써 실적 기록을 검증할 수 있게 해주는 웹사이트이다.

크레이치의 수익률 곡선은 사실상 분기마다 안정적인 상승 추세를 보였다. 수익률 곡선만 보면 매도프식(버나드 매도프는 나스닥 사외이사를 지낼 정도로 금융계의 거물이었지만 역사상 최대 폰지 사기극을 주도해 실형을 선고받았다-옮긴이) 다단계 사기극이 아닌가 싶을 정도였다. 하지만 크레이치의 계좌는 "검증"을 마쳤으니 그의 수익률도 가짜일 리가 절대로 없었다. 결국 나는 그토록 놀라운 수익을 낸 비결을 알려고 크레이치에게 전화를 걸었고, 그는 자신의 비결을 말해 주었다.

크레이치는 체코공화국에 산다. 고등학교를 졸업하고는 1년간 군에서 복무했고, 다음에는 프라하에서 호텔 종업원으로 10년 동안 일했다.

호텔 종업원으로 일하는 중에 식당을 개업했지만, 돈이 필요했기 때문에 종업원 일을 그만두지 않았다. 호텔 일과 식당 일을 겸하느라 그는 하루에 14시간을 일했다. 식당은 10개월간 유지하다가 폐업했다. 크레이치는 장사가 실패한 원인을 "사람들을 관리하기가 힘들었습니다."라고 설명한다.

크레이치는 호텔 종업원으로 일하면서 트레이더로서 성공하겠다는 희망을 안고 2만 달러짜리 주식 계좌를 개설했다. 처음에 한 트레이드는 결과가 그다지 좋지 않았다. 6개월 만에 들어간 돈의 80%나 손실이 났고, 결국 2005년 말에는 계좌를 해지했다. 그리고 6개월 동안 리서치를 하고 자신만의 방법론을 연구하기 시작했다. 2006년 중반이 되면서 다시 트레이딩을 해도 되겠다는 자신감이 생겨났다. 이번에는 형에게 빌린 돈을 포함해 2만 7000달러를 가지고 새 주식 계좌를 개설했다. 1년 남짓 만에 계좌 잔고가 배로 불어났고 자신감이 솟은 그는 호텔을 그만두기로 했다.

크레이치의 트레이딩은 오로지 주식 매수 포지션만 취하며, 14년 실적 기록은 매수 포지션만 취하는 전문 매니저 99%를 압도한다. 아니, 99%의 머니 매니저들이 아니라 99.9%라고 말하는 것이 더 정확하겠지만 입증할 자료가 없다는 게 아쉬울 따름이다.

주식 트레이딩을 재개하고 처음 2.5년 동안(2006년 중반부터 2008년 말까지) 크레이치가 달성한 연평균수익률은 48%였다. 그의 연평균수익률보다 더욱 인상적으로 봐야 할 부분은 2008년에도 오직 주식 매수 포지션만 취함으로써 13%나 되는 수익을 냈다는 사실이다. 다 알다시피 이때는 S&P 500지수가 37%나 하락한 시기였다! 애석하게도 크레이치는 초기 시절의 실적은 연간 수익률만 기록되어 있었기 때문에, 나는 그의 위험조정수익률 계산에 이 2.5년을 포함하지 못했다.

그 후 11.5년 동안 크레이치가 기록한 연평균수익률은 35.0%(동기간 S&P 500 수익률은 13.6%)였다. 일별 자료 기준으로 계좌 MDD는 13.2%였지만, 월말 자료를 기준으로 하면 그 수치는 7.0로 확 줄어든다. 그의 위험조정수익률도 훌륭했다. 조정된 소티노 지수는 3.6이고 월간 손익비는 6.7 그리고 일간 손익비는 0.81이었다. 위험조정수익률은 동기간의 S&P 500보다 3~7배 높은 수치이다. 만약 그의 트레이딩 초기 시절 수익률도 계산에 포함한다면 그의 실적은 S&P 500의 3~7배가 아니라 훨씬 높게 나왔을 것이다. 게다가 그가 높은 수익률을 꾸준히 거두었다는 사실도 중요한데, 그는 모든 분기 중 93%의 분기에서 플러스 수익을 달성했다.

크레이치는 '시장의 마법사들'에 소개되는 마법사 중에서 계좌 금액이 단연코 가장 작다. 그의 트레이딩 계좌는 대체로 5만~8만 사이를 유지했다. 크레이치는 거래량이 매우 높은 주식만을 트레이딩하기 때문에 그의 방법론은 훨씬 큰 포트폴리오에 적용해도 무리가 전혀 없다. 그의 주 종목들이 그렇게나 유동성이 높고 수익률도 뛰어난데 그는 왜 계좌 규모를 그토록 작게 유지하는 것인가? 답은 단순하다. 크레이치는 트레이딩 수익을 생활비로 쓴다. 그래서 그는 꾸준히 훌륭한 수익을 내지만 계좌 규모를 크게 불릴 수가 없다.

나는 2020년에 그를 인터뷰했다. 코비드 19의 대유행으로 여행이나 사적 모임이 금지된 탓에 우리는 줌으로 만나야 했다.

오직 주식 매수 포지션 전략만 쓰면서 크레이치는 어떻게 남들을 압도하는 수익을 낼 수 있었는가? 그게 인터뷰의 핵심 주제였다.

**고등학교를 끝으로 학업은 중단하셨죠. 대학에 갈 생각은 없었나요?**

난 좋은 학생은 아니었어요. 지금 생각해도 재미있는 일이 있었죠. 고등학교 때 경제학 선생님이 했던 말이 아직도 기억납니다. "파벨, 너는 경제학과 조금이라도 관련이 있는 직업은 가질 생각도 하지 말아야 할 것 같다." 고등학교 때는 성적 등급이 최고가 1등급, 최하가 5등급이었습니다. 내 경제학 성적은 3등급이었죠. 수학은 더 심했어요, 4등급이 나왔거든요. 대학에 가봤자 하루도 못 버틸 게 뻔했습니다. 학력은 트레이딩에서는 전혀 중요하지 않다고 생각합니다. 트레이딩에 대해 배우려는 열정이 훨씬 중요합니다.

**트레이딩을 시작하겠다는 생각은 어떻게 하게 되었습니까?**

호텔에서 일할 때 사업가들이 《월스트리트 저널》이나 《파이낸셜 타임스》를 읽는 모습을 보면서 생각했죠. '진짜 좋은 직업이네. 앉아서 신문을 보면서 전화로 주문을 넣기만 하면 되잖아.' 트레이딩으로 먹고사는 일생도 꽤 좋을 거라고 생각했습니다. 물론 나는 경험은커녕 아무것도 모르는 상태였죠. 2005년에 트레이딩을 시작하려고 주식 계좌를 개설했어요.

**미국 주식도 트레이딩했습니까?**

처음부터 미국 주식을 트레이딩했습니다.

**시장과 트레이딩에 대한 지식은 어디서 습득했습니까?**

기술적 분석에 관한 책을 몇 권 읽었습니다. 체코어로 번역된 《시장의 마법사들》도 읽었습니다.

**처음에는 어떤 접근법으로 트레이딩을 했나요?**

접근법이랄 게 없었습니다. 오를 것 같은 주식이 보이면 그냥 매수했습니다. 스톱 주문은 걸어놓지 않았어요. 그게 가장 큰 패착이었죠.

**계좌 원금은 얼마였습니까?**

2만 달러였습니다.

**계좌 원금은 늘었나요? 줄었나요?**

절반을 잃어서 트레이딩을 중단했습니다. 트레이딩을 잘못한 것도 문제였지만 훨씬 큰 문제는 내가 거래하는 국내 증권사가 100주 거래마다 10달러의 수수료를 부과했다는 겁니다. 수수료를 그렇게나 많이 지급하면 데이 트레이딩으로 돈을 버는 게 불가능하죠.

**트레이딩은 얼마나 오래 중단했습니까?**

반 년 넘게 트레이딩을 하지 않았습니다. 저축한 돈을 집어넣어서 계좌 원금에 보태고, 형한테도 5000달러를 빌렸습니다. 그렇게 하루에 3번 단타 주문을 넣을 돈을 마련했습니다.

**중단하는 동안 나름의 방법론을 개발했나요?**

예. 지금 쓰는 방법과 거의 비슷한 방법론을 개발했습니다. 지금과 다른 점이 있다면, 그때는 트레이딩하는 종목의 거래량이나 유동성에는 크게 신경을 쓰지 않았다는 거지요.

**트레이딩을 하는 동안에도 호텔 벨보이 일은 계속했습니까?**

예. 일을 그만둔 게 2007년 말 무렵이었어요. 트레이딩으로 만 1년 동안 수익을 낼 때까지 기다렸어요.

**그러면 그 이후로는 온전히 트레이딩에서 번 돈으로만 생활비를 충당하나요?**

그렇습니다. 그리고 스포츠 베팅이 시작되었을 때도 돈을 조금 벌었어요. 부키(카지노에서 도박사들을 상대로 베팅을 걸어주는 사람-옮긴이)들을 이기는 건 어렵지 않았어요. 하지만 그들이 내 승률을 알아보더니 나를 퇴출시키더군요.

**어떤 스포츠에 돈을 걸었습니까?**

모든 스포츠에 걸었죠. 스포츠 베팅은 종목마다 별 차이가 없어요.

**어떤 방식으로 베팅을 했나요?**

슈어 베팅sure betting이라고, 차익거래의 한 종류입니다.

**부키들이 차단했을 텐데 차익거래가 어떻게 가능했죠?**

양쪽에 다 돈을 거는 거죠. 가령 독일-잉글랜드 시합이 있다고 하면요. 잉글랜드 부키들에게는 독일 쪽에 걸고, 독일 부키들에게는 잉글랜드 쪽에 거는 거죠.

**응원팀이 어디냐에 따라서 베팅 배당률도 이 나라, 저 나라가 다르다는 건가요?**

그렇습니다. 대다수는 자국팀에 돈을 걸기 때문에 부키들은 시합 직전에 배당률을 조정합니다. 자국팀에 대한 배당률을 낮추고 외국팀에 대한 배당률을 높이는 거죠. 차익거래를 할 수 있는 창구는 아주 잠깐이에요. 보통은 단 몇 초에 불과하죠. 그 순간을 재빨리 낚아채야 합니다. 베팅 수익 자체는 정말로 소액이지만 잃을 확률은 거의 없어요. 그걸 1년 반정도 했는데, 결국에는 그들이 내가 베팅하는 걸 막고는 계좌를 폐쇄했습니다.

**크레이치 씨 본인만의 트레이딩 방법론을 개발하기까지 얼마나 걸렸나요?**

1년 조금 넘었을 겁니다. 그때도 본업은 계속하고 있었어요. 본업을 하고 종목 리서치를 하고 트레이딩까지 하느라 하루에 16시간을 일 했죠.

**시도해 보고 폐기한 접근법이 있습니까?**

처음에는 여러 방법을 다 시도했어요. 중장기 트레이딩도 해보려고 했죠. 하지만 트레이드를 계속 들고 가는 건 내 천성에는 맞지 않았 습니다.

## "분석 작업이 95%입니다"

**크레이치 씨한테 맞는다고 판단되는 접근법을 찾았습니까?**

내가 찾는 건 하루에도 크게 움직이는 종목이었어요. 1997년까지 거 슬러 올라가며 주식 차트를 검토했는데, 일별 움직임이 심할 때는 1 년 만에 4배가 되는 종목도 많더군요. 처음에는 왜 저렇게 올라가는 지 의아했습니다. 그리고는 실적 보고서가 나오면 그렇게 가격 움직 임이 커진다는 것을 알게 되었습니다. 내가 1997년부터 파악한 데이 터에 따르니, 실적 발표 다음 날 그렇게 크게 움직이는 주식들은 유 사점이 있었습니다.

**실적 보고서만 가지고 트레이딩했다면, 크레이치 씨가 실제로 트레이딩하는 날 은 며칠에만 집중돼 있겠네요.**

그렇습니다. 분기별로 보면 내 트레이딩은 대부분의 실적 발표가 나오는 한 달 정도에 집중돼 있습니다. 하지만 일부 실적 보고서는 그 기간이 아닌 다른 때 발표되기도 합니다. 그래서 내 1년은 세 기간으로 쪼개집니다. 4개월은 대부분의 트레이딩을 하는 기간이고, 3개월은 트레이딩을 하더라도 조금만 하는 기간이고, 나머지 5개월은 리서치에 집중하는 기간이죠.

**리서치는 주로 무엇을 합니까?**

그간 했던 트레이드를 관찰하고 수익률을 더 높일 방법이 없었나 궁리합니다. 가령 이런 질문을 나한테 던집니다. '만약 내가 이 종목을 더 오래 들고 있었다면 수익률이 더 좋았을까?'

**리서치는 일일이 수작업으로 하나요?**

예. 일일이 수작업으로 합니다. 내 일에서는 분석 작업이 95%이고 트레이딩은 5%에 불과합니다. 나는 고빈도 트레이더가 아닙니다. 트레이드를 잡기 전에 승률이 높은 기회인지 확인합니다.

**현재 관찰 중인 주식 종목은 몇 가지입니까?**

200~300 종목 정도됩니다.

**그 주식들의 공통점이 있나요?**

다 일별 거래량이 매우 많은 주식입니다. 실적 보고서가 발표되고 며칠간이 내가 트레이딩을 하는 기간입니다. 그 며칠 동안 이 주식들의 평균 거래량은 500만~1000만 주입니다.

크레이치 씨는 트레이드 규모가 작은 편이라 유동성에는 크게 구애받지 않아도 되지 않나요? 그런데도 거래량을 가장 중요하게 보는 이유가 무엇인가요?

몇 년 전부터 언젠가는 훨씬 큰돈으로 거래하는 날이 올 거라고 생각했습니다. 그래서 거래량과 관계없이 트레이딩하던 방식에서 유동성이 높은 주식만 트레이딩하는 것으로 바꾼 거죠.

트레이딩으로 성공해서 운용자산을 모집하는 날이 왔을 때도 같은 방법론을 계속 사용하기 위해서 거래량이 많은 주식을 선택하신 건가요?

정확히 보셨습니다.

실적 보고서가 발표된 후에는 매수와 공매도를 같이 하나요?

아니요. 나는 오직 매수 포지션만 취합니다. 공매도는 하지 않아요.

진입한 트레이드 중에서 예상치를 상회하는 실적 보고서가 나온 것은 몇 퍼센트이고, 반대로 예상치를 하회하는 약한 실적이 나온 것은 몇 퍼센트인가요?

내 트레이드의 80%가 강한 실적 보고서가 나와서 주가가 상승 추세로 올라서는 종목들입니다. 거기서 수익의 90%가 나옵니다.

강한 실적 보고서가 나와서 매수했는데 주가가 내려가는 경우도 있을까요?

있기는 하지만 자주는 아닙니다. 그 한 종목은 하락 추세이지만 섹터 전체가 강한 상승세인 주식을 사기도 합니다. 그럴 때는 개별 종목의 추세는 덜 중요하니까요.

장 초반에는 시장이 아직 보고서의 가치를 완전히 인정하지 않은 상태이고, 타이밍을 정확히 맞춰 진입하기만 한다면 수익을 낼 기회가 있다는 판단하에 실적 보고서가 발표된 직후에 매수하시는 거군요. 그렇다면, 예상치보다 못한 실적 보고서가 발표되었을 때에도 매수하는 이유는 무엇인가요?

하락 추세이고 공매도 비율이 높은 주식은 가끔 과매도가 되기도 합니다. 그러면 저조한 실적 보고서가 발표되더라도 이후에는 주가가 긍정적인 반응을 보일 수 있습니다.

실적 보고서와 주가 추세로 네 가지 상황이 요약되는군요.

1. 주가가 상승 추세이고 강한 실적 보고서가 나왔다.

2. 주가가 상승 추세이고 저조한 실적 보고서가 나왔다.

3. 주가가 하락 추세이고 강한 실적 보고서가 나왔다.

4. 주가가 하락 추세이고 저조한 실적 보고서가 나왔다.

수익의 90%가 1번 트레이드에서 나온다고 했습니다. 그렇다면 나머지 3개의 범주에 해당하는 종목은 굳이 트레이딩을 할 필요가 없지 않나요?

1번 상황은 위험조정수익률이 가장 높은 종목이기도 합니다. 하지만 내가 추종을 하는 주식 중에서는 주가가 상승 추세이면서 동시에 실적 보고서까지 좋게 나오는 종목들을 충분히 찾아내는 게 쉽지가 않다는 문제가 있습니다. 그러니 나머지 3개의 상황에 들어가는 종목들도 자주는 아니어도 가끔은 트레이딩을 해서 1번에서 부족한 부분을 보충해야 합니다.

실적 보고서가 발표된 후에 트레이드에 진입할지 결정할 때는 주로 무엇을 봅니까?

내가 트레이딩하는 모든 주식이 지난 15년간 실적 발표 후에 주가 움직임이 어떠했는지를 보여주는 차트를 구비해 놓고 있습니다. 이 주식들이 상승 추세이거나 횡보하거나 하락 추세이다가 실적 발표 후에 가격이 어떻게 달라졌는지를 관찰합니다. 가장 좋은 건 시장 전체는 아래를 향해 횡보 중이지만, 해당 주식은 상승 추세이고 실적 보고서가 좋게 나왔을 때입니다. 그 순간에 그 종목이 독자적으로 가진 힘을 맛볼 수 있게 되는 거죠. 지수 상승 덕에 따라서 오르기만 하는 게 아니라요.

**그 외에도 유심히 보는 주가 패턴이 있습니까?**

있지요. 해당 주식이 전체적으로는 상승 추세이지만, 시장이 실적 저조를 예상해서 발표 전에 주가가 잠깐 아래로 끌어 내려지는 경우라면 더할 나위 없이 좋습니다. 그러다가 호실적이 발표되면, 발표 전에 시장에서 나갔던 투자자들이 즉시 강한 매수세로 돌아섭니다.

**그밖에도 실적 발표 후에 매수하기 좋은 다른 주가 패턴에는 무엇이 있나요?**

만약 지난 분기 실적 보고서가 저조했다면, 대부분의 매수 포지션은 그때의 상황이 재발할 것을 염려해서 이번 분기 실적 발표가 나기 전에 포지션을 청산하려고 할 겁니다. 그러다가 실적이 오른 것으로 발표되면 매수 포지션을 청산했던 사람들의 상당수가 다시 매수자가 됩니다.

**이전 분기 실적 저조와 주식의 상승 추세가 결합되는 것을 강세장 지표라고 보는 데는 다른 이유가 있다고 짐작되는데요. 두 가지가 결합되었다는 것은 그 주식이 전 분기 저조한 실적에도 불구하고 다시금 상승 추세로 돌아설 수 있었다는 뜻이겠지요. 한마디로 주가를 끌어내릴 만한 뉴스에도 버티는 능력이야말로 그 주식 자체가 가진 강세장 지표이겠군요. 실적 발표 후에 트레이드 진입을 결정할 때 또 중요하게 보는 요소는 무엇인가요?**

몇 가지 질문을 해봅니다. 이 회사는 실적 예상치를 얼마나 상회했는가? 이 주식의 공매도 지분은 얼마나 되는가? 프리마켓 거래량은 얼마인가? 프리마켓에서의 가격 움직임은 어떠한가?

크레이치 씨는 실적 발표에 반응해서 최소한 주가가 몇 퍼센트는 반응해야 한다는 구체적인 기준을 정해두었고, 주가가 그런 움직임을 보이는지에 따라서 트레이드 진입도 결정되겠군요.

예, 정확히 보셨습니다.

모든 주식에 똑같은 방식으로 진입하나요? 아니면 종목마다 트레이딩 방법도 달라지나요?

분석 방법은 모든 주식이 다 똑같습니다. 그리고 진입한 트레이드에는 다 보호용 스톱 주문을 걸어둡니다.

한 트레이드당 리스크는 얼마까지 허용합니까?

진입 가격보다 4~5% 정도 낮은 가격에 스톱 주문을 걸어둡니다.

트레이드에 진입하고 곧바로 스톱 주문을 걸어두나요?

진입하고 1초 후에 스톱 주문을 걸어둡니다.

실적 보고서가 발표되자마자 프리마켓에서 트레이드를 시작하나요? 아니면 본장이 시작될 때까지 기다리나요?

본장까지 기다립니다. 하지만 프리마켓에서의 주가 움직임도 내가 가장 중요하게 관찰하는 요소 중 하나입니다. 그리고 해당 주식을 면밀히 관찰하는 분석가들의 언급이나 목표가 수정도 놓치지 않고 주시합니다. 분석가들이 그 주식에 대해 말했던 모든 분석 내용을 노트에 다 기록해 둡니다. 과거에 그들은 목표가로 얼마를 설정했는가? 그들의 목표가는 지금 얼마로 바뀌었는가? 그들의 분석은 3년 전과 지금이 어떻게 다른가? 분석가들의 목표가 상향이나 하향 조정에 주가는 어떻게 반응했는가? 분석가들은 매번 틀린 분석만 한다는 말이 있기는 합니다. 뭐, 대체적으로는 그럴 수 있습니다. 하지만 실적 보고서가 발표된 다음 날만큼은 이 목표가의 상향이나 하향 조정이 주가에 결정적인 영향을 미치기도 합니다.

**장이 시작되자마자 시가市價에 진입하나요?**

장이 시작되고 2~3분이 지나고 30분 안쪽에서 진입하는 편입니다. 거래량이 가장 많은 장초 30분 동안 주문을 넣습니다.

**시가에 바로 넣지 않고 장이 시작되고 조금 기다리는 이유가 있습니까?**

장이 시작된 그 순간과 직후에는 호가 차이가 너무 극단적으로 벌어져서 까딱하다가는 완전히 잘못된 가격에 주문을 체결할 수 있거든요. 게다가 스톱 주문을 걸어두려면 시장이 조금 진정되기를 기다리는 것이 좋습니다. 장이 시작되고 2~3분 안에 매수를 하고 스톱 주문을 걸어두었다가는, 아무리 적절하게 진입한 트레이드여도 스톱아웃으로 강제 청산될 가능성이 크게 높아지거든요.

**주가가 원래 자리로 돌아올 때까지 기다렸다가 진입합니까? 아니면 개장하고 조금 후에 들어갑니까?**

그건 그 주식의 역사적 가격 패턴을 보고 결정합니다. 주식마다 가격 움직임이 다 다르니까요. 어떤 주식은 장이 시작하면서 올랐다가 도로 되물림되는 반면에, 어떤 주식은 그런 것 없이 상승합니다. 가령 아까 이전 분기 실적 보고서가 저조했던 주식을 말했잖아요. 그런 주식은 바로 상승세가 시작될 거라고 예상하기 때문에 장이 시작되고 조금만 기다렸다가 바로 매수하는 편입니다.

**청산 결정은 어느 시점에서 하시나요?**

주가 움직임을 보고 판단해요. 가끔은 장초에 주가가 껑충 뛰는 경우도 있기는 합니다. 공매도 지분이 높은 종목일수록 유독 장초에 많이 오르죠. 그런 주식은 바로 수익을 실현하고 나옵니다. 하지만 주가가 딱히 이렇다할 반응이 없으면 장이 마감될 때까지 기다렸다가 청산하는 편입니다.

**유독 고통이 컸던 트레이드가 있었나요?**

처음 트레이딩을 시작하고 어떤 트레이드 하나에서 계좌 원금의 30%를 잃었습니다. 뭐, 지금은 어떤 주식을 산 거였는지 기억도 안 나네요. 어쨌거나 처음에는 올라가다가 내리막길을 걷더군요. 다시 반등하겠거니 하면서 계속 지켜봤지만 아니었습니다. 그 트레이드에서는 스톱도 걸지 않았죠.

**그 주식을 얼마나 오래 보유하고 있었습니까?**

여러 주 들고 있었습니다. 그게 가장 큰 실수였지요. 그 트레이드 이후로는 어떤 종목도 하루를 넘기지 않습니다.

**그 트레이드 이후로 모든 트레이드마다 스톱 주문을 걸어놓기 시작했습니까?**

예. 만약 스톱을 걸어두지 않았으면 승률이 올라가고 수익률도 훨씬 높아졌을지도 모릅니다. 하지만 MDD도 훨씬 커졌을지 모릅니다..

**수익이 난 트레이드는 총 몇 퍼센트입니까?**

약 65% 정도입니다.

**성공률이 실패율보다 많이 높네요?**

평균 성공률은 평균 실패율의 1.5배 정도입니다.

**스톱을 걸어두지 않아서 크게 손실이 났던 그 트레이드 외에, 트레이딩을 하면서 다른 중요한 실수는 한 적이 없었나요?**

내 최대 실수라면 충분히 공격적으로 트레이딩을 하지 않았던 거라고 말할 수 있습니다. 내가 리스크를 회피하는 성향이 조금만 더 적었어도 지금의 방법으로 더 많은 수익을 낼 수 있었을 겁니다. 하지만 MDD가 15~20% 정도가 되면 나는 이 일을 접을 겁니다. 연달아 트레이딩 손실이 난다면 견디기가 무척이나 힘들 테니까요.

**크레이치 씨는 수익을 내는 만큼 계좌에서 인출하고 있으니 전체 원금은 거의 똑같다고 봐야 할 것 같네요.**

나는 트레이딩으로 버는 돈은 전부 생활비에 씁니다. 그러니 슬프게도 내 계좌 원금은 10년 전이나 지금이나 거의 비슷하지요. 그게 현실이니 어쩔 수 없죠.

**수익을 한 푼도 못 내는 해가 있다면 어떻게 하실 건가요?**

수익을 한 푼도 내지 못하는 해가 만 1년이라면 버틸 수 있습니다. 2년을 꼬박 수익을 내지 못하면 그만둬야 합니다. 그때가 내가 트레이딩에 종지부를 찍는 시점이겠죠.

## ▌온전히 스스로 책임지는 일

**트레이더라는 직업에 만족합니까?**

만족합니다. 내 적성에 맞아요. 나는 혼자 일하는 게 좋습니다. 큰 집단에 속해서 일하는 건 체질상 맞지 않습니다. 나는 낚시를 하고 숲을 거닐고 정원 일을 하고 트레이딩을 하는 생활이 행복합니다. 전부나 혼자 할 수 있는 일들이죠. 나는 평범한 학력의 평범한 사람입니다. 몇 년 전에 내게 어울리는 직업을 찾으면서 깨달은 사실이 있습니다. 나는 성공하든 실패하든 동료나 상관이나 다른 누구한테 기대지 않고 온전히 내 능력에 좌우되는 일을 찾고 싶었어요. 돈까지 잘벌면 일석이조이죠. 못 번다면 다 내 탓인 거고요. 이런 점에서 트레이딩은 멋진 직업입니다. 성공도 실패도 온전히 나 자신의 능력에만좌우되는 직업은 별로 많지 않잖아요.

**크레이치 씨를 성공적인 트레이더로 이끈 것은 무엇이라고 생각합니까?**

내가 성공한 트레이더인지는 잘 모르겠네요. 하지만 내 성공도 성공이라면 그건 돈을 잃는 것을 싫어하기 때문입니다. 손해가 나면 나는몇 배나 더 열심히 공부하고 분석합니다. 손실이 나면 지금의 내 방식을 더 개선하려면 어떻게 해야 하나 궁리하는 것 말고는 어떤 것에도 집중하지 못합니다. 이런 점에서는 기간 손실이 나는 것도 내 미래의 트레이딩에는 실제로는 도움이 된다고 볼 수 있겠네요.

파벨 크레이치와의 인터뷰가 전하는 가장 중요한 메시지는 개미도 성공 트레이더가 될 수 있다는 것이다. 지난 20년 동안 트레이딩의 계량화가 엄청날 정도로 성장했기 때문에 많은 개미 트레이더와 투자자들은 개미가 성공할 수 있는 시대는 이제 끝나지 않았나 생각한다. 실제로도 개미 트레이더가 수십 명의 박사군단을 갖춘 거대 자산운용사와 경쟁할 방법이 있는지 의문이 드는 것도 전적으로 당연한 일이다.

실제로도 중요한 벤치마크에 비교한다면, 이를테면 주가지수에 투자하는 패시브 펀드와 비교한다면 개인 시장 참가자들은 성공하기 힘들다. 그것은 대다수 전문 펀드 매니저들도 마찬가지이다. 그러나 크레이치는 개인 트레이더도 시장을 이기는 성공적인 수익을 낼 수 있음을 여실히 보여준다. 크레이치는 고등학교 졸업이 전부이고, 멘토도 없었으며, 계좌 크기도 아주 작다. 하지만 그는 자신만의 방법론을 개발했고, 주식 매수 포지션 전략만을 쓰는 자산 매니저들과 헤지펀드 매니저들의 99%를 압도하는 높은 성적을 거두었다. 그리고 14년 동안은 오직 트레이딩 수익만으로 먹고 살았다.

크레이치가 트레이더의 길을 선택한 이유는 성공도 실패도 온전히 자신이 책임지는 직업을 원했기 때문이었다. 여기서 중요하게 작용하는 말은 '책임'이다. 이기는 트레이더들은 결과에 대한 책임이 전적으로 본인에게 있음을 잘 알고 있다. 그들은 트레이딩 손실이 나는 이유를 둘 중 하나로 본다. 방법론을 충실히 지켰는데도 결국에는 본인의 전체적인 승패율에 따라서 손실이 난 것이거나, 전적으로 본인이 실수했기 때문이다. 결국 그들은 실패의 책임을 온전히 자신에게서 찾는다. 반대로 패배하는 트레이더들은 언제나 변명을 하며 남 탓을 한다. 누군가 잘못된 충고를 했기 때문이고, 시황이 안 좋았기 때문이고, 고빈도 트레이더가 가격을 왜곡했기 때문이다. 정치를 떠나서 말해도 내가 보는 트럼프 대통령은 형편없는 트레이더이다. 실수나 실패를 하고서도 자신의 책임임을 한 번도 인정하지 않았기 때문이다.

크레이치는 본인의 개성과 적성에 맞는 방법론을 찾은 덕에 성공한 트레이더가 될 수 있었다. 그는 포지션을 하루 이상 보유하는 것을 좋아하지 않았다. "트레이드를 계속 들고 가는 건 내 천성에 맞지 않았어요." 라고 그는 말한다. 실적 보고서가 발표된 다음 날 딱 하루에만 집중해서 주식을 매수하는 데이 트레이딩 전략을 통해 그는 높은 수익을 올리면서도 리스크를 적절한 수준으로 제한할 수 있었다. 시장에서 성공하려면 본인의 적성에 맞는 트레이딩 방법론을 찾아내야 한다는 교훈이 다시금 중요해지는 순간이다. 본인의 접근법에서 불편하게 생각되는 부분이 있다면 그 부분을 고칠 방법은 없는지 고민해야 한다.

나는 무수히 많은 트레이더를 인터뷰했고, 그들 모두 트레이딩이라는 일에 전심전력한다는 공통점이 있었다. 크레이치는 자신만의 트레이딩 방법론을 개발하기 위해 본업과 시장 조사까지 해서 하루에 16시간을 일했다. 그가 만든 방법론에서 좋은 트레이딩 기회는 1년에 5개월만 생기는 것이 고작이지만, 그는 이 5개월 동안에는 적극적으로 시장에 참여하고 나머지 7개월 동안은 트레이딩을 줄이고 시장 조사에 전념한다.

크레이치는 자신이 오랫동안 성공적인 수익률을 낸 이유는 기간 손실에 적절히 대응하기 때문이라고 말한다. 그는 계좌 MDD가 발생하면 과도할 정도로 분석하고 조사하면서 방법론을 개선하려 노력한다.

크레이치가 압도적인 위험조정수익률을 거둘 수 있었던 데에는 트레이드 진입 조건을 엄격하게 고수한다는 것도 중요한 요소로 작용한다. 크레이치는 승률이 높다고 판단되는 트레이드에만 진입한다. 트레이더들은 트레이딩 빈도를 줄이기만 해도, 다시 말해 기준 미달의 트레이드를 무시하고 승률이 높은 트레이드에만 진입한다면 수익률을 개선할 수 있을 것이다.

　트레이드를 까다롭게 고르고 진입과 청산 시기도 적절하게 맞추는 것이 크레이치의 경쟁력이기는 하지만, 그만의 리스크 관리 방법 역시 꾸준한 수익을 가능하게 해준 요소이기도 하다. 크레이치의 리스크 관리에서는 두 가지가 핵심 요소이다. 첫째, 그의 접근법에서는 하루 이상 포지션을 보유하는 리스크는 피한다. 둘째, 그는 트레이드에 진입하는 즉시 무조건 스톱 주문을 걸어서 단일 트레이드에서 발생할 손실을 최소한도로 제한한다. 크레이치의 말에 따르면, 스톱을 걸어두지 않으면 트레이드의 승률이 높아졌을지도 모르고 수익률도 마찬가지로 올라갔을 수는 있지만 대신에 계좌 MDD도 그만큼 더 깊어졌을지도 모른다. 크레이치는 MDD가 심하게 커지면 트레이딩 자체를 중단할 생각도 가지고 있기 때문에 그에게는 장기적인 성공을 이어나가기 위해서라도 리스크 관리가 절대적으로 중요하다.

# UNKNOWN MARKET WIZARDS

# 7

리처드 바그 Richard Bargh

# 마인드셋의 중요성

**리처드 바그**는 6년여 동안 연 280% 수익률 기록을 세웠으며, 특히 리스크 대비 수익률이 대단히 특별한 트레이더이다. 바그는 자신의 감정과 생각을 매일 일지에 기록하는데, 자신의 마인드에서 약한 부분을 찾아내고 탐구하기 위한 일과이다. 그는 성공 트레이딩에서 가장 중요한 것은 마인드셋이라고 강조한다.

리처드 바그는 트레이더 일을 시작하고 줄곧 수익을 냈지만, 실패 문턱까지 가는 아슬아슬한 상황이 여러 번이나 있었다. 그 이유는 인터뷰에서 자세히 나오니 일단은 넘어가자. 바그는 프롭 계좌proprietary account(고객의 자금이 아니라 회사 고유자금으로 운용하는 계좌)를 통해 트레이딩을 하기 시작했다. 이 계좌에서 그의 초기 원금은 공식적으로는 0이었다. 그가 가진 원금 1만 5000파운드에서 매달 거의 3000파운드의 경비가 인출되었기 때문에 처음 14개월은 그의 원금이 사실상 0이나 다름없어서 이 기간에 그가 번 수익률을 계산하기는 불가능하다. 그러다가 한 번의 트레이드에서 큰 수익을 낸 후로 그의 계좌 원금은 높은 플러스 지대로 영원히 터를 옮겼다.

이때를 분수령으로 바그는 6년여 동안(마지막 4.5년은 그 자신의 계좌로 직접 트레이딩했다) 연간 280% 수익률이라는 놀라운 기록을 세운다. 바그가 높은 신용비율로 선물 트레이딩을 하는 것도 그의 연평균수익률을 더욱 높이는 비결인데, 그는 대다수 선물 트레이더들보다도 계좌의 증거금

률을 초과해서 유지하는 비용이 아주 적은 편이다. 하지만 높은 신용비율은 거기에 정비례해서 리스크도 높이는 양날의 검이다. 따라서 그의 280% 연평균수익률을 볼 때는 월말 MDD가 11%(일별 데이터로는 19%)에 불과했다는 사실도 같이 봐야 한다. 두 통계치에서도 알 수 있듯이 바그의 리스크 대비 수익률은 대단히 특별하다. 조정된 소티노 지수는 25.1이고, 일별 손익비 지수는 2.3, 월별 손익비 지수는 18.3이다. 그의 조정된 소티노 지수는 샤프 지수의 7배가 넘는다(다른 트레이더들은 두 지수가 어느 정도 근접하는 편이다). 다시 말해 그의 수익 분포가 양(+)으로 크게 기울어 있으며 최대 수익액이 최대 손실액보다 훨씬 크다는 뜻이 된다.

바그는 여러 항목으로 구분된 스프레드시트를 꾸준히 작성하고, 매일 자기의식을 위한 예배라도 하듯이 스프레드시트를 검토한다. 초점을 맞추는 부분, 에너지, 리스크 관리, 프로세스, 카운터 트레이딩counter trading(가격 이동과 반대로 하는 트레이딩으로, 바그가 볼 때는 마이너스 결과를 만드는 트레이딩), 에고, 추세에 편승하지 못하는 두려움, 행복 점수(우울과 환희라는 양극단의 감정은 모두 트레이딩에는 역효과를 미친다) 등이 스프레드시트에 정리된 항목이다. 아주 자세히 기입하는 항목도 있다. 대표적인 예가 설탕 트레이드sugar trade로, 그의 설명을 빌리면 진입은 했지만 왜 진입했는지 모르는 트레이드를 의미한다. 자신이 약한 부분이 드러났다 싶은 날은 적절한 항목을 찾아 이유를 적어 넣는다. 그리고 한 주가 끝나면 바그는 스프레드시트 항목 중에서 더 채워 넣을 부분은 없는지 꼼꼼히 복기하고, 자신이 앞으로 더 발전하기 위해서는 어떤 분야에서 노력해야 하는지 알려주는 로드맵으로 삼는다.

바그는 자신의 감정과 생각을 매일 일지에 기록한다. 그의 마인드에서 약한 부분을 찾아내 지속적으로 탐구하고 노력해서 자기계발을 하기 위해 꼭 치러야 하는 매일의 일과이다. 그는 일지 작성이 대단히 중요하다고 강조한다. "지난달, 지난주, 심지어 어제 일도 금방 까먹는 게 인간입니다. 일지를 기록하면 그때 그 일이 있었을 때 내 마인드가 어땠고 시간이 지나면서 그런 마인드가 어떻게 달라졌는지를 확인할 수 있습니다. 2015년의 일지와 지금의 일지를 대조해서 보면 다른 세계에 사나 싶을 정도입니다. 2015년의 일지에는 '나는 쓰레기 트레이더야. 나는 무능력해.'라는 식의 말투성이었습니다. 나 자신을 비하하는 말만 잔뜩 늘어놓았죠. 요새 적는 내용은 전혀 다릅니다."

바그는 《시장의 마법사들》에서 인터뷰한 에드 세이코타가 만든 트레이딩 부족 프로세스TTP 덕분이었다고 말한다. 그 프로세스에서 큰 영향을 받아 트레이딩에서도 개인 생활에서도 감정의 균형을 잃지 않을 수 있었다는 것이다. 아주 단순하게 설명하면 TTP는 잠재의식과 의식의 조화를 추구한다. 이것은 감정에 초점을 두면서 구체적으로는 질문과 충고를 피한다. TTP를 진행하려면 집단, 다시 말해 부족tribe이 있어야 한다. 전 세계에 TTP를 실행하는 부족이 있고 바그는 런던 부족의 족장이다. TTP에 대한 자세한 설명은 seykota.com에 들어가면 확인할 수 있다.

나는 일주일 일정으로 런던에서 인터뷰하고 다녔고 그중 제일 먼저 한 사람이 바그였다. 나는 고작 3시간만 자고 런던행 비행기를 탔고 런던에 도착해서도 2시간밖에 자지 못했다. 내가 겪은 최악의 시차병이었다. 하지만 다행히도 바그가 진솔하고 성실하게 인터뷰에 임해준 덕분에 나는 수면 부족을 이기고 인터뷰에 집중할 수 있었다. 바그와는 토요일에, 그가 일하는 입회장에 인접한 회의실에서 인터뷰했다. 인터뷰는 끝났지만 나는 아직도 더 알고 싶은 게 많았기에 바그의 저녁 초대를 수락했고, 우리 둘은 그의 사무실 코앞에 있는 코야라는 페루식당으로 갔다. 입맛을 돋우는 메뉴와 맥주 몇 잔에 허물없는 대화까지 곁들여진 유쾌한 저녁 식사였다. 그날 밤 나는 푹 잤다.

◆

**런던에서 자랐습니까?**

아니요. 요크셔 시골 마을에서 자랐습니다.

**다른 일을 해보고 싶다는 생각은 몇 살 때부터 했습니까?**

아마 내가 네다섯 살쯤 때일 겁니다. 아버지에게 가서 "아빠 일은 진짜 일이 아니에요. 나는 진짜 일을 가질 거예요."라고 말했죠. 정말 우습죠. 지금 내가 하는 일은 실제 직업은 아니잖아요.

**아주 어렸을 때부터 무언가 근사한 일을 해보고 싶어 했다는 거군요. 부친의 반응은 어땠습니까?**

아버지는 환영했죠. 아버지가 입버릇처럼 하시는 말이 "농부가 되지 마라."였거든요.

**10대가 되었을 때 나중에 무엇을 하고 싶은지 구상을 해놓고 있었나요?**

그때는 부자가 되고 싶다는 마음이 다였습니다. 우리 가족은 시골에 살았습니다. 마을에 부잣집이 딱 하나 있었죠. 여섯 살인가 일곱 살 때 엄마랑 같이 그 집에 간 적이 있습니다. 우리 집은 돈이 없었죠. 그 집을 보는 순간 입이 딱 벌어졌습니다. 심지어 실외 수영장도 있었습니다. 여름에도 영상 20도를 넘는 날이 거의 없는 잉글랜드 북부에서 실외 수영장을 가지고 있었던 겁니다. 엄마랑 그 집을 나오면서 "나도 커서 저런 집을 살 거예요."라며 말한 기억이 나네요. 그때의 경험이 내 야망의 싹이 되었습니다. 어떻게 해야 하는지는 몰랐지만 부자가 되고 싶다는 마음만은 확실했습니다.

베어링스 은행을 파산으로 몰고 간 닉 리슨을 소재로 한 영화 〈갬블〉도 트레이딩에 관심을 갖게 된 계기였습니다. 물론 닉 리슨을 그렇게 수상쩍은 인물로 그린 것은 별로이긴 합니다. 하지만 그가 입회장에서 목청이 떨어지라 소리를 지르는 장면을 보면서 진짜 멋지다고 생각했습니다.

**그때가 몇 살이었습니까?**
10대 초반이었습니다.

**그 영화를 보고 트레이더가 되고 싶다는 꿈을 가지게 사람은 내가 인터뷰한 분 중에서는 바그 씨가 처음입니다.**
그렇겠죠. 사실 좋은 인간은 아니잖아요? 나는 부모님에게 통화로 돈을 벌려면 어떻게 해야 하느냐고 물어보기 시작했습니다. 부모님 대답이 "넌 아직 어려서 이해 못 해."였죠. 자세한 설명은 절대로 들을 수 없었습니다.

**전공은 무엇이었습니까?**
런던 임페리얼칼리지에서 수학 석사학위를 땄습니다.

**수학에 재능이 있었나요?**
예. 하지만 작문은 영 아니었고 재미있지도 않았습니다.

**수학 학위로 어떤 직업을 가지고 싶은지 구체적으로 생각했었나요?**
아니요.

**경력 목표가 있었습니까?**

여전히 트레이딩에 관심이 많았습니다. 그래서 은행 인턴사원이 되려고 여러 은행에 지원했지만, 알고 보니 나는 한참이나 뒤처진 사람이었습니다. 내 경쟁자들은 이미 대학 시절 내내 인턴으로 일한 사람들이었습니다. 노력은 했지만 허사였고 한참을 그러다가 포기했습니다. 그때는 금융위기 후유증이 아직 가시지를 않아서 금융 부문에서는 인력 감축이 한창이었습니다. 졸업하기 직전 해에 연금회사의 보험계리사 자리에 인턴사원으로 들어갔습니다.

**수학 전공의 자연스러운 연장선이었던 셈이군요.**

나도 내가 그 일을 잘할 거라고 생각했지만 도무지 재미가 없었습니다. 기업 환경이라는 것 자체가 싫었습니다. 모든 것에서 처세를 고려해야 하니 농담도 제대로 못 하겠더군요. 몇 사람한테인가는 무례한 언사도 했던 것 같고, 그다지 소통을 잘하는 편도 아니었습니다. 거기다가 주어진 일마저도 대충대충 할 때가 많았습니다.

**왜입니까?**

보험계리사 일이 따분하다고 생각했거든요. 실제로도 통계는 내 취향이 아닙니다.

**그럼 어떤 분야의 수학을 좋아했습니까?**

응용수학이요.

**인턴십이 끝나고 나서 결과가 좋았습니까?**

회사가 정규직 제시를 안 하더군요.

**바그 씨는 어떻게 반응했습니까?**

점잖게 받아들이진 않았죠. 꽤 거만하게 굴었습니다. 세계 유명 대학 출신에 똑똑하기까지 한 나였으니 인턴십이 끝나면 회사가 정식 채용할 것이라고 기대했죠. '내가 왜 정규직 채용이 안 된 거지?'라는 생각부터 들었습니다.

**임페리얼칼리지는 입학이 어렵습니까?**

그때는 그랬습니다. 세계 대학 순위에서 4위였으니까요.

**회사가 왜 정규직 채용을 하지 않는지 이유를 설명해 주었습니까?**

예. 요약하자면 "당신은 일에 열정을 보이지 않습니다."였습니다.

**그들이 정확히 봤군요.**

네, 아주 정확했죠. 내가 정식 채용을 거절당해서 화를 내자 그들도 꽤 놀란 모습이었습니다. 내 안의 승부욕이 발동해서 정규직 채용을 기대했던 것일 뿐이었습니다. 나는 패배나 거절은 잘 받아들이지 못하거든요.

**그런 다음은 무엇을 했습니까?**

뻔한 소리로 들리겠지만, 실패하더라도 내가 하고 싶은 일이나 해보고 실패하는 게 낫겠다고 생각했습니다. 그래서 다시 트레이더 자리에 도전하기로 했습니다.

**▌"이겨야 할 것은 나 자신밖에 없습니다"**

**트레이더가 되겠다는 목표를 세운 가장 큰 동기가 하루빨리 부자가 되고 싶어서**

였습니까?

예.


독특하군요. 내 '시장의 마법사들' 시리즈를 보면 돈을 벌고 싶은 것이 트레이더가 된 가장 큰 동기였다고 말한 분은 한 명도 없었습니다. 그런데 이번 책을 위해 인터뷰하면서 부자가 되는 것이 트레이더를 결심하게 된 중요한 계기였다고 말한 분은 바그 씨가 벌써 두 번째입니다.

다른 중요한 동기가 있어서 트레이더가 되었다는 말은 선뜻 믿기가 힘듭니다.


내가 전작들에서 인터뷰했던 트레이더들은 트레이딩에 대한 사랑이라든가, 일종의 게임처럼 보기 때문이라든가, 아니면 게임에서 이기고 싶은 욕구가 가장 주된 동기였다고 말했습니다.

나는 그런 식으로 트레이딩을 생각한 적이 한 번도 없습니다. 이겨야 할 게임이라고 생각하지도 않고요. 트레이딩은 내게 있어 삶의 질을 올리는 수단일 뿐이었습니다. 시장을 이겨야 한다는 생각도 하지 않습니다. 트레이딩을 하면 할수록 깨닫는 진실은 이겨야 할 대상은 나 자신밖에 없다는 것입니다.


첫 트레이더 일은 어떻게 시작했습니까?

대학 마지막 해에는 미친 인간처럼 자리를 찾아다녔습니다. 온갖 은행에 지원서를 내고 다 거절당했습니다. 막 포기하려는 참에 나한테 안성맞춤처럼 보이는 구인 공고를 봤습니다. 첫날부터 트레이딩을 시작하는 자리였습니다. 자본은 회사에서 대주고 나는 수익의 일부를 나눠 가지는 자리였죠. 완벽했죠. 내가 은행에 입사하더라도 첫날부터 트레이딩할 리가 없고, 혹여 하더라도 내가 원하는 방식의 트레이딩은 아니겠죠. 아마도 종목에 있어서도 방식에 있어서도 틀에 얽매여야 했을 겁니다. 나는 온라인으로 입사지원서를 내고 면접을 보러 갔습니다.

**인터뷰는 잘했습니까?**

거의 망칠 뻔했습니다. 그 회사에는 파트너가 셋이었는데, 그중 한 명이 내 면접관이었습니다. 그는 내가 그 일에 얼마나 관심이 있으며 열의가 있는지를 알고 싶어 했습니다. 그때의 나는 굶주린 개와 비슷했습니다. 거기 들어가려고 매우 필사적이었죠. 그에게 나는 포기를 모르는 사람이라고 말했습니다.

**그럼 잘한 거 아닌가요? 왜 망칠 뻔했다는 거죠?**

면접이 끝나고 그가 나를 트레이딩 사무실로 데려가서 다른 두 파트너에게 소개했습니다. 정확히 기억은 나지 않지만, 그 두 파트너 중 하나가 내게 말을 걸었을 때 내가 넥타이를 입에 물었던 겁니다. 학창 시절에 생긴 버릇을 못 고치고 있었던 게 아닐까 싶습니다. 무언가에 열중할 때면 입에 넥타이를 물곤 했거든요. 내가 나가고 나서 그 파트너가 "저 사람은 채용하면 안 돼."라고 말했답니다. 면접관이었던 파트너가 내게 다시 기회를 줘보자고 설득했습니다. 그래서 나는 2차 면접을 보게 되었고, 다행히도 이번에는 내가 얼간이가 아니라는 것을 그들에게 보여줄 수 있었습니다.

**넥타이를 무는 습관은 무의식에서 나오는 버릇이겠군요.**

예. 완전히 무의식적인 습관이죠. 나중에 몇 년이 지나고 그들이 농담으로 하는 말을 듣고서야 내게 그런 버릇이 있다는 걸 알았습니다.

**면접을 봤을 때 트레이딩이나 시장에 대해서 조금은 지식이 있었나요?**

아는 게 하나도 없었습니다. 나쁜 버릇이 들까 봐 내 계좌로 트레이딩을 해본 적도 없었어요. 그러지 않았던 걸 지금도 다행으로 생각합니다. 일단은 누구에게라도 트레이딩 방법부터 배우는 게 먼저라고 생각했습니다.

**그 회사는 바그 씨가 지식이나 경험이 전혀 없다는 것은 걱정하지 않았나요?**

그들이 원하는 사람은 경력자가 아니라 돈을 벌고 싶어 혈안이 된 사람이었습니다. 그들은 내 배경을 보고 내가 머리가 있으니 시장에 대해서도 금방 배울 수 있을 것이라고 판단했던 거죠. 그들은 시장에 대한 지식보다는 개인의 성격이 유능한 트레이더가 되는 데 더 중요하다고 믿었던 듯합니다.

## ▎기술적 분석 트레이딩

**그 회사에 들어간 후 트레이딩은 어떻게 배웠습니까?**

그 회사는 해마다 두 명의 트레이딩 훈련생을 받아들이는 것을 정례화하고 있었습니다. 처음 두 주는 집중훈련 코스를 밟았습니다. 새벽 6시에 나와서 오후 4시까지 강의를 들었습니다. 거기서 트레이딩 소프트웨어 사용법과 펀더멘털 분석에 대해서 배웠습니다. 예를 들어 중앙은행이 시장을 움직이는 일에 얼마나 결정적인 역할을 하는지 등에 대해서 배웠죠. 회사의 사업 모델은 이벤트 리스크 트레이딩이었습니다. 가령 연준 발표라는 이벤트가 예정돼 있으면 회사는 그 이벤트에 대한 시장의 기대치를 분석했습니다. 그리고 연준 발표가 기대에 어긋나면 거기서 생기는 리스크를 이용해 트레이딩을 해서 차익을 얻으려 했죠. 하지만 내가 입사했을 즈음에는 그런 접근법에서 탈피해 사업 모델을 다각화하려고 노력 중이었습니다. 모든 트레이더가 다 똑같은 접근법을 쓰고 있었거든요. 예전에는 기술적 분석으로 데이 트레이딩을 잘하는 트레이더가 두세 명 있었습니다. 나중에 알게 된 사실인데, 회사는 내가 패턴 데이 트레이딩(자주 나타나는 기술적 패턴을 활용하여 이득을 취하는 데이 트레이딩)에서 실력을 쌓기를 기대하고 있었습니다.

**그 회사에서 기술적 분석 트레이딩에 대해 배운 게 많았습니까?**

파트너 하나가 기술적 분석을 사용했습니다. 그에게서 피보나치 되돌림이나 추세선, 다른 지표를 이용해서 저항선과 지지선을 식별하는 방법을 배웠습니다. 기본 개념은 이렇습니다. 기술적 저항 수준에서 매수 호가 주문을 넣고 5틱이나 6틱 낮은 가격에 스톱을 지정해놓습니다. 그리고 20틱 정도 튀어 올라 차익을 챙겨서 빠져나오기를 기대하는 거죠. 회사는 "기술적 분석에 주목하라. 펀더멘털 분석은 쉽다."라고 강조했죠. 나야 워낙에 새파란 풋내기였으니 철석같이 믿었죠. "좋았어. 기술적 분석 트레이더로 돈을 왕창 벌 거야. 펀더멘털 따위는 무시해. 그건 쉬워."

**주로 어떤 시장에서 트레이딩을 했습니까?**

회사의 주요 트레이딩 분야는 통화와 채권, 주가지수 선물시장이었습니다.

**바그 씨는 언제부터 트레이딩을 시작했습니까?**

훈련생들은 보통 처음 6개월은 모의 트레이딩을 했습니다. 회사가 손익 현황을 모니터링했지요. 트레이딩할 돈을 받기 전에 일단은 일관된 수익을 낼 실력이 있다는 것부터 보여줘야 했습니다. 회사는 나와 다른 훈련생을 경쟁 붙였습니다. 그런데 나와 같이 수습을 시작한 그 훈련생한테는 두 달 만에 돈을 맡기더군요. 나는 모의 트레이딩 기간 6개월을 다 채워야 했으니 받아들이기 힘든 상황이었죠. 내가 모의 트레이딩을 하는 동안 좋은 시장 기회가 몇 번 등장했고, 그 신참 트레이더는 진짜 돈으로 트레이딩을 했으니 말입니다. 그때 스위스 은행의 통화 페그peg(특정 국가 통화에 자국 통화의 환율을 고정하는 조치-옮긴이)라는 엄청난 이벤트가 터졌고 중앙은행들이 일제히 금리 인하 조치를 단행했습니다.

**회사가 트레이딩 자본을 맡긴 것을 보니 모의 트레이딩 기간에 수익이 좋았나 보네요.**

극단적인 편집증까지 생길 정도였으니 그 6개월이 얼마나 힘들었을지 알만 하죠. 직원들은 내가 해고당하기까지 며칠이나 버틸지 모르겠다고 농담 삼아 말하곤 했습니다. 그들은 개그를 던졌을 뿐인데 나는 다큐로 받아들였죠.

**모의 트레이딩 성적은 어땠습니까?**

수익이 나기는 했지만 회사가 만족할 만한 수준인지는 자신이 없었습니다.

**펀더멘털 트레이딩과 기술적 트레이딩을 같이 사용했습니까?**

모의 트레이딩 수익은 주로 기술적 분석에서 나왔습니다.

**기술적 분석으로 무엇을 사용했습니까?**

시가 드라이브open drive라는 패턴에 대해 배웠습니다. 그 패턴은 시장이 갭 상승이나 갭 하락을 하고 그 방향으로 추진력drive이 붙을 때 만들어집니다. 시장이 계속 같은 방향으로 추진할 것이라는 게 기본 가정입니다.

**그 패턴은 지금도 효과가 있습니까? 아니면 그때뿐이었습니까?**

그때 그 패턴을 사용해서 모의 트레이딩으로 수익을 냈던 건 순전히 운이었습니다. 정작 진짜 트레이딩을 시작하고 나서는 장중 기술적 분석 트레이딩으로는 한 푼도 벌지 못했습니다. 한 4년이나 그 패턴으로 수익을 내려고 시도했습니다. 멍청한 옹고집이었습니다.

**그래도 몇 년간 계속 수익을 내셨는걸요.**

내 주요 전략은 기술적 분석이지만 펀더멘털 트레이딩도 겸했습니다. 그리고 대부분의 이익은 펀더멘털 트레이딩에서 나왔습니다.

**펀더멘털 트레이딩보다는 기술적 트레이딩에 더 끌렸나요?**

처음에는 그랬습니다.

**이유는요?**

회사가 내게 기술적 분석을 주요 전략으로 해서 트레이딩 실력을 키우기를 바란다고 생각했거든요.

**회사가 트레이더들이 똑같은 트레이딩하는 것을 원하지 않았으니 그런 생각을 하게 된 건가요?**

예. 회사는 트레이드가 더 다각화되기를 원하고 있었거든요.

**결국 바그 씨가 처음에 기술적 분석을 주요 전략으로 삼은 건 상사에게 잘 보이고 싶어서였군요?**

그렇다고 봐야지요. 게다가 내가 순진했죠. 상사가 그런 방식으로 트레이딩을 하면 나도 할 수 있다고 생각했으니까요. 그는 기술적 분석을 이용한 장중 단타 트레이딩에 재능이 있었지만 나는 아니었죠.

## ┃"내가 행복해야 수익이 납니다"

**회사가 바그 씨에게 트레이딩 자금을 맡겼습니까?**

실제로는 계속 맡긴 거라고 말할 수도 없습니다. 고용 계약서에는 1만 파운드에서 스톱아웃을 해야 한다고 명시돼 있었거든요. 이론적으로 1만 파운드를 잃으면 그만둬야 하는 거죠.

**보수는 어떻게 받았습니까?**

트레이딩 수익의 50%를 받기로 했지만, 매달 책상 임대료로 2500파운드를 내야 했어요. 거기에는 로이터 통신이라든가 소프트웨어 사용료도 포함돼 있었습니다. 처음 3개월은 무료로 이용했고요.

중요한 사실 하나를 빼먹었네요. 나는 중고등 시절부터 우울증을 앓고 있었어요. 모의 트레이딩을 하면서 내가 행복해야만 트레이딩에서도 수익이 난다는 것을 깨닫게 되었죠. 트레이딩이 정신을 얼마나 혹사시키는지가 일찌감치 보이더군요. 나부터 멘탈을 바로 잡지 않으면 성공 트레이딩도 불가능하다는 생각이 들었습니다. 그때부터는 많은 시간을 들여서 행복해지려는 노력에 집중했습니다.

**어떤 식으로요?**

훌륭한 책을 한 권 읽었습니다. 불행감으로 힘들어하는 사람을 보면 무조건 추천해주는 책입니다. 팀 캔토퍼의《우울증: 강해지려는 마음이 가하는 저주》입니다. 이 책은 심리 치료에도 좋았지만, 무엇보다도 내가 겪고 있는 문제에 대해 공감 가는 부분이 많았어요. 그 책을 읽으면서 나 자신의 행복을 향해 걸음을 내디딜 수 있었습니다. 저자는 우울감에서 벗어나는 도표를 그리는 방법을 알려줍니다. 시간을 x축으로 하고 행복감을 y축으로 놓습니다. 우울감에서 벗어날 때면 차트가 이런 모양을 그립니다. (바그는 손을 공중에 휘저으며 나선으로 올라가는 부채꼴 모양을 그렸다) 저자는 기본적으로 행복감이 0이었던 상태에서 일직선으로 행복감이 상승하기를 기대해서는 안 된다고 말합니다. 시간이 걸립니다. 출발선상은 아주 불행한 상태입니다. 행복감이 조금씩 늘어나다가 퇴보하지만, 전보다 약간은 더 행복한 상태입니다. 내가 특히나 공감이 갔던 부분이 뭐냐면요. 저자는 우울감에 빠졌지만, 조용히 야망을 키우면서 열심히 일하는 사람이 아주 많다고 말했다는 점입니다. 내 개인의 인성을 정확히 묘사하는 설명이었습니다.

**책에서 어떤 부분이 불행감을 벗어나는 데 도움이 되었는지 기억하시나요?**

나 혼자만이 아니라고 느끼게 해주었지요. 그 부분이 특히나 공감되었습니다. 다른 사람도 똑같은 일을 겪고 있고, 그런 불행감에서 벗어날 전략이 있다는 것을 이해하게 되었습니다.

**우울감에서 벗어나기 위해 어떤 방법을 쓰셨습니까?**

무작정 내게 말을 걸었습니다. 퇴근길에 버스 뒷좌석에 앉아서 '너는 행복해져야 해!'라며 생각했던 일이 기억납니다. 우울감에서 벗어나려고 나 스스로에게 최면을 걸었던 거지요. 우울감을 떨쳐내지 못하면 다시금 우울감의 구멍으로 미끄러져 들어갈 테니까요. 그 구멍은 한번 빠지면 나오기가 힘듭니다.

적절한 정신 상태를 가지지 못하면 트레이더로서도 성공하지 못한다는 깨달음이 바그 씨 개인도 구한 셈이군요. 그런 각오가 새로운 동기 부여가 되었습니까?
결정적인 동기 부여가 되었습니다.

트레이딩이라는 일이 그 책을 읽게 만든 촉매제가 되었습니까?
예. 불행감을 떨쳐내기까지 몇 년이 걸렸습니다. 요 3년은 우울증 징후가 나타난 적이 한 번도 없었습니다. 물론 우울증이라는 건 완전히 떨쳐낼 수 있는 게 아닙니다. 그걸 잊지 말아야죠.

## ▎수입이 없는 트레이더
진짜 돈으로 트레이딩했을 때 본인의 심리 상태는 어땠습니까?
몇 년간은 정신적으로 완전히 엉망진창이었습니다. 월급을 받지 못한다는 압박감이 아무래도 컸던 거지요. 트레이딩으로 돈을 벌어야 한다는 마인드가 기본에 깔려 있었으니까요.

트레이딩 첫해의 성적은 좋았습니까?
2012년에 2만 파운드를 벌었지만 비용을 다 제하고 나니 제 수입은 마이너스였습니다.

리스크 제한선이 1만 파운드인데 2만 파운드를 벌었다면, 1년 차 트레이더치고는 좋은 성적이었는데요.

지금이야 그렇게 생각하지만, 그때는 아니라고 생각했습니다. '나는 트레이딩 실력이 없나 봐.'라고 생각했습니다.

**하지만 본인 수입이 마이너스였던 건 비용 때문이었지요.**

그게 나를 앞으로 나아가게 하는 원동력 중 하나였어요. 수익이 나고 있으니 앞으로는 비용보다 더 많이 버는 것을 목표로 삼아야겠다고 늘 생각했습니다. 뭔가가 더 있고 나한테 능력도 있다는 점은 알게 되었지요.

**2012년에는 수익이 났지만, 비용을 충당하기에는 모자랐죠. 2013년에는 어땠습니까?**

해가 바뀌고 상사가 내 계좌를 0으로 리셋했습니다. 그러자 계좌의 마이너스도 사라졌습니다. 2013년 상반기에도 트레이딩으로 수익을 냈지만 매달 들어가는 경비를 충당하기에는 모자랐습니다.

**트레이딩 수익으로는 매달 들어가는 사무실 비용을 충당하기에도 모자랐다면 생활비는 어떻게 해결했습니까?**

저축한 돈으로 생활했습니다. 몇 년 동안 여름에 아르바이트해서 벌어 놓은 돈이 있었습니다. 농장에서 자란 탓에 나는 소비 욕구가 크지 않습니다. 그래서 번 돈은 대부분 저축했습니다.

**어떤 일을 했습니까?**

열여섯 살에는 웨이터 일을 했습니다만 형편없었죠. 지지리도 못했습니다. 손님들한테 얼룩이 묻은 나이프나 포크를 갖다주곤 했으니까요. 당연히 잘렸죠. 그러고 나서는 결혼식 같은 행사에서 텐트를 쳐주는 일을 했습니다. 키가 크다 보니 그 일은 꽤 잘했습니다.

**여름 아르바이트를 해서 모은 저축으로 생활이 되었습니까?**
인턴을 하면서 번 돈도 저축을 해놨습니다. 부모님이 월세를 보조해 주셨고요. 다른 경비는 저축에서 빼서 썼습니다.

**부모님은 바그 씨가 트레이더 일을 하면서 수입이 전혀 없는 걸 어떻게 생각하셨나요?**
못마땅해하셨죠.

**그만두라는 말씀은 없으셨나요?**
결국 한마디 하시긴 했습니다. 2013년 중반이 되니 저축도 거의 바닥이 났습니다. 부모님에게 저축으로는 한 달 치 경비만 감당할 수 있을 것 같다고 털어놨죠. 부모님의 걱정이 이만저만이 아니었습니다. 그분들이 보기에는 도박 중독이나 다름없는 아들에게 계속 돈을 대고 싶어 하지는 않으셨죠. "앞으로는 너를 도와주지 않을 거다. 그만 정리하고 진짜 일을 찾아라."라고 하시더군요.

**그때 바그 씨의 트레이딩 성적은 어땠습니까?**
7월 말에는 2만 6000파운드의 총이익이 났습니다.

**리스크 상한이 1만 파운드인데 총이익이 2만 6000파운드면 아주 훌륭한 성적인데요.**
그럴지도요. 하지만 수익률 통계는 내가 놓친 트레이드는 보여주지 못한다는 단점이 있습니다. 내 트레이딩 수익은 주로 이벤트 트레이딩에서 나왔지요. 그때가 한창 유럽 채무 위기가 가중될 때라서 이벤트 트레이딩으로 돈을 벌 기회가 많았습니다. 통화정책이 수시로 바뀌었고 선행 가이던스가 소개되었고 양적 완화가 재시작되었습니다. 트레이딩 촉매로 삼을 이벤트가 아주 많았지만 나는 계속 기회를 놓쳤습니다. 제대로 준비하지 못했던 거죠. 좋은 기회를 계속해서 놓치는 악순환이었습니다. 트레이드 기회는 놓치고 남들은 떼돈을 버는 것을 보니 나 자신이 한심하게 느껴졌습니다.

**그때는 본인을 패배자라고 생각했습니까?**
구제불능이라고 생각했죠.

**그건 조금 말이 안 되네요. 수익률만 놓고 보면 바그 씨의 성적은 훌륭했습니다. 단지 계좌 수익 대비 경비 충당이 안 됐던 거죠.**
인간에게는 모든 것이 상대적이라는 것이 내 지론입니다. 인간이란 언제나 자신과 남들을 비교하기 마련입니다.

**패배자라는 생각이 들었다면 그만두고 다른 일을 알아볼 생각은 없었습니까?**
패배자처럼 느껴지고 트레이딩 실력이 형편없다는 생각이 들기는 했지만 정작 트레이더 말고 다른 일을 하겠다는 생각은 전혀 들지 않았습니다. 여전히 일이 즐거웠고 잘하고 싶은 마음뿐이었습니다. 돈은 바닥이 나 있고 부모님이 나를 포기하기 직전이라는 게 느껴지는 상황이었으니 쉬운 결심은 아니었습니다. 부업을 하는 건 좋은 생각이 아니라고 여겼습니다. 트레이딩에 전념해도 에너지가 모자랄 지경이었으니까요. 부업을 구한다면 트레이딩 성적이 더 나빠질 것 같았습니다.

**그래서 어떻게 하셨나요?**

상사에게 가서 내 상황을 솔직하게 말했습니다. "제가 돈이 다 떨어졌습니다. 이 상태로 얼마나 더 버틸지 모르겠어요. 괜찮다면 도움을 좀 부탁드려도 될까요?" 그들은 외면하지 않았습니다! 정말로 의외였습니다. "앞으로는 월급을 주지요. 얼마가 필요합니까?"

**월급으로 얼마를 받았습니까?**

매달 경비를 충당하기에 충분한 금액이었습니다. 나중에 알고 보니 상사들이 암리트를 저녁 식사에 초대해서 나에 관해 의견을 물어봤다고 하더군요(암리트 살은 이삼 년 전부터 리처드 바그와 같은 회사에서 트레이딩을 시작했다. 그와의 인터뷰도 이 책에 수록되어 있다). 상사들이 "바그가 요새 꽤 힘든가 봅니다. 그에 대해 어떻게 해야 할지 확신이 안 서는군요. 살, 당신은 어떻게 생각합니까?" 암리트가 이렇게 대답했답니다. "그는 잘 해낼 겁니다." 암리트의 대답이 상사들이 내게 월급을 줘야겠다고 마음먹게 했던 거죠. 월급을 받은 후 내 결심은 더 확고해졌습니다. 크리스마스 전까지는 월간 경비를 충당하고도 남을 정도로 트레이딩 실적을 끌어올려야겠다고요. 다행히도 헛된 결심은 아니었죠.

**상사들은 왜 암리트에게 의견을 구했을까요?**

암리트는 회사에서 가장 성공적인 트레이더 중 하나였으니 그의 의견을 물어보고 싶었겠죠. 그때는 암리트하고 잘 알고 지내는 사이도 아니었습니다. 책상도 서로 멀리 떨어져 있었어요. 그하고는 말 한마디 제대로 나눈 적도 없었습니다.

그러다가 몇 년 후에 암리트는 제 멘토가 되었습니다. 그는 트레이딩에서 마인드셋이 얼마나 중요한지를 깨닫도록 도와주었습니다. 그는 나 자신이 나를 가로막고 있다는 사실을 깨닫게 해주었습니다. 나는 물잔의 물이 반이나 비어 있다는 시각으로 만사를 봤고, 실수를 저지르는 나 자신을 자책하기 바빴습니다. 암리트는 그 점에 대해 계속 멘토링을 해주었습니다. "그렇게 생각해선 안 됩니다. 마인드셋이 좋아져야만 트레이딩 성적도 올라갈 겁니다."

**월급을 받기 시작한 후로 포지션 손실에 대한 걱정이 줄어들었나요?**

당장은 아니었습니다. 시간을 벌었을 뿐이고, 크리스마스 때까지는 월간 경비를 충당하고도 남을 정도로 트레이딩 수익을 끌어올려야 한다고 생각했습니다. 10월 말에 내 계좌는 4만 파운드로 불어나 있었습니다. 나쁘지 않았지만 나는 만족하지 못했습니다. 사무실 경비와 월급을 제하고 나면 계좌는 여전히 마이너스였으니까요. 시간이 얼마 남지 않았다고 생각했습니다.

**2013년 10월 말에는 트레이더로서 경력이 그해로 끝날지도 모른다고 생각했겠군요.**

기적이 일어나지 않는 한요.

## | 이벤트 트레이딩

**기적이 일어났습니까?**

2013년 11월 시장 전반에는 마리오 드라기 유럽중앙은행ECB 총재가 11월이 아니라 12월에 금리를 인하할 것이라는 기대감이 팽배했습니다. 나는 그가 11월에 금리를 인하하기를 기도했습니다.

**어째서죠? 그러면 깜짝 이벤트가 될 수 있어서인가요?**

그렇죠. 그건 모두의 예상을 깨는 것이고 그러면 나도 거기에서 돈을 벌 수 있을 테니까요. 나는 신에게 기도했습니다. "제발 부탁입니다. 이게 내 마지막 기회가 될 수 있습니다." 흔하디흔한 기도였지요. 드라기 총재가 ECB 월간 회의를 마치고 금리 인하를 발표했을 때 나는 곧바로 유럽 단기금리 선물을 몇백 계약이나 매수했습니다.

**리스크 상한이 높지 않았는데 어떻게 대규모 포지션을 취할 수 있었습니까?**

상사들이 트레이더에 대한 판단에 따라 포지션 한도를 다르게 정했습니다. 트레이더가 감당할 능력이 있다고 판단되는 수준에 따라 맡긴 거죠. 내가 그해 내내 수익을 내는 것을 보고 회사가 내 포지션 한도를 높여주었습니다. 이번 트레이드는 간단했습니다. 나는 단기금리 선물을 공격적으로 매수했고 금리 인하가 가격에 반영되는 순간 재빠르게 포지션을 청산했습니다. 그 한 건의 트레이드로 9만 파운드를 벌었습니다.

**듣기에는 간단하지만 완벽한 트레이드였군요. 바그 씨는 그 거래의 가능성을 예상했던 거지요. 기술적 분석이 아니라 바그 씨가 맞는다고 믿는 방법(이벤트 트레이딩)을 이용한 트레이드이기도 했고요. 준비를 철저하게 했고 기회가 왔을 때는 포지션 규모를 최대로 잡으셨네요. 그렇게 높은 수익을 낸 건 처음이었지요. 기분이 어땠습니까?**

하늘을 날 것만 같았습니다. 그때 내 생각이야 빤하죠. '내가 나를 구했어. 이제부터는 진짜 경력을 쌓게 되는 거야.' 멋진 일이 겹쳤고 그래서 승리가 더 달콤했습니다. 그날 밤 부모님이 나를 보러 오신 겁니다. 나는 두 분과 함께 외식하러 나갔습니다.

**식사할 때까지 부모님은 아무것도 모르셨죠?**
아실 리가 없었죠.

**전보다는 사정이 나아져 있었지요. 부모님이 상황을 자세히 알고 계셨나요?**
아니요. 두 분은 직장 상사 몇 분이 나를 잘 봐주고 있구나 하는 정도만 알고 계셨지요.

**부모님께 낮에 있었던 일을 어떻게 말씀드렸습니까?**
내가 낮에 9만 파운드의 수익을 올렸다고 말했습니다. 믿지 못하셨어요. 아주 멋진 순간이었습니다.

**그 일로 트레이딩에 대한 부모님의 시각이 달라졌나요?**
그렇다고 봅니다. 그래도 부모님께 트레이딩에 대해 자세히는 말하지 않습니다. 어머니가 사서 걱정을 하는 성격이라서요.

**그 트레이딩 이후 조금은 자리를 잡았다고 느꼈나요?**
그렇긴 하지만, 게임을 시작할 때면 매번 무언가가 내게 보복 공격을 하고 있다는 느낌이 듭니다.

**시장이 원래 그렇지요. 그때의 트레이딩은 기술적 분석에서 손을 뗀 것이었습니까? 아니면 그때도 여전히 기술적 분석으로 수익을 내려고 노력 중이었습니까?**
그때도 기술적 분석에서 어떻게든 효과를 보려고 노력 중이긴 했습니다. 하지만 그 무렵에는 펀더멘털에 대한 이해를 높이는 데 주력하고 있었습니다. 이론상으로만 말하면 방법은 정말로 단순합니다. 무엇이 시장을 움직이는지를 알아내는 거죠. 그리고 거기에 알맞은 트레이드를 찾아내면 주문에 들어가는 겁니다. 트레이더가 높은 수익을 내지 못하게 방해하는 것은 트레이더 자신입니다. 내 문제는 대부분이 심리적인 데서 기인했습니다. 득의양양하다가 다음의 이벤트를 준비하지 못하는 일이 많았죠. 그 놓친 기회가 훌륭한 고수익을 낼 기회였던 거죠. 한마디로 복불복이었습니다.

지금이야 훨씬 좋아졌지만 기회만 놓고 보면 2013년과 2014년보다는 훨씬 줄었습니다. 그때는 양적 완화나 선행 가이던스처럼 비교적 새로운 이벤트들이 넘쳐흘렀으니까요. 중앙은행이 무엇을 어떻게 할지에 대해서도 불확실성이 높았죠. 반면에 지금은 시장이 중앙은행을 어느 정도 파악하고 있어요. 그래서 중앙은행의 행동으로 돈을 벌 기회가 그때처럼 많지는 않습니다. 이벤트가 일어나기 전에 이미 시장 가격에 충분히 선반영됩니다. 나는 의외의 이벤트로 돈을 버는데, 의외의 이벤트가 적으니 기회도 줄어들 수밖에요. 이런 이벤트로 돈을 못 번다는 게 아닙니다. 다만 방법은 달라져야 합니다. 어떤 방식으로 접근해야 하는지 더 똑똑하게 파악해야 합니다.

**예를 들어주실 수 있나요?**

그 부분에 관해서는 설명하고 싶지 않군요. 그건 제 고유의 독점적 방식이라서요.

**당연히 그러실 수 있죠. 몇 년이 지나고 암리트 씨에게 멘토링을 받았다고 했습니다. 회사에 다른 멘토도 있었나요?**

달지트 달리왈도 인터뷰하실 예정이죠?

**예.**

내 옆자리가 달지트입니다. 내가 트레이더가 되고 몇 년간은 회사에서 말을 나눈 사람은 달지트가 유일했습니다.

**달지트 달리왈 씨가 도움이 많이 되었나요?**

일적인 면에서는 도움이 되기도 했고 손해가 된 적도 있었죠. 그래도 전체적으로는 도움이 되었습니다.

**어떤 점이 도움이 되고 어떤 점이 아니었나요?**

달지트는 믿을 수 없을 정도로 동기 부여가 높은 사람입니다. 달지트처럼 동기 부여가 확실하게 된 사람은 본 적이 없습니다. 그는 무엇이 시장을 움직이는지를 기가 막히게 잘 파악합니다. 그가 이런저런 정보를 많이 주었는데 그게 도움이 되었습니다.

**예를 든다면요?**

그가 펀더멘털 리서치를 워낙 강도 높게 하다 보니 시장 이벤트도 귀신같이 예상했습니다. "일제히 금리 인하가 있을 거야. 잘 준비해야 해."라고 말하곤 했습니다. 반면에 당시의 나는 펀더멘털을 중시하지 말라는 상사의 말을 철석같이 믿으면서 기술적 분석 트레이딩에 주력하고 있었습니다. 하지만 펀더멘털 트레이딩으로 틈틈이 벌어들이는 수익이 없었다면 그해의 수익 대부분은 벌지도 못했을 겁니다. 다 달지트가 도와준 덕분이었죠.

달리왈 씨에게 큰 도움을 받았단 소리로 들리는데요. 그러면 달리왈 씨를 멘토로 삼으면서 나빴던 점은 무엇입니까?

달지트에게 잘못이 있다는 뜻이 아니라, 회사는 우리에게 공격적인 태도를 유지할 것을 권했습니다. 계좌를 불리려면 공격적으로 트레이딩해야 했습니다. 달지트는 항상 내게 규모를 더 키우라고 말했죠. 그런데 내가 그 말을 너무 액면 그대로 받아들였던 겁니다. 나는 독일 국채 10년물에 300만 유로 포지션을 취하고는 벌벌 떨면서 지켜봤습니다. 혹시라도 잘못되면 망하는 거니까요. 그러지 말았어야 했습니다. 50만 유로씩 트레이딩을 하면서 조금씩 자신감을 키웠어야 했는데 말입니다.

달리왈 씨의 영향을 받아서 포지션 크기를 키웠다는 말씀입니까?

그랬죠. 하지만 오히려 역효과가 났죠. 한 번 주문을 넣으면 크게 넣어야 한다는 생각에 사로잡혀서 트레이딩 자체를 얼마 못했습니다. 그러다가 본격적으로 트레이딩을 해야 하는 순간에는 아무것도 하지 못한 거죠.

포지션을 크게 잡느냐, 아무것도 하지 않느냐 사이에서 선택해야 한다고 생각했던 겁니까?

맞습니다. 그리고는 아무것도 하지 않았습니다. 잃을까 봐 겁이 나서요. 나한테 규모를 키우라고 말하기는 했지만 그렇다고 달지트에게 책임을 돌려서도 안 되는 일이죠. 그는 트레이딩을 많이 하면서 배우기도 많이 배우고 있었거든요. 나는 트레이딩을 더 많이 하지 않은 게 후회됩니다. 내가 마음 편하게 다룰 수 있는 수준 이상으로 규모를 키우다 보니 트레이딩 자체에 대해 겁을 먹게 되었죠. 트레이딩을 하지 않았고, 트레이딩을 하지 않으니 경험도 쌓지 못하고 있었습니다.

흥미롭군요. 바그 씨와 암리트 씨, 달지트 씨가 서로 아는 사이라는 점이요. 세 분 모두 이번 책을 위한 인터뷰 명단에 들어 있거든요. 예전에 '시장의 마법사들' 첫 번째 책에 나온 마커스 씨와 코브너 씨를 빼면 그렇게 같은 회사에서 일한 트레이더들을 인터뷰하게 될 것이라고는 생각하지 못했습니다.

세이코타 씨도 있죠.

그 말이 맞네요. 세이코타 씨는 마커스 씨의 멘토였고, 마커스 씨는 나중에 코브너 씨를 고용했죠. 그 세 분의 동료 트레이더들도 같은 책에 함께 등장했죠.

최근에 슈웨거 씨의 글을 파악하기 위해서 마커스의 인터뷰를 다시 읽었습니다. 그 인터뷰들을 몇 년 후 다시 읽어 보세요. 새로운 사실들이 눈에 보일 겁니다. 경험이 늘수록 같은 일도 다른 시각에서 보게 되더라고요. 마커스가 인터뷰에서 대두 매수 포지션을 언급했죠. 그는 조금만 이익을 챙기고 일찍 빠져나왔지만 에드 세이코타는 포지션을 유지했고, 결국 대두 가격은 12일 연속 상한가를 뚫고 고공행진을 했다고 했죠.

## 기회를 놓치는 고통

저도 기억이 납니다. 마커스 씨는 초보 시절에 돈을 연거푸 잃었다고 말하기는 했지만, 내가 받은 인상은 달랐어요. 그에게서 가장 고통스러운 경험은 손실이 난 트레이드가 아니라 기회를 잡지 못한 트레이드였다고 보였거든요.

내가 직접 경험을 해보니 기회를 놓치는 게 얼마나 고통스러운지 알겠더군요. 하루에만 12% 손해가 나는 날이 있는데 어느 정도는 무덤덤하게 볼 수 있어요. 하지만 위대한 트레이드 기회를 놓치는 것은 경우가 다릅니다. 끔찍하게 고통스럽습니다. 벗어나기가 힘들죠.

**그렇게 놓친 트레이드 중에서도 특별히 고통스러웠던 것을 든다면요?**

아까도 말씀드렸지만, 내가 아직 모의 트레이딩을 하고 있을 때 스위스 중앙은행이 유로화에 대해 통화 페그 정책을 단행했다고 했죠. 그런데 2015년 1월에 스위스 중앙은행이 페그를 떨구는 것을 놓치고 말았던 거죠. 트레이딩을 시작하고 그때까지 나는 6시 30분부터 16시 30분까지 태엽시계처럼 일했습니다. 일하는 동안 자리도 거의 비우지 않았고, 심지어는 점심도 책상으로 가져와서 먹었습니다. 마침 그날 저녁에 트레이딩 총회에 참석하려고 미국행 비행기를 탈 예정이었습니다. 은행 영업시간에 미 달러화를 환전하러 잠깐 자리를 비웠죠. 내 신용카드에 문제가 생겨서 문제 원인을 알아내려고 은행에서 1시간을 허비했습니다. 사무실로 돌아와 보니 다들 당황해서 어쩔 줄 모르고 있었고, 옆자리 동료가 무슨 일인지 말해주었습니다. 내 트레이딩 경력을 통틀어 최고의 리스크 대비 보상을 거둘 수 있었던 기회였고, 내가 그걸 놓친 겁니다. 속이 이만저만 쓰린 게 아니었습니다.

**초기에 달지트 씨가 멘토였다고 하셨죠. 상사 중 한 분이 조언을 주거나 피드백을 주지는 않았습니까?**

그들은 냉정하게 방관했습니다. 월간 검토만 했죠.

**그들은 어떤 말을 했습니까?**

그들은 LIFFE(런던국제금융선물거래소) 입회장에서 일을 하다가 스크린 트레이딩(전자거래)으로 옮겨왔기 때문에 그때의 경험에서 벗어나지 못하고 있었습니다. 그들은 "더 꾸준히 수익을 내야 해요. 하루에 100파운드는 벌려고 노력하세요."라고 입버릇처럼 말했습니다. 그렇게 트레이딩해야 한다고 생각한 적은 한 번도 없습니다. 그보다는, 한동안은 한 푼도 벌지 못하다가 어느 순간 갑자기 확 늘어나게 된다고 봅니다.

**바그 씨의 수익률도 결국은 그렇게 되었죠. 그 점에서는 바그 씨의 생각이 맞았다고 봐야겠네요. 초보 시절에 바그 씨가 훌륭한 수익을 냈던 트레이딩은 무엇이었나요?**

두어 번 정도 크게 수익이 났습니다. 첫 번째는 원유 매도 포지션이었습니다. 그때 유가가 너무 높아서 나는 미국이 전략 비축유를 풀 가능성이 없는지 유심히 살펴보았습니다. 가만히 앉아서 그 일이 일어나기를 기다렸죠. 미국이 실제로 그랬는지는 기억이 안 납니다. 하지만 비축유를 풀지도 모른다는 뉴스가 나왔을 뿐인데도 유가가 몇 달러는 내려갔습니다. 그 포지션으로 7000파운드를 벌었습니다. 집에 돌아와서 여자친구에게(지금 내 약혼녀입니다) "오늘 7000파운드 벌었어!"라고 말한 기억이 납니다. 그 후로는 퇴근해서 트레이드 수익에 대해 말하지 않는 게 좋다는 사실을 배우기는 했지요. 여자친구에게 압박감을 주고 싶지 않았으니까요. 그리고 얼마 안 가 또 크게 한건 했습니다. 유럽 경제 지표 몇 가지가 충격적으로 악화되는 것을 보고 독일 국채 10년물을 샀고, 거기서도 4000파운드를 벌었지요.

**아주 이상하군요. 둘 다 펀더멘털 분석을 이용한 트레이딩이었네요.**

압니다. 나는 배움이 느린 사람입니다. 머릿속으로 확실히 집어넣기까지 오래 걸리는 편입니다. 하지만 일단 머릿속에 들어온 지식은 확실하게 깨우칩니다. 아무래도 내가 과학적인 성격이라 증거 한두 개로는 만족하지 않아서 그런 것 같습니다. 이상적인 상황이라면 나는 미국이 전략 비축유를 풀 것이라는 증거를 10개 정도는 봐야 직성에 맞으니까요.

아무래도 그 부분이 펀더멘털을 전적으로 수용하지 못했던 또 다른 요인인 것 같군요. 통계적으로 유의미한 수의 증거가 나온 것은 아니었으니까요.

맞습니다. 그래서 고심했죠. 나는 너무 거만합니다. 그게 나의 치명적인 단점이죠.

어떻게 거만했죠?

잘 듣지 않았죠.

어떤 말을 잘 듣지 않았습니까?

펀더멘털에 더 주의를 기울여야 한다는 말은 귓등으로 듣고 무시했죠.

바그 씨의 상사들은 기술적 분석에 더 집중해야 한다고 말하지 않았나요?

그들은 그렇게 말했지만, 동료들은 반대로 말했죠.

양쪽의 충고가 모순이었군요. 바그 씨는 결정적으로 한쪽 말만 들었고요.

나만의 생각을 가져야 했다는 건 나도 압니다. 나만의 생각을 만들어야 했는데 그러지 않았죠. 내가 잘할 수 있는지 해고되지는 않을지 걱정하는 데만 온 신경이 쏠려 있었거든요. 나만의 프로세스를 만드는 데 집중했어야 했는데 말입니다. 그래도 시간이 꽤 걸리기는 했지만 펀더멘털에 집중해야 한다는 사실을 깨닫기는 했습니다.

**지금 바그 씨는 철저히 펀더멘털 위주의 트레이딩에 집중합니까?**

재미있는 건 아니라는 겁니다. 그런 시간을 보낸 후에도 나는 여전히 기술적 트레이딩을 합니다. 다만 시간을 조금 더 길게 잡기는 합니다. 그렇다고 기술적 분석으로만 트레이딩을 하는 건 아닙니다. 거기에 펀더멘털을 분석해서 얻은 지식을 결합합니다.

**기술적 분석 트레이딩으로 돌아가게 된 계기가 있었나요?**

이벤트 트레이딩의 단점은 마땅한 이벤트가 없으면 트레이드에 들어갈 수도 없다는 것입니다. 정말로 따분하지요. 인생을 허비하고 있다는 생각마저 들 수 있습니다.

**이건 그냥 짐작인데, 따분함을 벗어나려고 하지 말아야 할 트레이드에 진입하고 싶은 유혹을 느낄 수도 있겠네요.**

정확히 보셨네요. 오히려 부차적으로 다른 프로젝트를 추진할 때가 트레이딩 성적이 훨씬 더 좋기도 했습니다. 이벤트 트레이딩 말고는 할 게 없는데 마땅한 이벤트가 생기지 않으면 마음이 요동칩니다. 무언가 집중할 게 있어야 합니다. 그렇지 않으면 엉뚱한 것에 정신이 홀리고 맙니다.

2년쯤 전부터 추세추종 시스템 몇 가지를 검토하고 시험하기 시작했습니다. 추세추종이 얼마나 효과가 있는지 직접 알아보고 싶었거든요. 여러 매개변수와 기간을 적용해서 시뮬레이션을 구동했습니다. 스톱이라든가 목표 수준을 다양하게 적용해서 이런 변화가 발생하면 결과가 어떻게 달라지는지 요리조리 테스트했죠.

**테스트는 어떻게 했습니까?**

파이썬 프로그래밍 언어를 이용했습니다.

**테스트한 추세추종 시스템 트레이딩은 무엇입니까?**

돈치안 채널 시스템과 이동평균 시스템을 테스트했습니다.

**어떤 결과가 나왔습니까?**

추세추종이 괜찮은 전략이라는 결과가 나오기는 했지만, 계좌 MDD가 클 수도 있다는 게 문제였습니다.

**1970년대와 1980년대에는 훌륭한 방법이었지요.**

내가 테스트한 결과도 그랬습니다. 수익이 지금과는 비교도 안 될 정도로 좋더군요.

**그렇죠. 지금도 추세가 있기는 하지만 시장의 변덕이 심해졌죠. 추세추종 시스템으로 나오는 리스크 대비 수익률도 예전보다는 훨씬 줄어들었고요. 추세추종 시스템의 그런 내재적인 한계를 어떻게 해결했습니까?**

추세추종 하나만 이용하지는 않습니다. 펀더멘털 이벤트에 대해 내가 나름대로 분석한 자료도 결부해서 트레이딩을 합니다. 아직은 만족할 만한 결과가 나오고 있습니다.

**시스템을 테스트하면서 돈치안 채널의 4주 규칙과 같은 단기 돌파 시스템이 휩소에 넘어가 손실이 나기 쉬워서 별 도움이 못 된다는 사실도 발견하셨겠네요.**

예, 그렇더군요.

**장기 추세추종 시스템도 함께 분석했을 것 같은데요. 그건 조금 더 까다로운가요?**

나는 전산화된 시스템은 이용하지 않습니다. 이 테스트를 하면서 컴퓨터가 할 수 있는 것은 하지 않는다는 원칙을 세웠습니다. 내 감이 긴 하지만, 내가 기본적인 추세추종 시스템을 쉽게 모방할 수 있으면 남들도 다 할 수 있지 않겠습니까.

그게 기본적인 추세추종 시스템의 문제이기는 하지요. 모두가 다 할 수 있다는 거요. 1970년대에는 추세추종을 이용하는 사람이 적었으니 꽤 도움이 되었지요. 1960년대에는 더 좋았고요. 에드 세이코타 씨와의 인터뷰가 생각납니다. 그는 1960년대에 IBM 360 메인프레임으로 추세추종 시스템을 구동했지요. 그러니 경쟁 상대가 별로 없었지요. 하지만 오늘날은 PC가 흔하디흔한 것이 되었고 누구라도 추세추종 소프트웨어를 구입할 수 있습니다. 이 방식은 이제 예전만큼 효력이 크지 않습니다. 바그 씨는 추세추종을 트레이딩에 어떤 식으로 활용합니까?

추세추종은 그 자체로는 불충분합니다. 트레이딩에서 중요한 것은 일단 트레이드에 진입한 후에 어떻게 리스크를 관리하고 차익을 거둬야 하는가입니다. 처음에 나는 추세추종을 잘 이용해서 홈런을 칠 생각이었습니다. 추세추종 트레이딩을 하고 추적스톱을 걸어서 빠져 나왔지요. 그런데 전체적으로는 크게 상승 추세인데 시장이 내가 걸어놓은 추적스톱으로 다시 내려올 때가 있어요. 그러면 차익을 고스란히 반납하는 꼴인데 그게 정말로 싫었습니다. 자신의 성격에 맞는 트레이딩을 해야 합니다. 마음의 평화를 얻을 수 있는 트레이딩 방법을 알아내야 합니다. 포지션을 청산하고 나서는 수익이 났건 손실이 났건 깨끗하게 잊을 수 있어야 합니다. (그가 손가락으로 딱 소리를 냈다) 기분이 찝찝하다면 왜 찝찝한지 되돌아보면서 이유를 알아내야 합니다. 나는 그런 불편한 기분을 느끼기 싫어서 추세추종 포지션을 청산하는 나만의 방법을 개발했습니다.

**그렇다면 추세추종 시스템을 테스트하기는 했지만, 기술적 분석을 시스템이 아니라 보조 장치로 사용한 것이군요.**

추세추종 시스템을 테스트하고 얻은 게 없지는 않습니다. 차트를 이용해서 돈을 벌 수 있다는 자신감을 얻었죠. 그러나 자동으로 신호를 읽어서 처리하는 시스템 트레이딩은 하지 않습니다. 나는 모든 트레이딩을 내 재량으로 합니다. 이벤트에 대한 해석과 추세추종으로 수집한 인사이트, 여기에 피터 브랜트 씨의 리스크 관리 방법에서 배운 교훈을 조합한 것이 내 트레이딩 접근법이라고 설명할 수 있겠군요.

**이번 책 저술을 위해 피터 브랜트 씨도 인터뷰했습니다. 브랜트 씨에게서 배운 교훈은 구체적으로 무엇입니까?**

가능한 한 적은 손실만 입게 하는 것이 원금 보전에는 대단히 중요하다는 교훈이었죠. 트레이딩에서 가장 중요한 것은 정신적 자본입니다. 다음 트레이드에 들어가려면 머리가 맑아야 합니다. 나는 MDD가 깊으면 머리가 맑지 못합니다. 돈을 만회하려고 어떻게든 트레이드에 진입하려고 하지만, 정작 진입하고 나서는 겁을 먹어서 움츠러들 수도 있습니다.

피터 브랜트 씨의 리스크 관리 방법은 놀랍도록 훌륭합니다. 그의 트레이딩 내역을 분석할 수 있어서 무척이나 다행이었습니다. (바그는 '피터 브랜트의 트레이드 내역'이라고 적은 두툼한 서류철을 보여주었다) 브랜트 씨는 자신이 옳은 결정을 내렸다고 판단하면 그 트레이드에서 곧바로 움직임이 있을 것이라고 기대합니다. 최고의 트레이드는 사실 알아서 잘 갑니다. 혹시 시장이 반대로 움직이고 있다는 신호가 나타나면 그는 스톱을 타이트하게 걸어서 빠져나올 준비를 합니다. 내가 하는 펀더멘털 트레이딩에 딱 맞는 접근법입니다. 나는 규모가 좀 되는 트레이드에 진입하면 곧바로 좋은 결과가 나오기를 기대합니다. 그리고 곧바로 움직이지 않으면 서둘러서 빠져나옵니다.

**고확신 트레이드에 진입했고 포지션 크기가 어느 정도 된다면 시간 여유는 얼마나 둡니까?**

트레이드에 진입했는데 손실이 나는 시간이 길어지면 점점 초조해져서 스톱을 더 공격적으로 가깝게 겁니다.

**트레이드 건당 얼마나 리스크를 감수하고 있는지 파악하고 있습니까?**

대략적으로는 파악합니다. 시장이 10틱씩 반대로 움직일 때마다 내가 손실이 얼마나 나는지는 파악하고 있죠.

**트레이드를 청산하기 전에 몇 틱의 여유를 둘지 미리 정해둡니까?**

그건 어떤 트레이드인지에 따라 다릅니다. 자신있게 잡은 트레이드에 대해서는 리스크도 더 공격적으로 감수합니다. 하지만 스톱 지점도 마찬가지로 더 공격적으로 빠듯하게 걸어두죠. 하루는 브렉시트 트레이드로 100%의 수익을 올렸습니다. 그 정도 수익을 올리려면 상당한 레버리지를 이용해야 하죠. 그런 트레이드에서는 절대로 고통스러운 결과를 맛보고 싶지 않습니다. 고통을 맛본다면 그건 엄청나게 큰 적신호이니까요.

**바그 씨는 대규모 트레이드에 대해서는 진입 즉시 앞으로 치고 나가기를 기대한다는 뜻이군요.**

그렇습니다. 가끔은 아주 잠깐은 뒤처져도 참을 수 있습니다. 그러나 꽤 규모 있게 들어간 트레이드가 거꾸로 간다면 가만히 있는 것은 안

전하지 않습니다.

**그러면 바로 빠져나오나요?**

그렇습니다.

**여유는 분 단위로 두나요?**

초 단위입니다. 포지션이 크지 않으면 분 단위까지 기다리기도 합니다. 그러나 포지션이 큰데 20~30초를 기다려도 치고 나가지 않으면 청산합니다.

사람들은 손절매를 많이 망설입니다. 혹시라도 트레이드를 정리했는데 그러고 나서 시장이 원하는 방향으로 갈까 봐서죠. 그건 에고의 문제입니다. 나도 똑같은 실수를 몇 년이나 했습니다. 진입을 하고 스톱을 걸어놓으면, 트레이드는 스톱 지점 근처에는 가지도 않고 계속 손실이 나곤 했죠. 스톱 지점을 때리기를 기다렸지만 그러지 않을 확률이 90%라는 것은 이미 알고 있었지요. 그런데도 나는 빠져나오지 못했습니다. 빠져나왔는데 그 후로 시장이 반전할까 봐서요. 어떤 때는 빠져나오자마자 목표가에 도달할 때도 있습니다. 그러면 홀딩하는 게 맞았다는 잘못된 교훈을 새기게 됩니다. 문제는 우리는 트레이드를 청산하고 난 후에 그것이 목표가에 도달했다는 것만 기억하고, 빠져나왔기 때문에 돈을 건졌다는 것은 기억하지 못한다는 사실입니다.

**왜 그렇게 생각합니까?**

인간의 천성은 언제나 긍정이 아니라 부정적으로 기울거든요. 트레이더들이 실패하는 건 시장이 원하는 대로 움직이지 않는데도 스톱 지점을 고집한다는 겁니다. 실력 없는 트레이더들은 심지어 스톱조차 걸어두지 않거나, 시장과 아주 먼 지점에서 스톱을 걸어둡니다.

나는 그걸 CIC 스톱 주문이라고 부릅니다. 가까워지면 취소한다는 뜻이지요. 바그 씨의 말은 트레이드에 진입하면 무조건 스톱 지점을 정해두는 것만으로는 충분하지 않다는 뜻이군요.

맞습니다. 트레이더들은 손실 중인 트레이드가 5일 정도 횡보해도 그냥 보기만 하면서 시장가가 스톱 지점을 때리기를 기다립니다. 내가 보기에는 움직이지 않는 트레이드를 오래 들고 있어봤자 손실 가능성이 더 커질 뿐입니다.

## 브렉시트 트레이드

브렉시트 관련 트레이드로 100%의 수익을 냈다고 했습니다. 뒷이야기가 궁금하군요.

나를 포함해서 우리 사무실의 트레이더들은 다 브렉시트가 부결될 것이라고 예상하기는 했지만, 그래도 만에 하나 가능성 때문에 사무실에서 한밤까지 대기했습니다.

브렉시트가 부결되었다면 트레이드에 들어갈 기회도 없었겠군요.

정확히 짚으셨네요. 표결 결과에 대한 예측 보도는 나라마다 달랐습니다. 밤이 깊을수록 브렉시트가 가결될 조짐이 점점 뚜렷해졌습니다. 시장 가격에는 그게 전혀 반영되지 않은 상태였죠. 그러니 돈을 벌 기회도 있었고요. 영국 파운드화를 파는 게 가장 확실하기는 했지만, 파운드화는 변동성이 믿기 힘들 정도로 높았습니다. 타이밍이 조금이라도 엇나간다면 계좌의 절반이 사라질 수도 있었습니다.

타당한 우려였지요. 나도 그날 밤 영국 파운드화의 움직임이 크게 뒤집혔다는 사실은 기억이 납니다. 여느 상황과는 달랐지요. 보통은 뉴스가 나가면 시장이 한 방향으로 움직이는데 말입니다.

맞습니다. 한 나라에서는 브렉시트 가결이 예상된다는 뉴스를 내보냈고 어떤 나라는 가결되지 않을 것 같다고 점치는 보도를 내보냈습니다. 내가 파운드화에 집착하다 허를 찔린다면 크게 손실이 날 수도 있는 상황이었습니다.

**파운드화 대신에 무엇을 선택했습니까?**

미국 국채 30년물을 샀습니다. 브렉시트 충격으로 시장에 리스크 회피 심리가 만연해져서 미국 국채로 몰려들 것으로 예상했습니다. 혹시라도 미국 국채에 대해 매수 포지션을 선택한 것이 틀렸다고 해도 2~3틱 정도 손실이 나는 데 그치겠지만, 영국 파운드화 매도 포지션을 잡았다가는 200~300틱의 손실이 날 수도 있었죠. 고레버리지로 포지션을 잡은 나로서는 그 정도만으로도 결과가 크게 달라질 수 있는 일이었으니까요.

**미국 국채 30년물은 얼마나 올랐습니까?**

내 기억으로는 60~100틱 정도였습니다.

**그 정도 상승이라면 영국 파운드화에 대해 매도 포지션을 잡아서 직접 트레이딩을 하는 것보다 미국 국채 30년물 매수 포지션을 잡는 것이 위험조정수익률 면에서도 훨씬 나았겠네요.**

파운드화보다는 미국 국채 트레이드가 훨씬 쉬워 보였습니다.

**이벤트 분석과 기술적 분석을 결합해서 트레이딩을 한 적이 있는지 궁금합니다.**

올해 초(2019년) 금값이 상당히 약세였습니다. 트럼프가 대중국 무역에 관세를 부과할 때도 금 시장은 요지부동이었지요. 그러다 어느 주말, 트럼프가 대중국 관세를 올렸습니다. 그다음 월요일 아침에 금값이 크게 올랐습니다. '이번에는 다르다.'가 내 생각이었습니다. 게다가 가격 이동과 돌파가 겹쳐서 일어났습니다. 내가 찾던 트레이드였습니다. 그래서 매수 포지션을 걸었습니다.

**그 포지션을 아직 가지고 있습니까?**

아니요. 정리했습니다.

**왜 정리했습니까?**

어느 지점에서 수익을 실현하고 어떻게 추세를 탈지 미리 규칙을 정해두거든요.

**수익 실현 규칙을 세우는 건 정해 놓은 수익 구간에 도달해서입니까? 아니면 가격 패턴이 어떤 식으로든 변하기 때문입니까?**

둘 다입니다. 나는 시황을 매일 점검합니다. 나는 될 수 있는 한 추세에서 뽑아낼 수 있는 건 최대한 뽑아내려고 노력합니다. 시장이 갑자기 폭발적으로 상승한 것이라면 차익을 실현하는 편입니다. 스톱을 높게 걸었다가는 자칫 미실현 수익의 상당 부분을 고스란히 토해내야 할지도 모르니까요. 하지만 시장이 안정적으로 상승하는 추세라면 스톱을 점진적으로 올립니다. 상황마다 다 다릅니다.

**그 금 트레이드에서는 어떻게 했습니까?**

상승 추세일 때 차익을 일부 실현했고, 되돌림이 시작되었을 때 나머지도 정리했습니다. 추세가 꺼지지 않은 상황에서 포지션을 정리할 때는 다 정리하지 않고 일부 남겨두려고 노력하는 편입니다.

**아까 트레이딩에서는 올바른 마인드셋이 중요하다고 말씀하셨습니다. 트레이딩의 정신적 측면에 대해서 설명을 듣고 싶습니다.**

내가 트레이더로서 세운 목표는 나만의 프로세스와 조화를 이뤄야 한다는 것입니다. 그러다 보니 내 감정도 트레이딩의 한 요소입니다. 잘못된 트레이드를 한 것은 아닌지 그 순간 바로 알아내려고 노력하는 편입니다. 과거 내 계좌의 원금 손실을 분석했는데, 첫 단추부터 잘못 끼워 놓고는 엉뚱한 트레이딩을 계속하고 있었지요. 다음 기회를 놓칠까 봐 두려워했던 거지요. 지금은 그런 상황이 오면 그냥 간단하게 대처합니다. 무언가가 잘못되고 있다는 느낌이 오면 일찍 퇴근하거나 다음 날 아침에 휴가를 냅니다. 무엇이든 해서 흐트러진 마인드셋을 바로 잡으려 노력합니다. 나는 마음이 평화롭고 평정된 상태에서 트레이딩을 하고 싶습니다. 마음이 복잡한 상태에서는 어떤 트레이딩도 하고 싶지 않습니다.

**트레이딩이 시장과 반대로 움직인다고 느낄 때 마음을 가라앉히기 위한 일종의 서킷브레이커 같은 것이군요.**

그렇습니다. 예전에는 다음 트레이드를 놓칠까 봐 그러지 못했습니다.

## ▌최악의 트레이드

**바그 씨에게 최악의 트레이드는 무엇이었습니까?**

손실이 가장 크게 나서가 아니라 운용한 방법이 최악이라서 최악의 트레이드가 된 것이 있습니다. 당시에는 PMI(구매관리자지수, 민간 기업 구매 담당자가 업황에 대해 느끼는 점을 나타낸 지표) 발표에 따라 시장이 크게 움직였습니다. 정확히 기억은 안 나지만 독일인가 프랑스인가의 PMI가 시장 기대를 크게 상회한 달이 있었습니다. 아무래도 채권 수익률이 크게 꺾이고 주식시장이 급등할 것 같았습니다. 독일 장기 국채 200계약을 팔고 유로스톡스 200계약을 샀습니다. 사자마자 2만 파운드가 미끄러지더군요. "이런 손실을 어떻게 감당해."라고 혼잣말을 하며 가만히 앉아 있었죠. 다행히도 시장이 반등한 덕분에 재빨리 빠져나왔고 손실을 3000인가 4000파운드 정도에서 막았습니다. 포지션을 청산한 직후부터 시장이 처음 트레이드를 걸었을 때와는 반대 방향으로 난폭하게 내리꽂기 시작했습니다. 끔찍했죠.

**어쨌거나 트레이드로만 놓고 보면 최악은 아니었네요. 하지만 잠깐의 조정이 없었다면……**

대참사가 일어났을 수도 있었죠.

**결과로만 보면 그렇게 나쁜 트레이드는 아니었다고 보이는데요. 즉시 손절매한 것보다는 훨씬 나은 결과였지요. 그 잠깐의 조정이 없었다면 대참사가 나올 뻔했죠. 멍하니 있던 태도가 잘못이기는 했지만, 그 실수가 오히려 바그 씨를 구했다고 봐야 할 것 같습니다. '최악의 트레이드'라는 칭호를 붙인 건 결과만으로는 나쁘지 않았지만, 결정 자체는 잘못된 것이었음을 깨달았기 때문인가요?**

예. 저를 뒤흔든 사건이었습니다. 내가 그런 행동을 할 수 있다는 것을 깨달았으니까요. '이런 일은 또 생길 수 있어.' 그런 생각을 하니 소름이 돋았습니다.

그 경험으로 좋은 교훈을 얻었군요. 대부분의 사람은 같은 경험을 해도 잘못된 교훈을 얻을 겁니다. "내가 똑똑하니 망정이지. 조정이 오기를 기다리지 않고 패닉셀을 했어 봐." 바그 씨가 최악의 트레이드라고 이름 붙인 그 트레이드에서 약간의 손실만 났다는 사실이 재미있네요. 더 재미있는 부분은 최악의 트레이드가 되게 했던 바로 그 행동으로 인해 오히려 손실을 크게 줄일 수 있었다는 점이죠. 행동과 결과를 구분하는 능력이야말로 바그 씨가 성공적인 트레이더가 된 비결 중 하나일 것 같은데요.

그때의 그 트레이드를 나는 절대로, 죽어도 잊지 못할 겁니다. 지금도 사실인가 싶을 정도입니다. 내가 그렇게 행동하리라고는 상상도 하지 못했습니다. "이런 손실을 어떻게 감당해."라는 정신 상태에 빠질 수 있다는 사실을 깨닫고 나니 겁이 나 죽을 지경이었습니다. 그때 정말 된통 뎄나 봅니다. 그 후로는 같은 실수를 반복하지 않았거든요.


'최악의 트레이드'라고 말하기는 하지만 사실상 돈을 크게 잃지는 않았죠. 최악의 손실이 난 단일 트레이드는 무엇입니까?

2017년 9월에 ECB 기자회견을 듣고 있는데 마리오 드라기 총재가 모두 발언에서 강유로에 대해 언급했습니다. 그냥 한 말이 아니라 유로화 평가 절하를 의미하는 것이라고 짐작했습니다. 내가 그전부터 준비하던 트레이드라서 곧바로 유로화 200계약에 대해 매도 포지션을 잡았고 바로 이익이 났습니다. 내가 원하던 종류의 트레이드였지요. 그래서 탐욕에 젖어서는 독일 장기 국채 200계약에 대해 매수 포지션을 잡았습니다. 그건 독일 장기 국채에 맞는 트레이드가 아니었어요. 드라기는 유로화 평가 절하를 암시했지 양적 완화를 의미한 것이 아니었으니까요.

**결국 간접 트레이드를 통해 리스크를 줄이는 식으로 포지션 크기를 키우는 일종의 피라미드 전략을 쓴 것이네요.**

맞습니다. 독일 장기 국채에 매수 포지션을 잡은 순간 유로화가 반등하기 시작했습니다. 처음의 트레이드에 큰 손실이 날 수 있다는 경고 신호였지요. 유로화 포지션을 털어낼 준비를 하는데 독일 장기 국채가 급락하기 시작했습니다. 나는 두 포지션 모두에서 바로 손절매해야 했습니다. 물론 충동적으로 매수한 독일 장기 국채 포지션에서 대부분의 손실이 나기는 했지만요.

**원래 계획했던 포지션만 유지하고 있었다면…….**

그랬다면 약간의 손실로 끝났겠지요. 탐욕이 문제였습니다. 다음 날 영란은행Bank of England이 금리 인상 쪽으로 태도를 바꾸면서 이벤트 트레이드 기회가 생겼지만, 전날 12%나 손실이 났으니 나로서는 방아쇠를 당기기가 겁이 났죠. 그 손실에서 아직 정신적으로 회복이 되지 않았으니 또 손실이 날지도 모르는 트레이드에 진입할 용기가 나지 않았습니다. 시장이 크게 움직였고 동료 트레이더들에게는 잔칫날이었습니다. 나는 아직도 전날의 충격에서 벗어나지 못한 채 멍하니 있었고요. 상처 입은 데 소금 뿌린 격이었죠. 거기서 끝이 아니었습니다. 그 주 주말에 사무실 동료 트레이더들은 암리트의 총각 파티를 축하하러 스페인으로 날아갔습니다. 나는 세상이 끝난 것만 같았고 축하할 기분도 안 들었습니다.

**2018년 1월부터 7월까지 바그 씨가 풀이 잔뜩 죽어 있을 때 트레이딩 성적도 가장 바닥이었군요. 시장이 딱히 최악의 시기는 아니었는데 바그 씨에게는 성적이 크게 저조한 기간이 되었군요. 그때 무슨 특별한 일이 있었습니까?**

2017년에 성적이 꽤 좋았으니 한껏 의기양양해져서 2018년을 시작했던 거지요. 리스크를 너무 크게 감당했던 겁니다. 잠깐 트레이딩을 멈췄다가 돌아온 후 규모를 예전 크기로 축소하기로 결정했습니다. 마음가짐이 '이건 밀어붙여야 해.'에서 '원금을 온전히 유지하는 데 집중해야 해. 더는 큰 손실이 나면 안 돼.'로 바뀐 거죠.

## ┃ 나쁜 버릇

**스티브 골드스타인 씨와 일한 게 도움이 되었습니까? (스티브 골드스타인은 런던에 거주하는 트레이딩 코치이며 이 책에 나온 트레이더 몇 명과도 함께 일한 경력이 있다. 영국의 숨은 트레이더들을 찾는 데에는 그의 도움이 컸다)**

스티브의 도움으로 나도 모르고 있던 내 인성의 일부를 알게 되었습니다.

**어떤 인성이요?**

나는 남들과 나를 많이 비교하는 편이고, 내 실적도 남들과 비교해서 판단합니다. 큰 건을 놓쳤는데 사무실의 다른 트레이더들도 그 트레이드를 하지 않았다면 나는 상관하지 않습니다. 하지만 동료 트레이더가 하나라도 그 트레이드를 했다면 죽도록 싫습니다. 그에게 참패했다는 생각이 들어서요. 그런 기분을 느끼니 자꾸 헛발질할 수밖에요. 뒤처졌다는 느낌에 빠져서는 놓친 기회를 만회하려고 포지션 크기를 과도하게 키우는 행동을 거듭했습니다. 그런 성격적인 결함이 내가 2018년 상반기에 처참한 성적을 거두게 된 큰 이유였습니다. 스티브는 그런 내 결함을 직시하도록 도와주었습니다.

**그 전까지는 그런 결함을 인지하지 못했나요?**

어렴풋이 느끼기는 했지만 완전히 의식하지는 못했죠.

**스티브 씨는 어떤 조언을 해주었습니까?**

재미있는 건, 그가 무슨 해결책을 제시해주지는 않았다는 겁니다. 그는 내 버릇을 지적해 주었고 그게 큰 도움이 되었지요. 그는 상황을 들춰내고 내 버릇이 나를 어떻게 망치고 있는지 인식하게 도와주었습니다.

**본인이 어떻게 행동하는지를 인식한 것이 행동을 개선하는 데 도움이 되었습니까?**

도움이 됐죠. 나는 그 트레이드를 놓쳤는데 남이 나보다 더 잘하는 것을 보면서 감정적으로 반응하는 것은 그냥 나쁜 버릇이었습니다. 버릇은 고칠 수 있습니다. 문제를 인식하고 나니 바꿀 수 있었습니다. 아까 스위스 중앙은행의 페그 트레이드에 대해서 말했죠. 나는 그걸 하지 못했지만 사무실의 다른 트레이더들은 그걸로 크게 한 건 올렸습니다. 예전이라면 '저 사람들 싫다. 다 운이 좋아서지.'라고 생각했을 겁니다. 지금은 그런 일을 보면 다르게 반응합니다. '내 것이 아니고 저 사람들 거였어.' 하고 담담하게 넘어갑니다.

**그러면서 트레이딩 방법에도 변화가 있었습니까?**

예. 지금은 수익 실현을 더 현명하게 합니다. 나는 규모가 큰 트레이드에 들어가면 사진을 찍었습니다. 그런 다음에는 그 트레이드들을 되짚으면서 수익을 실현할 방법을 다각도로 분석했습니다.

**도움이 되는 결과가 나왔습니까?**

한동안은 마땅한 청산 규칙을 마련하지 못했습니다. "와우, 이만큼이나 올랐네. 여기서 수익을 실현해야겠다."라는 식이었죠. 그런데 분석을 하고 보니 포지션 일부를 정리하고 일부만 들고 있는 쪽이 저한테는 더 낫더군요.

**남은 포지션은 얼마나 보유합니까?**

추세가 얼마나 강하냐에 달렸죠. 길면 한 달 정도 유지하기도 합니다.

**포지션은 보통 얼마나 남깁니까?**

5~10% 정도 남기는 편입니다. 리스크는 대부분 덜어냅니다. 대규모 포지션을 들고 있다가 생길 수 있는 변동성을 밤새도록 견디고 싶지는 않으니까요. 하물며 더 길게 홀딩하는 건 더 못 견디죠.

**일부만 남긴 포지션이 전체 결과에 큰 차이를 만들 수도 있겠군요.**

리스크 부담 없이 몇 퍼센트 추가로 벌면 기분이 정말 좋지요.

---

### 【 리처드 바그의 투자 조언 8 】
#### "가장 중요한 것은 정신적 자본입니다"

1. 좋은 트레이더가 되려면 자기인식 능력을 높이 길러야 합니다. 본인의 결함과 강점을 직시하고 두 가지를 효과적으로 다룰 수 있어야 합니다. 강점은 최대한 활용하고 약점은 최대한 방어해야 합니다.
2. 좋은 트레이드를 놓쳐도 괜찮습니다. 좋은 기회는 언제라도 또 옵니다.

---

3. 트레이딩에서 가장 중요한 것은 정신적 자본입니다. 실수를 할 때도 좋은 트레이드를 놓쳤을 때도 큰 손실을 봤을 때도 어떻게 대응하는 지가 정말로 중요합니다. 잘못 대응했다가는 더 큰 실수를 더 많이 하게 될 테니까요.

4. 트레이드에서 손해는 났지만, 본인은 실수한 게 없다면 "이 트레이드 는 나중에 다시 진입해야지."라고 말할 수 있어야 합니다.

5. 기회는 산발적입니다. 오늘 기회가 왔고, 다음 기회까지 3개월을 기 다려야 할 수도 있습니다. 그런 현실을 인정하기는 힘들겠죠. 트레이 딩으로 꾸준한 소득을 내야 하는 입장일 테니까요. 하지만 기회라는 건 우리가 원하는 대로 오지 않습니다. 나 같은 경우 2017년 수익 대 부분은 6월 두 주 동안과 12월 하루에 했던 매매에서 나왔습니다. 그 걸로 끝이었죠. 그해 나머지는 그냥 공쳤습니다.

6. 장기적인 안목을 가져야 합니다. 자본을 단번에 늘리는 게 아니라 조 금씩 늘린다는 마음가짐을 가져야 합니다.

7. 실수해도 자신을 용서해야 합니다. 예전에 한동안은 나도 실수를 하 고 나면 자책하기 바빴습니다. 그러다가 상황이 더 악화되었죠. 우리 는 인간이고 실수를 합니다. 그 사실을 인정해야 합니다. 나도 그 사 실을 이해하는 데 4년인가 5년이 걸렸습니다. 왜 그렇게 오래 걸렸 는지 모를 일입니다.

8. 온종일 화면을 쳐다보는 것은 카지노 초대장을 접수하는 것과 같습 니다. 충동적으로 트레이드에 진입하고픈 유혹을 물리쳐야 합니다.

**트레이더 일을 하면서 배운 교훈이 있다면요?**

잘못되거나 놓친 트레이드로 인해서 마음의 안정이 사라지는 것을 막기 위해 나는 심기일전의 규칙을 세워두고 있습니다. 자리를 벗어나거나 운동을 하거나 자연으로 나가거나 노는 거죠. 예전에 나는 시장에서 돈을 잃으면 지출을 줄이는 버릇이 있었습니다. 여자친구에게 "오늘 밤은 나가 놀고 싶지 않아. 낮에 입은 손실이 얼만데."라고 말했었죠. 그런 식의 태도는 몸과 마음을 긴장하게 해서 트레이딩 성과도 점점 나빠지게 만듭니다. 조금의 리스크도 감당 못 하는데 잘될 턱이 있나요. 암리트는 내게 반직관적인 태도를 기르라고 조언했습니다. 한마디로 손실이 나면 더 쓰라는 거였지요. 하루는 손실이 났는데 그가 이렇게 말하더군요. "나가서 맛있는 거 사 먹어요." 나가서 돈을 쓰면서 에너지를 재충전하라는 것이었지요. 그 충고를 받아들이기 힘들어서 한동안은 들은 척도 안 했습니다.

**지금은 아닌가요?**

네. 지금은 트레이딩이 내 인생의 다른 것에 영향을 미치지 않는 단계에 드디어 도착했습니다.

**마지막으로 정리의 말씀 부탁드립니다.**

나는 우울증에 빠져 지낸 기간이 긴 만큼 행복이 얼마나 중요한지를 의식하게 되었습니다. 나는 행복한 삶을 원합니다. 예전에는 돈을 많이 버는 것이 목표였습니다. 지금은 행복하게 사는 것이 목표입니다. 아이러니하게도 목표를 바꿨는데도 여전히 돈을 잘 벌고 있습니다. 나는 본인의 행복을 최우선으로 삼아야 한다고 굳게 믿습니다. 나머지는 중요하지 않습니다.

위대한 트레이더들을 인터뷰하면서, 자신의 개성에 맞는 방법을 찾아야 한다는 교훈을 거듭 얻었다. 바그는 트레이더 세계에 입문했을 때는 기술적 분석을 통한 트레이딩을 하려고 노력했지만, 그의 천성에 맞는 것은 펀더멘털 트레이딩이었다. 그는 기술적 분석에 많은 시간을 쏟았지만, 그가 거두는 수익 대부분은 사실상 펀더멘털 트레이딩에서 나왔다. 결국 바그는 자신에게 더 맞는 방법(펀더멘털 분석)에 중점을 두기 시작했고 그때부터 그의 수익률은 몰라보게 좋아졌다. 그리고 나중에는 펀더멘털 분석의 보완 장치로 기술적 분석을 효과적으로 이용하는 방법도 알아내게 되었다.

바그는 성공 트레이딩에는 무엇보다도 마인드셋이 중요하다고 믿는다. "나는 마음이 평화롭고 평정된 상태에서 트레이딩을 하고 싶습니다." 바그는 트레이딩 수익이 나쁘고 마인드셋이 흔들린다고 느낄 때는 트레이딩을 멈추고 휴식을 취한다. 손실로 인해 마음의 균형이 깨진 상태에서 계속 트레이드에 진입했다가는 손실이 또 다른 손실을 낳을 것이 빤하기 때문이다. 원하는 대로 시장이 흘러가지 않을 때는 잠시 손을 놓고 마음의 준비를 끝낸 후에 트레이딩을 재개하라는 것이야말로 가장 새겨 들어야 할 조언일 수 있다.

초보 시절에 바그는 마음이 내키지 않는데도 포지션을 크게 잡아서 트레이드에 진입했고, 그러다 보니 트레이딩 자체에 대한 두려움에 사로잡혀 훌륭한 기회를 여러 번이나 놓쳤다. 그의 위안 지대에 들어맞는 수준에서 트레이드 규모를 잡았다면 훌륭한 기회들을 놓치지 않고 많은 수익을 냈을지도 모르는 일이다. 너무 크게 포지션을 잡았다가는 두려움이 당신의 트레이딩 행동을 지배한다는 교훈을 배울 수 있다.

지금의 트레이딩 방법에 불안한 마음이 든다면 불안감의 원천이 무엇인지 알아내고 방법을 가다듬어서 원천을 제거해야 한다. 바그는 시장이 그가 원하는 방향으로 크게 움직여서 추세 트레이딩으로 높은 미실현 수익을 내면 이 수익의 대부분을 도로 토해내야 할지도 모른다는 불안감에 원칙으로 세웠던 청산 방법을 수시로 바꾸곤 했다. 그는 지금은 추적스톱으로 시장에서 빠져나오는 것이 아니라 가격에 민감하게 반응하는 접근법으로 바꿨고, 그의 전체적인 수익률이 개선되었다.

바그는 충동 트레이딩의 유혹을 물리쳐야 한다고 조언한다. 조급한 마음이 들면 충동 트레이딩을 하기 십상이다. 기준에 부합하는 기회가 나타날 때까지 진득하게 기다리지 못하고 무언가라도 해야 한다는 마음이 드는 것이다. 시장은 인내하는 자에게 보상을 주고, 성급하게 뛰어드는 트레이드가 좋게 끝나는 경우는 거의 없다.

## ▎시장은 내키는 대로 기회를 던진다

안정적인 트레이딩 수익을 버는 것은 모두가 바라는 목표지만 현실적으로 거의 불가능하다. 시장은 내키는 대로 기회를 던져준다. 어떤 때는 위대한 기회를 연달아 주다가도, 어떤 때는 몇 달을 기다려도 그럭저럭 괜찮은 기회 하나도 주지 않는다. 인터뷰에도 나왔듯이 바그는 아주 높은 성적을 거둔 해가 있었지만, 대부분은 6월의 두 주와 12월의 하루에서 벌어들인 이익이었다. 꾸준하고 안정적인 수익을 추구하게 되면 최상이 아닌 기준 이하의 트레이드들만 잡게 되어서 전체 수익률이 저조해지는 결과가 빚어질 수 있다.

트레이드가 예상대로 움직이지 않으면 즉시 손절매해야 한다. 바그는 대규모로 건 트레이드가 예상과 다르게 움직이면 몇 초 만에 발을 뺀다. 이렇게 빠른 손절매로 리스크를 없애는 방법은 대다수 트레이더에게 들어맞는 방식은 아니지만, 바그가 자신의 방법론에 비해 리스크를 빠르게 없앤다는 점은 귀담아들을 만한 충고이다.

모든 트레이드에 스톱 지점을 정해두는 것도 손실을 줄이는 좋은 방법이다. 하지만 어느 정도 시간('어느 정도 시간'이라는 것은 구체적으로 어떤 방법을 썼느냐에 따라 달라진다)이 지났는데도 수익이 나지 않으면 굳이 스톱 지점에 도달할 때까지 기다릴 이유가 없다고 바그는 말한다. 그는 스톱까지 가기를 기다리지 않고서 줄인 손실액이, 처음에 손실이 났다가 스톱까지 가지않고 회복함으로써 생기게 되는 이익액보다는 클 것이라고 말한다.

단번에 수익을 다 실현하지 않아도 된다. 트레이드가 목표 가격에 도달했다면 일부만 실현하고 일부는 남겨두는 것도 좋은 방법이다. 시장이 처음에 진입할 때와 같은 방향으로 계속 움직인다면 추가로 수익을 얻을 수 있기 때문이다. 바그는 목표 가격에 도달한 포지션을 청산할 때 5~10% 정도는 남겨둔다. 바그는 일부만 포지션을 남겨두면 추가로 리스크를 크게 높이지 않으면서도 포지션 전체의 수익은 올라가는 효과가 있다고 말한다.

놓친 트레이드는 실제로 손실이 난 트레이드보다 더 고통스러울 수 있고, 심지어는 더 값비싼 대가를 치르게 할 수도 있다. 바그는 보통은 사무실에 붙박이로 있었지만 은행에 볼일이 있어서 잠깐 자리를 비웠다가 훌륭한 트레이드 기회를 놓쳤다. 장기적으로 보면 성공 트레이딩에는 좋은 트레이드에 진입하는 것도 중요하지만 트레이드 기회를 최소한으로만 놓치는 것도 중요하다.

## | 간접 트레이드가 더 좋은 기회가 되기도 한다

트레이드 아이디어를 실행에 옮길 때는 해당 시장을 우회하는 트레이딩도 좋은 방법일 수 있다. 때로는 간접적으로 관련이 있는 시장이 더 좋은 위험조정수익률 기회를 제공하기도 한다. 예를 들어, 브렉시트 국민 투표가 예상을 뒤엎고 점점 가결되는 쪽으로 가닥이 잡혔을 때 1차적인 트레이딩 방법은 영국 파운드화에 대해 매도 포지션을 취하는 것이었다. 그런데 문제가 있었다. 투표 결과가 나올 무렵에 영국 파운드화는 어디로 튈지 모르게 크게 출렁이고 있어서 쇼트를 걸었다가 아차 하는 순간에 강제 청산될 수도 있었다. 결과적으로는 맞게 취한 포지션이라고 해도 말이다. 바그는 브렉시트 국민 투표가 예상을 뒤엎고 가결되면 시장이 리스크 회피 자산으로 쏠릴 것이라고 짐작했다. 그래서 바그는 영국 파운드화에 대해 매도 포지션을 잡는 것이 아니라 변동성이 훨씬 적고 리스크를 훨씬 적게 잡아서 괜찮은 가격에 스톱을 걸 수 있는 미국 국채 30년물에 대해 매수 포지션을 잡았다. 결과적으로 미국 국채 30년물(간접 트레이드)은 해당 시장에 대한 직접 트레이드인 영국 파운드화 매도 포지션보다 위험조정수익률 면에서 훨씬 훌륭한 트레이드였다. 트레이드 아이디어도 중요하지만 어떤 방식으로 아이디어를 실행하느냐가 더 중요하다.

## ┃충동 트레이딩을 경계하라

바그는 관련 시장에서 대규모 포지션을 더해 시장 노출을 2배로 늘리려 했다가 최악의 손실을 냈다. 그는 처음 잡았던 트레이드와는 다르게 딱히 합당한 근거 없이 추가로 대규모 포지션을 취했던 것이다. 바그는 탐욕으로 인해 그런 행동을 하게 되었다고 솔직하게 인정한다. 계획에 없던 포지션은 적은 손실로 끝날 수 있었던 것을 큰 손실로 키우는 결과를 낳았다. 게다가 대부분의 손실은 두 번째로 들어갔던 트레이드, 다시 말해 처음 것과는 다르게 구체적인 기준이 없이 뛰어들었던 그 대규모 트레이드에서 나왔다. 탐욕으로 인한 충동 트레이딩은 대개 그 끝이 좋지 않다.

충동 트레이딩으로 인해 최악의 손실이 나고 다음 날 영란은행이 금리를 인상하는 쪽으로 통화정책을 수정했다. 바그가 원하는 이벤트 트레이드를 할 수 있는 절호의 기회였다. 사무실의 모든 트레이더가 높은 수익에 축배를 들었지만, 바그는 쓴 물을 삼켜야 했다. 그는 전날 입은 최악의 실수로 얼어붙어 있어서 새 리스크를 감수할 용기가 선뜻 나지 않았다. 이때의 경험은 중요한 교훈을 알려준다. 트레이드에 잘못 들어갔을 때의 피해는 금전적인 손실을 넘어 훨씬 크게 영향을 미친다는 것이다. 충동 트레이딩으로 인한 폐해로 트레이더가 자신감이 흔들리게 되면 위대한 기회에 다른 트레이더들 모두가 축배를 들어도 본인은 그 기회를 움켜잡지 못할 수도 있다. 그 훌륭한 기회를 놓치지 않고 움켜잡는다면, 잘못된 판단으로 난 최악의 손실을 만회하고도 남을 수익이 날 수도 있다.

트레이더는 트레이드 결과와 그것을 내리기까지의 결정을 구분해야 한다. 결정은 옳았어도 결과가 잘못될 수 있고 반대로 결정이 틀렸어도 결과는 좋을 수 있다. 바그는 거액의 손실을 보거나 하지는 않았지만 넋을 놓고 지켜보기만 했던 트레이드를 본인에게 있어 '최악의 트레이드'로 꼽는다. 다행히 잠깐의 조정이 와서 바그는 큰 손실 없이 청산할 수 있었다. 직후 시장은 그가 처음에 정한 트레이드와는 반대로 난폭하게 흘러내렸다. 얼른 손절매 하지 않고 망설인 덕분에 큰 손실을 작은 손실로 줄일 수 있었던 것은 사실이다. 하지만 우유부단하게 있었던 것이 좋은 결과를 낳기는 했어도 그는 운이 따랐을 뿐임을 인정했다. 잠깐의 반등이 오지 않았다면 그의 손실 금액은 대참사 수준으로 불어났을 것이라는 사실도 인정했다. 멍하니 있었던 것이 결과적으로 득이 되기는 했지만, 그가 판단하기에 이 실수는 트레이더로서 절대 하지 말아야 할 실수였다.

　많은 트레이더가 순전히 결과로만 자신의 트레이딩 성적을 평가하는 잘못을 저지른다. 그러나 본인의 방법과 리스크 통제 규칙에 부합하는 결정을 내리고 있느냐를 유의미한 평가 기준으로 삼아야 한다. 큰 수익을 낸 트레이드일지라도(이번 예에 적용한다면 손실을 줄이는 트레이드일지라도) 트레이더의 장기적인 성공을 책임지는 전체적인 트레이딩 방법과 리스크 통제 규칙을 어기는 트레이드라면 나쁜 트레이드의 범주에 들어간다. 반대로, 트레이더가 감당 가능한 수준에서 수익을 내는 데 효과가 있다고 판단한 방법론에 따라 실행한 트레이드라면, 손실이 나도 좋은 트레이드라 할 수 있다.

8

암리트 살Amrit Sall
◇◇◇◇◇◇◇◇◇◇◇◇◇◇◇◇◇◇◇◇◇◇◇◇◇◇◇◇◇◇◇

# 유니콘 저격수

**암리트 살**은 연평균수익률 337%라는, 놀라운 수익을 기록한 트레이더이다. 살의 차익 실현 대부분은 이른바 유니콘에서 나온다. 그는 진정으로 좋은 트레이드가 나타날 때까지 인내하고, 준비하고, 몰입한다. 또한 계좌 손실을 입은 날에는 그만의 특별한 방법으로 부정적인 마인드셋을 도려낸다.

여러 트레이더를 인터뷰했지만 암리트 살은 그중에서도 손가락 안에 꼽히는 성과를 자랑한다. 13년을 트레이더로 일하면서 살은 337%라는 연평균수익률을 기록했다. 잘못 적은 것이 아니다. 누계가 아니라 연간이다. 더 놀랍게도 그의 성과에서 가장 인상적인 부분은 수익률이 아니다. 그의 위험조정수익률 수치에는 말이 안 나올 정도이다. 조정된 소티노 지수는 17.6, 월간 손익비는 21.1, 일간 손익비는 3.6이다. 뛰어난 성과의 기준에 들어가는 수준에서도 10배는 높은 수치이다.

살은 샤프 지수의 결점을 완벽하게 보여주는 예이기도 하다. 그의 샤프 지수는 1.43이다. 훌륭한 수준이기는 하지만 크게 두각을 보이는 수치도 아니다. 샤프 지수는 큰 이익을 큰 손실 못지않게 중요한 리스크 요소(표준편차)로 간주한다는 중요한 결점이 있다. 살처럼 남들보다 월등하게 높은 이익을 내는 트레이더에게는 공평하지 못한 리스크 처리이다. 조정된 소티노 지수는 하방 변동성만을 리스크로 여기기 때문에 그의 이 지수 값은 샤프 지수의 12배이다. 살의 두 지수는 유독 극단적으로 차이

가 큰 편이다. 대대수 트레이더는 샤프 지수 대 조정된 소티노 지수가 1:1
에 가까운 편이다. 위험조정수익률이 높은 트레이더들도 이 비율이 대개
는 2:1이나 3:1 정도이다. 12:1이라는 비율은 살이 큰 이익을 거두는 경우
가 큰 손실이 날 때보다 압도적으로 많고 금액도 훨씬 크다는 뜻이 된다.
살의 일별 수익만 봐도 이익과 손실의 비대칭이 얼마나 첨예한지가 금방
드러난다. 그는 34거래일 동안 매일 15%가 넘는 수익을 냈고(그중 3거래일
은 100%가 넘었다. 절대 오타가 아니다) 단 하루만 두 자릿수 손실이 났다. 심
지어 그 한 번의 두 자릿수 손실도 상황이 그가 통제할 수 없는 수준으로
흘러서였다(자세한 내용은 뒤의 인터뷰에서 나온다).

　살은 트레이딩은 독립적으로 하지만 정보와 의견을 공유하는 트레
이더 집단에서 수석 트레이더이다. 동료들은 살을 대단히 존경한다. 리
처드 바그(7장 참조)는 그에 관해 이렇게 말한다. "암리트는 놀랍도록 훌
륭한 마인드셋을 가지고 있습니다. 그는 정신적으로 매우 강하고 언제나
낙관적인 견해를 보입니다. 그는 자신의 강점이 무엇인지 잘 알고 있으
며, 언제 강점대로 밀어붙여야 하고 언제 그러지 말아야 하는지를 확실
하게 파악하고 있습니다. 그래서 그는 손실도 최소한도로만 유지합니다.
그에게는 트레이더로서 드러내는 뚜렷한 약점이 없습니다." 다른 동료는
살의 트레이드 실행을 '아름다운 실행'이라고 묘사하기까지 한다.

　살에게는 독특한 트레이딩 스타일이 있는데, 전에 '시장의 마법사들'
에서 인터뷰한 다른 트레이더들에게서는 전혀 발견하지 못했던 스타일
이다. 이번 책에서도 트레이딩 스타일이 비슷한 트레이더가 있기는 하지
만(리처드 바그), 그건 바그가 초보 시절 살이 멘토가 되어주었기 때문일
것이다. 살은 시장을 크게 움직일 만한 이벤트를 찾아 트레이딩을 하는
데 주력한다. 예상했던 이벤트이고 급격한 가격 널뛰기가 거의 확실한
트레이드를 찾아내서 짧은 시간(보통은 몇 분)에 높은 이익을 거두는 것이

그의 트레이딩 스타일이다. 그는 이런 핵심 트레이딩 전략을 실행할 때는 큰 포지션도 마다하지 않는다. 트레이드를 준비하기 위해 이벤트 시나리오를 다양하게 짜보면서 시장의 단기 향방에 대해서만큼은 크게 자신하기 때문이다.

살은 자신이 했던 모든 트레이드 내역과 놓친 중요한 트레이드에 대해서 종합적인 평가 기록을 작성하는 일을 하루도 빼먹지 않는다. 그는 트레이드 장부를 범주별로 분류하고 내역까지 자세하게 적는다. 이렇게 여러 개의 서류철로 묶인 평가 기록은 살이 후보로 올린 트레이드를 검토할 때 중요한 기회가 될지 기준 이하의 기회가 될지 판별하도록 도와주는 아날로그 보조 장치 역할을 한다. 과거의 트레이드 내역을 종합적으로 정리한 이 나름의 지식 창고는 살이 트레이딩을 실행하고 운용하기 위한 계획을 짤 때도 크게 도움이 된다. 살은 청산까지 다 마친 트레이드에 대해서는 자신이 무엇을 했으며 어떤 점을 잘하고 잘못했는지 정리한다. 그리고 매달 말에는 한 달 동안 정리한 내용을 복기한다. 중요한 기회라고 짐작하는 트레이드에 들어가기 전에는 평가 기록서에서 과거의 비슷한 트레이드를 찾아내 시장이 이벤트에 어떻게 반응할지를 예상하는 데 활용한다.

리서치 작업을 마치면 다음으로는 트레이드에 들어가기에 앞서 정신적 리허설을 시작한다. 그러면 예상되는 이벤트가 세부 내용에서는 조금씩 달라지더라도 머뭇거리지 않고 반응할 수 있다. 그는 이 리허설을 이렇게 설명한다. "트레이드가 어떻게 펼쳐질 것인지 머릿속에서 상상으로 그리는 시간을 마련합니다. 정신적 리허설을 통해 빠른 행동력을 기를 수 있어요. 리허설은 진입하기 위한 방아쇠는 물론이고 운용 계획도 마련해줍니다. 또한 나는 시나리오도 다양하게 상상합니다. 처참한 결과가 나오는 시나리오도 있고 아주 훌륭한 결과가 나오는 시나리오도 있습니다. 그리고 각각의 시나리오마다 다른 대응법을 미리 세워두는 거죠."

살을 인터뷰한 건 리처드 바그와의 인터뷰 다음 날인 일요일이었고, 장소도 트레이딩룸 옆에 있는 같은 회의실이었다. 바그에게서 내가 탄산수를 계속 들이킨다는 말을 들었는지 살의 손에는 큰 탄산수병이 여러 개 들려 있었다. 인터뷰는 꼬박 한낮을 했다. 인터뷰가 끝나고 살이 나를 저녁 식사에 초대했다. 군이 설명하자면 인도식 퓨전 레스토랑이라고 말할 수 있는 곳이었다. 나는 가리는 것이 별로 없었기에 인도계인 살에게 주문을 맡겼다. 단 음식을 좋아하지 않아서 그가 주문한 요리 중 바비큐 치킨윙에는 살짝 거부감이 들었다. 괜한 걱정이었다. 인도식 바비큐는 미국식 바비큐와는 확실히 달랐다. 낮에 온종일 인터뷰했지만, 맛있는 식사를 하면서 트레이딩과 상관없는 이야기를 나누는 편안한 자리였다.

**어린 시절이나 청소년 시절부터 꿈꾼 직업이 있었나요?**

선혀요. 아무 생각도 없었어요. 심지어 대학에 들어가서 공부하고 싶다는 생각도 없었지요. 경제학도 생각이 있어 선택한 게 아닙니다. 학과 성적도 그냥 그랬습니다. 교과서를 들춰보지도 않았는데 당연한 결과지요. 그때는 학과 공부에 아무 열의가 없었습니다. 친구들하고 축구하는 데 빠져 지냈지요. 처음 자의로 선택한 게 비즈니스 정보시스템 학위 과정이었어요. 당시 인기 과정이라 친구들이 많이 선택한 과였지만, 그 과를 전공으로 삼기에는 내 성적이 좋지 못했죠. 그나마 경제학과에 합격할 수 있었습니다. 지금 생각하면 반전이기는 합니다. 내 인생의 실패라고 생각했던 경험이, 그러니까 학부 성적이 좋지 않았던 것이, 내가 트레이더가 되는 데 도움을 주었으니까요.

인생에는 그런 중요한 경험이 필요합니다. 닥쳤을 때는 그게 좋은 일인지 나쁜 일인지 알지 못하죠. 나쁜 일이라고 생각했는데 결국은 좋은 일이 되기도 하고, 좋은 일이 나쁜 일이 되기도 하니까요. 경제학 학위 취득에서 트레이더가 되기까지는 어떤 과정이 있었습니까?

리딩대학의 투자금융과 국제 증권 석사 과정에 등록했고 들어가서는 정말 열심히 공부했습니다. 학교에 모의 트레이딩룸이 있었습니다. 그곳에서 시장과 트레이딩을 처음 접하고 사랑에 빠졌지요. 리딩대학에 다닐 때 LIFFE에서 일했던 몇 분이 와서 강연회를 한 적이 있었습니다. 끝나고 나는 펜과 노트를 그분들에게 들이밀면서 "제가 뭘를 알아봐야 하는지 다 알려주세요. 어떤 책이나 기사를 읽어야 합니까? 어떤 블로그를 구독하면 좋을까요? 트레이딩의 현실에 대해서 하나도 빠짐없이 다 알고 싶습니다."라고 말했습니다. 한 분이 내게 명함을 주며 말했습니다. "월요일에 전화 주세요." 그렇게 해서 졸업하기 전에 트레이더 훈련 프로그램에 들어갈 수 있었습니다.

**그 훈련 프로그램에 대해 좀 더 알고 싶군요.**

처음에는 교육만 계속 받았습니다. 기술적 분석, 펀더멘털 분석, 그리고 트레이딩 심리에 대해 배웠습니다. 그렇게 두 달 교육을 받은 후에는 모의 트레이딩으로 전환했습니다.

**훈련 프로그램 참가 인원은 몇이었습니까?**

20명가량입니다.

**최종적으로 남은 인원은요?**

두 명이요.

나도 그럴 거라고 짐작했습니다. 살 씨는 처음에 기술적 분석과 펀더멘털 분석 중 어느 쪽 트레이딩을 더 잘했습니까?

둘 다 아니었습니다. 처음 1년 동안은 양쪽 모두에 적응이 안 돼서 양쪽 다 시도하고 노력했습니다. 당연히 그래야 하는 거고요.

**첫 트레이딩에서는 어떤 방법론을 적용했나요?**

추세선과 장중 조정 돌파를 이용한 트레이딩을 시도했습니다. 잠깐 먹고 빠져나올 생각이었죠.

**효과가 있었습니까?**

처음에는 돈을 벌었지만 조금만 장기로 놓고 봐도 좋을 게 하나도 없는 전략이었습니다. 충동 트레이딩을 하고 싶은 마음에 양분을 주는 방법이었지요. 다들 쉽게 돈을 벌려고 합니다. 그리고 결국에는 그게 얼마나 안 좋은 방법인지를 깨닫게 됩니다.

내가 알기로도 추세선 돌파는 가장 믿지 못할 신호 중 하나입니다. 하지만 사람들은 차트를 보면서 추세선 돌파가 일어날 것 같다는 함정에 빠집니다. 그건 결과론에서 빚어진 착각일뿐인데 말입니다. 어차피 결과를 아는 상태이니 추세선을 어느 방향으로 그려야 하는지도 알고 있으니까요. 실시간에서는 추세선이 얼마든 다른 방향으로 그려질 수 있다는 것을 깨닫지 못하는 거지요. 돌파라고 생각했던 것이 가짜 돌파였고, 그게 추세선의 방향까지도 바꿀 수 있으니까요. 추세선 돌파를 노린 트레이딩을 그만둔 후에는 어떤 방법을 썼습니까?

기술적 접근법을 이것저것 시도해봤지만 그다지 끌리는 게 없었습니다. 계획을 세우고 곧바로 트레이드에 진입하는 것은 좋아하지 않습니다. 그건 운이 따라야 하는 일입니다. 그리고 내가 보기에는 기술적 분석으로 진입하는 트레이드에서는 그런 운이 많이 작용합니다.

## ▌실전 트레이딩

**처음에는 살 씨만의 방법론은 세우지 않았다고 하셨지요. 그렇다면 첫 실전 트레이딩 경험은 어땠는지가 궁금합니다.**

곧바로 돈을 벌었습니다.

**기술적 신호를 여러 가지 사용하는 방법이 그다지 효과가 없었다고 말했는데 어떻게 수익을 내신 겁니까?**

펀더멘털 이벤트를 이용한 트레이딩을 많이 했습니다. 그런 이벤트는 잠재적으로 큰 변동성을 불러올 것 같았고 나는 주저하지 않았습니다. 괜찮은 트레이드라는 판단이 들면 과감하게 뛰어들었습니다. 그런데 대다수 초보 트레이더는 변동성이 커지는 것이 눈앞에 빤한데도 망설입니다. 그들은 돌파에서 사고팔고 하는 식으로 변동성이 작은 트레이드에 더 눈을 돌리는 편입니다.

**하지만 살 씨는 변동성에서 기회를 보신 거였군요.**

나는 변동성에 매력을 느꼈습니다. 변동성을 보면 공격적으로 움직였죠.

**헤드라인에 오를 만한 이벤트가 있으면 어떤 식으로 트레이딩했습니까?**

아직 시장 가격에 반영되지 않은 돌발 이벤트가 있으면 다른 것은 다 제쳐두고 거기에 뛰어들었습니다. 포지션도 최대한 크게 잡아서요. 시장 가격이 새로운 정보에 반응해서 움직일 것이 분명하다고 기대하면서요. 하지만 그런 식의 트레이드 기회는 예전보다는 크게 줄었습니다. 이제는 뉴스에 대한 시장의 예상 반응이 흑도 백도 아닌 트레이드에 더 주목하는 것이 맞습니다.

그 뉴스란 시기가 되면 나오는 경제 전망 보고서나 발표처럼 예정된 뉴스를 말하는 겁니까? 아니면 예상외의 뉴스를 말하는 겁니까?

둘 다입니다.

예상외의 뉴스를 놓치지 않으려면 장이 열리는 날에는 뉴스피드를 틈나는 대로 계속 확인해야 했겠군요. 게다가 마음에 두는 시장이 있었다면 그 시장을 움직이는 펀더멘털과 관련된 뉴스는 절대로 놓쳐서는 안 되었을 테고요. 그래야 그 뉴스가 가격에 어떻게 반영될지를 바로 파악할 수 있으니까요.

예. 특정 시간에 특정 시장을 움직이게 만들 요인이라야 두세 개 정도가 고작입니다. 시장에서 무슨 중요한 일이 벌어지고 있고 가격에는 어떻게 반영되는지를 파악하는 것이 관건입니다. 중요 국가의 중앙은행 총재가 나와서 지금까지의 가격 움직임을 뒤집을 중대 뉴스를 발표한다면, 그게야말로 대단한 도화선입니다. 나는 주저하지 않고 뛰어들어서 공격적으로 트레이드 포지션을 잡아요.

그런 트레이드를 얼마나 오래 보유하나요?

몇 분, 길면 몇 시간입니다.

회사가 살 씨에게 맡긴 계좌의 크기는 어느 정도였습니까?

얼마까지 트레이드를 해야 한다는 구체적인 한도는 없었습니다. 대신에 리스크 상한선이 3만 파운드였습니다.

**3만 파운드를 잃으면 퇴출이라는 건가요?**

그게 회사와의 계약이었습니다.

**처음부터 수익이 났다고 하셨는데, 첫해에 얼마를 벌었습니까?**

그해 중반까지 15만 파운드 정도 벌었습니다. 그 시기에 내가 5만 파운드를 인출했고 회사도 같은 금액을 인출했습니다. 50/50으로 나누기로 계약을 했고 내가 수익을 인출했으니 회사도 같은 금액을 인출한 거지요.

## ▌사슴 사냥

**인출하고 남은 계좌 잔액은 5만 파운드가 되었군요. 트레이딩 첫해 하반기 성적은 어땠습니까?**

5만 파운드를 다 까먹었고 계좌 잔고는 마이너스가 되었습니다.

**무슨 일이 있었던 건가요? 첫해 상반기에 좋았던 성과가 하반기에는 뒤집힐 만한 큰 변화가 있었나요?**

내 짐작에는 첫 6개월은 시장에 호되게 당하지 않았던 거지요.

**트레이딩 성과가 좋았던 첫 6개월 동안은 자만심이 높아졌나요?**

학교도 때려치웠죠. '멋져. 누워서 떡 먹기야.'라고 생각했습니다. 그러니 시장에 굴욕패를 당했을 때는 정신이 번쩍 들 수밖에요.

**계좌 잔고가 마이너스가 되었고, 잃어도 되는 한도는 3만 파운드였지요. 혹시 트레이딩을 접고 쫓겨날지도 모른다는 걱정은 안 들었습니까?**

그런 두려움은 항상 있었어요. 내가 먼저 그만두고 싶지는 않았지만 쫓겨날 가능성이야 언제든 있었지요. 그때는 정말로 하늘이 무너지는 심정이었습니다. 트레이딩은 내가 정말로 하고 싶은 일이었거든요. 다른 계획 같은 건 없었습니다. 오래된 속담도 있잖습니까. "섬을 가지고 싶으면 보트를 불태워라."라고요. 나는 모든 것을 걸었습니다. 플랜 B 따위는 세우지 않았습니다. 트레이딩 말고는 다른 하고 싶은 것도 없었습니다. 실패하면 그것으로 끝이었습니다.

**퇴출 문턱까지 갔다는 생각에 아무래도 트레이딩에서는 더 몸을 사리게 되었나요?**

트레이드에 임할 때는 어떤 점에서는 항상 몸을 사려야 합니다. MDD가 정해 놓은 수준에 다다르면 포지션 크기를 줄여야 합니다. 이것은 내가 유니콘 사냥 게임을 시작했다는 뜻입니다. 유니콘은 흔한 동물이 아닙니다. 여기서 유니콘은 내가 원하는 모든 조건에 들어맞는 트레이드를 의미합니다. 유니콘이 등장하면 공격적으로 사냥을 시작해야 합니다. 계좌 MDD가 심한 상태이건 아니건 아랑곳하지 말아야 합니다. 그런 트레이드는 1년에 많아봤자 10건 정도입니다. 그러니 히나라도 기회를 놓쳐서는 안 됩니다. 그런 관점에서 트레이딩을 해서인지 한두 개 정도 트레이드를 청산까지 다 마치고 나면 계좌 MDD에서도 벗어나게 되더군요.

**첫해의 하반기 성적이 나빠진 데에는 뚜렷한 이유가 있었습니까? 손실이 난 이유가 트레이딩에서 실수를 했기 때문입니까? 아니면 살 씨의 방법을 철저히 지켰는데도 시황이 전략에 비우호적이었기 때문입니까?**

자만한 데다 내 방법을 믿고 안일했지요. 내가 원하는 종류의 트레이드를 고수하지 않고 진입 기준을 느슨하게 풀었어요. 잘나가면 안일해지는 전형적인 실수였지요. 연달아 좋은 성적을 거두는 기간이 이어졌으니 계좌 MDD가 발생했을 때는 대처 능력이 취약해졌던 거였습니다. 지금은 다행히 그런 버릇을 이겨냈습니다.

**손실이 난 이유는 유니콘이 아니라 사슴에 불과한 트레이드를 잡았기 때문인가요? 아니면 유니콘 트레이드이긴 했지만 수익이 좋지 않았던 건가요?**

단연코 전자였습니다. 조급한 마음을 이기지 못하고 아무 트레이드나 다 하려 했으니까요. 전혀 아닌 트레이드였는데도 돈을 벌 마음뿐이었습니다. 하루는 내가 MDD가 심한 기간이었는데, ECB(유럽중앙은행) 발표에 대응한답시고 독일 국채 10년물 BUND, 5년물 BOBL, 2년물 SCHATZ에 리스크 한도를 꽉 채워서 포지션을 잡았습니다. 리스크 매니저가 내 쪽으로 다가와 책상 옆에서 상체를 수그리며 묻더군요. "암리트, 지금 뭐 하고 있는 겁니까? 포지션을 왜 이렇게 잡는 겁니까?" 나는 순간 얼어붙었다가 얼른 포지션을 취소했습니다. 그때 처음으로 방만한 트레이딩이 얼마나 위험할 수 있는지를 깨달았습니다.

**상호연관성이 극도로 높은 세 개의 계약에 할 수 있는 최대한도까지 포지션을 잡았던 거군요. 그건 하나의 포지션을 3배로 늘린 것과 마찬가지였지요. 그렇게 공격적인 접근법을 선택하게 된 계기가 있었습니까?**

기억은 안 나지만 뭔가 한마디 듣기는 했습니다. 뭔가 최후통첩 비슷한 말이었을 겁니다. 그때 계좌 MDD가 워낙 심각했으니 나로서는 만회하고 싶었던 거죠.

**확신 못 할 기준 이하의 아슬아슬한 트레이드에 진입한 것도 모자라 규모까지 3배로 키웠지요. 리스크 매니저가 쫓아와서 그 말을 한 후로 어떻게 했습니까?**

깨닫고 보니 나는 잘 될 거라고 '희망'하면서 포지션을 잡고 있었습니다. 내가 진짜 트레이드가 아니라 희망 트레이드를 하고 있음을 깨닫고는 곧바로 모든 포지션을 청산했습니다. 그때의 교훈은 지금까지도 잊지 못합니다. 나는 절대로 잘 될 거라고 희망하면서 포지션을 잡지 않습니다. 온전한 확신을 가지고 하는 트레이드와 희망하면서 하는 트레이드가 얼마나 다른지를 그때의 경험으로 뼈저리게 배웠습니다.

## | "기다리면 시장은 기회를 줍니다"

**그 경험 덕분에 확신이 아니라 희망으로 하는 트레이드를 조심해야 한다는 교훈을 확실하게 배웠군요. 또 어떤 교훈을 배웠습니까?**

인내심이 중요하다는 것을 배웠습니다. 기다리면 시장은 언제라도 기회를 줍니다. 과오와 경험을 겪은 지금은 말할 수 있습니다. 큰 수익을 내는 트레이드는 전혀 복잡하지 않습니다. 내가 찾아 나서는 게 아니라 가만히 앉아 그 기회가 오기를 기다려야 합니다. 시장이 주는 기회는 밀물과 썰물입니다. 어떤 때는 시장에 기회가 다 말라버려서 할 수 있는 게 아무것도 없습니다. 그렇게 기회가 씨마저도 말라버렸을 때 기회를 찾아다닌다면 돌아오는 결과는 계좌 잔고가 무너지는 것입니다. 내가 그랬던 것처럼요. 나는 아무 기회가 없는데도 무언가 하나라도 트레이드를 잡으려고 애썼습니다. 그게 아니라 기회가 오기를 기다려야 했던 건데 말입니다. 슈웨거 씨의 책에서 짐 로저스가 했던 말이 있지요. "나는 돈이 골목에 얌전히 누워 있을 때까지 기다립니다. 그러면 거기로 가서 돈을 주워들기만 하면 됩니다. 그전까지는 아무것도 안 합니다."

**드뷔시는 "음악은 음표들 사이의 공간이다."라고 했습니다. 내가 좋아하는 말이**

지요. "트레이딩은 트레이드와 트레이드 사이의 공간이다."라고 바꿔 말해도 전혀 어색하지 않으니까요.

완벽하게 딱 맞는 말입니다. 훌륭한 트레이드를 움켜잡으려면 그사이에 아무것도 하지 않고 있어야 합니다. 나는 나 자신에게 묻습니다. '준비가 되어 있는가? 준비 완료 상태인가? 진정으로 좋은 트레이드가 오기를 진득하게 기다리지 못하고 돈과 정신을 기준 이하의 트레이드에 낭비하고 있지는 않은가?'

**모순이군요. 큰 수익을 낼 수 있는 트레이드는 전혀 복잡하지 않다는 암리트 씨의 말에는 좋은 트레이드는 쉽다는 뜻이 숨어 있으니까요.**

내 말이 그 말입니다. 조금 까다롭고 복잡한 건 바보라도 할 수 있습니다. 내 월간 수익이 최고였던 달에 했던 트레이드들은 지금 생각해 보면 "이건 엄청나게 좋은 트레이드야."라고 소리치고 있었거든요. 만약 내가 그런 트레이드에만 진입하고 다른 트레이딩은 하지 않았다면 그달에 내 수익은 2배로 늘어났을 겁니다. 하지만 트레이딩이라는 게 어디 마음대로 됩니까. 충동 트레이딩을 하지 말아야 하고 중간에 참지 못하고 어리석은 짓을 하지 않는 태도를 길러야 합니다. 슈웨거 씨의 말처럼 "음표들 사이의 공간"이죠. 초보 시절에 나는 아무 기회도 다가오지 않을 때는 기준 이하 트레이드를 하면서 정신과 금전적 자본을 낭비하는 실수를 저질렀습니다. 언젠가는 유니콘이 등장할 텐데 그걸 기다리지 못한 거죠. 그런 실수를 하면서 배운 교훈들은 내 트레이딩 경력을 지탱해주는 힘이 되었습니다. 이제 나는 시장이 90%의 기간에는 아무 기회도 주지 않는다는 것을 잘 압니다. 하지만 나머지 10%의 기간에 내 수익의 90%를 벌 수 있는 기회를 얻을 수 있죠.

지금이야 살 씨의 그 후 활동에 관해 여기서 편안한 마음으로 대화를 나눌 수 있지만, 첫해에 계좌가 마이너스를 기록하고 있을 때는 이렇게 성공할 수 있으리라고는 알지 못했을 거라고 봅니다. 처음에 성공하다가 곧바로 찾아온 실패였고, 언제 게임에서 퇴출당할지 모르는 상태였습니다. 그때 멘탈은 어떻게 다스렸습니까?

믿기 힘들겠지만 내가 성공할 것이라는 믿음은 흔들리지 않았습니다. 그러지 못할 거라는 의심은 추호도 없었어요. 무조건 게임을 계속하면 된다고 생각했습니다.

**그렇게 계좌가 잠식된 상태였는데도 자신감이 흔들리지 않았군요.**

맞습니다. 좋은 트레이드라는 게 어떤 것인지 한번 맛을 본 뒤이기도 했고 그런 기회는 앞으로도 더 있을 것이라고 믿는 마음도 컸습니다. 내 행운의 별들이 다시 내게 돌아올 때까지 포기하지 않고 게임을 유지하면 되는 일이었습니다.

**살 씨가 트레이더가 되고 첫해에 배웠던 교훈에 대해 대화를 나눴는데요. 이 교훈을 그때 바로 깨닫고 머리에 새겼습니까? 아니면 나중에 반추하다 보니 그런 통찰을 얻게 된 것입니까?**

그런 식의 트레이드를 유지해서는 안 된다는 것은 바로 그때 깨달았습니다. 퇴출당하기 직전이고 기준 이하 트레이드도 더는 감당할 수 없다는 것이 분명해졌죠. 나는 기술적 분석 트레이딩을 중단했습니다. 확신이 크게 서지 않는 한 어떤 트레이드에도 들어가지 않기로 했습니다.

다음 인터뷰를 읽으려면 '양적 완화'의 개념부터 이해하고 넘어가야 한다. 양적 완화가 무엇인지 자세히 알지 못하는 독자들을 위해 간략하게 설명을 하면 아래와 같다.

연방준비제도(이하 연준)가 금리 조정을 추진할 때 통상적으로 겨냥하는 대상은 은행 간 초단기 금리인 연방기금금리이다. 연준이 연방기금금리를 움직이려 할 때 주로 사용하는 수단은 공개시장조작으로, 미국 단기채권을 사거나 팔아서 통화량을 증감시킴으로써 금리를 낮추거나 올리는 효과를 바라고 취하는 방법이다. 예를 들어 연준이 연방기금금리를 낮추려 한다면 돈을 '찍어내'(전자적 발행) 단기국채를 매입해서 채권 가격을 올린다. 채권 가격이 오른다는 것은 금리가 낮아진다는 뜻이다.

양적 완화는 어떤 면에서는 공개시장조작의 연장선이다. 단기금리가 제로 수준으로 낮아지면 단기국채를 매입하는 일반적 수단으로는 경기 부양 효과를 기대하기가 힘들다. 어차피 단기금리가 제로 수준이라 더는 내려갈 금리가 없기 때문이다. 이것이 연준이 2008년 금융위기와 그 후의 여파가 계속되는 동안 직면한 딜레마였다. 연준이 꺼낸 대응 카드는 양적 완화였다. 정상적인 공개시장조작을 이용해 돈의 공급을 늘리되 어차피 제로 수준인 단기금리의 인하를 목표로 삼지는 않겠다는 의도였다. 현실적인 관점에서 말한다면 양적 완화는 연준이 비전통적 자산(미국 단기국채 이외의 자산)을 매입하기 위해 돈을 찍어낸 것이라고도 볼 수 있다. 연준이 매입한 자산은 구체적으로는 중장기 국채와 비정부성 자산(주택 저당증권MBS 등)이었다. 연준의 중장기 국채 매입으로 중장기 금리가 내려가면서 경기 부양 효과가 나타났다. 연준이 MBS를 비롯해 비정부성 자산을 매입한 것은 금융위기의 공포로 다른 자산 부문이 한꺼번에 무너져내리는 속도를 조금이라도 늦추기 위해서였다.

연준의 1차 양적 완화 움직임은 2008년 1월에 진행되었다. 주택시장과 담보대출 시장의 지원책으로 연준은 정부 기관의 담보대출 관련 자산과 민간 은행의 MBS를 매입했다. 이 시기에 담보대출과 관련된 금융 자산은 매수세가 거의 실종된 상태나 다름없었다. 그때만 해도 연준은 양적 완화를 중장기 국채 매입으로는 확대하지 않고 있었지만, 다들 시간문제일 뿐이라고 짐작하고는 있었다.

### ▌최고의 수익과 최악의 손실

살 씨의 트레이딩 이력에는 정말로 높은 수익을 거둔 날이 많습니다. 15% 이상 수익이 난 날이 34일이었고, 수익이 25%가 넘는 날은 15일, 그리고 50%가 넘는 날도 5일이나 되었습니다. 그러나 높은 수익을 거둔 날들 속에서도 유독 두드러지는 하루가 있습니다. 2009년 3월 18일이죠. 이날 하루 수익이 800%가 넘었습니다! 믿기 힘들 정도입니다. 그게 어떻게 가능했죠? 비하인드 스토리가 있습니까?

2008년 11월은 연준이 양적 완화를 처음으로 발표한 날이었습니다. 연준은 붕괴하는 금융시장을 안정화하기 위해 MBS를 매입했습니다. 내 예상에는 연준이 양적 완화를 중장기 미국 국채 매입으로 확대하지 않을 수 없었습니다. 예상이 맞아서 연준이 중장기 미국 국채 매입을 발표한다면, 곧바로 거대한 방아쇠가 되어 미국 장기 국채가 크게 치솟을 게 뻔했습니다. 2009년 3월 18일은 연준이 처음으로 양적 완화 확대를 발표한 날이었습니다. 거기에는 중장기 미국 국채 매입 안도 포함돼 있었습니다.

발표가 나고 바로 대규모 포지션을 취하셨나요?

원하는 만큼 크게는 아니었습니다. 내게 허용된 미국 국채 10년물 포지션 한도는 300계약이었습니다. 양적 완화 확대를 확신했기에 나는 리스크 매니저에게 미국 국채 10년물 선물에 대해 포지션 한도를

600계약까지 늘리고 싶은 이유를 설명했습니다. 충분히 예상 가능한 트레이드이니 이번 한 번만 미국 국채 10년물의 리스크 한도를 늘려 달라고 요청했습니다. 심지어는 이번 리스크 증가를 상쇄하기 위해 다른 시장에서의 포지션을 줄이거나 포기할 용의도 기꺼이 있다고 말했습니다. 그러나 리스크 매니저는 거절했습니다. 내가 아직은 초보 트레이더인 데다 당시에 계좌 MDD가 발생한 상태였거든요. 그런 한계를 타파하려고 나는 원하던 대로 미국 국채 10년물 포지션을 2배로 늘리는 대신에, 대용으로 독일 국채 10년물에 한도까지 포지션을 취했습니다. 미국 국채 10년물만큼 수익이 크지는 않았지만 독일 국채 10년물 트레이드도 그날 예외적으로 높은 수익을 올리는 데 톡톡히 기여했습니다.

**연준 발표 후에 미국 국채 10년물은 얼마나 올랐습니까?**

(암리트는 관련 차트를 띄우고 발표일의 가격 움직임을 보여주었다. 그날 하루 가격 이동폭은 4포인트를 꽉 채우고 있었다. 나는 두 가지 사실을 발견하고 놀랐다. 첫째로, 발표일에는 채권 가격이 상승했지만, 당시 미국 국채 10년물은 대세 하락이 지속하는 중이었다. 둘째로, 발표일의 고점은 반등 고점의 두세 틱 이내였고 그런 다음 가격은 계속해서 급격한 기울기로 미끄러졌다)

**발표일에는 매수 포지션을 잡는 게 좋은 트레이드였지만 조금만 더 장기로 봐도 거의 꼭대기에서 매수했을지도 모르는 일이었습니다. 그 트레이드는 얼마나 오래 보유했습니까?**

몇 분이요. 그 트레이드에 대해서는 준비가 다 돼 있어서 재빨리 들어갔습니다. 주문을 준비하고 손가락은 클릭 태세에 들어갔습니다. 온 정신을 다 집중했습니다. 뉴스피드와 나를 가로막는 장애물은 없었습니다. 그 트레이드에 대한 내 행동을 타협하게 만들 자기 의심이나 흥분도 없었습니다. 나는 완전한 몰입상태였습니다. 내가 그토록 찾고 있던 트레이드 기회였고 다른 것에는 눈도 돌리지 않았습니다. 뉴스가 보도되고 시장이 치솟았습니다. 가격이 순식간에 크게 올랐고, 곧바로 차익을 실현하고 발을 빼야 하는 시기임을 직관적으로 알았습니다. 그리고 고점 근처에서 채권을 팔 수 있었습니다.

**발표가 나고 고작 몇 분 만에 고점이 형성되었던 거군요.**

그랬죠.

**그 트레이드로 얼마를 벌었습니까?**

고작 2~3분만 들고 있었던 트레이드에서 100만 달러 넘게 벌었습니다! 젊고 굶주리고 원칙을 지키는 리스크 감수자에게는 훌륭한 트레이드가 찾아오기 마련이라는 사실에 눈을 뜨게 된 순간이었습니다.

**트레이드를 청산하고 난 후 어떤 감정이었는지 지금도 기억이 납니까?**

지금 생각하면 왜 그랬는지 당혹스럽긴 합니다만, 기뻐 날뛰거나 하지는 않았습니다. 오히려 복합적인 기분이었습니다. 물론 대박이 난 하루이니 좋기는 했습니다. 하지만 이내 부정적인 마인드에 빠져들었습니다.

**어째서요?**

100만 달러를 벌었다는 게 실감 나지 않았으니까요. 반대로 100만 달러를 잃은 것만 같았습니다. 쉬워도 너무 쉬웠거든요. 한 번 더해 볼까 하는 생각이 들어서 더 해보려 했습니다.

**원하던 대로 10년물 포지션을 2배로 늘리지 못해서 화가 났었나요?**

지금이야 그저 감사하다는 마음이지만, 그때야 어디 그렇겠습니까. 그런데 무슨 일이건 원하는 방향으로만 진행되지는 않지요.

**양적 완화 관련 트레이드처럼 큰 포지션을 체결할 때도 스톱을 이용합니까?**

그때는 그럴 필요가 없었지만, 지금은 합니다. 스톱을 걸어두는 건 지금의 내게는 철칙입니다.

**주문을 체결하는 동시에 스톱을 설정합니까?**

아니요. 시장이 잠깐 변덕을 부려 역행할 뿐인데 내 포지션이 스톱에 걸려 청산되는 사태는 원하지 않아요. 나는 가격이 충분히 많이 움직여서 인위적인 강제 청산을 피할 수 있다 싶은 지점에 이르면 그때에야 스톱을 설정합니다. 중요한 건 보호 스톱을 걸어둬야 한다는 거죠. 일단 포지션을 취하고 나면 불리한 뉴스가 보도될 가능성은 언제라도 있고, 재빨리 발을 빼지 못할 수도 있으니까요. 스톱을 설정해두면 그런 꼬리 리스크가 제거됩니다.

**언제부터 스톱을 종교적 신념처럼 이용했습니까?**

단 하루 만에 24%라는 최악의 손실이 나고 나서죠.

**언제, 무슨 트레이드였습니까?**

2013년 6월에 했던 트레이드였고 에러로 점철된 한 편의 코미디였습니다. 그 당시 얼마 전부터 ECB가 마이너스 금리 가능성을 내비치고 있었지요. 나는 정말로 ECB가 마이너스 금리로 옮겨간다면 유로화 가치가 폭락하는 사태가 올 거라고 믿었습니다.

**그렇게 보셨군요. 하지만 ECB의 마이너스 금리 가능성에 대해서는 이전부터 논의가 되고 있었기에 사람들도 어느 정도 예상하던 사건이 아니었나요?**

내가 정한 시한 내에서는 시장에 큰 충격이 될 만한 일이라고 판단했거든요. 확인 발표가 난다면, ECB가 마이너스 금리 지대에 아주 약간만 발을 들이미는 것일지라도 앞으로 더한 마이너스 금리 시대의 포문이 열리는 것이 아닌가 하는 의문이 제기될 수 있는 일이었습니다. 판도라의 상자가 열리는 거죠. 나는 언제나 도화선을 찾아다닙니다. 레버리지 포지션을 취해도 될 만한 기회가 조만간 올 것 같아서 눈에 불을 켜고 있었지요. 그런 포지션이라면 장중 큰 폭으로 가격이 움직일 가능성이 높으니까요. 만약 그 도화선이 더 길게 진행될 가격 움직임의 시작이라고 판단되면 포지션 일부를 들고 가려고 노력합니다. 내 접근법도 나를 막지 못합니다. 이벤트에 대한 기대치가 가격에 어느 정도 선반영돼 있어도 나는 포지션을 취합니다. 뉴스 발표는 그 당일에도 여전히 가격을 크게 움직이는 도화선이 되어줄 테니까요. 내가 트레이드 진입 주문을 넣는 데는 그거면 충분합니다.

**그 특별한 상황이 어떻게 잘못되었나요?**

마리오 드라기 ECB 총재가 기자회견을 하는 중이었고 나는 그가 마이너스 금리 진입을 발표할 것이라고 기대했습니다. ECB가 마이너스 금리 진입을 준비하느냐는 질문에 그가 입을 열어 대답하기 시작했습니다. "기술적으로는 준비가 끝났다고 말씀드렸습니다……." 나는 그의 말이 끝나기도 전에 곧바로 매도 포지션을 취했습니다. 그가 다음으로 할 말을 예상하면서 매도 포지션에 진입한 것은 딱히 실수라고 말할 일은 아니었습니다. 혹시라도 내 트레이드가 잘못되면 빠져나올 수 있어서죠. 하지만 매도 포지션에 진입하자마자 컴퓨터 전원이 갑자기 나갔습니다. 동시에 TV에서는 드라기의 말이 계속 들려왔습니다. 그의 입에서 마법 주문이 나오고 있었습니다. "하지만 우리는 미리부터 약속하지는 않을 것입니다." 유로화를 치솟게 하는 주문이자 나를 후려치는 주문이었죠.

**그래서 어떻게 했습니까?**

나야 패닉이었죠. "내 컴퓨터가 나갔어요. 컴퓨터가 나가 버렸어요!"라며 고함을 질렀습니다. 리스크 매니저가 내 책상으로 걸어와 차분하게 말했습니다. "내 자리에서도 살 씨의 포지션을 볼 수 있습니다. 내 책상으로 가서 포지션을 청산하세요." 나는 들어갔다가 빨리 먹고 나오는 데 익숙합니다. 그리고 드라기가 말을 끝내자마자 내 트레이드가 잘못되었다는 것을 알았으니 바로 청산하고 나올 수 있었는데 그러지 못한 겁니다. 그게 끝이 아니었습니다. 이번 이벤트에 대해 잘못된 방향으로 트레이드를 잡은 투기적 돈이 무지하게 많다는 사실이야 알고 있었으니, 드라기의 "하지만 우리는 미리부터 약속하지는 않을 겁니다."라는 말이 끝난 다음에는 평소라면 매수 포지션을 얼른 잡았을 겁니다. 나는 처음 들어갔던 방향과 반대 방향으로 포지션을 잡으면서 최고의 트레이드 수익을 올리기도 하니까요. 다시 말해 단기적 투기꾼들이 트레이드를 잘못 잡았다면 나는 그들과 반대되는 방향으로 트레이드에 진입하는 겁니다.

**컴퓨터가 먹통이 되지 않았다면 원래의 포지션에 반대되는 포지션을 잡았을 거라는 말입니까?**

포지션을 재빨리 뒤집으려고 시도라도 했을 게 분명합니다.

**리스크 매니저의 책상으로 가서 포지션을 청산한 후에는 어떻게 되었습니까?**

유로화는 공격적인 매수세를 보이고 있었고, 나는 스톱을 걸어두지 못한 상태였습니다. 그 순간 내게는 규칙이 각인되었습니다. 스톱은 가능한 한 빨리 걸어두어야 한다는 규칙이죠. (살은 "스톱을 걸어두어야 합니다."를 말하면서 단어 하나를 말할 때마다 책상을 내리쳤다) 그 트레이드에 스톱을 걸어두었다면 손실은 최소한도에 그쳤을 겁니다. 지금은 트레이드 규모가 비교도 안 되게 커졌기 때문에 예상에 기대는 트레이드는 하지 않습니다.

**리스크 매니저의 책상으로 가서 바로 포지션을 청산했습니까? 아니면 조금 더 두고 봤습니까?**

바로 나왔습니다. 그래도 시장이 너무 빨리 움직여서 이미 어마어마한 타격을 입은 후였습니다.

**컴퓨터 전원이 왜 나갔던 건가요?**

윈도 문제였던 것 같습니다.

**그렇게 최악으로 불운한 트레이딩 경험담은 나도 처음 들었습니다. 손실에 기분이 심하게 상했나요?**

내가 뭘 어쩔 수 있었겠습니까? 현실을 받아들이고 앞으로 나아가든가, 아니면 아무 소용이 없는데도 그것 때문에 계속 기분이 상해있거나 둘 중 하나였지요. 나는 최대한 빨리 그 일을 털어냈습니다. 일단은 사무실에서 벗어났고 그날 저녁에는 친구 몇 명을 불러모아 근처 술집에도 갔죠. 우리는 이른바 '축하'를 했습니다. 손실 때문에 계속 분통을 터뜨리기보다는 내 상황에서 좋았던 부분으로 눈을 돌리고 싶었거든요. 나는 잠재적 수익 기회가 그렇게나 큰 포지션에 들어 갔던 것에 감사했습니다. 내가 그토록 많은 돈을 그렇게나 빨리 잃었 다는 사실은 거꾸로 말하면 대단한 기회였다는 반증이었습니다. 나 는 내게 틀리지 않은 트레이드를 하고 있었어요. 다만 순간적으로 운 이 안 좋았을 뿐이었죠.

## | 감정 자본

'축하'라는 단어를 들으니 어제 리처드 바그 씨와 나눴던 대화(7장)가 생각납니 다. 바그 씨는 손실을 본 날은 돈을 쓰지 않으려는 버릇이 자기도 모르게 튀어나 왔지만, 살 씨에게서 밖으로 나가 맛있는 것을 사 먹어야 한다는 교훈을 배웠다 고 말했습니다.

리처드와 그 부분에 대해서 대화를 나눈 적이 있습니다. 트레이딩 일 진이 나빴던 날을 겪고 나면 내게는 두 가지 선택지가 있습니다. 가 만히 앉아 손실이 났다는 사실에만 푹 빠져서 계속 침울해하든가, 상 황을 되짚어 복기하면서 통제하는 능력을 기르든가, 둘 중 하나겠죠. 한 대 세게 얻어맞기는 했지만 내 감정 자본이 받는 충격은 최소화하 려고 노력합니다. 그러기 위해서라도 최대한 빨리 평정을 되찾고 중 심을 잃지 말아야 합니다. 나는 그 트레이드에 대해 사후 부검을 하 고, 교훈을 배우고, 다음 기회로 넘어갑니다. 크게 손실이 나거나 계 좌 MDD가 발생한 날은 근사한 곳에 가서 나를 위해 돈을 쓰면서 지 금까지 내가 이룬 모든 것에 감사해 합니다. 이런 과정을 거치다 보 면 머릿속에서 똑같은 부정적인 이야기가 거듭 재생되고 그때의 고 통이 여러 번이나 떠올라 내 정신 자본이 징세를 당하게 되는 함정을 피하게 됩니다.

트레이드 손실이 발생하고 나면 자신에게 보상을 하거나 축하한다는 것은 좋은 아이디어네요. 첫 손실에서부터 본능적으로 그렇게 해야 한다고 깨달았습니까?

두세 번 정도 겪고 나서야 깨달았던 것 같습니다. 사무실 동료 하나 는 "좋은 트레이드로 수익을 거둘 때마다 자신에게 돈을 써야 합니 다. 그러면 이 일을 왜 하는지 알게 되거든요."라는 말을 입버릇처럼 달고 삽니다.

**살 씨는 정반대로 하시네요. 손해를 보고 나서 자신에게 돈을 쓰니 말입니다.**

그렇긴 합니다. 나한테는 마인드셋을 바꾸는 게 가장 중요하거든요. 부정적이고 스트레스에 시달리는 상태를 유지하기보다는 차분하고 이성적인 상태로 마인드를 되돌려야 합니다. 편도체가 아니라 전전두 엽이 결정을 주도하게 해야 합니다. 내가 지금 매우 힘든 시간을 보내 고 있다고 판단하면, 정신을 수습하고 내가 걷는 여정에 감사하려고 노력합니다. 그러면 밖에 나가서 나를 위해 돈을 쓸 수 있게 됩니다. 바다에 비유할 수 있겠네요. 바다 표면은 파도와 풍랑이 넘실대지만 잠수해서 들어가면 안은 고요합니다. 우리 내부에는 그런 고요한 지 대로 잠수해 들어갈 수 있는 능력이 있습니다. 좋은 트레이드를 놓친 것에 계속 속 쓰려 하다가는 하지 말아야 할 트레이드를 하기 십상입 니다. 감정이 안정되지 않은 상태에서는 이익이 저절로 불어나기를 기 다리지 못하고 성급하게 차익을 실현하거나 손실이 날 것이 빤한 트 레이드에 목매게 됩니다. 그런 원시적인 감정 반응에서 벗어나 더 높 은 자아, 차분하고 중심을 잃지 않는 나 자신으로 옮겨가야 합니다.

**살 씨가 손실이 난 트레이드를 대하는 태도는 대다수 트레이더가 자연적으로 보 이는 감정적 반응과는 180도 다르군요. 어지간한 트레이더들은 분통이 터지고**

화가 나는 걸 참지 못하거든요. 특히 살 씨처럼 결정적인 순간에 컴퓨터가 먹통이 되어서 막대한 손실을 본다면 더하겠죠.

그런데 트레이딩이라는 게 원래 그렇습니다. 인간의 표준적인 감정에 역행하거든요. 트레이더라면 모름지기 자신의 감정적 한계에 계속해서 들이박을 수 있어야 합니다. 그게 성공하는 트레이더가 그토록 적은 이유겠죠.

**컴퓨터 고장으로 24%나 손실이 난 후 마음의 중심을 되찾기까지 얼마나 걸렸습니까?**

얼마 안 걸렸습니다. 7일 만에 잃은 돈을 다 만회했습니다.

**그런 손실을 회복하기에 도움이 되는 좋은 트레이드가 있었습니까?**

아니요. 내 기준에 들어맞는 트레이드를 여러 번 하면서 누계 수익이 쌓인 덕분이었습니다.

## 실수 일지

**마인드를 고요한 상태로 옮겨가야 한다고 말씀하셨습니다. 그런 깨달음은 언제 얻었습니까?**

유심히 관찰하니 내가 뚜렷한 이유도 없이 주기적으로 손실이 나는 기간이 있더군요. 그래서 기준 이하 트레이드를 했다가 손실이 났던 것을 기록하는 실수 일지를 작성하기 시작했습니다.

바탕에 깔린 잠재의식적인 사고와 감정, 행동방식이 우리의 행동을 주도하면서 트레이딩에 나쁜 영향을 줄 수 있습니다. 나는 노동계급 가정 출신이라 어릴 때는 지금처럼 풍족하지 않았습니다. 신참 트레이더 시절에는 어느 정도 연달아 수익이 나고 나면 걸핏하면 자기파괴 감정에 사로잡혀서는 기준 이하의 트레이드를 하곤 했습니다. 일종의 자기 규제이자 '땅으로 돌아오게 만드는' 장치였던 셈이지요. 기준 이하 트레이드를 했던 일지를 기록하면서 내가 얼마나 자동적으로 그런 반응 패턴에 빠지는지 인식하게 되었습니다. (살은 감정과 손실의 연관성을 보여주기 위해 도표를 그렸다. x축은 감정으로, 왼쪽 끝으로 갈수록 '차분한' 상태이고 오른쪽으로 갈수록 '좋은 트레이드를 놓치는 것에 대한 두려움'이다. 기준 이하 트레이드에서 입는 손실은 y축으로, 살은 피할 수 있는 손실이라는 의미에서 그 y축의 명칭을 "누수leakage"라고 부른다. 차분한 영역에서는 거의 기복이 없었던 손실이 감정이 격해질수록 점점 커지는 것이 도표에서도 확연하게 드러났다) 이 도표로 나는 주기적으로 손실 기간이 발생하는 근본적인 이유를 깨달을 수 있었습니다. 좋은 트레이드 기회를 최대한 움켜잡고 나쁜 트레이드는 최소한도로 하고 싶다면 가장 중요한 관건은 결국 마인드입니다. 자신만의 방법론을 세웠다면 그다음으로 성공 트레이딩을 좌우하는 가장 중요한 요소는 마인드일 것입니다. 나는 이 차분함의 영역을 유지해야 합니다. 그 지대에 머물러야 어떤 것에든 제대로 몰입할 수 있으니까요. 거액의 돈을 가지고 밀리세컨드의 속도로 성공적인 결정을 내리려면 이 차분함의 상태를 유지하는 것만이 답입니다.

미국 네이비실은 전투 작전에 들어간 부대원들이 필요한 순간에 몰입상태에 들어가는 것을 돕기 위해 신경피드백과 생체피드백 장치를 이용한다는 글을 읽었습니다. 작전에 들어간 네이비실 부대원들이 가장 어려워하는 일은 상황을 재빨리 파악해서 발사를 중단해야 하는 것이라고도 하더군요. 나도 크게 공감이 가는 내용이었습니다. 나도 그렇게 필요한 순간에 완전히 몰입하는 마인드 상태에 들어가는 방법을 터득하면 좋겠다고 생각했습니다. 그러면 훨씬 많은 정보를 처리해서 언제 '발사하지 말아야 하는지'도 더 능숙하게 파악할 수 있을 테니까요. 정신과 신체의 상호연관성을 이해하려 노력하고 명상과 몰입을 탐구하는 길에 들어서게 된 것도 다 이 목표를 이루기 위해서였습니다.

**어떻게 몰입상태에 들어가고 그게 살 씨의 트레이딩에는 어떤 영향을 주는지 궁금합니다.**

트레이드 기회가 되는 중대한 이벤트가 있기 전이면 나는 호흡 요법과 명상을 하면서 현재의 순간에 집중하는 상태가 됩니다. 그리고 마음에서 이는 잡다한 소리는 무시합니다. 연습을 오래 했더니 지금은 몇 분이면 몰입상태에 들어가는 비법을 터득했습니다. 몰입상태에 들어가는 능력은 성공 트레이딩에도 중요하지만, 프로 스포츠처럼 다른 많은 직업에도 꼭 필요한 능력입니다. 현재에 깊이 몰입하면 모든 것이 수월해 보입니다. 이렇게 '지금에 깊이 몰입한' 상태에서는 잠재의식적인 반응이 나옵니다. 원래 정신의 잠재력은 잠재의식이 95%를 차지하고 의식이 5%를 차지하죠. 지금에 몰입해 있으니 창의력도 올라가서 대량의 정보를 처리하고 망설임 없이 반응할 수 있게 되지요. 새로운 정보를 계속 흡수하고 거기에 맞게 포지션을 바꿉니다. 트레이딩이 어렵지 않게 보이고 억지로 무언가를 하려 애쓰지 않아도 됩니다. 나는 포지션이나 결과에 연연하지 않습니다. 손절매는 주저 없이 하고, 성공적인 트레이드는 순간의 차익 실현 충동에 빠지지 않고 알아서 잘 굴러가게 합니다.

하지만 트레이드에 진입하기 전에 내 마인드를 초월해서 이겨내지 못한다면 모든 게 엉망진창이라는 느낌에 빠집니다. 귀중한 정보를 놓칩니다. 자기 의심에 빠져 포지션을 조정하지 못하고 머뭇거립니다. 성공적인 트레이드를 너무 빨리 청산합니다.

경험이 오래되다 보니 무언가가 잘못되고 있다는 직감이 들 때는 리서치 결과가 어떻든 그 직감이 대체로 맞는다는 것을 배웠습니다. 내 직감을 신뢰하게 된 것이 나를 성공으로 이끈 중심축이었습니다. 유니콘을 잡을 기회이니 다 걸어야 하는 순간에도, 보이지 않는 위험이 도사리고 있으니 발사를 중지해야 할 순간에도, 직감이 발동해서 알려줍니다.

**조금 전에 컴퓨터가 먹통이 되어서 최악의 손실이 난 트레이드의 경우, 반대로 포지션을 잡았다면 최고의 트레이드가 될 수 있었을 거라고 하셨죠. 그렇게 곧바로 반대로 했을 때 큰 수익을 낸 트레이드를 하신 적이 있었나요?**

시장이 처음에는 내 예상과 반대 방향으로 이벤트에 반응하는 건 내가 언제나 찾는 기회입니다. 그러면 나는 재빨리 그 반대 방향으로 갈아타면 되니까요. 내 컴퓨터가 다운되었을 때 내가 시장과 반대로 들어가 있었던 그 트레이드도 포지션 방향을 뒤집으면 되는 일이었던 것처럼 밀입니다. ECB가 최근에(2019년 9월) 일련의 양적 완화 재개 조치를 발표했을 때가 그렇게 포지션을 뒤집었던 트레이드였습니다. 투기성 자금이 예상한 ECB의 매달 채권 매입 규모는 300억~400억 달러였습니다. 하지만 내가 보기에는 총매입 규모가 매달 매입 규모보다 더 중요했습니다. 패스트 머니가 실망 매물을 쏟아낼 구실을 찾고 있다는 것을 직감으로 알 수 있었죠. ECB 채권 매입 규모가 매달 200억 유로라는 보도가 나갔을 때 패스트 머니는 실망감에 독일 국채 10년물 매물을 쏟아냈고 유로화가 올라갔습니다. 나는 이번에는 트레이드에 들어가기 전에 일단은 기다리면서 모든 정보를 다 검토하는 게 최상이라는 결정을 내렸습니다. 그래서 차분한 몰입상태를 유지하며 모든 정보를 다 소화했습니다. ECB는 채권 월별 매입에 따로 기한을 정하지 않았으니, 위크 쇼트weak short(가격 상승의 첫 신호가 나타날 때 매도 포지션을 청산하는 트레이더나 투자자. 대개는 리스크에 제한이 있는 소액 트레이더들이다—옮긴이)들이 투기성 포지션에 대한 조기 청산 움직임에 들어갈 수밖에 없었습니다. 그 순간에, 딱 그 순간만 독일 국채 10년물 가격이 이탈해 크게 올랐고 나는 그 절호의 기회를 놓치지 않고 무리와 반대 방향으로 포지션을 잡았습니다. 그 트레이드의 효력은 딱 두어 시간이었죠. 실망감이 다시금 자리를 잡았고 독일 국채 10년물 시장은 또 하락 반전했으니까요. 그러나 그때 나는 이미 돈을 챙겨서 빠져나온 다음이었습니다. 결과적으로 보면 트레이드를 잘못된 방향으로 잡은 것이 아니냐고 말할 수 있겠지만, 나는 투기성 포지션이 가격을 잘못 결정한 것을 이용해서 트레이딩한 것입니다. 그리고 내가 트레이드를 잡고 있던 시한 내에서는 내가 옳았죠.

단기 트레이딩의 단점은 '옳은' 방향으로 포지션을 잡아도 돈을 잃을 수 있다는 겁니다. 초기 발표에 대응해서 매도 포지션을 잡은 트레이더들은 결과적으로는 옳았지만, 시장이 잠시 올랐다가 다시 내려갈 때까지 포지션을 유지할 수 없었다면 손실이 났을 겁니다. 더 장기적인 관점에서 이번 트레이드를 보면 나는 기술적으로는 '틀리게' 트레이드를 했죠. 그런데도 단기 트레이더들의 포지션이 가격에 어떤 영향을 미치는지를 사전에 파악한 덕분에 나는 아주 고수익의 단기 트레이드 포지션을 잡을 수 있었습니다.

**초단기 트레이드에서 나오는 수익은 전체 수익에서 몇 %입니까?**
75% 정도 됩니다.

조금 더 장기로 보유하는 트레이드의 비중이 적은 편인데, 그것들의 특징은 무엇입니까?

장기 트레이드도 단기 트레이드와 같은 이벤트로 가격 움직임이 촉발될 수 있습니다. 하지만 그중에서도 일부는 장기적인 잠재력을 가지고 있죠.

그렇죠. 그런 장기적인 잠재력을 가진 트레이드의 특징은 무엇인가요?

예상에서 완전히 빗나간 이벤트들은 장기적으로 중요한 가격 움직임을 불러옵니다. 경제가 그런 가격 움직임에 불을 붙일 수 있으니까요. 브렉시트 투표 결과나 그것의 여파가 미칠 영향에 대해서는 다들 예상을 못 했죠. 그런 것들이 장기적인 잠재력을 가진 트레이드의 완벽한 예입니다.

청산 결정은 어떻게 내리나요?

나는 반만 좋은 청산 지점을 고르는 기이한 버릇이 있습니다. 그렇게 임의로 청산하는 결정을 체계적인 규칙으로 바꾸려고 노력은 하고 있지만, 아직 결실은 보지 못했습니다. 그리고 내가 장중 단타 트레이드로 잡은 포지션에서 가격이 포물선 움직임parabolic move(트레이딩에서 쓰는 속어로, 포물선에서 우상향하는 부분을 가리킨다-옮긴이)을 보이면 이익을 실현합니다. 더 크게 먹을 수 있다는 생각에 포지션을 유지하다가 결국에는 이익의 상당 부분을 토해내는 경험을 하면서 얻은 뼈아픈 교훈입니다.

컴퓨터가 고장났던 그 날의 트레이드를 제외하면 살 씨의 리스크 관리는 꽤 효과적이었습니다. 특히 높은 수익에 비교하면 리스크가 굉장히 낮았죠. 살 씨의

**리스크 관리에서 핵심은 트레이드가 다르게 움직일 경우 재빨리 빠져나오는 것입니다. 그 밖에도 다른 중요한 리스크 관리 방법은 무엇입니까?**

트레이드 건당 내가 허용하는 리스크 한도는 1~5% 범위입니다. 내가 얼마나 확신하느냐에 따라 달라집니다. 아까도 말했지만 나는 포지션을 취하면 최대한 빨리 스톱을 걸어둡니다. 그리고 포지션 전체를 보유하기보다는 일부분 이익을 실현합니다. 부분 이익을 실현하면 나머지는 '공짜 트레이드'가 되는 셈이죠. 이익을 일부 실현했으니 상방은 무한대로 열려 있지만 하방 위험은 제로가 되니까요. 그건 큰 상승을 기대하는 시장에서 공짜 콜옵션을 사는 것과 비슷하다고 보면 됩니다.

포트폴리오 전체에서는 MDD가 6%가 되면 '아마도' 규모를 조금씩 축소하기 시작할 겁니다. 그리고 훨씬 까다롭게 새로운 트레이드를 고르겠죠. 하지만 일률적인 규칙은 아닙니다. 어떤 때는 트레이드 하나에서 5% 손실이 나도 아무렇지 않아서 전체 트레이딩 규모도 그대로 유지합니다. 또 어떤 때는 장기에 걸쳐서 손실이 야금야금 커지기도 하는데, 그건 시장이 고요하다거나 내가 시장과 다르게 움직이고 있다는 뜻입니다. 그런 때는 나는 규모를 줄이기 시작하고 기준을 바짝 강화해서 아주 확실한 트레이드만을 잡습니다.

**최근 몇 년간 트레이딩 방법에 커다란 변화가 있었습니까? 있었다면 왜입니까?**

과거에는 트레이드 아이디어를 단일 시장에서만 실행하는 습성이 있었습니다. 지금은 트레이드 아이디어가 떠오르면 상호연관된 복수 시장에서 실행하려고 노력합니다. 이를테면 독일 국채 10년물, 유로 스톡스 지수, 유로화 시장에서 동시에 포지션을 잡거나 적어도 두 개는 포지션을 취합니다. 하나의 시장에만 걸지는 않습니다. 그렇게 바뀌게 된 이유가 있습니다. 내가 들어간 트레이드가 이 세 개의 시장 중 하나와 반대로 움직인다고 해서 내 가설에 문제가 있다는 뜻은 아닙니다. 다만 그 트레이드가 성공하지 못하게 막는 어떤 문제가 시장에서 발생하고 있다는 뜻입니다. FOMC(연방공개시장위원회)가 금리 인하 가능성을 내비치고 난 후의 시황이 좋은 예가 되겠군요. 나는 미국 국채 10년물과 S&P에 대해 매수를 잡았습니다. 10년물 포지션은 처음에는 꿈쩍도 하지 않았습니다. 심지어 내려가지도 않더군요. 그걸로 내가 틀린 트레이드를 했다고는 볼 수 없었습니다. 만약 내가 미국 국채 10년물에만 포지션을 잡고 상승한 S&P에는 잡지 않았다면, 내 트레이드 가설이 틀렸다고 결론을 내렸을지도 모릅니다. 하지만 내 가설은 틀리지 않았습니다. 예정된 국채 입찰이 금리를 누르고 있었고, 입찰의 효력이 다한 순간 10년물 가격은 뒤도 안 돌아보고 달리기 시작했습니다. 트레이드 아이디어를 하나의 시장에만 국한하지 말아야 한다는 교훈을 되새긴 계기가 되었죠.

시장의 자동 트레이딩이 늘고 고빈도 트레이딩 알고리즘이 발전하고 있어서 내 아이디어를 실행하기가 어려워졌습니다. 내 초단기 트레이딩 전략도 장점이 많이 퇴색했습니다. 그래서 요새는 고확신 트레이드 위주로 거래를 해서 월별 트레이드 건수는 줄어든 편입니다. 대신에 확신이 큰 트레이드에 대해서는 리스크에도 과감하게 노출합니다.

**트레이더들을 실패로 이끄는 판단 착오와 오해는 무엇이 있을까요?**

내가 알고 지내는 실패한 트레이더들 대부분은 꾸준히 수익을 내야 한다는 착각에 빠져 있습니다. 트레이딩 수익을 매달 일정액을 벌어야 하는 월급 개념으로 생각하는 거죠. 현실을 깨달아야 합니다. 오랫동안 한 푼도 못 벌거나 심지어는 계좌 하락이었다가 어느 순간 갑자기 상당한 이익이 발생할 수도 있습니다. 기업가들은 이런 현실을 잘 이해합니다. 회사에 투자했지만 몇 년을 한 푼도 못 건지고 있다가 어느 순간 갑자기 이익이 찾아오는 거죠. 초과 이익을 원한다면 일관된 수익을 원하는 마인드로는 그 목표에 도달할 수 없습니다. 나도 기간 적중률은 기껏해야 50%이고 어떤 때는 30%뿐일 때도 있습니다. 그러나 30%의 적중률일지라도, 그 기간에 성공적인 트레이드로 버는 이익은 잘못된 트레이드로 발생한 손실의 8배나 됩니다. 트레이더는 자신에게 질문을 던져야 합니다. '나는 30%의 기간 적중률을 견딜 수 있는가, 아니면 매일 적중해야 만족하는가?' 많은 트레이더의 발목을 잡는 것이 바로 후자의 관점입니다.

**트레이더를 실패로 이끄는 다른 요소가 있다면요?**

지기만 하는 트레이더는 부정적인 마인드셋에 자신을 가둡니다. 그들은 손실이 자신을 헤집는 것을 가만히 둡니다. 그리고 스노우볼 효과가 발휘됩니다. 손실이 발생하고, 또 손실이, 또 손실이 나다가 어느 순간 생각 전체가 암흑 지대로 물들어서 빠져나오기에는 늦어 버립니다. 이미 모든 부정적인 생각이 가지에 가지를 뻗었으니까요. 만약 처음 손실이 나고 나서 감정을 통제해 그런 부정적 강화의 과정을 뿌리부터 근절했다면 상황이 훨씬 나아졌겠죠.

13년을 트레이딩 회사에서 일하면서 희망에 기대 트레이딩하는 트레이더를 많이 봤습니다. 그런 사람들은 오래 견디지 못합니다. 중요한 것은 리스크 관리입니다.

## 【 암리트 살의 조언 】
## 성공하는 트레이더의 자질 5

1. 성공적인 트레이더는 손실 가능성은 주의 깊게 관리하고 이익 가능성을 보이는 트레이드는 알아서 커지게 둡니다.
2. 그들은 절대로 포기하지 않습니다. 상황이 악화할 때에도 돌파할 방법을 마련하며 모든 것이 괜찮아질 것을 알고 있습니다.
3. 그들은 승부욕이 높으며, 월별 실적을 개선할 방법을 찾는 것을 언제나 게을리하지 않습니다.
4. 그들은 자신의 장점을 믿으며, 각각의 트레이드를 상호 배타적인 관점에서 바라봅니다. 그렇기에 이전의 트레이드 결과가 나쁠지라도 기회가 왔을 때는 언제라도 방아쇠를 당길 수 있습니다.
5. 그들은 실패에서 피드백을 얻습니다. 그들은 어떤 일이든 성공으로 향하는 길에는 실패라는 걸림돌이 반드시 있다는 것을 이해합니다. 그들이 생각하는 진짜 실패는 배움의 기회를 놓쳤을 때입니다.

## 【 암리트 살의 기법 】
## 성공 트레이딩 기술 13

1. 나는 좋은 트레이드의 특징을 잘 알아봅니다. 그리고 그런 트레이드가 나타났을 때는 주저하지 않습니다.
2. 나는 비대칭 위험조정수익률 트레이드가 없는지 항상 살펴봅니다.

나는 모든 트레이드에서 리스크에 상한을 두기를 원하고, 유니콘을 발견했을 때는 그 유니콘이 나를 내팽개치기 전까지는 계속 올라탄 상태로 있습니다.

3. 나는 순간적인 만족을 추구하지 않습니다. 꼼꼼히 준비하고, 좋은 트레이드가 나타날 때까지 느긋하게 기다립니다. 언제나 준비가 완료된 상태이므로 위대한 트레이드 기회가 나타나면 주저하지 않습니다. 내 제로백 속도는 대단히 빠릅니다. 나한테는 그 방법이 효과가 있습니다. 다른 사람들은 매일 하나의 트레이드에는 진입해야 한다고 생각할 수 있지만 나는 아닙니다.

4. 나는 하방 리스크 관리에 대단히 엄격합니다. 그리고 크게 이기는 트레이드에 들어가 있지 않을 때는 내 정신 자본을 잘 보존하려고 노력합니다.

5. 나는 트레이드의 결과에 연연하지 않습니다. 그것보다는 나만의 트레이딩 프로세스를 잘 지켰는지가 더 중요합니다.

6. 나는 고확신 트레이드와 저확신 트레이드를 분간할 수 있습니다. 그리고 내 확신 정도에 따라 포지션 크기를 정합니다.

7. 좋은 트레이드 기회가 왔을 때는 공격적으로 움직이고, 기회가 저문다 싶을 때는 재빨리 시장에서 빠져나옵니다.

8. 나는 내 방법과 원칙에 충실합니다. 그래서 좋은 트레이드가 왔을 때는 공격적으로 레버리지를 이용할 수 있습니다.

9. 나는 언제나 실수에서 배우려고 노력합니다. 그리고 나만의 프로세스를 통해 똑같은 실수를 반복하지 않으려 노력합니다.

10. 나는 포기하지 않습니다. 올해(2019년) 첫 7개월 동안 내 계좌는 하

락한 상태였습니다. 신참 시절 이후로 처음입니다. 이런 힘든 시절을 이겨내려면 회복력은 필수입니다.

11. 나는 누구보다도 성실합니다. 초보 시절에는 새벽 4시나 5시에 일어나서 밤사이 뜬 뉴스를 다 확인했습니다. 가끔은 하루에 15~18시간을 일하기도 합니다.

12. 트레이더로 성공하려면 가슴속에 불을 품고 있어야 합니다. 그것만이 7전 8기의 비결입니다. 내게는 그런 결단력이 있습니다.

13. 무엇보다도 내가 트레이더로 성공할 수 있었던 최고이자 최대의 비결은 내가 마음의 중심을 잘 잡았다는 것입니다. 자기성찰과 자기인식, 일지 기록, 명상, 그리고 호흡 요법을 한 것이 주효했습니다. 특히 몰입상태에 들어가는 능력이야말로 지금의 나를 만든 정수입니다. 이 능력이 심층 리서치와 결합하면서 내 경쟁력이 되었습니다.

**신참 시절에 알있다면 좋았겠지만 지금에야 깨닫게 된 비결이 있습니까?**

인내심이 중요합니다. 성공 트레이딩이란 아무 행동도 하지 않는 행위예술입니다. 정말로 좋은 트레이드가 오기 전까지는 아무것도 하지 않는 것이 장기적인 성공의 열쇠입니다. 기준 이하의 트레이드로 정신적 자본이 받는 피해가 너무 커진다면, 아무런 준비 없이 진짜로 좋은 트레이드를 맞이해야 하는 사태가 벌어질 수 있습니다.

**기준 이하의 트레이드로 입는 손실 자체는 그렇게 크지 않을 수 있지만, 그런 트레이드로 인해 초점과 마인드가 피해를 본 상태이기 때문에 진정으로 위대한 기회가 왔을 때는 놓칠 수 있다는 거군요.**

정확히 짚으셨습니다.

**마무리 말씀 부탁드리겠습니다.**

트레이딩은 나의 자아를 발견하고 나를 성장시킨 멋진 여행이었습니다. 트레이더로서 내가 겪은 부침과 장기적인 성공에 필요하다고 생각되는 나만의 신념을 말할 시간을 가질 수 있어서 저도 기뻤습니다. 지난 10년은 내게는 준비운동 기간이었습니다. 내가 앞으로 얼마나 더 성장할 수 있을지 나 자신을 열띤 마음으로 지켜볼 것입니다.

살이 트레이더로서 믿기 힘든 성공을 거둔 비결은 그의 트레이딩 프로세스가 3가지 핵심 요소를 잘 결합했다는 데 있었다.

• **트레이드에 대한 철저한 리서치와 계획 _** 성공 트레이딩을 원한다면 조급하게 접근하는 것이 아니라 철저히 준비해야 한다. 살은 트레이드에 진입하기 전에 반드시 철저히 준비한다. 그가 과거에 했던 트레이드를 기록하고 정리한 노트만도 수천 페이지에 달한다. 트레이드에 대한 계획, 관련 이벤트와 시장의 반응에 대한 상세한 기록, 잘한 점과 못한 점이 다 정리돼 있다. 트레이드 노트는 범주별로 정리돼 있어 앞으로 하려는 트레이드와 비슷한 트레이드를 찾아 분석하는 데 도움이 된다. 살은 이렇게 직접 정리한 개인 도서관을 이용해 구상 중인 트레이드에 대해 세부 계획을 아주 자세히 준비하는데, 트레이드가 실시간으로 어떻게 바뀔 것인지 다양한 시나리오를 세우고 거기에 맞는 대응법까지 마련한 계획이다. 또한 살은 뉴스 보도에도 항상 촉각을 곤두세운다. 예상치 못한 뉴스

이벤트는 훌륭한 트레이드가 될 수 있기 때문이다.

• 트레이드 실행 _ 살의 차익 대부분은 이른바 '유니콘'에서 나온다. 이런 트레이드가 등장하면 바로 판단해서 트레이드를 결정해야 한다. 숙고하고 분석할 시간이 없다. 중앙은행의 발표 등 중대 이벤트가 전개될 때마다 상황에 맞게 어떻게 행동해야 할지를 미리 파악하고 있어야 한다. 어떻게 트레이딩을 할지 생각하느라 1~2분만 걸려도 자칫하면 기회 전체가 날아갈 수 있다. 살은 이벤트가 발생하자마자 합리적인 판단을 거의 반사적으로 내리기 위해 미리 심층 조사를 충분히 하고 철저히 계획을 짜놓는다. 또한 살은 다양한 상황에 따라 어떻게 대응해야 할지 머릿속으로 구상하면서 심적 리허설도 병행한다. 프로 선수들이 중요한 경기를 앞두고 정신 훈련을 하는 것과 비슷하다. 그는 명상과 호흡 요법으로 '지금에 깊이 몰입' 한다.

• 감정적으로 차분해지기 _ 살은 적절한 감정 유지야말로 성공 트레이더가 되는 데 절대적인 필수 요소라고 여긴다. 그는 부정적인 마인드셋에 빠지지 않으려 세심하게 노력하고, 트레이드 손실이나 실수가 이후의 좋은 기회에 영향을 주거나 놓치게 만드는 일이 없도록 노력한다. 살은 부정적인 정신 상태에 빠질 것 같으면 그것이 똬리를 틀기 전에 전원을 차단해 버린다. 계좌 하락이 발생했거나 트레이딩의 일진이 특히 안 좋았던 날에는 부정적인 마인드의 싹을 도려내기 위해 지금 누리는 좋은 것에 감사하는 데 집중한다. 살은 "중요한 것은 마인드셋을 옮기는 겁니다. 마인드를 차분하고 이성적인 지대로 되돌려놔야 합니다."라고 설명한다. 긍정적인 마인드와 차분한 감정 상태를 유지하는 것은 살의 트레이딩 과정에서 있어도 그만 없어도 그만인 부수 요소가 아니다. 절대적인 핵

심 요소이다.

트레이드 손실이 큰 날에 그 자신에게 선물한다는 것은 처음 듣는 조언이었다. 내가 '시장의 마법사들' 전작들에서 인터뷰했던 트레이더 중에서 그런 조언을 한 사람은 아무도 없었다. 살에게는 특효였지만, 다른 트레이더들에게도 좋은 충고인가? 그건 모르는 일이지만 한번 실험해볼 만한 아이디어이기는 하다. 그러나 성공 트레이딩에는 긍정적인 마인드셋과 차분하고 초점을 잃지 않는 정신 상태가 꼭 필요하다는 조언은 어떤 트레이더에게든 특효를 발휘할 더 일반적인 조언인 것은 분명하다.

나는 위대한 트레이더들을 많이 인터뷰했고, 그들 대다수에게서 공통적으로 인내심을 발견했다. 살에게 있어서 인내심은 성공 트레이딩의 최핵심이다. 우리가 인터뷰하기 전에 이메일을 주고받으면서 살이 자신의 트레이딩 스타일을 설명했던 말을 보면 인내심이 그의 최핵심이라는 것이 잘 드러난다. "내 트레이딩 스타일을 두고 많이들 저격수 스타일이라고들 하더군요. 언제나 모든 준비를 하고 완벽한 목표물이 나타나기를 기다리거든요. 나는 총알을 다른 것에 낭비해서 완벽한 목표물을 저격하는 데 지장이 생기는 상태는 원하지 않습니다. 나는 직감적으로 이거다 싶은 트레이드를 기다렸다가 나타나면 저격합니다. 나머지 시간에는 미동도 없이 앉아서 꾹 참고 기다립니다."

살은 진정으로 좋은 트레이드가 나타나기를 기다리며 아무 행동도 하지 않는 것이 수익 대부분을 책임져주는 좋은 트레이드를 실행하는 것보다 훨씬 어려운 일이라고 믿는다. 인내심을 길러 기준 이하의 트레이드를 하고 싶은 유혹을 물리치는 것은 두 가지 이유에서 대단히 중요하다. 첫 번째, 이런 트레이드들은 대개가 잘해봤자 본전이다. 두 번째로 더 중요한 이유는, 이런 기준 이하 트레이드로 인해 심리와 초점에 타격을 입어서 진정으로 위대한 트레이드를 놓칠 수도 있다. 여기서 얻을 수 있는 교훈은 규칙에 부합하는 트레이드만 하고 기준 이하의 트레이드는 피하라는 것이다.

수긍하기 힘들겠지만, 꾸준한 실적을 추구하는 것이 괜찮은 목표라고 생각할 수 있지만, 실제로는 득보다 실이 더 많을 수 있다. 살은 실패한 트레이더들에게는 매달 일정 수익을 내는 것을 목표로 삼는다는 공통점이 있다고 말한다. 왜 이것이 바람직하지 않은 목표인가? 시장이 규칙적인 일정으로 기회를 제공하지 않는다는 것이 그 이유이다. 매달 수익을 낸다는 목표를 추구하는 트레이더는 훌륭한 트레이드가 없을 때는 원칙과 방법을 지키는 트레이드가 아니라 희망에 거는 트레이드라도 해야 한다는 유혹에 빠진다. 그 결과 트레이더는 일관된 수익을 위해 인내심이라는 합당한 원칙을 저버리고 대척점에서 행동하게 된다.

살이 인내하면서 기다리는 트레이드에는 두 가지 핵심적인 특징이 있다.

1. 이런 트레이드는 그가 예상했던 방향으로 움직일 가능성이 매우 높다.
2. 잠재적 이익이 리스크 감수를 훨씬 상회하는 비대칭 트레이드이다.

살은 고확신 트레이드에는 대량 포지션도 마다하지 않는다. 고확신 트레이드일수록 포지션을 크게 잡는 것이야말로 그가 다른 트레이더를 훌쩍 뛰어넘어 높은 수익을 내는 핵심 비결이다.

살은 모든 트레이드에서 손실을 제한하는 장치로 보호 스톱을 가능한 한 빨리 걸기는 하지만 현실도 고려한다. 살은 중대 이벤트가 발표되면 시장 변동성이 특히 높아지리라 판단하면서 대량 포지션을 걸어두기 때문에, 진입 주문을 넣는 동시에 스톱을 걸어두면 가격의 의미 없는 일시적 역행에 불과한데도 포지션이 강제로 청산되는 결과가 빚어질 수 있다. 그래서 살은 시장이 그에게 우호적인 방향으로 충분히 움직일 때까지 기다린다. 이렇게 하면 그의 아이디어가 실패했을 때에만 스톱이 발동하게 만들 수 있다. 그가 스톱을 걸기도 전에 시장이 반대로 움직인다면? 살은 시장이 예상과 다르게 이벤트에 곧바로 반응해서 움직이지 않을 때는 신속하게 청산을 한다는 주의이므로, 이럴 때는 직접 시장가 주문을 넣어서 손실을 제한한다.

승리는 무사안일주의를 낳는다. 특히나 고수익의 트레이드를 성사한 후에는 많은 트레이더가 트레이드 진입에서도 자본 운용에서도 기준이 느슨해진다. 평소에는 하지 않았을 트레이드에 진입하고 리스크 관리에도 해이해진다. 살 역시 일정 기간 성공적인 트레이드가 이어지자 이런 함정에 빠져서는 기준에 못 미치고 상호연관성까지 높은 세 개의 시장에서 동시에 최대한도까지 포지션을 걸었다. 회사의 리스크 매니저가 다가와서 질책하는 말을 던지고 나서야 살은 이성을 되찾았고 얼른 모든 포지션을 청산했다. 리스크 매니저의 간섭이 아니었다면 크게 손실이 날 수도 있는 상황이었다. 이때의 경험으로 살은 연이은 성공 후에는 자만에 빠지거나 트레이딩 원칙이 느슨해지지 않도록 조심해야 한다는 교훈을 얻었다. 모든 트레이더가 새겨야 할 귀중한 교훈이기도 하다.

순전히 희망에 기대 트레이드를 잡았다면 빠져나와야 한다. 포지션을 유지할 때는 희망이 아니라 확신에 걸어야 한다. 살은 초보 시절에는 기술적 분석을 트레이드 진입의 발동 장치로 삼았지만, 그 결과 확신은 없이 희망에 기대는 트레이딩을 하게 되었다. 잘 될 거라는 희망에 거는 트레이드에는 마음이 불편해졌고, 결국 그는 기술적 분석을 이용한 트레이딩은 그의 길이 아니라는 확신이 들었다.

살은 극단적인 직업윤리를 철두철미하게 지키며 최고의 성공을 거둔 트레이더는 어떤 모습인지를 훌륭하게 보여준다. 나는 근면 성실하기만 해도 성공적인 트레이더가 될 수 있는지, 아니면 타고난 재능이 있어야 하는지 자주 질문을 받는다. 근면 성실함과 리스크 관리가 성공 트레이딩의 필수 조건이기는 하지만, 그것만으로는 뛰어난 트레이더들이 거둔 압도적인 성적을 설명하기에 충분하지 않다. 그들에게는 타고난 재능이 있었다. 포지션 청산을 어떻게 결정하느냐는 질문에 살은 "나는 반만 좋은 청산 지점을 고르는 기이한 버릇이 있습니다."라고 대답했다. "기이한 버릇"이라는 말속에는 학습과 훈련으로는 길러지지 않는 직관적 재능이 있다는 의미가 들어 있다.

마라톤에 비유하면 이해가 쉽다. 아주 많이 준비하고 훈련을 해야 하기는 하지만, 열심히 연습하면 어지간한 사람들은 마라톤을 완주할 수 있다. 하지만 아무리 시간을 들이고 훈련을 해도, 마라톤에 맞는 신체 조건을 타고난 극소수의 사람만이 세계 최정상의 속도로 뛸 수 있다. 트레이더의 세계도 마찬가지이다. 헌신적으로 열심히 준비하고 효과적인 리스크 관리 기법도 갖춘다면, 웬만한 트레이더들은 소소한 수준의 수익은 올릴 수 있다. 하지만 재능을 타고 태어나서 시장의 마법사 반열까지 오르는 트레이더는 정말로 얼마 되지 않는다.

살은 자신의 트레이드 내역을 빠짐없이 일지에 기록하며 정기적으로 일지 내용을 복기한다. 과거 특정 상황에서 시장이 보인 행동을 정리한 이 역사적 총람은 미래에 비슷한 상황에서 시장이 어떻게 행동할지 예측하도록 도와주는 가이드라인 역할을 한다. 그러나 그가 트레이드 일지를 작성하고 검토하는 데는 또 다른 이유가 있는데, 과거의 실수에서 교훈을 배움으로써 똑같은 실수를 답습하는 것을 피하기 위해서다. 트레이드 진입과 청산의 이유, 트레이드에서 자신이 잘한 점과 못한 점까지도 다 정리해서 일지로 기록하고 주기적으로 복기하는 습관은 모든 트레이더가 본받아야 할 귀중한 행동이다. 이 일지를 통해 자신이 트레이드에서 했던 실수를 한눈에 알아볼 수 있으며, 실수를 알아보는 것이야말로 같은 실수의 재발을 방지하기 위한 첫걸음이다. 더 좋은 트레이더가 되는 비결은 따로 없다. 실수에서 배워야 한다.

성공적인 트레이더들은 본인의 능력을 한껏 자신하는 편이다. 물론 성공했기 때문에 자신감이 하늘을 찌르는 것일 수는 있다. 하지만 내가 보기에 이 위대한 트레이더들의 자신감은 원래부터 타고난 성격이었을 뿐 성공과는 무관하다. 살도 이런 내 생각을 뒷받침한다. 트레이더 첫해에 계좌 잔고가 마이너스가 되었고 앞으로 트레이더 일을 계속할 수 있을지 없을지 모르는 상황에서도, 그는 성공을 자신했다. 트레이딩 실력에 대해 스스로 얼마나 자신하는지 솔직하게 평가하는 것은 트레이더로서 본인의 성공 가능성을 점치는 한 가지 방법이 될 수 있다. 본인의 트레이딩 방법에 뚜렷한 우위가 있다고 자신하기는커녕 미심쩍은 마음마저 든다면 포지션의 크기를 정할 때도 아주 조심스럽게 굴 수밖에 없다.

재능도 있고, 고수익 트레이더가 될 수 있다는 자신감까지 가지고 있다면, 성공에는 한 가지 자질만 더 갖추면 된다. 바로 회복력이다. 절대로 포기하지 마라.

UNKNOWN
MARKET
WIZARDS

# 9

달지트 달리왈 Daljit Dhaliwal

## 자신만의 강점을
## 파악하라

**달지트 달리왈**은 9년여 트레이딩 기간 동안 무려 298%
라는 경이로운 연평균수익률을 기록했다. 주로 펀더멘털
에 기반한 공격적 트레이딩으로 이룬 성과이다. 그는 자신
의 성공의 비결로 트레이딩 일지 작성을 강조한다.

달지트 달리왈의 과거 실적을 보면 입이 안 다물어진다. 9년여 동안 트레이딩을 하면서 그가 달성한 연평균수익률은 무려 298%이다. 그는 공격적으로 트레이딩을 하며, 크게 자신하는 트레이드에서는 서슴없이 대규모 포지션을 잡는다. 그렇기에 그의 연평균 변동성 역시 극도로 높다. 84%나 되니 말이다.

이것만 놓고 보면 "수익률이 놀랍기는 해. 하지만 리스크도 비정상 수준일 거야."라고 생각하기 십상이다. 성층권을 뚫는 그의 변동성도 이런 생각을 뒷받침하기는 한다. 그러나 중요한 부분이 있다. 그의 변동성이 극도로 높은 이유는 그의 이익이 월등히 높아서이고, 그의 하방 리스크 통제가 훌륭하다는 것이 한눈에도 드러난다. 달리왈만큼 수익과 변동성이 높은 트레이더라면 50%가 넘는 MDD가 여러 번 발생해도 이상하지 않을 것이다. 하지만 달리왈의 MDD는 월말 결산 기준으로 많아봤자 20%를 넘지 않는다. 그는 모든 해에 수익을 냈고, 모든 분기의 95%, 그리고 모든 달의 70%에서 수익을 냈다. 초거대 수익률과 하방 리스크를 잘 통제했다는 것에서 짐작할 수 있겠지만, 달리왈의 위험조정수익률 지수도 아주 모범적이다. 조정된 소티노 지수는 10.3이고, 월간 손익비 지수는 8.5이다. 모두가 인정할 만한 훌륭한 성적의 5배나 좋은 성적이다.

달리왈이 처음에 열정을 보인 분야는 트레이딩이 아니라 테니스였다. 10대 시절에는 영국의 유망한 주니어 테니스 선수였고, 프로 선수가 되기를 꿈꿨다. 달리왈은 목표를 정하면 다른 것은 보지 않고 거기에만 매달린다. 그는 비교적 늦은 나이인 10대 후반(프로 선수를 꿈꾸기에는 늦은 나이였다)에 테니스를 시작했다. 달리왈은 1주일에 5일은 프로 코치로부터 교습을 받으면서 맹렬히 연습했다. 그가 프로 테니스 선수의 꿈을 접은 이유는 인터뷰 중간에 나온다.

달리왈이 대학생이던 때 찾아온 2008년 금융위기와 그 여파는 그가 금융시장에 관심을 가지는 계기가 되었다. 졸업반 무렵이 되니 트레이더가 되고 싶다는 쪽으로 꿈이 정해졌다. 그러나 그가 다니는 대학은 중위권이었고, 트레이더는 일류대학 졸업생들의 전유물이나 다름없다는 문제가 있었다. 그가 졸업한 금융위기 직후 시기에는 그 장벽이 특히나 높아졌고, 가뜩이나 없는 트레이더 자리가 더욱 줄어들면서 경쟁이 치열해졌다. 아무리 따져봐도 달리왈이 트레이더 세계에 들어가기는 바늘구멍을 통과하기보다도 힘들었다. 그러나 각오와 결심만으로 그는 해냈다.

달리왈은 10대 시절에 테니스에 보였던 그 열정과 헌신으로 트레이더 세상을 공략했다. 그는 시장과 트레이드에 대해서 몸을 사리지 않고 배울 수 있는 것은 다 배웠다. 달리왈은 자신이 일자무식으로 뛰어들었다는 사실을 알 정도의 분별력이 있었기에 그 어떤 선입관에도 사로잡히지 않았다. 그는 시장 가격의 움직임과 원인을 공부했고, 시장에서 벌어지는 다양한 이벤트를 해석하는 방법을 배웠다.

달리왈이 트레이더로서 발전해 나가면서 그의 트레이딩 방법도 많이 달라졌다. 처음에는 기술적 분석을 주로 사용했지만, 상대적으로 숫자는 적어도 펀더멘털 관련 트레이드가 자신의 트레이딩 수익에서 거의 전부를 차지한다는 사실을 깨달은 후에는 펀더멘털 트레이딩을 주로 하는 것으로 재빨리 전략을 바꾸었다. 지금까지는 중앙은행 발표와 같은 중요한 펀더멘털 이벤트를 해석해서 데이 트레이딩을 하는 것을 주요 방법으로 삼았다. 하지만 최근 몇 년에는 그와 그의 리서치 조수가 개발한 거시경제 모델을 바탕으로 더 장기적인 트레이드에 진입하는 쪽으로 조금씩 비중을 옮기고 있다.

달리왈은 오랜 시간을 리처드 바그(7장)와 암리트 살(8장)과 같은 트레이딩 사무실의 동료로 일했다. 외부 트레이더에게 간섭받지 않고 독립적으로 일하고 싶다는 생각에 그 회사를 나와 런던에 독자적인 사무실을 차렸다. 내가 그를 인터뷰한 곳도 이 사무실에서였다. 나는 달리왈에게 내일 마이클 킨(5장)을 인터뷰할 예정이라고 말했다. 마침 달리왈은 킨과 함께 투자하고 있었다. 다음 날 달리왈은 킨과 나를 런던 시티가에 있는 스테이크하우스인 굿맨으로 초대해 멋진 저녁 식사를 대접했다.

**달리왈 씨의 트레이딩 전략을 정의한다면요?**

간단히 정의하면 매크로와 이벤트 전략을 추구하는 트레이더입니다. 정량적 분석에는 선행 경제 지표와 자체 개발한 역사적 아날로그 모델을 이용합니다. 정성적 분석에는 헤드라인 뉴스로 나온 단기 전략을 전술적 도구로 삼아서 시장에서 포지션을 잡습니다. 그리고 정성적 분석을 할 때는 시장을 이끄는 스토리를 내 나름대로 해석해서 이용합니다. 가끔은 그런 스토리가 펀더멘털을 압도하기도 하거든요.

### 10대 시절에 꿈꾸던 직업이 있었나요?

다른 무엇보다도 내가 가장 되고 싶었던 건 프로 테니스 선수였습니다. 고등학교 시절에는 테니스가 가장 중요했다고 해도 과언이 아니지요.

### 프로 대회에도 나갔습니까?

국제 대회는 문턱도 밟지 못했습니다. 영국 80위가 내 최고 랭킹이었습니다.

### 왜 그 꿈을 포기했나요?

16세에 코치 한 명과 나눈 대화가 결정적 계기가 되었습니다. 그 코치는 과거에 세계급 선수였습니다. 국제 대회에 출전한 경험이라든가 출전을 위해 세계 여러 나라에 가본 것을 자랑스럽게 생각했습니다. 그런데 돈은 한 푼도 못 벌었습니다. 그 코치 나이가 30대였는데, 새 경력을 찾으려고 대학에서 공부하는 중이었습니다.

### 돈을 벌지 못할지도 모른다는 말에 프로 테니스 선수가 되겠다는 꿈을 접은 건가요?

그보다는 그 나이에 새로운 직업을 준비해야 할지도 모른다는 것이 더 컸죠. 동료 테니스 선수들만큼 그렇게 열정적으로 테니스를 사랑하지는 않았던 거죠. 프로가 될 수 있을지 없을지만 생각했지 그 이상에 대해서는 생각하지 않았던 겁니다. 분명한 건, 테니스 코치가 되는 건 사양이었습니다. 그러다가 1년 후에 쐐기를 박는 일이 있었습니다. 하루는 테니스 코치가 누군가를 데려와서 나와 시합을 하게 했습니다. 우리는 한 세트를 쳤고, 내가 그를 6-4로 이겼습니다. 시합이 끝나고 코치가 내가 조금 전에 이긴 그 사람이 전년도 세계 대회 출전자라고 말해주었습니다. 혹시라도 내가 겁을 먹을까 봐 미리 말하지 않았던 거죠. 그러면 '이것 봐, 나도 프로가 될 수 있어.'라는 생각이 들어야 하지 않겠습니까? 그런데 아니었습니다. 프로 테니스 선수가 된 내 모습이 여전히 상상이 되지 않았습니다.

**테니스는 언제 그만두었나요?**

대학에서 축구를 하다가 발목을 다쳤습니다. 테니스 코치가 이번 겨울은 쉬었다가 다시 오라고 했지만, 안 갔습니다.

**선수가 될 각오로 테니스를 했던 경험을 지금의 트레이더 일에 빗대어 말한다면 어떤가요?**

테니스를 칠 때는 모든 샷을 다 받아쳐야 하지만, 트레이딩에서는 보이는 트레이드마다 덥석 물어서는 안 됩니다. 나를 위해 모든 것이 완벽하게 정렬된 트레이드만 골라잡아도 됩니다. 테니스에 빗대 말하면, 완벽한 스매시를 할 준비가 되었을 때만 공을 받아치는 것과 비슷합니다. 트레이딩을 하다 보니, 내가 적절한 마인드를 준비하지 못했거나 다가오는 기회가 내 방식과 일치하지 않을 때는 굳이 진입하지 않아도 된다는 사실을 깨닫게 되더군요. 그 점이 아주 마음에 듭니다.

**테니스와 트레이딩의 다른 점에 관해 말씀하셨는데요. 스포츠에서 최고의 선수가 되는 것과 유능한 트레이더가 되는 것 사이에는 연관성이 있나요?**

스포츠도 트레이딩도 뛰어난 실력을 갖추려면 심리가 강해야 한다는 공통점이 있습니다. 둘 다 자신만이 원칙과 체계가 있어야 합니다.

휴식과 영양을 잘 관리해야 합니다. 트레이더는 최적의 결정을 내려야 하는데, 스트레스에 짓눌려 있거나 피곤한 상태에서는 좋은 결정을 내리기가 힘듭니다.

**시장에 대해 관심을 가지게 된 계기는 무엇이었나요?**
대학생 때 시황이 연일 주요 뉴스로 보도되더군요.

**그게 몇 년도였습니까?**
2008년에서 2010년이었지요.

**아, 금융시장이 붕괴하고 여파가 아직 사라지지 않았을 때지요. 전공은 무엇을 하셨나요?**
경제학과 금융학이요. 금융학이 정말로 재미있더군요. 다음 날 벌어질 일도 예상하지 못한다는 점이 마음에 들었습니다. 따분한 일은 하고 싶지 않았지요.

**트레이딩은 언제부터 했습니까?**
대학생 때 통화 스프레드 베팅spread betting(기초 자산을 소유하지 않은 채로 중개인이 제시한 두 가격—매수 호가/매도 호가—의 차이에 거는 투기 행위-옮긴이)을 시작했습니다. 미국에서는 불법이지만, 영국에서는 합법이고 세금도 없었거든요.

**얼마를 걸었나요?**
아주 소액이요. 몇 파운드 정도였습니다. 돈이 없었거든요.

**무엇을 근거로 해서 돈을 걸었나요?**

기본적인 기술적 분석을 사용했습니다. 차트의 돌파나 이동평균선 같은 거요.

**그러면서 무엇을 배웠나요?**

5000파운드를 땄고 또 금방 2000파운드를 잃었습니다. 보니까 내가 뭘 하는지도 모르는 채로 하고 있더군요. 남은 돈은 고스란히 은행에 넣어두고 공부에 전념하기로 했습니다. 졸업반이 되어 가는데 성적이 좋지 않았거든요. 졸업한 후에는 트레이더가 되고 싶었으니, 이 꿈을 이루려면 성적부터 올려야 했습니다. 마지막 해는 열심히 공부했고 전체적으로는 괜찮게 학점이 나왔습니다.

언젠가 은행 직원이 우리 대학에 와서 좌담회를 열었습니다. 그는 주로 은행의 운영 부서에 관해 설명을 해주었습니다. 나는 좌담회가 끝나고 그에게 다가가서 물었습니다. "저는 정말로 트레이더가 되고 싶습니다. 어떻게 하면 될 수 있을까요?" 그의 대답은 이랬습니다. "솔직히 말씀드리죠. 은행 운영 부서에는 200명이 일하지만, 트레이딩 부서 직원은 6명도 안 됩니다. 게다가 트레이딩 자리는 일류대학 졸업생들에게나 돌아가요."

**달리왈 씨는 일류대학 출신이 아니었다는 거죠.**

그렇죠. 내가 다닌 대학은 중간 정도였죠.

**그래서 어떻게 했습니까?**

어쨌거나 트레이더 모집 공고가 나면 아무 데나 다 지원서를 내자는 생각이었습니다. 면접을 볼 수 있으면 나를 열심히 홍보할 수 있다고 생각했죠. 원서를 서른 군데나 냈습니다. 대부분 은행이었지만 프롭 트레이딩 회사도 있었죠. 다 떨어지고 결국은 딱 한 군데 프롭 트레이딩 회사에서만 면접 보러 오라고 연락이 왔습니다.

**면접이 어땠는지 궁금하네요.**

내 면접관은 리스크 매니저였는데 입회장 트레이더로 일한 경력이 있는 사람이었습니다. 트레이딩을 하다 리스크 관리로 전향한 사람이었죠. 나는 기말고사가 끝난 참이었고, 서류 심사를 통과한 곳은 거기뿐이었습니다. 무조건 잘해야겠다고 각오했죠.

**면접에서 중요한 질문이나 대답이 오갔습니까?**

당시 시황에 대해서 오래 대화를 주고받았습니다. 시장에 대한 내 순수한 관심과 배우려 하는 열정에 그도 좋은 인상을 받은 것 같았습니다. 그가 마지막으로 내게 더 질문하고 싶거나 말하고 싶은 게 있는지 물었습니다. 내 대답은 이랬습니다. "저는 서른 군데에 원서를 넣었습니다. '진심으로' 이 분야에서 일하고 싶습니다. 제게 기회를 주신다면 그 누구보다도 열심히 일할 자신이 있습니다." 내가 합격할 수 있었던 것은 그렇게 큰 열정을 보였기 때문이 아닌가 싶습니다.

**트레이딩 회사에 입사하고 나서 처음에는 어땠는지 궁금하네요.**

3개월은 배우기만 하는 기간이었습니다. 회사는 펀더멘털 분석과 기술적 분석에 대한 수업을 진행했습니다.

## 인성에 맞는 트레이딩 방법

**달리왈 씨만의 방법을 갖추고 트레이딩을 시작했습니까?**

처음에는 이것저것 다 시도했습니다. 나만의 프로세스랄 게 없었습니다. 처음에는 기술적 분석으로 더 기울어 있었습니다. 마켓 프로필 Market Profile(마켓 프로필은 대량의 거래가 나타난 가격 구간에 특정한 의미를 부여하는 가격 분석 방법이다)을 이용했고 거기에 차트 분석을 결합했죠. 그런데 지표들이 마음에 안 들었습니다. 후행 지표라고 생각되어서요. 반면에 차트 패턴을 분석하는 것은 좋았습니다. 그걸 보면 내가 지금 어디에 있고 무엇을 기대해야 하는지 어느 정도 설명이 되니까요. 예를 들어 시장이 박스권에 머물고 있다면 결국에는 위로든 아래로든 돌파가 일어날 게 분명하죠. 그게 가짜 돌파일지라도 말입니다.

맞습니다. 지표라는 것은 가격에서 파생된 결과이니 가격 차트에 이미 존재하는 것 이상으로 정보를 알려주지는 못합니다. 달리왈 씨의 과거 실적을 보면 트레이더를 시작하자마자 좋은 수익을 내셨더군요. 처음에는 기술적 분석으로 시작했다고 하셨으니 그것도 꽤 잘 다루시는 것 같은데요. 기술적 분석으로도 좋은 트레이딩 성적을 내셨는데 펀더멘털 분석으로 넘어가게 된 동기가 있었습니까?

기술적 분석은 계속 찜찜했습니다. 차트가 왜 그렇게 움직이는지를 모르겠으니 앞으로도 계속 그렇게 움직일 것이라는 자신도 들지 않았거든요. 하지만 펀더멘털 분석에서는 가격이 움직인 이유가 조금은 명확하게 이해되었습니다. 게다가 펀더멘털 분석이 훨씬 재미있기도 했고요. 사실 슈웨거 씨의 '시장의 마법사들' 첫 권을 읽은 게 초보 트레이더 시절의 내게 결정적 영향을 주었습니다. 누구의 말인지는 기억이 나지 않지만, 본인의 인성에 맞는 트레이딩 방법을 사용해야 한다는 조언이 내게는 꽤 크게 영향을 주었습니다.

저 역시 누구의 말인지는 기억이 나지 않는군요. 많은 분이 인터뷰에서 노골적으로든 은연중에든 같은 뜻의 말을 내비쳤으니까요. 내가 '시장의 마법사들'이 주는 교훈을 말할 때 제일 중요하게 강조하는 부분이 바로 본인의 인성에 어울리는 트레이딩 방법을 써야 한다는 것이기는 합니다. 달리왈 씨는 펀더멘털 분석을 처음에는 어떤 식으로 트레이딩에 적용했습니까?

주로 헤드라인 뉴스에 기대 트레이딩을 했습니다. 중앙은행 총재나 다른 고위직 관료들의 언급을 이용한 거죠.

**그런 헤드라인을 어떻게 트레이딩에 이용했습니까?**

시장이 특정 이벤트에 대해 어떤 기대를 하는지 내 나름의 견해를 갖기 위해 요직 인사들의 발언이나 뉴스 보도를 두루 읽었습니다. 그 시절에는, 보도가 나가면 시장의 기대보다 강세장일지 약세장일지를 판단해서 트레이딩을 했던 거죠. 심지어 정보가 이미 시장에 다 반영돼 있어서 보도가 나간 후 시장의 반응을 기대한다는 것이 말이 안 되는 트레이드에도 진입하곤 했죠.

**예를 든다면요?**

내 계좌가 눈에 띄게 불어나기 시작한 순간이 2011년 유로존 채무위기가 격해졌을 때였습니다. 그때 그리스는 국가 부도 일보 직전이었습니다. 신문에는 그리스 채무에 대해 매파와 비둘기파로 팽팽하게 갈린 유럽 관료들의 말이 매일같이 대문짝만하게 실렸습니다. 나는 그들의 발언이 나올 때마다 유로화에 단타를 했습니다. 어느 날은 한 관료가 "우리는 그리스를 지원하지 않을 것이다."라고 말하면서 유로화가 20틱 정도 움직였습니다. 그날 오후 메르켈 총리가 나와서 같은 말을 했고, 유로화는 거기서 40틱을 더 움직였습니다. 정보가 이미 시장에 반영된 상태이니 가격도 움직이지 않을 것이라는 견해가 태반이었죠. 하지만 나는 그 트레이드를 움켜잡았습니다. 시장의 움직임은 메르켈 총리라는 더 중요한 사람이 등장했으니 정보의 중요성도 올라갔다는 것을 보여준 셈이었죠. 시장이 추가로 반응한 이유를 내가 이해하고 말고가 아니라, 시장이 곧바로 충격을 받았다는 사실이 중요했습니다. 머리가 정확히 이해했는지보다는 돈을 더 벌수 있는지에 나를 더 끼워 맞추려고 노력하는 편입니다. 말이 그렇지 실상은 시장이 뉴스에 보이는 반응을 보고서 나는 중요한지 아닌지를 판단하게 된다는 거죠.

**조금 전에 '그 시절에는'이라고 말씀하셨습니다. 그건 더는 같은 방식으로 펀더멘털 분석을 이용하지 않는다는 뜻으로 보이는군요. 접근법에 변화가 있었습니까?**
지금은 정반대로 행동합니다. 헤드라인에 대한 시장의 초기 반응을 이용하는 것은 점점 줄이고 있습니다. 시장의 초기 반응에 걸고 트레이딩을 하는 건 이제는 불가능합니다. 알고리즘 트레이딩 시스템이 나보다 빠르니까요.

**그런 헤드라인 트레이드는 모두 단타였던 거지요. 초보 시절에 헤드라인 방향으로 했던 것도 그렇고 이후에 조금씩 줄여나갔다는 것도 그렇고요. 그러면 조금 더 시간을 두고 하는 트레이딩은 언제부터 시작했습니까?**
2016년경에 중요한 사실이 머리에 들어오기 시작했습니다. 펀더멘털에 중대한 변화가 있을 때는 단기 움직임이 지속되어 장기 움직임이 된다는 사실이었죠. '큰 건 하나를 잘 잡으면 연간 이익의 상당 부분을 그 하나의 트레이드로 뽑아낼 수 있는데, 왜 단기 움직임을 파악하느라 시간을 다 잡아먹고 있는 거야?'라고 생각했습니다. 그때부터 트레이딩 심리도 바뀌었습니다. '매번 적중하지 않아도 돼. 한 해에 몇 번만 크게 적중하면 돼.'가 되었죠. 헤드라인에 기대서 하는 트레이딩은 쉬운 게임이 아닙니다. 정신이 금방 지칩니다. 그러다가 트레이딩 성과를 분석했는데, 수익의 거의 전부가 몇 건의 트레이드에서 나왔더군요. 결국 다른 트레이드들은 잘해야 본전치기였다는 말이지요. 그런데도 내가 그런 트레이드들까지 하려고 노력할 필요는 없지 않겠습니까?

**달리왈 씨의 수익에 크게 기여한 트레이드와 그렇지 않은 트레이드는 핵심적인 차이가 무엇입니까?**
전혀 예상하지 못한 이벤트를 가지고 했던 트레이드에서 가장 좋은 수익이 났습니다.

**트레이드의 수를 제한히고 그 포지션들을 조금온 더 장기로 보유한다. 이것이 트레이딩 접근법의 기본적인 변화였던 셈인가요?**
그렇기도 하고 아니기도 합니다. 더 광범위한 거시경제 분석에 기반해서 트레이딩을 하는 쪽으로 옮겨갔다는 게 중요한 변화입니다.

**예를 들어주시겠습니까?**
지난 7월(2019년 7월) 나는 S&P에 대해 매도 포지션을 잡았습니다. 내가 했던 중에서는 가장 큰 트레이드였을 겁니다. 정책입안자들의 조치가 경제의 하방 리스크를 완화하기에는 미흡하다고 판단해서였죠. 개인 소득 성장이나 생산 증가율이 둔화되고 있었습니다. EU의 경제 데이터도 최악이었습니다. 자체적인 역사적 아날로그 모델로 판단하니, 지금의 경제 상황이라면 주식시장의 하방은 불가피하다는 결론을 내리게 되었습니다.

**정확히 어느 지점에서 매도 포지션을 취했습니까?**

(달리왈은 차트를 보여주며, 전고점 근처 박스권 꼭대기 부근에서 소폭 조정이 이뤄지고 있는 지점을 가리킨다)

지금이야 시장이 이후에 박스권의 저점을 향해 다시 내려갔다는 것을 알지만, 그 당시 전고점 근처에서 조정이 이뤄지고 있지 않았습니까. 그런 패턴에서는 신고점을 향해 다시금 치고 올라갈 수도 있는 일이었습니다. 만약 시장이 신고점을 향해 올라갔다면 어떻게 되었을까요? 달리왈 씨는 시장 움직임에 어느 정도나 여유를 두고 있었습니까?

많지는 않았습니다. 나는 단기 펀더멘털 지표 몇 개를 가지고 시장에 진입한 거였거든요. 게다가 나는 그 트레이드를 둘로 쪼개서 포지션을 잡았습니다. 하나는 S&P에 직접 매도 포지션을 잡았고, 다른 하나는 S&P 풋옵션에 매수 포지션을 잡았지요. 그나마 풋옵션에는 조금 더 여유를 두기는 했습니다.

**S&P가 그랬던 것처럼 같은 펀더멘털로도 시장이 넓은 박스권으로 움직일 때는 진입 시기를 어떻게 결정하시나요? 달리왈 씨는 아무래도 시장 박스권보다도 훨씬 빠듯하게 스톱을 걸어두실 것 같은데요.**

나라면 될지 안 될지도 모르는 지점에서 S&P에 대해 매도를 잡지는 않을 겁니다. 진입도 박스권 상단 근처에 가까워질 때 하겠죠.

그 부분에서 조금 이해가 안 됐는데 이제 알겠네요. 그렇다면, 달리왈 씨는 약세장을 예상하고 시장이 넓은 박스권에서 움직이고 있다면, 그리고 시장이 박스권 상단 부분으로 향하고 있기는 하지만 다시 무너질지 아니면 신고점으로 돌파할지 불명확한 상황에서는 매도 포지션을 취하는 편이라는 말씀이신 거죠. 펀더멘털 모델에서는 돌파가 실패할 가능성이 크다고 말하고 있으니까요. 달리왈 씨는 펀더멘털 위주 트레이드에서 진입 타이밍을 잡을 때는 이렇게 하신다는 거죠?

그렇습니다. 유의미한 전개가 있을 것이라는 단서만 있다면 시장이 박스권의 어디인지는 중요하지 않습니다.

'유의미한 전개'라는 것은 장기적으로 영향을 미칠 만한 중대 이벤트를 뜻하시는 것 같군요. 그러면 또 질문이 있습니다. 그런 중대 이벤트가 시장에 미치는 영향이 달리왈 씨의 펀더멘털 분석에 따른 기대와는 다르게 전개된다면 어떻게 하십니까?

충분히 중대한 이벤트는 이벤트에 따라서 움직입니다. 내게 중요한 것은 적중이 아니라 돈을 버는 것이니까요. 게다가 나는 확인 신호가 아니라 부인 신호를 더 중점적으로 찾아다닙니다. 나는 내가 틀렸을지도 모른다는 신호에 모든 주의를 기울입니다. 만약 중대 이벤트가 내 기대와는 반대로 시장에 영향을 미친다면, 그건 내 펀더멘털 모델이 틀렸다는 뜻이겠지요.

우리가 인터뷰를 하고 몇 주 후에 S&P 500은 박스권을 뚫고 신고점을 형성했으며 이후 몇 달 동안 상승 행진을 이어갔다. 이런 시장의 움직임에 나는 그에게 이메일로 후속 질문을 던졌다.

**인터뷰에서 여러 경제 지표를 보고서 S&P가 하락한다는 데 매도 포지션을 거셨**

다고 했습니다. 말씀하신 대로 사사분기의 경제 지표가 나쁘기는 했지만 시장은 거의 수직 상승했습니다. 펀더멘털은 달라지지 않았는데도 사사분기를 약세장으로 만드는 효과는 없었고 결국 매도 포지션은 틀린 트레이드가 된 셈이 되었지요. 왜 이렇게 되었는지 궁금합니다. 달리왈 씨가 사사분기에 대해 매도 포지션을 잡았던 시기(2019년 7월 말)와 그 포지션을 청산했던 실제 사사분기 사이에 뭔가 달라진 게 있었습니까?

내가 전망한 사사분기 주요 경제지표는 여전히 큰 약세장을 가리키고 있었습니다. 하지만 사사분기가 되었을 때 연준이 기조를 바꿔서 유동성을 대거 풀었습니다. 이런 연준의 행동이 내가 약세장이 올 것이라고 봤던 근거들보다(경제지표의 악화) 시장에는 더 주효하게 작용했던 거지요. 그래서 나는 그 기간은 대부분 관망만 했습니다.

## 《파이낸셜 타임스》 오보

**달리왈 씨에게 가장 고통스러웠던 트레이드는 무엇입니까?**

2015년 12월에 ECB에서 중대 회의를 열기로 했습니다. ECB가 이 회의에서 금리를 인하하고 양적 완화를 단행할 것이라고 다들 기대했죠. 나는 사전에 펀더멘털을 분석했고, 만반의 준비도 갖췄습니다. 나는 시장의 기대감이 무엇인지를 파악하고, 어떤 트레이드에 진입하고 어떤 트레이드에 들어가지 말아야 하는지도 알아두었습니다. 우리 모두 사무실에 앉아 뉴스가 뜨기를 기다렸습니다. 공식 발표가 나기 5분인가 10분 전쯤, 블룸버그 통신을 통해 《파이낸셜 타임스》 속보가 떴습니다. "ECB 충격 결정, 금리 인하 없다"라는 제목의 기사였죠. 권위 있는 《파이낸셜 타임스》의 속보이니 오보일 리가 없다고 생각했습니다. 기사 내용이 정말이라면 나한테는 최고의 하루가 될 수도 있을 정도로 깜짝 선물이었습니다. 그래서 과감하게 진입했습니다. 유로화에는 매수 포지션을, 유로스톡스 50에는 매도 포지션을 취하기 시작했습니다. 그런데 오보더군요. ECB가 금리를 인하한 겁니다. 시장이 순식간에 반전했죠. 나는 재빨리 청산했지만, 결국에는 가격이 극에서 극으로 움직이는 속에서 빠져나왔죠. 여섯 자리 수익이 몇 초 만에 여섯 자리 손실로 내려앉았으니까요.

**처음에는 시장이 예상대로 움직였군요.**
그렇죠. 《파이낸셜 타임스》 속보를 보고 시장도 움직인 거죠. 그러다가 공식 발표가 나오는 순간 시장도 미친 듯이 반전했습니다.

**그날 그 트레이드로 입은 계좌 손실은 몇 %였습니까?**
20%가량이었습니다.

**그 트레이드로 얻은 교훈이 있습니까?**
포지션을 청산하고 나서 나 스스로 다짐했습니다. '다시는 절대로 이렇게 하지 말아야지.'

**'이렇게'라는 건 정확히 어떤 것을 의미하나요?**
대량 포지션을 잡으면서 스톱 지점을 정하지 않는 거죠.

**왜 스톱을 걸어두지 않았습니까?**
가격이 충분히 많이 움직였으니까요. 그게 전부 되돌림될 줄은 몰랐습니다.

**그 트레이드가 이후로 항상 스톱을 걸어두게 된 분기점이 되었나요?**

단순히 스톱만 걸어두는 게 아니라 이후의 트레이드에서는 빠르게 거액의 이익을 얻으려할 때는 포지션을 일부 청산해서 반드시 부분 이익을 실현하게 되었습니다. 그때 ECB 발표가 나기 전에도 유로화가 이미 1%를 다 채워서 움직였는데도 나는 포지션을 그대로 놔두고 있었습니다.

**그렇다면 그 트레이드 이후 달리왈 씨의 트레이딩에는 두 가지 변화가 생긴 거군요. 언제나 스톱을 걸어둔다는 것과 가능하면 일부 이익을 실현한다는 거요.**
정확히 짚으셨습니다. 트레이딩에서는 손실을 최소한도로 유지하는 것이 대단히 중요합니다. MDD가 커져서 심리적 충격을 겪으면서까지 수익을 추구할 가치는 없습니다. 마음의 평정을 유지할 수 있는 게 훨씬 중요합니다.

**《파이낸셜 타임스》는 어쩌다 오보를 내게 된 건가요?**
그건 지금도 모르겠습니다. 확실한 건, 그게 《파이낸셜 타임스》 기사가 아니었다면 결코 그런 식으로 트레이드에 뛰어들지는 않았을 거라는 사실입니다. 그때도 오보라는 걸 충분히 짐작할 수 있었는데 그러지 못했죠. 기자들은 외부 접촉이 통제된 방에 대기하면서 공식 발표가 나간 다음에야 보도를 내보낼 수 있거든요.

나는 나중에 《파이낸셜 타임스》가 낸 정정 보도를 통해 오보가 나갔던 이유를 확인할 수 있었다.

목요일에 당사의 FT.com은 유럽중앙은행이 당초 예상과는 다르게 금리 인하가 아니라 유지하기로 했다는 오보를 내보냈습니다. 금리 인하를 단행한다는 공식 발표가 나가기 몇 분 전에 보도된 기사였습니다. 명백히 잘못된 오보였으며 전적으로 당사의 실수였습니다. 당사는 발표가 나가기 전에 미리 두 개의 기사를 작성해 놓았고, 이 기사는 다른 결정이 내려질 것에 대비해서 써놓은 기사였습니다. 편집진의 실수로 잘못된 기사를 내보내게 되었습니다. 트위터에서도 동시에 발표되어 자동으로 뉴스피드가 제공되면서 오보가 순식간에 퍼져나갔습니다. 저희《파이낸셜타임스》는 이와 같은 중대 실수가 발생한 것에 대해 깊이 뉘우치고 있으며, 이런 실수가 재발하지 않도록 발행과 편집 과정에 잘못된 점은 없는지 즉각적인 검토에 들어갈 것입니다. 모든 독자 여러분께 진심으로 사죄 말씀을 올립니다.

**스티브 골드스타인 씨에게서 달리왈 씨를 소개받게 되었습니다. 달리왈 씨의 성적은 나무랄 데가 없습니다. 트레이딩과 관련해서 코칭을 받게 된 특별한 이유가 있었나요?**

피터 브랜트는 "시장에서 성공적으로 투기하는 것은 인간 본성을 무시하고 상류로 거슬러 헤엄쳐 올라가는 것이다."라고 말하죠. 코칭은 내가 상류로 거슬러 올라가도록 도와주는 쾌속정입니다. 내 트레이딩을 외부의 시선으로 점검할 필요가 있었습니다. 특히 내가 최상의 트레이드에 진입하지 못하고 있다거나 다가온 기회가 내 트레이딩 스타일과 맞지 않을 때는 그런 도움이 더 필요했고, 스티브가 하는 역할이 그런 겁니다. 그때 스티브에게 코칭을 받은 것이 계좌 MDD가 더 커지는 것을 막는 데 도움이 되었습니다. 게다가 스티브에게 받은 코칭 덕분에 내 트레이딩 규칙을 명확히 다듬고 정리하게 되었죠. 내가 지나치게 내 약점에만 초점을 두고 있으며 강점에 더 초점을 둬야 한다는 것도 그를 통해 깨닫게 되었죠. 강점에 눈을 돌린다면 약점을 신경 쓸 시간도 없으니까요.

## ▎레이 달리오

**스티브 씨에게 달리왈 씨가 레이 달리오와 점심 식사를 할 수 있는 자선경매에 입찰한 경험이 있다고 들었습니다. 자세히 듣고 싶은데요.**

《비즈니스 인사이더》에 레이 달리오와의 점심 식사 기회가 자선경매로 나왔다는 기사가 실렸습니다. '되면 대박이겠는 걸. 그런데 낙찰되려면 100만 달러는 있어야 할 것 같은데.'라고 생각했죠. 웹사이트에 들어가니 입찰가가 몇천 달러대에 불과했습니다. '꼭 만나고 싶은데. 한번 시도나 해봐야지!' 나는 입찰에 들어갔고, 놀랍게도 내 입찰가가 한동안은 제일 높았습니다. 경매 마지막 날까지도 내가 제일 선두였죠. 나는 사무실을 나와 퇴근 열차에 올라탔습니다. 어서 빨리 집에 도착하고 싶은 마음이었습니다. 경매 마감까지 남은 시간이 빠듯했고, 나는 열차역을 나오자마자 웹사이트에 들어가 내가 낙찰을 받았는지 확인했습니다. 내가 졌더군요. 마음이 무너지는 것 같았습니다. 자책하는 마음뿐이었습니다. '왜 퇴근 열차를 탔을까? 사무실에서 더 기다려봤어야지!' 다음 날 경매 주관 웹사이트인 채러티버즈에서 달리오가 점심 식사 자리를 한 번 더 마련하기로 했고 낙찰가와 같은 금액을 내면 내게 그 기회를 주겠다는 내용의 이메일이 왔습니다. 기쁜 마음으로 돈을 냈습니다.

**낙찰가가 얼마였나요?**

고작 4만 달러였습니다.

**점심 식사는 어디에서 했습니까?**

웨스트빌리지에 있는 이탈리안 레스토랑이었습니다. 식당 이름까지
는 기억이 안 납니다.

**점심 식사는 어땠습니까?**

말해 뭐합니까. 레이 달리오의 《원칙》은 내게 크나큰 영향을 준 책입
니다. 단순히 트레이딩에 대해서만이 아니라 인생에 대해서도 다시
생각하는 계기가 되었으니까요.

**어떤 영향을 받았나요?**

《원칙》을 읽은 후로 모든 것에 질문을 던지게 되었습니다. 나는 달리
오가 그 책을 통해 우리가 인식하는 현실이 반드시 있는 그대로의 현
실은 아닐 수도 있다는 것을 말하려 했다고 봅니다. 목표를 이루려면
지금 하는 행동과 그 행동이 훗날 만들어낼 결과의 연결 관계를 강하
게 이해하고 있어야 합니다. 그래야만 필요한 부분에서 행동을 수정
하고 목표에 도달할 수 있으니까요. 그런 메시지가 내가 한 트레이드
의 데이터를 분석하기 시작하는 계기가 되었습니다.

**데이터를 분석하면서 얻은 교훈은 무엇인가요?**

그동안 작성한 트레이딩 노트는 내가 인식하는 현실을 보여주고 있
었고, 트레이드의 결과를 기록한 데이터는 진짜 현실을 반영하고 있
었습니다. 트레이딩 데이터를 검토하니 확실하게 깨닫게 되더군요.
나는 내가 기술적 분석에 능숙하다고 생각했지만 실제로는 아니었던
거죠.

**달리왈 씨의 트레이딩 방식을 바꾸게 만든 인사이트였겠네요?**

맞습니다. 기술적 분석을 내던지기 시작했죠.

**점심 식사에서는 어떤 대화를 나누었습니까?**

레이 달리오 씨의 첫 말이 "지금은 달리왈 씨의 시간입니다. 묻고 싶은 건 다 물어보세요."였습니다.

**달리왈 씨의 첫 질문은 무엇이었나요?**

나는 잔뜩 긴장해 있었습니다. 지금 생각해 보면 조금 모호한 질문이었던 것 같습니다. 달리오 씨에게 내 트레이딩과 시장, 그리고 그의 인생관에 대해 듣고 싶다고 말했습니다.

**달리오 씨가 구체적인 충고를 해주었습니까?**

달리오 씨는 내가 아주 먼 과거까지도 내 견해를 백테스트할 수 있어야 한다고 조언했습니다. 그는 역사의 대가입니다. 그의 말을 빌리면, 사람들이 가까운 과거의 사건에 허를 찔리는 것은 최근의 역사와 자신들의 경험을 과도하게 중시한 나머지 충분히 먼 과거까지 거슬러 올라가서 자신들의 견해가 맞는지 백테스트를 하지 않았기 때문입니다. 확신을 하려면 자신의 경험을 넘어 역사를 충분히 관찰하는 눈을 길러야 한다는 것을 그의 조언으로 이해하게 되었습니다.

**그러면 달리왈 씨는 지금 시장을 분석할 때 얼마나 먼 과거까지 올라가나요?**

최대한 먼 과거까지 갑니다.

**먼 과거라면 어느 정도이지요?**

지금은 한 100년 정도입니다. 그것보다 더 멀리까지 올라갈 수 있다면 더 좋겠지요. 독서도 내 리서치 작업의 일부입니다. 요새 에드워드 챈슬러의《금융 투기의 역사》를 읽었는데, 튤립 광풍 시절부터 시작해 금융시장 거품의 역사를 전체적으로 훑어주고 있습니다.

**좋은 책이었나 보죠?**

멋진 책입니다. 달리오 씨가 말하는 시장과 투기를 역사적으로 더 넓은 관점에서 바라보는 시각을 기르도록 도와줍니다.

**달리오 씨와 점심을 같이 하면서 얻은 다른 인사이트가 있다면 무엇인가요?**

달리오 씨가 기댓값을 어떻게 생각하는지 이해할 수 있었던 게 큰 도움이 되었습니다. 혹시라도 그의 말을 잘못 전할 소지가 있으니 핵심만 말할까 합니다. 그는 주요 개척 분야로서의 우주 탐험에 쏠리는 관심과 지출에 대해서 어떻게 생각하는지 말했습니다. 그의 생각은 반대였습니다. 바다 아래로 내려가야 한다는 것이었죠. 바다 깊은 곳은 여전히 미지의 영역투성이니까요. 그는 바다 탐험을 기댓값의 관점에서 설명했습니다. 우주 탐험보다는 같은 돈과 시간을 바다 탐험에 썼을 때 배울 수 있는 게 훨씬 많다는 거지요. 다시 말해서 바다 탐험의 기댓값이 우주 탐험의 기댓값을 능가하고도 남는다는 소리였습니다. 무척이나 멋진 생각이었습니다. 나도 이후로 시장에 대한 내 기댓값을 어떻게 정해야 하는지 고민하게 되었습니다.

**기댓값을 어떻게 정하시나요?**

인기가 팍 죽은 시장을 역발상의 관점으로 바라보는 거지요. 가령 올해(2019년) 초에 옥수수 시장은 아무도 거들떠보지도 않았습니다. 옥수수 가격은 수십 년을 통틀어 최저였고, 투기적 트레이더들은 대량 매도 포지션을 오랫동안 잡고 있었습니다. 그런 시황에서는 시장의 반대편의 섰을 때의 기댓값이 오르게 됩니다. 물론 반대 포지션을 뒷받침해줄 정도로 펀더멘털에 충분한 변화가 있어야 한다는 조건이 따르지만요.

**그 자리에서 제대로 식사는 하셨나요?**

(그가 껄껄 웃었다) 달리오 씨의 "이것도 좀 드셔 보시죠. 아주 맛있네요."라는 말에 그제야 내가 아무것도 먹지 않고 있었다는 것을 알았습니다.

## ▍베스트 드레스 트레이드

**달리왈 씨의 트레이딩 방법을 개발하는 데 영향을 준 사람이 또 있습니까?**

피터 브랜트요(피터 브랜트는 3장 인터뷰의 주인공이다). 오래전부터 피터 브랜트의 '팩터'를 구독했지요. 그가 폴란드로 온다는 소식을 듣고는 한번 꼭 만나고 싶었습니다. 그의 조수에게 이메일을 보내서 약속을 잡았습니다. 브랜트 씨와는 저녁을 같이 먹고 아침 식사도 같이 할 수 있었죠. 브랜트 씨는 자신의 트레이딩 방법에 대해 결코 자만하지 않습니다. 그는 자신이 무엇을 아는지 잘 알고 있으며, 자신이 잘할 수 있는 것만 하려고 노력합니다. 브랜트 씨는 본인의 강점이 무엇인지 깨닫고 정의하기까지 8~10년이 걸렸다고 말하더군요. 그렇게나 오래 걸리다니, 나로서는 꽤 충격이었습니다. 나도 내 강점이 무엇인지 깨달으려면 지금보다도 훨씬 열심히 공부해야 한다는 뜻이니까요. 그와 헤어진 후 내가 크게 성공했던 트레이드의 특징을 분석해봐야겠다고 결심했습니다. 내 트레이드들은 한쪽으로 쏠림 현상이 심한 편이니까요. 그때 내가 그 트레이드들에 대해 느낀 기분, 시장의 전체적인 특징, 그리고 시장 분석까지 내가 했던 트레이드들과 관련된 모든 것을 다 살펴봤습니다. 내가 큰 수익을 낸 트레이드의 공통분모가 무엇인지를 찾으려 노력했습니다.

**달리왈 씨의 트레이드에 대한 모든 데이터를 다 기록하고 있었나 보네요?**
2011년부터 트레이딩 일지를 꾸준히 작성하고 있습니다.

**트레이딩 일지를 확인하면서 큰 수익을 낸 트레이드들의 공통점을 정리하게 된데에는 브랜트 씨와의 만남이 계기가 되었나요?**
절대적으로 그렇습니다. 브랜트 씨는 '베스트 드레스 트레이드'에 대해 매년 리뷰를 작성합니다. '베스트 드레스 트레이드'란 그가 원하는 고전적인 차트 패턴에 명확하게 들어맞으면서 이후에는 패턴이 가리키는 대로 가격이 움직인 트레이드를 의미합니다.

**달리왈 씨도 달리왈 씨의 '베스트 드레스 트레이드'를 찾고 싶으셨던 거군요.**
그렇지요.

**어떤 결과를 찾아냈습니까?**
내가 큰 수익을 낸 트레이드들은 하나같이 뉴스 흐름을 뒤엎고 예상하지 못했던 이벤트가 발생했을 때 했던 것들이더군요. 그리고 명확한 근거가 있어서 진입했다는 공통점도 있었고, 단기 관점과 장기 관점을 혼동하지도 않았더군요. 게다가 이런 트레이드들은 손실이 나더라도 크게 나지 않았고, 대부분은 진입하자마자 곧바로 수익이 났습니다. 반면에 결과가 좋지 않았던 트레이드들은 들어가자마자 반대로 흘렀고 죽 그 흐름을 유지했습니다.

트레이딩 일지에는 트레이딩할 때의 감정도 기록한다고 하셨죠. 감정까지 기록하는 것이 트레이더로서 발전하는 데 어떤 도움이 되었는지 구체적인 예를 들어 설명해 주실 수 있나요?

트레이딩 행동을 분석하는 것은 실적 개선을 위해 아직도 가야 할 길이 많은 분야라고 생각합니다. 어떤 특정한 감정은 내 트레이딩 행동 전체에 문제가 있을 것이라는 징후이기도 하니까요. 예를 들면 이렇습니다. 잠시이긴 하지만 내 일지에 좌절감이나 FOMO(기회를 놓칠지도 모른다는 두려움)라는 말이 계속 적혀 있던 시기가 있었어요. 왜 그런지 곰곰이 생각해 봤습니다. 단기적인 시각과 장기적인 시각의 충돌이 이런 감정적 불안이 발생하게 된 근본 원인이었습니다. 조금 더 장기로 해서 포지션을 잡을 계획이었는데, 같은 시장에서 단기로 반대 포지션을 걸면 돈을 벌 기회가 보였던 거지요. 결국에는 장기도 단기도 성공적이지 않은 트레이드에 진입하는 결과가 빚어졌습니다. 설상가상으로 미실현 이익을 상당 부분 건지지 못했다는 것이 좌절감의 원인이었습니다. 그 당시에는 기간을 조금 더 길게 잡는 트레이드로 접근법을 옮겨 가는 과정에서 이런 장단기 견해의 충돌이 발생했던 것이었습니다. 문제를 객관적으로 파악하고 나니 적절한 해결책도 찾을 수 있었습니다.

어떤 해결책이었나요?

해당 시장에서 장기적인 견해에 반대되는 단기 트레이드 기회가 발생할지 예상하고, 예상대로 기회가 오면 단기적인 기회에 순응하는 트레이드 포지션도 잡습니다. 다만 장기 포지션은 그대로 두는 거지요.

브랜트 씨에게서 얻은 다른 교훈도 있나요?

있지요. 브랜트 씨는 '누수'라는 말을 언급했습니다. 이건 본인의 트레이딩 프로세스에 어긋나는 트레이드에 들어갔다가 잃은 돈을 일컫는 표현입니다. 나도 내 계좌에서 그런 트레이드가 없었는지 추적 확인을 했고, 그런 트레이드들이 내가 더 높은 이익을 내지 못하게 발목을 잡고 있더군요. 2017년의 이익은 전부 거래일의 10%에서 나왔더군요. 기준 이하의 트레이드는 하지 말아야 한다는 소리지요. 금전적 자본도 정신적 자본도 다 낭비하는 짓이니까요.

**브랜트 씨의 모든 트레이드는 전적으로 차트 분석에 기반하지만, 달리왈 씨는 펀더멘털 분석을 토대로 트레이딩을 합니다. 브랜트 씨에게서는 방법과 무관하게 트레이딩 전반의 원칙에, 예컨대 강점을 파악하고 기준 이하의 트레이드를 피하고 리스크 관리를 하는 방법 등에 영향을 받은 것인가요? 아니면 실제로 그분의 접근법을 달리왈 씨 본인의 트레이딩 방법에도 적용한 부분이 있었나요?**
피터 브랜트 씨의 차트 분석 원칙을 많이 참고합니다. 그가 시장을 보는 방식은 시류를 타지 않는다고 생각하니까요. 그는 지표를 사용하지 않고 오직 차트만 봅니다. 내가 시장을 보는 방식과도 상통하는 부분이 많은 시각입니다.

**그가 넓은 시각으로 가격 움직임을 분석하는 것이 달리왈 씨의 트레이딩 방식에도 영향을 주었다는 말씀이군요.**
그렇습니다. 차트의 장기 패턴을 잘 봐야 합니다. 특히 조정 기간이 길면 더 그렇지요. 언제 조정을 돌파하고 가격이 움직일지는 모릅니다. 하지만 박스권 돌파는 커다란 가격 움직임으로 이어질 때가 많습니다.

**차트에 나타난 가격 움직임을 중요한 근거로 삼아서 트레이딩을 한 적이 있습니까?**

하나가 곧바로 생각나네요. 그야말로 정석적인 차트였거든요. 그런데 한참 전 일입니다.

**오래전이어도 괜찮죠. 중요한 예가 된다면요.**

2013년 초에 오스트레일리아 달러화가 한동안 조정 상태였습니다. 당시의 경제 데이터, 즉 고용 보고서는 좋게 나왔지만 시장은 오랜 박스권을 뚫고 하락으로 내려가면서 신호를 부인하는 날들이 이어지고 있었습니다. 이날도 (그가 차트에서 2013년 5월 9일을 가리킨다) 마찬가지였습니다. 하지만 고용률은 단순히 증가한 정도가 아니라 강하게 증가했죠. 시장은 1만 1000명의 신규 고용을 예상했지만 발표된 숫자는 5만 명의 신규 고용이었습니다. 게다가 노동시장 참가자가 늘어나면서 실업률도 줄었습니다. 보고서는 모든 면에서 강한 경기 회복을 보여주고 있었습니다. 보고서 발표는 유럽시간으로 새벽 2시 30분이었습니다. 보고서가 발표되고 처음에는 시장이 상승했지만 내가 7시에 출근했을 때는 시장에 매물이 쏟아지고 있었고, 심지어 내가 그동안 관찰했던 장기 조정 패턴보다도 더 아래로 가격이 떨어져 있었습니다. 발표된 데이터와 이후의 가격 움직임을 본 후 나는 곧바로 매도 포지션을 잡았습니다. 생각하고 말고도 없었습니다. 곧바로 매도 포지션을 잡았지요.

**연이어 손실이 날 때는 트레이딩에 변화를 주십니까?**

계좌 MDD가 발생할 때는 내 나름의 체계적 방법에 따라 규모를 축소합니다. 5% 이내의 손실은 수익 창출 과정에서 빚어지는 자연스러운 변동이라고 생각해서 개의치 않습니다. 하지만 계좌 MDD가 5%를 넘으면 포지션 크기를 반으로 줄입니다.

**규모를 훨씬 많이 줄이는 건 언제인가요?**

MDD가 8%를 초과하면 다시 반을 줄이고, 15%를 넘으면 트레이딩을 멈추고 관망합니다.

**실제로 그런 일이 있었나요?**

《파이낸셜 타임스》 오보 소동으로 크게 잃었던 때 말고도 한 번이 더 있었습니다. 그때는 분석 작업으로 들어가서 리서치를 하고 트레이딩은 하지 않았습니다.

**관망은 얼마나 오래 하셨나요?**

오래는 아니었죠. 아마 한두 주 정도였을 겁니다.

**레이 달리오와 피터 브랜트에게서 배운 교훈을 말해주셨습니다. 다른 트레이더에게서 배운 교훈도 있나요?**

전에 있던 회사 상사에게서 트레이딩에서 중요한 것은 적중이 아니라 돈을 버는 것이라는 교훈을 배웠습니다. 인간은 자신의 지식이 들어맞아야 한다는 생각에 집착하지만 그건 돈을 버는 데 방해가 될 수 있습니다. 처음에 이 일을 시작하면서 나는 내가 아무것도 모른다는 태도로 시작했습니다. 그렇기에 시장 움직임을 내 개인의 의견으로 선행적으로 예상하는 것이 아니라, 후행적으로 분석하려 노력했습니다. '내가 보니까 그리스가 유럽과 이런 식으로 협상에 들어갈 것 같고, 시장은 이런 식으로 움직일 것 같아.' 식의 생각은 하지 않았죠.

대신에 시장 움직임을 관찰하고 왜 그렇게 움직였는지 과거로 거슬러 오르며 분석했습니다. 가령 EU 관료들의 중대 발표에 시장이 반응을 보이면 나는 '저런 발표가 나왔네. 그래서 시장이 저렇게 움직이는 거구나.'가 내 해석이었습니다.

**다른 트레이더들에게 해주고 싶은 조언이 있나요?**

트레이드 내역을 통계로 내서 정리하고 트레이딩 일지를 꾸준히 기록하세요. 이렇게 자료를 쌓아가다 보면 자신의 강점과 약점을 명확히 정의해서 자신에게 맞는 방법으로 수정할 수 있게 됩니다. 본인이 잘하고 남들은 잘하지 못하는 게임에 참여하세요. 이렇게 자신의 강점 지대에 머물러야 합니다. 그리고 자신이 들어간 트레이드를 최대한 시각화해서 상상하세요. 이 트레이딩은 어떻게 진행될까? 내가 해야 하는데 하지 않고 있는 행동은 무엇인가? 어떤 행동을 하지 않으려 조심해야 하는가? 이런 과정이 거듭될수록 자신의 긍정적 특징은 강화하고 부정적 성향은 제한할 수 있게 됩니다.

**달리왈 씨가 철칙으로 삼은 트레이딩 규칙은 무엇입니까?**

처음에 내가 세운 규칙이나 원칙은 대부분 '시장의 마법사들'에 나온 트레이더들이 말한 것들이었습니다. 그러다가 조금씩 바꾸면서 내 인성에도 맞고 결과에도 도움이 되는 규칙으로 다듬어 나갔습니다. 몇 가지 규칙을 말하면 이렇습니다.

# 【 달지트 달리왈의 트레이딩 철칙 9 】
## "확실성이 아니라 명확성을 추구합니다"

1. 애덤 로빈슨의 말을 빌리면, 천재는 망치를 들고 있으면 못이나 찾아야 한다는 것을 아는 사람입니다. 요점은 내가 잘하는 것만 하려고 노력해야 한다는 뜻입니다.

2. 트레이드의 위험조정수익률은 그때그때 달라서 포지션을 보유한 동안에도 극에서 극으로 바뀔 수 있습니다. 그래서 나는 시장이 우호적인 동안 포지션 일부를 청산하는 등 유연하게 대응해야 합니다. 그러지 않으면 내가 100% 적중했다는 착각에 빠질 수가 있을 테니까요. 여러 번 호된 경험을 겪으면서 만들어진 규칙입니다. 처음에 미실현수익이 크게 났다가, 아직 포지션을 그대로 들고 있는데 시장이 갑자기 반전해서 비우호적으로 돌변하는 경험을 한두 번 겪은 게 아니니까요.

3. 나는 MDD 경보 규칙을 마련해 두었습니다. 내 계좌가 고점에서 저점으로 떨어지는 일이 발생하기 시작하면 처음에는 다음 3가지 경보 중 하나가 등장했습니다.
   - 하루 만에 2% 이상 손실
   - 미실현수익이 상당 부분 잠식
   - 수익이 나지 않는 대규모 트레이드 : 좋은 기회라고 생각해서 대량 포지션을 잡았지만 알고 보니 워시wash(가격 조작을 위해 투기꾼들이 인위적으로 시장을 조작해서 하는 트레이드-옮긴이)였던 트레이드.

4. 개인적으로는 특정한 감정을 경고 신호로 삼는다는 규칙을 세웠습

니다. 그런 감정은 내가 시장과 따로 놀고 있다는 신호가 될 수 있거든요. 트레이딩 일지에서 내가 특히나 조심해서 보는 단어는 FOMO와 좌절감입니다.

5. 확실성이 아니라 명확성을 추구합니다. 확실성을 얻으려 하다가는 행동하지 못하고 지지부진하게 됩니다.

6. 유비무환입니다. 시황이 예상과 반대로 흐른다면 어떻게 해야 할지 미리 계획해 두어야 합니다.

7. 이랬으면 싶은 기회가 오기를 기다리는 것이 아니라, 다가온 트레이드 기회를 낚아채야 합니다.

   주문이 일부만 체결된다면 계획보다 작아진 포지션으로 원하는 이익을 채우기 위해 평소보다 그 포지션을 더 들고 가고 싶은 마음이 생길 수 있습니다. 이것은 내가 세운 방법론을 위반하는 것이며 최악의 결과로 이어지기 십상입니다.

8. 내가 세운 시장 가설이 틀리게 되는 가격에서 스톱을 걸어두어야 합니다. 단순히 금전적인 개념에서, 이 정도까지는 리스크를 감수할 수 있다고 생각해서 선택한 지점에 스톱을 걸어두는 것은 무의미합니다. 이런 금전적 차원의 스톱은 포지션이 너무 크다는 것을 말해주는 확실한 신호입니다.

9. 준비가 미흡해서 놓친 트레이드에는 연연하지 않습니다. 시장은 연속해서 기회를 줍니다. 내일은 내일의 태양이 뜨는 것처럼 내가 돈을 벌 수 있는 날도 또 옵니다. 기회가 오지 않을지도 모른다는 걱정은 쓸데없는 걱정입니다.

**신참 트레이더들에게 해주고 싶은 충고가 있다면요?**

꽤 자주 받은 질문이지만 언제나 대답하기 힘든 질문입니다. 나는 보통은 트레이딩 일에 뛰어들지 말라고 충고하는 편입니다. 그 사람들은 성공만 원하지 거기에 필요한 만큼 노력하려는 의지가 보이지 않아서요. 시장도 트레이드도 단기적으로는 운이 크게 작용한 것인데도, 사람들은 자신들이 실력이 좋아서 수익을 낸 것이라고 착각합니다. 그냥 운이 좋아서였을 뿐인데도 말입니다. 의대생이 전문의 자격증을 따려면 6년 넘게 공부해야 합니다. 뛰어난 트레이딩 실력을 갖추는 것도 다르지 않다고 봐야 하지 않을까요? 트레이딩도 다른 전문직과 똑같습니다. 성공에는 아주 오랜 노력이 필요합니다. 그만큼 헌신하고 노력할 각오가 없다면 처음부터 시작도 하지 말아야 합니다.

**시작도 하지 말라는 충고를 듣고도 여전히 트레이더가 되고 싶어 하는 사람들에게는 무슨 말을 해주고 싶으신가요?**

덥석대고 트레이딩부터 시작하려는 생각은 접어야 합니다. 조사하고, 자신만의 접근법을 찾아낸 다음에야 트레이딩을 시작해야 합니다. 다들 가장 듣고 싶어 하지 않는 조언이긴 하지요.

**마무리 말씀 부탁드립니다.**

성공적인 트레이더가 되려면 트레이딩을 사랑하는 마음이 필수입니다. 나한테 있어 시장 참가는 끝없는 체스 게임을 하는 것과 비슷합니다. 내가 할 수 있는 최고로 흥미진진한 게임인 셈이죠. 트레이딩에 설레는 마음이 들지 않는다면, 아무리 좋은 시기일지라도 나쁜 시기의 시련을 잊을 만큼 충분히 좋은 시기가 아닐 수 있습니다.

❖

　트레이더라면 이 한 가지 질문에는 반드시 답을 할 수 있어야 한다. '나의 강점은 무엇인가?' 이 질문에 답하지 못한다면 어떤 트레이드에 초점을 집중해야 하고 어떤 트레이드를 대량 포지션으로 잡아야 하는지도 모르게 된다. 달리왈이 트레이딩 성적을 크게 향상할 수 있었던 비결은 자신이 어떤 유형의 트레이드에서 대부분의 이익을 벌어들이는지를 명확하게 파악했다는 것이었다. 자신이 잘하는 유형의 트레이드를 파악했기 때문에 그는 정말로 중요한 트레이드만을 식별해서 수행하고 관리하는 데 모든 신경을 기울일 수 있었다. 이런 행동은 잘해야 본전치기이고 포트폴리오를 잠식하며 초점과 에너지까지도 분산시키는 기준 이하의 트레이드를 크게 줄이는 부수적인 효과도 안겨주었다. 자신의 강점을 파악하고 난 후에는 그 강점을 잘 발휘할 수 있는 트레이드에 집중하려고 노력해야 한다. 자신만의 방법을 적용하는 능력이 그토록 뛰어남에도 불구하고 자신과 맞지 않는 유형의 트레이드에 눈을 돌리는 트레이더가 얼마나 많은지 모를 정도이다. 이런 트레이드는 결국 계좌 MDD를 불러올뿐더러, 트레이더가 잘하는 트레이드를 효율적으로 운용하는 데에 방해가 된다.

　달리왈이 본인이 진정한 강점을 발휘하는 트레이드의 유형을 판별할 수 있었던 것은 트레이딩 일지를 자세히 기록하기 때문이다. 일지에는 트레이딩을 위한 시장 분석과 근거만이 아니라 그때의 감정까지도 적는다. 일지의 상세한 내용을 보면서 그는 트레이드를 범주별로 분류하고 크게 성공한 트레이드들의 공통분모가 무엇인지 확인할 수 있다. 트레이딩 일지는 수익이 큰 트레이드를 식별하게 해주는 귀중한 수단으로서의 역할도 하지만 동시에 교훈을 기록하는 일기 역할도 톡톡히 한다. 트레이드에 맞는 결정과 행동, 그리고 더 중요하게는 트레이드에서 저지른 실수도 복기할 수 있기 때문이다. 주기적으로 일지를 검토하면서 교훈을 되새기고 강화하는 것이야말로 트레이딩 성적을 높이는 가장 효과적인 방법이 될 수 있다.

## | 변화만이 유일한 상수

성공적인 트레이더가 되려면 유연한 적응력을 갖춰야 한다. 달리왈의 트레이딩 이력에서도 그런 적응력이 잘 드러난다. 그는 처음에는 기술적 분석 위주로 트레이딩했지만, 그에게 이익을 벌어주는 것은 펀더멘털 분석 위주의 트레이드라는 사실을 깨달은 후에는 기술적 분석을 보조 수단으로만 사용했다. 그는 중요 이벤트가 발표된 후 시장이 초기에 보이는 반응을 보고 트레이드를 체결했지만 지금은 달라졌다. 그가 트레이드 주문을 체결하는 속도보다도 알고리즘 트레이더들이 예상되는 가격 움직임에 반응해서 트레이드를 체결하는 속도가 훨씬 빠르기 때문이다. 그래서 그는 초기 가격 움직임은 곧 시들해진다는 전략으로 방향을 바꾸었다. 다시 말해 가격 움직임이 반대로 뒤집힐 것이라는 쪽에 트레이드를 잡는 전략을 구사한다. 달리왈은 트레이더로서 발전을 거듭했고 상근직 조수의 도움을 받으며 다량의 시장 조사를 하고 있다. 현재는 거시경제 분석이 그의 트레이딩을 이끄는 가장 중요한 원동력이다. 달리왈의 트레이딩 방법론에서는 변화만이 언제나 유일한 상수였다.

달리왈은《파이낸셜 타임스》오보라는 희대의 소동으로 인해 최악의 트레이드 손실이 나기는 했지만, 충분하지 않은 리스크 관리도 큰 손실이 나는 데 한몫을 했다. 그는 대규모 포지션을 취했으면서도 보호용 스톱을 걸어두지 않는 실수를 저질렀던 것이다. 스톱 주문을 걸어 두었다면 《파이낸셜 타임스》와는 반대되는 내용의 공식 발표가 나왔을 때 곧바로 스톱이 발동해 포지션이 청산되었을 것이고 손실 규모도 그렇게나 크지는 않았을 것이다. 이 트레이드 이후에 달리왈은 대량 포지션을 체결할 때는 반드시 잊지 않고 스톱을 걸어 둔다.

달리왈은 리스크를 관리를 위해 또 한 가지 중요한 규칙을 세워뒀는데, MDD가 정해둔 기준을 넘어서면 점진적으로 트레이드 규모를 줄인다는 규칙이다. 그는 MDD가 5%를 넘어서면 포지션을 절반으로 줄이고, 8%를 넘으면 포지션을 다시 또 반을 줄인다. 그리고 15%가 넘는 MDD가 발생하면 마음의 안정을 찾을 때까지는 트레이딩을 전부 중단한다.

달리왈은 트레이드에서의 위험조정수익률은 그때그때 달라서 포지션을 보유한 동안에도 극에서 극으로 바뀔 수 있다는 중요한 사실을 지적한다. 많은 트레이더가 간과하는 진실이기도 하다. 예를 들어, 시장 진입을 고려 중인 트레이드에서 원하는 이득이 300포인트이고, 감수 가능한 리스크는 100포인트라고 가정해 보자. 시장이 우호적으로 움직여서 200포인트 정도 미실현 이익이 났다면, 이때의 위험조정수익률은 처음 주문을 체결했을 때와는 크게 달라져 있다. 달리왈이 이렇게 역동적으로 달라지는 위험조정수익률을 관리하는 방법은 부분 수익 실현이다. 그의 주장에 따르면, 이익을 일부 실현하지 않고 포지션을 끝까지 그대로 들고 가는 행위는 100%의 적중을 위해 100% 틀릴지도 모르는 모험을 감행하는 것과 다름이 없다. 시장이 우호적으로 움직일 때 이익을 일부 실현하는 것은 위험조정수익률 변화에 올바로 대응하는 행동이면서 동시에 적절한 리스크 관리 수단이 되기도 한다. 시장이 돌변에서 포지션에 역행한다면, 미리 이익을 일부 실현했기에 전체 이익이 크게 줄지 않거나 손실을 줄일 수 있게 된다. 달리왈이 따로 거론하지는 않았지만, 트레이드가 예상 방향대로 움직이면서 위험조정수익률이 달라진다면 여기에 맞춰서 보호용 스톱을 높이거나 낮춰서 걸어두는 것도 또 하나의 대응법이 될 수 있다.

보호용 스톱 주문은 트레이드 가설이 틀리게 되는 지점에 걸어두어야 한다. 최대로 이만큼까지만 리스크를 감수할 수 있다는 생각에 진입 가격에서 너무 가깝게 스톱 주문을 걸어둔다면 포지션이 감당 못 할 정도로 크다는 의미이다. 이때에는 포지션 규모를 줄이는 게 맞다. 그래야만 본인이 손해가 나도 감당할 수 있고 그러면서 괜찮은 이익도 기대할 수 있는 수준에서 스톱을 걸 수 있다.

트레이드가 좋지 않게 흐를 때는 어떻게 할 것인지 미리 계획을 세워두어야 한다. 달리왈은 트레이드에 들어가기 전에 여러 개의 시나리오를 설정하고 시나리오에 따른 대응 방법도 마련해 놓는다. 트레이드에 들어가기 전에 운용 계획을 세워두는 것이 포지션을 잡고 나서 계획을 마련하는 것보다 훨씬 좋다. 왜인가? 트레이드에 진입하기 전에는 완전히 객관적인 눈으로 포지션에 대한 결정을 내릴 수 있어서다. 하지만 일단 포지션을 취한 다음에는 그런 객관성을 유지하기가 쉽지 않다.

일반적으로 트레이더들은 시장이 특정 이벤트와 상황에 어떻게 반응할 것인지 미리 의견을 만든 다음에 그 의견을 가지고 트레이드를 잡는다. 달리왈은 정반대이다. 그는 미리 의견을 정하는 대신에 시장의 가격 움직임을 관찰하고 시장이 그렇게 움직인 원인부터 규명하려고 노력한다. 이렇게 하면 시장이 알아서 그에게 가격이 움직인 원인을 알려주는 셈이기에 그는 확인되지도 않은 의견과 가설을 세워서 트레이딩하지 않아도 된다. 달리왈의 그간 실적은 이 방법이 얼마나 지혜로운 방법인지를 여실히 증명한다.

펀더멘털과 관련된 이벤트가 발표되고 나서의 가격 움직임이 예상과는 크게 다른 방향으로 진행되기도 하는데, 이것은 중요한 가격 신호로 볼 수 있다. 달리왈이 말한 오스트레일리아 달러화 트레이드가 여기에 완벽하게 들어맞는 예이다. 발표된 고용 보고서에 따르면 고용률이 큰 폭으로 올라서 해당 통화의 강세장이 예견되는 상황이었다. 오스트레일리아 달러화는 처음에는 예상대로 올라갔지만, 이후 가격이 무너지더니 결국 신저점으로 내려앉았다. 펀더멘털과 관련된 뉴스와 이어지는 가격 움직임이 크게 괴리가 났다는 것은 긴 약세장이 시작되었음을 알리는 중요한 신호였다.

달리왈은 주로 펀더멘털에 기반해서 트레이딩을 한다. 이를 위해 펀더멘털을 분석하고, 펀더멘털 변화에 따른 시장의 반응을 조사하는 것이 그의 주된 일이기는 하지만, 기술적 분석도 보조 수단으로 사용한다. 기술적 분석을 할 때 그가 중요하게 보는 것은 가격이 장기 박스권을 뚫으려는 움직임이다. 만약 이 돌파가 어느 정도 계속된다면 가격이 돌파된 방향으로 계속 움직이리라고 판단할 수 있다. 오스트레일리아 달러화는 고용 지표 호전이라는 펀더멘털 이벤트에 예상과는 반대로 움직이는 한편 또한 장기 박스권이 뚫릴 것이라는 기술적 신호도 발산했다.

달리왈의 말마따나 "트레이딩에서 중요한 것은 적중률이 아니라 돈을 버는 것이다." 자신이 지적으로 똑똑하고 정확하다고 느끼고 싶은 욕구에 많은 트레이더가 초점을 잃는다. 트레이더로서 유일하게 중요하게 삼아야 하는 것은 내가 세운 시장 가설의 적중률이 아니라 트레이딩으로 얻는 수익률이다.

달리왈의 규칙 중 하나는 '확실성이 아니라 명확성을 추구한다'이다. 시장에서의 게임은 확실성 게임이 아니라 확률 게임이다. 완벽하게 확실하거나 거의 확실한 트레이드만 기다리다가는 아무 행동도 하지 않게 되고 확률이 높은 좋은 기회들도 대거 놓치게 된다.

눈부신 성공을 거둔 트레이더들이 보이는 한 가지 뚜렷한 공통점은 트레이딩 자체를 사랑한다는 것이다. 그들은 흔히들 게임에 빗대 트레이딩을 설명하고, 달리왈 역시 인터뷰에서 트레이딩을 "끝이 없는 체스 게임"이라고 표현한다. 트레이더를 자처하는 사람이라면 어떤 동기에서 트레이더가 되었는지부터 자문해야 한다. 내가 트레이딩을 하는 이유는 트레이딩이라는 게임 자체를 사랑해서인가, 아니면 돈을 많이 버는 수단이기 때문인가? 전자에 해당하는 트레이더가 승률도 훨씬 높을 것이다.

**10**

존 네토 John Netto

내가 가장
좋아하는 요일은
월요일입니다

**존 네토**는 트레이더에게 감정은 신호 원천이 될 수 있다고 주장한다. 잘못된 트레이드를 하게 만드는 감정 상태를 파악해서 경고 신호로 삼을 수 있다는 것이다. 네토는 손실을 만회하려는 욕심에 한 강박적인 트레이딩으로 큰 돈을 잃은 경험이 있다. 그가 이른 바 '온 틸트'라고 부르는 상태였다.

존 네토가 고등학교를 졸업했을 때 아무도 그가 성공할 만한 재목이라고 상상하지는 못했을 것이다. 그의 고등학교 성적은 형편없었고 뭘 하든 다 변변치 않았다. 대학에 들어가는 건 꿈도 꾸지 못했다. 그러나 자신을 파악하는 능력만큼은 네토도 뒤떨어지지 않았다. 그에게 필요한 것은 체계와 규율이었다. 무엇이 필요한지를 깨달은 순간 그는 조금의 고민도 없이 해병대에 자원했다. 네토는 해병대의 장점을 입에 침이 마르도록 칭찬하면서 그의 인생이 완전히 달라진 것도 다 해병대에서의 경험 덕분이라고 말한다.

기초 훈련과 보병 훈련을 받은 후 네토는 항공 관제사 훈련을 받고 싶은 생각에 보직으로 항공직을 신청했다. 군은 그나마 항공직과 최대한 흡사한 기상 관측병으로서 훈련을 받게 해주었다. 훈련을 마치고 그는 일본 기지에 배치되었다. 네토는 일본어에 흠뻑 빠져서 일본어 강습 테이프를 들으면서 유창한 수준까지 일본어를 구사하게 되었다. 일본인들은 외국인이 일본어를 그렇게나 유창하게 구사할 수 있다고는 생각하지 않았고, 그래서 그는 일본어로 말할 때마다 그들이 놀라는 모습에 짜릿한 희열까지 느꼈다. 유창한 일본어 능력 덕분에 그는 일본주재 미국대사관의 무관으로 발령받았다. 네토는 복무하는 동안 워싱턴대학을 다니면서 해병 ROTC 프로그램의 일부인 해군 장교 후보생들을 지휘하는 임무도 맡게 되었다. 아시아권 언어에 대한 애정을 이어나간다는 마음에서 대학에서는 일본어와 중국어를 전공했다. 그는 본인의 외국어 실력을 유감없이 발휘할 수 있도록 아시아 파병을 기대하며 장교가 될 계획을 세웠다. 그러나 고질적인 무릎 부상으로 계획에 차질이 생겼다. 결국 네트는 장교의 의무 복무 연한을 다 채우지 못한 채 해병으로부터 의병 제대 통보를 받아야 했다. 의병 제대 위로금과 소액의 월급이 그가 트레이딩을 시작하는 자금이 되었다.

네토는 일본어를 공부할 때처럼 트레이딩도 독학으로 익혔다. 책을 읽고 인터넷에서 정보를 얻으면서 서투르게나마 그만의 방법을 개발해나갔고, 주로 기술적 분석에 기반하고 있었다. 경험이 쌓이면서 원래 하는 트레이딩 방식에 펀더멘털도 병합해야 한다는 것을 깨달았다. 결국에는 시장 가격을 움직이게 하는 주도적인 펀더멘털 요인들에 대한 이해를 기술적 분석에 병합할 수 있었고, 이를 바탕으로 펀더멘털 분석에 부합하는 트레이드 진입 시점을 명확히 짚어주는 도구를 만들 수 있었다. 또한 시장 이벤트에 기반한 트레이딩 전략을 개발하는 한편, 순식간에 자동으로 트레이드 주문을 체결하는 독자적 소프트웨어도 만들었다.

네토의 트레이딩 사무실에는 대형 모니터 10대가 줄지어 있다. 같은 컴퓨터에 연결된 6대의 모니터에는 호가 페이지, 시간 배열을 다르게 한 여러 개의 차트, 개별 포지션의 위험조정수익률 모니터링, 옵션 호가, 트레이딩 창구, 일반적인 컴퓨터 애플리케이션 등이 떠 있다. 나머지 4대는 네토가 이벤트 트레이딩 전용으로 쓰는 다른 컴퓨터에 연결돼 있다.

네토가 공식적으로 트레이딩을 시작한 지 10여 년이 흘렀고, 명목 가치(계좌의 실질 가치가 아니라 명목 가치로 수익률을 평가하면 수익도 리스크도 줄어서 나타나고 대신에 원래 계획했던 리스크 노출을 더 잘 보여준다)로 평가한 그의 연평균수익률은 42%였다. 이 기간에 계좌 MDD는 15%였다. 위험조정수익률도 굉장히 좋은데, 조정된 소티노 지수는 4.7이고 월별 손익비는 4.8이었다.

네토의 트레이딩 방법이 워낙에 까다롭고 시간도 많이 소모되기 때문에 모르는 사람이 보면 그가 쉴 새 없이 일만 한다고 생각하기 쉽다. 하지만 그렇지 않다. 지금 그는 야간 로스쿨을 다니고 있다. 그렇다고 트레이더 일을 접고 변호사가 될 생각이 있다는 것은 아니다. 그는 자신이 돈벌이를 위해 법학 학위를 따려는 것은 절대로 아니라고 말한다. 그는 변호사 자격증을 따서 퇴역 군인들의 권익 옹호를 위한 무료 변론을 하고 싶어 한다. 그렇더라도 그가 법을 공부하는 첫째 이유는 일본어를 공부했을 때처럼 순수한 학구열에 불타서다. 솔직히 지금 생각하면 미친 짓이기는 하다. 시장을 분석하고 트레이딩을 하는 일만으로도 하루가 모자란 사람이 순수한 학구열로 공부량이 엄청나기로 유명한 로스쿨을 다닌다니 말이다. 하지만 나는 눈에 보이는 것만 보는 사람이고, 그때의 내게 비친 네토의 행동은 전혀 미친 짓이 아니었다.

가끔가다가 어떤 인터뷰는 다른 인터뷰들보다 글로 옮기기가 대단히 힘들다. 네토와 인터뷰하면서 조금은 복장이 터지는 기분이었다. 무엇보다도 그가 말하는 속도는 뉴요커가 대화를 시도하면서 동시에 열차를 타려고 죽어라 뛰어가는 모습을 연상하게 했다. 게다가 그는 트레이딩에 대해 말을 할 때는 흥분에 휩싸여서 한 번 질문을 할 때마다 여덟 번 정도는 삼천포로 빠지기 일쑤였다. 내가 그에게 요점을 하나의 예로 정리해서 설명해 달라고 하면 아주 여러 개의 예를 들었다. 심지어 순서대로 예를 설명하는 것도 아니었다! 인터뷰 내용을 편집하면서 녹음된 내용을 일관성 있게 정리하느라 정말로 힘들어 죽는 줄 알았다.

인터뷰를 하는 내내 네토도 자신의 대답에 두서가 없다는 사실을 인정하는 말을 몇 번이나 하기는 했다. 그가 자신을 평가하면서 했던 말들만 봐도 알 수 있다. "이번 대답은 조금 소방호스 같았지요." "이건 정말로 소수만 아는 비밀입니다." "사실 별로 중요한 뒷이야기는 아니었습니다." "그건 정보의 스파게티 접시입니다." "이 말은 녹취하고 보면 무슨 말인가 하실 수도 있습니다." 진짜로 그랬다.

**트레이딩에는 언제부터 관심을 두었나요?**

이벤트를 걸고 내기를 하면 신기할 정도로 직관적으로 잘 들어맞았어요. 고등학생 때는 스포츠 경기에 내기하고 싶어 하는 학생들에게 일종의 부키 역할도 했습니다. 풋볼 게임에 대해 포인트 스프레드를 공고하고 양쪽의 내기를 다 받았습니다. 그런데 이긴 애들한테는 내가 돈을 내줬어요. 라스베이거스에서 하는 것처럼요. 그렇게 용돈 벌이를 했죠. 이긴 친구들한테는 내깃돈 1달러마다 1.10달러를 내줘야 했죠.

**네토 씨가 카지노였군요.**

그렇죠. 내가 카지노였습니다.

**그렇게 해서 얼마를 벌었나요?**

졸업반 때까지 해서 7000달러 정도 벌었어요. 12월 17일이 내 열여

덥 살 생일이었는데, 생일이 오기 전에 부키 일을 그만두기로 마음먹었습니다. 이제 어른인데 불법적인 일을 더는 하면 안 되겠더라고요. 추수감사절 주말에 마지막으로 한 번 더 하고 부키 역할을 접을 생각이었습니다. 그날 28명이 내기를 걸었고 24명이 이겼어요. 사람들은 원래 강팀에 돈을 걸기는 하죠. 그 하루 만에 고등학교 시절에 모은 돈을 홀라당 잃은 것도 모자라 1500달러 빚까지 지고 말았지 뭡니까.

**몇 년 동안이나 모은 돈을 하루 만에 다 잃고도 추가로 더 잃었을 때의 심정은 어땠나요?**

하늘이 무너졌지요. 하지만 그 경험으로 가장 값진 교훈을 얻었습니다. 아무리 힘들고 어려워도 내일이 되면 태양은 어김없이 뜨죠.

**10대 시절의 그 주말에 겪었던 경험이 훗날 트레이더가 되어서까지도 영향을 미쳤습니까?**

물론이죠. 불가능할 거라고 생각했던 손실을 겪은 후로는 이른바 이상치outlier 사건이 얼마든 가능하다는 것을 인식하게 되었죠. 트레이더가 되고 나서 일어난 리먼 브라더스 파산 사건도 충분히 이해할 수 있었습니다. 상상도 하지 못했던 초대형 사건이 시장에서는 얼마든 벌어질 수 있습니다. 초년 시절 리스크 관리 능력을 쌓아가던 시기에 나도 이상치 사건에 된서리를 맞고서 이해하게 된 진실이죠. 트레이딩을 시작하기도 전부터 리스크 관리의 중요성을 절감하게 되었다고나 할까요.

**그런 이해를 기르게 된 건 고등학교 시절에 큰돈을 잃어보았기 때문인가요?**

그 사건도 있었고 해병대에 복무한 것도 도움이 되었습니다.

**해병대에는 왜 입대했나요?**

고등학교 성적이 나빴으니까요. 평점이 1.8학점 언저리였지요. 유일하게 흥미가 있던 건 내기판 운영이랑 경제학 수업이었어요. 두 개는 꽤 잘했습니다. 대학이 중요하다는 것은 알았지만 갈 수 있을 만한 성적이 아니었습니다. 고등학교를 졸업하기 한 달 전에 해군 모집 담당자가 우리 학교에 홍보차 왔고, 내게 혹시 해군에 입대할 생각이 있는지 물었지요. 나는 곧바로 대답했습니다. "전혀요. 전 해병대에 들어갈 거예요."

**해병대에 지원하고 싶다는 생각은 언제쯤부터 하게 되었습니까?**

모르겠네요. 해군에 입대하지 않겠냐는 말에 갑자기 퍼뜩 떠오른 생각이거든요. 나는 성적도 나빴고 자존감도 부족했어요. 내 안에 지적 잠재력이 있다는 느낌이 들기는 했지만, 그전에 규율과 훈육부터 많이 받아야 한다는 것도 잘 알았지요. 그러니 가장 힘들고 거친 군대에 입대하는 것이야말로 완벽한 아이디어였어요.

**해병대에는 몇 년을 복무했죠?**

거의 9년입니다.

**군 생활에 대해 말해주세요.**

내 인생을 바꾼 경험이었습니다. 그전에 속했던 문화와는 완전히 딴판이었습니다. 내 행동에 내가 책임을 져야 하고 마음 편하게 사는 걸 포기해야 하죠.

**꽤 힘드셨나 보네요.**

무지하게 힘들었습니다.

**그중에서도 유독 힘들었던 일이 있다면요?**

내가 군 생활을 무사히 마칠 수 있을까 믿는 게 제일 힘들었죠.

**본인 스스로를 믿지 못했나 보군요.**

믿을 만한 구석이 있어야죠. 고등학교 성적은 형편없었습니다. 도박
판에서 돈도 다 잃었고요. 주에서 시행하는 경제학 시험에서 좋은 점
수를 받은 걸 빼면 잘한 게 하나도 없었지요. 내가 성년이 되고 나서
는 형이 "AFNS"라는 말을 했어요. '또 실패한 네토의 사업another failed
Netto scheme'의 약자였어요. 나는 툭하면 사업 아이디어를 구상하고
시도했고, 모든 아이디어에서 다 실패했습니다. 나로서는 잘 해내지
못할 것이라는 독이 되는 생각부터 극복하는 게 우선이었어요.

**해병대에서의 경험이 나중에 트레이더가 되었을 때 도움이 되었나요?**

큰 도움이 되었지요. 해병대에서는 규율을 배우고, 중압감 속에서도
자기 역할을 다 하게 되는 능력을 배울 수 있습니다. 해병대 훈련 과
정은 의도적으로 중압감이 과도한 환경을 만듭니다. 그러면 실제 상
황에서도 흔들리지 않고 자기 역할을 다 할 수 있는 거죠. 신병 훈련
소 첫날, 딱 3시간밖에 못 잤는데 교관이 쓰레기통 뚜껑을 쾅쾅 내리
치며 소리를 지릅니다. "전원 기상! 전원 기상!" 아직도 90일이나 남
았지만 첫날에 벌써 3주는 지난 느낌이었어요. 내 트레이딩 성적이
시원찮은 날에도 하루가 3주 같았지요. 나는 롱을 했는데 시장은 내
려가고, 쇼트를 걸었더니 장이 상승합니다. 나는 해병대에서 역경에

대처하는 능력을 배웠고, 그 능력이야말로 트레이더로서 성공하는데 꼭 필요한 것이었죠. 다섯 번이나 연달아 강제 청산을 당하더라도 여전히 자신의 트레이딩 프로세스를 지키는 뚝심이 있어야 합니다. 해병대는 역경을 다루는 방법을 훈련시켜줍니다. 해병대는 게임 계획을 세우고 자기 행동에 자기가 책임을 지는 것이 중요하다는 사실을 가르쳐줍니다. 트레이딩에서는 책임감이 중요해요. 본인의 손실은 본인이 책임지고 남 탓, 상황 탓을 하지 말아야 하죠.

**해병대는 왜 제대했나요?**

떠나고 싶어서 떠난 건 아니에요. 나는 워싱턴대학에 들어가서 해병대 ROTC가 되어 일본어와 중국어를 전공했죠. 원래 계획은 해병 장교가 되고 내 언어 실력을 유감없이 발휘할 수 있는 보직에 발령받는 것이었습니다. 그런데 졸업을 하기 전에 농구를 하다가 무릎을 크게 다쳐서 재건 수술을 해야 했습니다. 게다가 다른 쪽 무릎에도 고질적인 힘줄염이 있었어요. 해병대도 나도 부상으로 인해 더는 해병대에 남아 있는 것이 불가능하다는 결론을 내렸습니다. 결국 의병 제대를 해야 했죠.

**해병대에서 복무하며 아시아 언어를 전공했던 분이 어떻게 해서 트레이더 세계로 가게 되었나요?**

해병대에 있을 때 뮤추얼펀드를 통해 패시브 투자를 하고 있었습니다. 그게 내 최초의 시장 노출 경험이었어요. 트레이더가 되는 여정에서 첫 단추는 워싱턴대학 학생신문부의 경제란 편집자 자리를 맡은 것이었습니다. 트레이딩과 기술적 분석에 대한 책을 엄청나게 읽었어요. 그중에서도 피보나치 수열을 분석한 조 디나폴리의 책이[*]크게 도움이 되었습니다. 1999년에 해병대에 있을 때 저축한 7만 5000 달러로 주식 계좌를 만들었습니다. 19만 달러까지 불렸다가, 2000년 기술주 거품이 꺼지면서 4만 달러로 쪼그라들었어요. 2000년 4월의 침체장은 잘 넘겼는데, 같은 해 말 두 번째 침체장은 무사히 넘기지를 못했던 거죠.

**처음에는 2배 이상으로 불렸다가 수익을 다 까먹은 걸로도 모자라 원금도 절반 이나 사라졌던 거군요. 그건 마치······.**
(네토는 내가 말을 끝내기를 기다리지 못하고 끼어들었다) 고등학생 때 내기 판을 운영하던 것과 똑같죠. 흐름이 판박이죠. (그가 웃었다)

**매수와 매도 시기는 어떻게 결정했습니까?**
그게 정말로 힘들었습니다. 뉴스레터에서 주식의 진입 시기와 스톱 지점을 추천하면 그대로 따랐어요. 한 가지는 자신 있게 말할 수 있습니다. 나는 여태까지 트레이딩을 하면서 스톱 지점을 지키는 거 하나는 정말로 잘했습니다. 고등학생 때의 뼈아픈 경험 덕분에 순식간에 쫄딱 망할 수 있다는 걸 언제나 잊지 않았으니까요.

**어쩌다가 19만 달러가 4만 달러까지 줄어들게 되었나요?**
연달아 강제 청산이 되면서 돈을 다 잃은 거지요. 규모는 또 다른 문제더라고요. 빠져나오는 건 스톱 지점에서 청산돼 항상 잘 빠져나왔지만, 포지션이 너무 컸던 게 문제였습니다. '이번 트레이드에서는 2만 5000달러까지는 리스크를 감당할 수 있어.'라고 생각했으니, 순진하기 짝이 없었지요. 6건의 트레이드에서 연달아 손실이 나면 어떻게 될지는 생각도 하지 않았던 거죠.

**모든 트레이드를 뉴스레터 추천을 보고 결정했나요?**

내 감만 믿고 진입했던 트레이드도 있습니다. 그 감은 그때그때 달라졌지만요.

**본인의 방법론은 전혀 없었던 거군요.**

전혀 없었죠. 아직도 배우는 입장이었으니까요. 그때는 내가 여전히 배우는 입장이라는 생각은 안 했습니다. 계좌를 7만 5000에서 19만으로 불렸으니 내가 잘한다고만 생각했죠.

## ┃온 틸트

**트레이딩은 언제 재개했나요?**

얼마 안 가서 피보나치 되돌림*을 이용하는 트레이딩 방법론을 개발했어요.

**피보나치 되돌림이 있는 구간에서만 트레이드에 진입했나요?**

박스권에서 집중적으로 형성된 가격들을 유심히 살펴보았지요. 비교적 단기적인 가격 스윙은 61.8%의 되돌림이 있고, 이것이 조금 더 장기적으로는 38.2%의 되돌림을 보이며, 단기와 장기 모두 다른 기술적 저항 및 지지와 일치해야 한다. 이것이 내가 일반적으로 적용한 트레이드의 셋업 조건이었습니다. 이렇게 여러 개의 지지와 저항 지표들이 같은 가격대에 집중된 지점에서 포지션을 취하곤 했습니다.

**그 접근법이 성공했습니까?**

2000년과 2001년에는 주로 단타를 했는데 수익이 좋았습니다. 그러다가 2003년 3월 17일에 재앙의 날을 맞았습니다. 그날, 부시 대통령이 사담 후세인에게 미국의 대이라크 공습을 예고하는 최후통첩으로 대국민 담화를 발표했지요.

그날 아침 장은 갭 하락으로 출발했고, 나도 매도 포지션을 잡기 시작했습니다. 그런데 시장이 바로 상승 반전을 해서 그냥 빠져나왔습니다. 그날 하루를 시작하자마자 손실이 1만 4000달러나 난 거지요. 나쁘기는 했지만 그럭저럭 감당할 만은 했습니다. 그리고 두 번째로 매도 포지션을 잡았고 스톱 가격에서 청산되었습니다. 여기까지 입은 계좌 손실이 2만 8000달러였습니다. 잠깐 나왔다가는 다시 들어갔어요. 세 번째로 매도 포지션을 잡았고 또 스톱에서 강제 청산이 되었습니다. 손실은 3만 9000달러로 늘어났죠. 잠깐 나왔다가 또 들어가고, 또 매도 포지션을 취했습니다. 이번에는 시장이 떨어지기 시작했습니다. 손실을 절반은 만회했고, '여기서 단번에 다 뽑아낼 수 있어!'라는 생각이 들었죠. 손실은 딱 1만 3000달러까지만 만회되고는 다시 벌어지기 시작했습니다. 네 번째에도 스톱에서 청산되었고 계좌에서는 4만 달러가 사라져 있었습니다. 마지막으로 다시 시도를 했고, 장이 마감하고 내 손실은 6만 3000달러가 돼 있었습니다.

그날 하루에 그전 해에 벌었던 돈을 다 까먹었습니다. 내가 그런 웃지 못할 최악의 트레이드를 했던 겁니다. 라스베이거스에서 말하는 '온 틸트on tilt' 상태에 빠졌던 거지요.

### 온 틸트요?

온 틸트는 도박꾼이 감정을 조절하지 못하고 잃은 돈을 만회하는 데 혈안이 돼서 계속 공격적으로 베팅을 하고 결국에는 손실이 눈덩이처럼 커지게 되는 것입니다.

**네토 씨의 방법론을 지키면서 들어갔던 트레이드가 아닌가요?**

처음 트레이드는 내 방법론에 전적으로 일치했습니다. 그전에 며칠 동안 시장이 상승하다가 저항을 만났고 다음 날은 갭 하락으로 장이 시작되면서 추세 반전을 확인해 주었지요. 하지만 처음 트레이드에서 손실을 본 다음에는 완전히 발을 빼고 나왔어야 했어요. 다음에 잡은 트레이드들은 변명의 여지없이 온 틸트 트레이드였습니다.

**시장이 기대와는 정반대로 뉴스에 반응할 수도 있음을 보여주는 하루였군요.**

정말로 완벽한 예였지요.

나도 2016년 선거일에 매수 포지션을 잡지 않았던 나 자신을 두고두고 걷어차고 싶은 심정입니다. 예상을 깨고 트럼프의 당선 가능성이 유력해지면서 증시에서는 처음에는 매물이 쏟아져 나왔지만, 갑자기 급반전을 하더니 꾸준히 상승했죠. 그날 시장 가격이 예상과는 반대로 움직인 것은 전형적인 매수 신호였고, 나도 그 매수 신호를 완전히 인식하기는 했어요. 하지만 트럼프의 당선에 너무 상심한 나머지 롱을 건다는 생각도 하지 못했죠.

인터뷰를 하기 전에 주고받은 이메일에 네토는 선물 산업의 자율 규제 조직인 NFA(미국 선물업 협회)에 2010년 1월 4일에 보냈던 서신을 첨부했다. 서한에는 그가 100만 달러의 명목계좌 금액notional account level으로 트레이딩을 할 것이라고 신고하는 내용이 담겨 있었다. 또한 그는 내게 보낸 이메일에 NFA의 확인 답변 서한과 함께 2010년 1월부터 해서 실적 기록 감사 내용도 같이 보내 주었다. 선물 트레이딩에서 명목계좌 금액은 트레이딩에 사용되는 계좌의 크기를 나타내며, 계좌의 금액이 실제 트레이딩을 할 때 노출되는 리스크와 다를 수도 있을 때 사용하는 개

넘이다. 선물에서는 체결하려는 계약 액수의 일부만 있으면 마진거래를 할 수 있다. 선물 계좌에 초과 자금을 충분히 넣어두지 않는 한, 명목계좌의 금액으로는 실제 트레이딩에 들어간 금액이 상당히 낮게 잡혀서 결과적으로는 이익도 손실도 크게 계상될 수 있다. 이런 상황에서 실제 계좌가 아니라 명목계좌 금액으로 계상을 한다면 수익도 리스크 요소(변동성이나 계좌 원금 손실 등)들도 줄어서 계산이 된다. 따라서 현실적으로 더 높은 실적을 기록하려 할 때 명목계좌 금액을 신고한다.

제게 보내주신 NFA 답변 서한과 실적 기록 감사 내용을 보면, 네토 씨가 공식적으로 실적을 기록하기 시작한 건 2010년 1월부터더군요. 두 가지 질문을 드리려 합니다. 첫째로, 2003년 1월에 트레이딩 손실이 크게 났던 때와 공식적인 실적 기록이 시작된 2010년 1월 사이에는 트레이딩 실적이 어떠셨나요? 둘째로, 신고를 하기 몇 년 전부터 트레이딩을 하셨으면서 왜 2010년 1월에 가서야 공식 기록을 하기로 하신 건가요?

그 중간 시기에는 소소하게만 수익이 나고 딱히 좋지는 않았습니다. 2010년 1월부터 공식 기록을 남기기로 한 건, 새로운 10년이 시작되는 때이기도 했고 내 트레이딩 성적을 한 차원 더 끌어올리고 싶은 마음이 있어서이기도 했습니다. 트레이딩은 쭉 하고 있었지만, 생활비는 주로 중개 일을 하면서 받는 수수료로 벌고 있었습니다. 트레이딩에만 전념하고 싶다는 생각이 들어서 2011년에는 중개 계좌를 전부 접었습니다.

## ▎시장 서사

기술적 분석에서 피보나치 수열을 이용해서 트레이딩을 하셨다고 했는데, 그동안 방법론에 큰 변화가 있었나요?

예. 무엇보다도 시장에 지배적으로 흐르는 서사가 중요하다는 사실을 깨닫고 그것을 이해해서 트레이딩에 결합했다는 점이 결정적인 변화입니다.

**시장 서사라, 구체적으로 예를 든다면요?**

시장 서사는 바꿔 말하면 시장의 전반적인 국면입니다. 예를 들어서 5년물 미국 국채의 금리는 현재(2019년 8월) 1.5%이고, S&P 배당수익률은 2.8%입니다. S&P의 배당수익률이 훨씬 높으니 자금도 주식 시장으로 유입될 것이라는 게 지배적인 시장 서사입니다. 시황이 이럴 때는 S&P에 매도 포지션을 잡기가 힘듭니다. 대신에 차트의 중요 지점에서 S&P 매수 포지션을 잡아야 합니다. 그 지점에서 진짜 투자 자금이 유입되어서 기본적인 지지선 역할을 해줄 테니까요.

다른 예도 있어요. 지금의 시장 국면은 수익률을 따라 무리 지어 옮겨 다니죠. 지금 시장에는 마이너스 수익률 채권이 17조 달러나 있어요. 바로 이런 시장 국면이 금의 강세장을 부추기는 요인이 무엇인지를 알려줍니다. 왜냐고요? 금은 어떤 면에서는 수익률 제로의 통화이기 때문입니다. 17조 달러나 주고 마이너스 수익률인 자산을 보유하느니 차라리 제로 수익률인 금이 더 나은 투자가 되는 거죠. 그게 지금 금값을 부추기는 핵심 동인입니다.

**지금의 시장 국면이 금에 유리하게 형성돼 있으므로 시장이 수익률을 좇아 움직이는 시황이 계속되는 한 금에는 오직 매수 포지션만 걸 것이라는 뜻인가요?**

그게 지배적인 진실이지만 언제나 그렇다는 건 아니죠.

**금값을 밀어 올리는 강한 동인이 존재하는 장기적인 강세장이기는 하지만, 혹시**

**라도 매도 포지션을 잡게 될 만한 계기가 있다면요?**

금값에 급격한 반전을 불러올 만한 중대한 이벤트가 있는 경우지요. 가령 유럽이 재정 부양책을 시행할 것이라는 예상외의 말이 돈다면 유럽 채권들은 뉴스에 벌벌 떨며 조정에 들어갈 겁니다. 그런 이벤트는 금값을 떨어뜨릴 수 있습니다. 그동안 마이너스 채권 수익률의 시장에서 누리던 이점이 사라지니까요. 거기에 시장 서사까지 더해진다면 금 매도 포지션에 군중이 몰릴 것이고, 시장은 금값의 급격한 하락에 취약해집니다. 특히 그 의외의 이벤트가 그간의 지배적인 시장 서사에 반대된다면 금값 하락을 막기가 더 힘들어질 겁니다.

**그렇다면 장기적으로는 금이 강세장일지라도 단기적으로는 조정이 온다는 데 매도 포지션을 잡을 수 있다는 말이군요.**

정확히 보셨습니다. 장기 추세가 지속하는 시황이라고 해도 의외의 이벤트가 발생한다면, 난폭한 조정이 올 수 있습니다.

**시장 서사를 이해해서 들어갔던 트레이드는 무엇이었나요?**

2013년 5월이었죠. 버냉키 의장이 앞으로 연준이 금리 조정할 때는 날짜 기준이 아니라 데이터를 기준으로 삼는 방향으로 옮겨갈 것이라는 말을 내비쳤습니다. 그게 무슨 뜻이겠습니까? 경제지표, 그러니까 고용지수라든가 소매판매지수 등을 이전보다 훨씬 중요하게 반영한다는 뜻이 아니겠습니까? 버냉키의 그 말에 시장 서사가 바뀌었죠. 2013년 7월에 발표된 고용보고서에서는 신규 채용자 수가 크게 늘어 있었습니다. 보고서가 나오기 전에도 이미 미국 국채에 매도 포지션을 잡아 놓고는 있었지만, 발표가 난 후에는 포지션을 대폭 늘렸습니다. 연준이 날짜 기준에서 데이터 기준으로 가이던스를 옮긴다는

것은 고용률 수치가 시장 예상보다 훨씬 큰 영향을 줄 수 있다는 뜻
으로 판단했거든요. 그날 나는 역대급 수익을 냈습니다. 시장이 가격
을 재평가하도록 중대한 시장 서사의 변화를 감지하는 건 내 주특기
입니다. 그리고 나는 시장 서사가 무엇이고 어떤 중요한 이벤트로 발
전할 소지가 있는지를 알아내려고도 노력하는 편입니다.

**2003년에는 아직 그 접근법을 트레이딩에 적용하지 않았을 때였죠. 때늦은 생각이기는 하지만, 2003년 크게 트레이딩 손실이 났던 날의 시장 서사는 무엇이었다고 생각합니까?**

시장이 아직은 2년 약세장에서 벗어나지 못했고, 미국의 대이라크
공습이 임박했으며, 시장이 또 주저앉아 신저점을 형성할 것이라는
게 그때의 시장 서사였습니다. 설득력 높은 서사였고 나는 그 서사를
조금도 의심하지 않았습니다. 그러나 아무리 확신하는 서사여도 시
장 가격이 결국 반대로 움직인다면, 서사를 기반으로 잡은 트레이드
는 처참하게 무너질 수 있습니다.

**시장 서사를 트레이딩에 결합하기 시작한 건 언제부터였나요?**

내 시장 서사가 트레이딩에서 처음으로 제 역할을 톡톡히 했던 건
2008년 금 시장에서였을 겁니다. 내가 적중했던 점도 있었고 적중하
지 못한 부분도 있기는 했지요. 세상이 무너지고 있고, 연준은 양적
완화를 할 것이고, 금값은 더 오를 것이다. 이것이 내 시장 서사였습
니다. 처음 세 분기 동안은 서사가 정확하게 들어맞았고, 나도 금 시
장에 주로 매수 포지션을 걸어서 꽤 쏠쏠하게 벌었습니다. 문제는 내
가 중요한 부분을 간과했다는 거죠. 세상이 디플레이션을 우려할 때
는 금도 다른 시장과 같이 무너질 수밖에 없다는 것이었습니다. 2008

년 사사분기가 그랬습니다. 게다가 대규모 인출 사태를 겪고 있는 헤지펀드들 입장에서는 어떻게든 돈을 마련해야 했고 그들의 금 트레이드는 주로 매수 포지션이었다는 사실도 무시해 버렸습니다. 헤지펀드들도 별수 없이 금도 다른 자산과 함께 다 처분해야 했죠.

## 이벤트 트레이딩

**기술적 분석과 시장 서사가 네토 씨의 트레이딩 방법론에서 얼마나 중요한 역할을 하는지 잘 알겠군요. 다른 중요한 부분이 또 있다면요?**

이벤트 트레이딩야말로 지난 10년 동안 내가 트레이딩 수익을 내도록 도와준 일등 공신이었습니다. 예상했던 이벤트와 예상하지 못했던 이벤트 둘 다 해당합니다.

**하나씩 예를 들어주시겠어요?**

지난주 금요일에 트럼프가 G7 회의 참석차 전용기를 타고 가는 중에 정신 나간 트윗을 올렸습니다. 도착하면 어떻게 대중국 보복 조치를 감행할 것인지 말한 겁니다. 화가 잔뜩 나 있다는 게 트윗에서도 뚜렷하게 드러났죠. 예상했던 이벤트의 예죠. 그날 언제라도 트럼프가 추가로 대중국 관세 조치 발표를 추진하는 마당에 매수 포지션을 잡는 건 많이 위험했죠.

**그래서 어떻게 대응했습니까?**

매도 포지션을 잡는 거죠. 리스크가 허용하는 대로 다 매도 포지션을 잡아야죠.

**어떤 트레이드를 잡으셨나요?**

S&P 선물 매도 포지션을 잡았습니다.

**하지만 그 트윗에 시장이 곧바로 매물을 쏟아내지는 않는다면요?**

아주 곧바로는 아니지만 한 시간 정도는 기다릴 수 있죠.

**언제 매도 포지션을 잡았나요?**

즉시 잡았죠. 트레이드 더 뉴스라는 인터넷 라디오 방송을 청취하는데, 거기서는 종일 시장을 움직이는 뉴스들만 추적하면서 걸러내고 읽어줍니다. 트레이딩하는 시간에는 정신이 분산돼서 뉴스 화면은 보지 않습니다. 그 방송으로 뉴스 스트리밍을 듣기만 합니다. 그 방송에서 트럼프의 트윗을 읽어주는 소리를 듣고 바로 매도 포지션에 들어갔습니다.

**주문서를 작성했을 때쯤에는 시장이 얼마나 내려가 있었나요?**

8포인트나 내려가 있었습니다. 그건 약과였죠. 그 뒤로 또 50포인트를 더 내려갔으니까요.

**그 트레이드에서 중요한 교훈을 얻었나요?**

시장 서사를 이해해야 한다는 교훈을 얻었죠. 그러면 깜짝 이벤트와 그렇지 않은 것을 구분하고 거기에 맞는 대응법을 마련할 수 있으니까요. 어쨌거나 예상외 사건은 구분을 해야 합니다. 그런 것을 모른 채 트레이딩을 하다가는 돈을 고스란히 갖다 바치는 셈이죠. 아마도 높은 틱에 매수 주문을 내고 낮은 틱에 매도 주문을 내게 될 겁니다.

**네토 씨의 이벤트 트레이딩은 시장 서사와는 떼려야 뗄 수 없는 사이겠네요.**

절대로요! 서사에 따라서 시장 이벤트를 해석하는 게 달라지니까요. 같은 이벤트더라도 시장 서사에 따라 가격에 미치는 영향은 크게 달라질 수 있어요. 이를테면 아무도 예상하지 못했는데 OPEC이 갑자기 감산을 결정하면 에너지 시장이 덜미를 잡힌 셈이 되어서 가격 충격이 꽤 클 수 있습니다. 하지만 같은 양의 감산을 해도 그전부터 예상하던 감산이라면 가격은 꿈쩍도 하지 않을 수 있고, 심지어 공식 발표가 보도된 후에는 오히려 시장이 반전될 수 있습니다. 그러니 내 이벤트 트레이딩에서는 시장 서사가 아주 중요할 수밖에요. 게다가 시장 서사로 기술적 분석의 효과도 더욱 높일 수 있어요. 언제 차트 상에서 중요한 패턴이 만들어져서 가격이 큰 폭으로 움직일 것인지를 파악하는 데도 큰 도움이 되거든요.

**예정된 이벤트 트레이딩의 예를 들어주시겠어요?**

이번 달 초에 발표된 농무부 작황 보고서요. 그 전에 6월에 농무부는 옥수수 파종 면적이 9170만 에이커라고 발표했어요. 발표 내용을 믿기 힘들다는 견해가 대세였죠. 중서부에 큰 홍수가 나서 파종 시기가 늦춰졌으니 파종 면적도 훨씬 줄어들 것이라고 예상했어요. 농무부도 그런 의견을 반영해서 14개 주에 대해 파종 면적을 재조사하고 8월 보고서에서 추정치를 다시 발표한다는 데 동의했죠. 8월 보고서 발표 시기가 다가올수록 시장에서는 파종 면적 추정치가 '크게' 줄어들 것이라고 기대했어요. 그런데 막상 8월 보고서에 발표된 작황 면적 추정치는 170만 에이커만 줄어든 9000만 에이커였죠. 시장은 그것보다는 파종 면적이 크게 줄어들었을 거로 기대했는데 별로 줄지 않았던 거죠. 약세장을 알리는 숫자였습니다. 충격은 그것만이 아니라, 수확량 추정치가 늘어났어요. 시장이 기대한 파종 면적은 8700만

에이커 정도였어요. 9000만 에이커로 추정치를 잡은 분석가는 하나도 없었습니다. 그런 이상치 숫자를 접하는 순간이야말로 시장이 돈을 안겨줄 준비가 되어 있다는 신호입니다. 가격이 재평가될 게 빤하니까요. 빠져나오고 싶은 사람이 전부 빠져나올 수 있을 만큼 시장에 유동성이 남아도는 건 아니지 않습니까.

**하지만 그 숫자가 약세장을 알리는 숫자라면, 시장에서도 곧바로 하한가가 발동되지 않나요?**

시장이 효율적이라고 가정할 수 있지만, 시장은 그렇게 효율적이지 않습니다. 물론 하한가가 발동되기는 했지만 즉시는 아니었어요. 나는 MPACT 덕분에 보고서가 발표되고 거의 바로 매도 포지션을 잡을 수 있었지요.

**MPACT가 뭔가요?**

시장 가격 움직임이라는 뜻의 약어인데, 오늘 아침에 슈웨거 씨에게 보여드린 그 소프트웨어 프로그램입니다. 밀리세컨드의 속도로 뉴스를 읽고 평가해서 적절한 주문을 넣는 프로그램이죠.

**그렇다면 네토 씨는 소프트웨어에 농무부 발표 추정치에 따라서 어떤 주문을 넣을지 미리 정해두셨던 건가요?**

그렇죠. 빠르게 주문을 넣는 게 중요하니까요. 이벤트를 해석하는 MPACT 프로그램을 구축하느라 그동안 번 돈과 내 재산에서 상당 금액을 투자했습니다. 하나의 이벤트마다 여러 시나리오를 가정하고, 소프트웨어가 가격 움직임에 맞춰서 트레이드를 주문해 줍니다. 이벤트가 실제로 발생하기 전에 20, 30, 40개의 잠재적 시나리오를 세워두는 게 내 일에서는 아주 중요한 부분입니다. 그러면서 각 시나리오에 맞는 포지션도 미리 설정해두죠.

연준 이벤트에 대해 여러 각도로 정성적 분석을 하면서 준비하는 시간에 1주일이 걸리기도 합니다. 연준 이벤트의 점수 체계를 만들 때 내가 이용하는 해석의 기본 틀이 있습니다. 보통은 4가지 요소를 놓고 점수를 매깁니다. (1)경제 전반, (2)인플레이션, (3)미래의 금리 향방, (4)특이한 인자들이죠. 이 4개의 요소들에 동적 가중치를 적용합니다. 이 기본 틀에 맞춰서 MPACT는 연준 이벤트에 대한 뉴스를 읽고 4개 요소로 평가한 후에 점수를 매깁니다. 그리고 그렇게 매긴 점수를 바탕으로 내가 미리 준비해 두었던 시나리오를 고릅니다. 시나리오마다 어떤 트레이드를 잡아야 하는지는 미리 특정돼 있습니다.

**직접 만드신 소프트웨어인가요?**

내가 설계를 했고, 프로그램 작업은 개발팀을 고용해서 맡겼습니다. 프로젝트를 구축하고 정비하는 데만 6년이 걸렸습니다.

**MPACT가 연준 발표를 가지고 어떻게 트레이딩을 했는지 하나만 예를 들어주실 수 있나요?**

2018년 12월에 연준이 금리를 인상하지 않을 거라는 생각이 들었습니다. 시장에서는 인상을 기정사실로 받아들였고 가격에도 반영돼 있었죠. 혹여 금리를 인상하더라도 인상이 끝났다는 식의 표현을 할 것이라고 생각했죠. 그런데 제롬 파월 연준 의장의 발표에 이런 말이 들어 있었습니다. "경제가 성장하는 추이로 봐서는 내년쯤 두 차례의 금리 인상이 필요할 것 같습니다." 시장을 벼랑 아래로 떨어뜨리기에 충분한 말이었습니다.

**하지만 그건 네토 씨의 기대를 완전히 뒤엎는 말이었는데요. 연준이 두 차례 금리를 인상할 수도 있다는 시나리오도 준비해 두셨나요?**

당연히 준비했죠. 발표가 임박했을 때 S&P와 금에 매수 포지션을 잡아 두긴 했었죠. 연준이 금리를 인상하지 않을 것이라고 기대했으니까요. MPACT가 알아서 내 포지션을 청산하고 반대로 매도 포지션을 잡았습니다.

**그렇군요. MPACT가 어떻게 트레이딩을 하는지 확실하게 이해가 되었습니다. 하지만, 같은 발표를 두고도 다소 모순된 해석이 가능할 경우에는 어떻게 합니까?**

그런 일이 2017년 3월에 있었습니다. 내 트레이딩 역사상 최악의 날이었죠. 연준이 6월에 또 한 차례의 금리 인상 가능성을 열어둔다면 금리시장이 약세장을 면치 못할 것이라고 기대했습니다. 연준은 그렇게 했고, 나는 미국 국채 5년물에 대량 매도 포지션을 취했습니다. 그날 하루 잃은 돈이 21만 달러입니다. 그해 들어 번 이익을 모조리 토해냈어요.

**어디서 잘못된 것이었나요?**

연준이 6월 금리인상 가능성을 내비치기는 했지만 발표 내용에는 다소 온건한 표현들이 섞여 있었는데, 시나리오를 준비하면서 그런 부분까지는 미처 예상하지 못했던 거죠. 그때는 소프트웨어의 점수 프로세스가 지금처럼 세심한 부분까지는 파악하지 못했으니까요. 점수 프로세스의 완성도가 높아지려면 학습 곡선이 필요합니다. 실수로 돈을 잃기는 했지만 다른 면에서는 기회가 되기도 했어요.

## 감정은 신호 원천이다

감정과 트레이딩의 관계를 어떻게 생각하시는지 궁금하네요. 그 주제에 대해서는 역발상 견해를 가지고 있다고 들었습니다. 감정이 트레이딩에 미치는 영향을 어떻게 바라보는지 자세한 설명을 부탁드립니다.

감정은 우리의 적이 아니라 친구입니다. 우리의 기분은 신호 원천으로 사용하기 좋습니다. 마침 예로 들기에 적당한 트레이드가 있습니다. 2015년 9월에 S&P가 출렁이다가 박스권을 뚫고 8월의 비교적 저점 구간으로 급락했습니다. S&P가 무너질 거라는 동물적 감각이 엄습하더군요. E-미니 S&P 500에 대해 200계약의 쇼트를 잡았습니다. 사실 아주 많이 버거운 규모이기는 했습니다.

지금 나의 감정 점수는 몇 점인가? 이 질문은 내 트레이딩 프로세스의 한 과정입니다. 지금 두려운가? 지나치게 탐욕스러운가? 아니면 두 감정 사이에서 균형을 유지하고 있는가? 이 매도 포지션은 감정 스펙트럼의 한쪽 극단에 해당했죠. 과한 탐욕이었죠. '지금의 나는 리스크 관리를 얼마나 중시하는가?'라는 질문에 '전혀'라는 대답이 나왔죠. 프로세스를 따르지 않은 채로 덥석 매도 포지션을 잡는 건 거저먹기나 다름없다고 느꼈던 겁니다. 그 사실을 깨닫고는 바로 그 포지션을 전부 정리했습니다.

내가 최고의 포지션을 취하는 건 마음이 불편할 때입니다. 트레이드에 들어갈 때는 내 몸이 얼마나 긴장하고 있는지를 가늠합니다. 초점도 유지하고 싶고 초조한 마음도 어느 정도 유지하는 게 좋습니다. 포지션이 내가 원하는 방향대로 가고 내가 안도의 한숨을 내쉰다면 그건 시장이 조만간 반전될 수도 있다는 경고 신호입니다. 가령 금을 1500달러에 샀는데 바로 1530달러로 올랐고 내가 '성공이다. 더 오르기 전에 조금 더 사는 게 좋겠어'라는 느낌이 든다면, 장담하는데 순식간에 1518달러로 되돌아갈 겁니다.

아이러니하군요. 네토 씨는 긴장하고 초조할 때 포지션을 더 추가하신다는 거니까요. 확신했을 때가 아니라요.

맞아요! 그겁니다!

나는 트레이딩에서 감정을 전적으로 배제하라고 조언하는데, 네토 씨가 보기에는 잘못된 조언일 수도 있겠네요.

세상에나! 왜 그래야 한다는 거죠? 그렇게 쓸모 있는 신호 원천을 무시하다니요. 하나만 선택해야 한다면, 슈웨거 씨가 아는 중에 가장 성공한 트레이더의 트레이드를 모방해야 할까요? 아니면 가장 실패한 트레이더의 트레이드를 보고 정반대로 해야 할까요? 나라면 가장 무능한 트레이더와는 정반대로 매매하는 쪽을 선택합니다. 좋은 트레이더일지라도 꾸준하게 수익을 내기는 힘들지만, 실력 없는 트레이더가 꾸준하게 돈을 잃는 건 전혀 어렵지 않습니다. 실력 없는 트레이더의 특징이 뭐라고 생각하시나요? 프로세스가 없다는 겁니다. 기분 내키는 대로 결정하고 믿을 수 없을 정도로 충동적이에요. 그게 그들이 패닉에는 휘청거리고 고점에서 사서 저점에서 파는 이유죠.

내가 트레이더들에게 감정을 배제하고 트레이딩을 하라고 말하는 건, 감정에 좌우되는 트레이더는 대체로 잘못된 결정을 내려서거든요. 그런데 네토 씨의 말을 들으니, 가장 무능한 트레이더의 상징은, 그러니까 귀중한 지표는 네토 씨 본인의 감정적 극단을 파악한다는 것이군요.

맞습니다! 자신의 감정 상태를 이해하고 일지에 기록해야 합니다. 그리고 자신이 지금 어떤 행동을 하는지 경고해주는 또 다른 신호의 원천으로 삼아야 합니다.

**이기는 트레이더와 지는 트레이더의 결정적인 차이점은 뭐라고 생각하시나요?**

이기는 트레이더는 져도 '웃으며' 넘깁니다. 다 제대로 했지만 지는 날이 있을 수도 있다는 걸 잘 아니까요. 이기는 트레이더들은 프로세스가 있고, 그 프로세스를 지키기 위한 규율이 있으며, 그것을 지속해서 개선하려 헌신적으로 노력합니다. 그들은 프로세스의 점증적 개선이 트레이딩의 손익을 근본적으로 개선해준다는 사실을 잘 압니다. 지는 트레이더는 만능의 은 탄환을 원합니다. 그리고 그 탄환으로 바로 효과를 보지 못하면 다른 탄환을 찾아 나섭니다.

**트레이더들에게 해주고 싶은 조언의 말씀이 있다면요?**

당장 돈을 벌지 않아도 낙심하지 마세요. 어떤 때는 돈을 잃지 않는 게 버는 것 못지않게 중요합니다. 프로세스를 지키는 리스크 감수는 성공으로 이어지지만, 충동적 리스크 감수는 후회의 지름길입니다.

**네토 씨는 본인이 성공한 원인이 뭐라고 생각하시나요?**

내가 좋아하는 요일이 월요일이라서요. 자기가 하는 일을 사랑하면 성공도 따라옵니다.

나도 그렇고 내가 인터뷰한 많은 시장의 마법사들도 트레이딩에서는 감정을 철저하게 배제해야 한다고 충고한다. 그러나 존 네토는 반대이다. 그는 감정이야말로 트레이더에게 쓸모있는 도구가 될 수 있다는 도발적인 견해를 가지고 있다. 그와 다른 마법사들의 조언이 창과 방패 같다고 생각할 수 있지만 실제로는 다를 게 전혀 없다. 감정이 트레이드 결정에 악영향을 미친다는 사실은 네토도 인정한다. 그는 잘못된 트레이드 결정을 하게 만드는 감정 상태를 파악해서 경고 신호의 원천으로 삼으려고 노력한다. 네토는 본인이 감정적 극단에 치우치지는 않았는지 언제나 조심스럽게 주의한다. 감정적 극단이 트레이드 결과에 악영향을 주는 것은 그도 다른 트레이더들과 마찬가지이므로, 그는 감정 신호를 파악해 즉시 자신의 포지션을 정정한다. 예를 들어 트레이드에 진입하자마자 시장이 갑자기 우호적으로 움직이고 '이건 확실하게 성공이야. 가격이 더 달아나기 전에 포지션을 늘려야지' 하는 생각이 드는 즉시 그는 포지션을 청산한다.

트레이더들 대부분은 펀더멘털 분석이나 기술적 분석 어느 한쪽에 편향해서 트레이딩을 하지만 몇몇 최고의 트레이더들은 둘을 혼용한다. 네토는 기술적 분석과 펀더멘털 분석의 시너지 효과를 잘 보여준다. 네토는 시장의 지배적 서사, 즉 시황을 파악해서 매수 포지션을 잡을지 매도 포지션을 잡을지 결정하는 데 응용한다. 이렇게 펀더멘털과 관련된 의견을 수립한 후에는 기술적 분석을 통해 시장 진입 지점을 잡는다. 대개는 그가 시장의 전반적 추세라고 판단하는 지지와 저항 수준 내에서 대응법을 마련할 때 사용한다.

그의 트레이딩 방법론에서 또 다른 핵심은 이벤트 트레이딩이다. 그는 연준 발표와 정부 보고서처럼 예정된 이벤트는 물론이고 예상하지 못했던 이벤트에 대해서도 트레이딩을 한다. 네토의 말에 따르면, 성공적인 이벤트 트레이딩을 위해서는 해당 이벤트가 뜻밖인지 아닌지 파악하는 눈을 길러야 한다. 그는 발표된 이벤트가 시장의 기대와는 반대로 나왔을 때만 트레이드에 진입한다. 이런 이벤트 트레이딩에서는 체결 속도가 가장 중요한데, 보통 이런 깜짝 이벤트에 대해서는 시장이 워낙에 빠르게 역동적으로 반응하는 편이기 때문이다. 네토는 이런 문제를 해결하려 이벤트와 관련된 보도 내용 등을 읽고 트레이드의 방향을 결정하고 또한 적절한 트레이드를 찾아서 밀리세컨드의 속도로 체결하는 소프트웨어 프로그램을 자체적으로 개발했다. 프로그램이 작동하려면 네토는 예정된 이벤트 보도가 나오기 전에 가능한 시나리오를 설정하고 점수를 매겨서 트레이드의 방향을 미리 정해두어야 하는데, 이는 고강도 작업이 요구되는 일이기도 하다. 이런 프로세스를 통해 신속하게 주문 체결이 가능해진다. 그리고 만약 그의 분석이 옳다면 이벤트에 반응해 시장이 나중에는 반대로 움직일지라도 일단 그는 먼저 시장에서 상당한 이익을 챙겨 빠져나올 수 있다.

　손실, 특히 큰 손실을 본 트레이더는 어떻게든 같은 시장에서 빨리 돈을 만회하려는 욕심에 같은 시장에 재진입하고 싶다는 강박적인 충동에 사로잡힌다. 유혹을 이겨내야 한다! 신참 트레이더 시절에 네토는 S&P 매도 포지션을 잡았다가 크게 손실이 났다. 하지만 처음의 포지션은 잘못된 트레이드가 아니었다. 방법론을 철저히 지키며 잡은 트레이드였고, 시장의 전체적인 방향을 잘못 읽었을 뿐이었다. 그게 처음의 트레이드 하나로만 끝났다면, 실적이 안 좋은 날이었지 대재앙까지 가지는 않았을 것이다. 네토는 '같은 시장에서' 돈을 만회해야 한다는 생각에서 벗어나지 못했다. 그래서 그는 또 매도 포지션을 잡고 강제 청산 당하는 일을 네 번이나 더했다. 네 번의 추가적인 트레이드 모두 그의 방법론에는 전혀 들어맞지 않았다. 그는 이성적인 트레이드 결정을 내리지 못하게 눈을 가리는 감정의 소용돌이에 빠져 있었다. 네토는 이런 상태를 카지노에서 쓰는 말을 빌려 '온 틸트'라고 불렀다. 모든 상황이 종료되었고, 처음 트레이드의 막대한 손실로도 모자라 그 4배나 되는 손실이 나왔고 1년 동안 벌었던 모든 이익을 다 반납하는 처지가 되었다. 시장에서 돈을 잃었을 때는 털고 잊어야 한다. 또다시 계획에도 없는 트레이드를 해서 돈을 만회하려는 충동이 생긴다면, 경계해야 한다.

이번 책을 위해 여러 건의 인터뷰를 진행하면서 중요한 수확을 건졌다. 이벤트에 대한 공식 보도가 나가고 시장의 반응이 기대와 정반대라면 훌륭한 시장 진입 적기가 될 수 있다는 것이다. 부시 대통령이 사담 후세인에게 했던 최후통첩은 2차 걸프전이 임박했음을 알리는 신호탄이었고, 사람들은 대대적인 약세장이 전개되리라 생각했다. 주식시장은 2년이나 침체장이 이어지면서 여전히 바닥을 벗어나지 못하는 상태였으니 더욱더 그러했다. 뉴스가 나오고 시장은 처음에는 기대대로 갭 하락으로 시작했지만, 이어서 추세가 반전했고 급등한 채로 마감했다. 아무도 예상하지 못했던 이때의 주가 상승은 장기적인 강세장 시작을 알리는 신호였다.

2016년 선거 당일 밤 주식시장의 가격 반응도 마찬가지 원칙으로 바라볼 수 있다. 모두가 트럼프의 낙선을 예상했지만, 기대를 깬 선거 결과에 다음 날 시장이 급락으로 시작할 것이라는 게 중론이었다. 트럼프가 막강한 적수를 이기고 당선 윤곽이 확실해지면서 시장은 예상에 어긋나지 않고 내리꽂기 시작했다. 그러나 가격이 뒤집히더니 내려간 것을 다 회복했고 심지어는 그날 밤 내내 계속 급등했다. 대선 결과에 대해 시장이 보인 이 예상하지 못했던 반응은 이후 거의 14개월을 무소불위의 기세로 달린 상승장의 시작을 알리는 포문이었다

# 11

마슨 파커 Marsten Parker

# 모든 것을
# 시험해 보세요

**마슨 파커**는 컴퓨터 프로그래밍에서 트레이딩으로 전
직한 시스템 트레이더이다. 20년 동안 연평균수익률은
20.0%로, 같은 기간 S&P 500 종합지수 수익률의 3배가
넘는다. 그의 장기적인 성공 비결은 시장 변화에 맞춰 트
레이딩 접근법을 바꿀 줄 아는 유연성에 있었다.

《시장의 마법사들》을 위해 에드 세이코타를 인터뷰하면서* 나는 이런 질문을 던졌다. "세이코타 씨가 철칙으로 지키는 트레이딩 규칙은 무엇입니까?" 그가 말한 규칙은 두 가지였다.

1. 의심하지 말고 규칙을 따라라.
2. 언제 규칙을 깨야 하는지를 알아라.

마슨 파커를 인터뷰하면서 세이코타의 두 가지 규칙이 저절로 떠올랐다. 그의 외양은 장난기로 가득했지만, 그의 트레이딩 이력은 세이코타의 두 가지 규칙이 중요한 진실을 담고 있다는 것을 입증하고 있었다.

파커의 수익률 현황을 처음 봤을 때는 그를 이 책에 포함하지 말아야겠다는 생각이 들었다. 그의 실적 기록이 좋은 것은 분명했지만, 수익이나 위험조정수익률 지수는 내가 인터뷰했거나 앞으로 인터뷰할 다른 마법사들의 눈부신 실적에는 크게 못 미쳤다. 그러다가 파커의 실적 기록이 22년의 수익률 현황을 보여주고 있다는 점에 주목했다. 그건 내가 책에 포함하기로 한 대부분의 트레이더보다 훨씬 긴 기간이었고 절대로 무시해서는 안 되는 부분이었다. 그래서 나는 결정을 번복했다.

파커의 20년 동안 연평균수익률은 20.0%였다. 같은 기간 S&P 500 종합지수의 수익률인 5.7%의 3배가 넘는다.* 그의 위험조정수익률 지수도 꽤 견고한데, 조정된 소티노 지수는 1.05이고 손익비 지수는 1.24로 같은 기간 S&P 지수의 대략 3배이다. 그제야 나는 그동안 워낙 압도적인 수익률만 올린 트레이더들을 본 탓에 마법사들을 선정하면서 지나치게 깐깐한 기준을 적용했다는 사실을 깨달았다. 전문 펀드 매니저들은 99% 이상이 20년이 넘도록 S&P 500의 3배가 넘는 성적을 세웠다는 말을 들으면 전율할 것이 분명했다.

파커를 마법사들에 포함하기로 한 데에는 또 다른 결정적인 요소가 있었다. 그는 마법사에 집어넣어도 될 정도로 충분히 훌륭한 실적을 올린 유일한 시스템 트레이더였다. 뛰어난 성적을 올린 트레이더를 찾으면서 자유재량 트레이딩 트레이더와 시스템 트레이딩 트레이더로 지나치게 편 가르기를 하다 보니 트레이더 집단 전체를 반영하지 못한 것일 수 있다. 그렇더라도 거기에는 이유가 있다. 1989년에 '시장의 마법사들' 시리즈 첫 권을 출간했을 때부터 지금까지 두드러진 성적을 낸 트레이더들은 대개가 자유재량 매매를 하는 트레이더였기에 나로서는 그런 편견이 더욱 굳어질 수밖에 없었다. 좋은 수익을 내는 시스템 트레이더들은 많지만 장기간에 걸쳐 벤치마크를 훌쩍 상회하는 수익률을 낸 시스템 트레이더는 거의 없었다. 그러니 오로지 시스템 트레이딩만 하면서도 훌륭한 수익을 낸 전업 트레이더를 포함하는 게 바람직하다는 생각이 들었다.

그동안 인터뷰했던 성공적인 트레이더들과는 다르게 파커는 어렸을 때는 시장에는 관심조차 없었다. 그의 최대 관심사는 트레이딩이 아니라 음악이었다. 어린 시절 그의 꿈은 전문 바이올리니스트였다. 뉴욕의 매네스 음대에 입학했지만, 전문 클래식 음악가가 되기에는 자신의 실력이 별로 뛰어나지 않다는 사실을 깨닫게 되었다. 음악은 언제까지나 그의 삶에서 중요한 일부분일 것이고, 현재는 매사추세츠주 뉴턴 시립교향악단의 콘서트마스터이기는 하지만, 바이올리니스트로서는 거기까지가 한계였다.

어린 시절 음악 말고 그가 또 흠뻑 빠져 지낸 분야는 컴퓨터 프로그래밍이었고 그것을 열심히 하다 보니 트레이딩의 세계에도 입문하게 되었다. 그가 처음으로 프로그래밍에 흥미가 돋은 것은 PC가 대중화되기 전인 9학년 때였다. 파커는 학교에 비치된 데이터 제너럴 노바 컴퓨터를 통해서 프로그래밍의 세계를 처음으로 접했다. 대학에 들어가서 컴퓨터실에 출입하면서 프로그래밍에 대한 관심이 다시 생겨났고, 이후 모친 덕분에 공짜로 얻은 디지털 이큅먼트의 VT-180 PC로 실력을 키워나갔다. 취미로 하던 프로그래밍이 어느덧 직업이 되었고 결국에는 시스템 트레이딩까지 하게 된 것이다.

파커의 트레이딩 경력은 세 시기로 뚜렷하게 구분된다. 꾸준하게 안정적인 수익을 내던 처음 14년, 그리고 트레이딩을 접어야 하나 고민할 정도로 심각한 손실이 나던 3년, 그리고 최고의 위험조정수익률을 올리고 있는 최근의 4년으로 나눌 수 있다.

파커를 인터뷰한 곳은 그의 집에 있는 사무실이었다. 그는 고양이 두 마리를 키웠고, 한 마리가 심심하면 재미 삼아 책상으로 뛰어 올라왔다. 나는 혹시라도 고양이가 녹음기의 정지 버튼을 밟으려고 하면 얼른 못 밟게 막아야 한다는 생각에 조마조마한 마음으로 지켜봤다. 파커는 자신이 했던 트레이드를 다 기록해 두었고, 그가 개인적으로 제작한 소프트웨어 프로그램은 트레이딩 시스템과 매수 포지션과 매도 포지션별로 나누어서 연간 손익 차트를 자세하게 보여주었다. 그는 인터뷰하는 동안 계속 프로그램으로 실적 차트를 생성하면서 자신의 트레이딩 경력을 훑게 해주었다.

**전문 바이올리니스트를 평생 직업으로 삼고 싶다던 꿈을 접고 트레이더가 된 계기가 무엇인가요?**

고등학교 때 두 가지에 홀딱 빠져 지냈어요. 하나는 바이올린이고 하나는 컴퓨터 프로그래밍이었죠. 줄리아드에 원서를 냈지만 떨어졌습니다. 그래서 2차로 지원한 매네스 음대에 들어갔는데 거기서도 실력이 가장 떨어지는 학생 중 하나였을 겁니다. 노력은 게을리하지 않았지만, 스타가 될 수 없다는 건 나 자신이 더 잘 알았죠. 전공을 컴퓨터 프로그래밍으로 바꿀까 고민했지만 3년이나 다닌 게 아까워서 학위는 따기로 했습니다.

**그전에 컴퓨터를 사용한 경험이 있었습니까?**

9학년 때 처음으로 컴퓨터라는 것을 접했어요. 고등학교에 냉장고 크기의 컴퓨터가 비치돼 있었고, 수업 과제 중 하나가 베이직 프로그래밍을 몇 가지 해보는 거였어요. 그게 꽤 재미있어서 컴퓨터실을 계속 들락거렸습니다. 전신 타자기로 프로그램을 타이프해서 입력하는 방식이었어요. 프로그램을 저장하고 싶으면 그것을 이만한 길이의 종이 두루마기로 출력해야 했죠. (그가 손을 최대한 넓게 펼쳤다) 작은 종이 두루마기 뭉치가 담긴 상자를 들고 다녔는데 그게 내 소프트웨어

도서관이었어요. 그러다가 바이올린 연습에 집중하게 되었고, 이후 고등학교를 졸업할 때까지는 컴퓨터를 별로 하지 않았어요.

다시 컴퓨터를 하게 된 건 대학에 들어가서였습니다. 매네스대학 학생들은 메리마운트 맨해튼 대학에서도 수업을 들을 수 있었어요. 메리마운트 컴퓨터실에는 애플 II 컴퓨터가 있어서 재미 삼아 자주 들락거렸어요. 내 어머니가 광고회사 직원이었는데, 가장 중요한 고객이 디지털 이큅먼트였어요. 어머니가 디지털 이큅먼트의 부사장에게 내가 컴퓨터에 관심이 있다고 말했더니 그가 "우리한테 남는 컴퓨터가 하나 있어요. 아드님에게 보내드릴게요."라고 말했답니다. 뉴욕의 내 아파트로 컴퓨터가 도착했고, 나는 내 적성에는 음악보다는 프로그래밍이 더 맞는다는 것을 알게 되었죠.

**졸업한 후에는 무엇을 했습니까?**

졸업하고 나서 보스턴으로 이사했어요. 무엇을 해야 할지 모르겠더군요. 결국 컴퓨터 소프트웨어 상점에 직원으로 취업했습니다. 그때가 1980년대였으니 PC도 아직은 걸음마이던 시절이었죠.

**평생 직업으로 무엇을 하고 싶다고 구체적으로 생각한 게 있었나요? 짐작이기는 하지만, 컴퓨터 상점의 판매사원이 평생 꿈은 아니었을 것 같은데요.**

절대 아니죠. 당시 나는 방황하고 있었어요. 시간이 날 때마다 프로그램을 작성하곤 했죠.

**어떤 종류의 프로그램이었죠?**

게임 등의 오락용 프로그램이었어요. 회계용 프로그램도 작성했습니다. 메모리 용량이 고작 64K인 원시적 컴퓨터로 하는 프로그래밍이니 오죽했겠어요. 10MB 하드드라이브를 사느라 1000달러나 쓴 기억이 지금도 생생합니다.

**컴퓨터 상점에서는 얼마나 일했습니까?**

고작 두세 달이었어요. 정말로 우연히 파티에서 코르텍스라는 소프트웨어 회사 사장과 안면을 트게 되었어요. 직원 수가 20명 정도인 소기업이었고, 그가 내게 회사 테크 전문가들과 면접을 볼 수 있도록 자리를 주선해 주었습니다.

**대학을 졸업하고 컴퓨터 상점 직원으로 취업하기 전에 프로그래머 자리를 알아볼 생각은 없었나요?**

없었죠. 내 실력이 아마추어라는 생각에 컴퓨터 프로그래머로 취업할 생각은 하지도 않았습니다.

**인터뷰는 어땠습니까?**

내가 직접 작성했던 프로그램 몇 개를 포트폴리오로 가져갔어요. 그들이 코드를 보더니 "오, 재능이 있네요. 한번 같이 일해보죠."라고 말하더군요. 그들은 인턴사원 수준의 쥐꼬리만 한 월급으로 나를 채용했어요. 하지만 1년 만에 내 실력에 맞게 월급을 두 번이나 인상해줘서 계속 일했지요. 그 회사에서 5년을 일했습니다.

**왜 그만뒀나요?**

코르텍스는 디지털 이큅먼트의 VAX 미니컴퓨터용 소프트웨어를 개발하는 회사였고 나는 PC용 프로그램에 더 주력하고 싶었어요. 그래서 PC 프로그램에 주력하고 직원 수가 100명 정도인 소프트브리지로 이직했습니다. 소프트브리지에서는 3년 정도 일하고 1991년에 나왔습니다. 회사가 팀 전체를 정리해고할 계획이라는 것을 알게 된 후에 팀장이 세그 소프트웨어라는 작은 스타트업 회사와 접촉했습니다. 회사는 로터스의 수주를 받아 스프레드시트 소프트웨어를 유닉스 체계로 복사하는 작업을 하고 있었어요. 우리 팀원 넷이 모여서 소프트웨어 퀄리티 매니지먼트라는 회사를 차렸어요. 세그는 로터스와 원청 계약을 맺고, 우리는 세그와 다시 하도급 계약을 맺는 방식이었죠. 세그는 우리를 프로젝트의 QA(품질 보증) 집단으로 채용했습니다.

당시에는 일일이 수작업으로 소프트웨어를 검사했어요. 시간은 시간대로 들고 에러도 연발할 수밖에 없었죠. 우리는 정해진 방법에 따라서 소프트웨어를 자동으로 검사하는 프로그램을 만들었고 특허도 냈습니다. 세그는 주식과 교환해서 우리 기술을 산다는 협약을 맺었고, 우리 팀은 세그에 합병되었어요. 아, 한 가지 흥미로운 사실을 깜빡할 뻔했네요. 르네상스의 짐 사이먼스가 세그의 주요 투자자라서 합병 협상에는 그도 관여했습니다. 그렇게 해서 우리는 세그에게 기술을 넘기는 대가로 그 회사 주식을 받게 된 겁니다.

**사이먼스가 누구인지 알고 있었나요?**

본인 말로는 상품 트레이더 일을 하는 부자라고 하더군요. 나는 상품 트레이더가 뭘 하는 사람인지도 몰랐어요. 다만 회사 내에서는 금연이었는데 사이먼스만 예외였지요.

## ▎프로그래밍에서 트레이딩으로

**프로그래밍에서 트레이딩으로 전직한 계기는 무엇입니까?**

1995년에 잠깐이기는 해도 우리한테는 선구적인 QA 소프트웨어가 있었고 공교롭게도 그 시기에 기술회사들이 대거 상장했지요. 세그 (티커 부호: SEGU)는 1996년에 첫 공모했어요. 상장하고 시가가 23달 러였는데 불과 한 달 남짓 만에 40달러를 넘었어요. 내 세그 주식은 가장 높을 때는 600만 달러로 불어나 있었죠. 하지만 나는 주식을 단 1주도 팔 수가 없었어요. 직원들은 매도 금지 기간인 락업lock-up에 묶여 있었고 6개월의 시한이 아직 안 끝난 상태였거든요. 그리고 곧바로 나스닥이 조정장이 되었고 몇몇 대형 고객이 발주를 미루면서 우리도 순이익 하락을 발표해야 했어요. 40달러가 넘던 세그 주식은 두 달 만에 10달러로 추락했습니다. 내가 1997년과 1998년에 주식을 팔 때는 평균 단가가 13달러에 불과했어요. 그리고 1997년에 전업 트레이더가 되려고 세그를 그만뒀습니다.

**트레이더가 되려고 그만둔 거군요. 시장에는 어떻게 해서 관심을 가지게 되었습니까?**

회사가 상장하는 걸 보면서 시장에 흥미가 생겼어요. 회사 주식을 15만 주 가지고 있었는데, 매일 주가를 관찰한 것이 큰 동기가 되었어요.

**파커 씨가 가진 전 재산이 사실상 IPO 주식으로 묶여 있으니 주가 움직임을 매일 관찰하게 된 것도 이해가 갑니다. 하지만 그렇다고 전업 트레이더가 되기로 마음먹기에는 조금 부족하지 않나요?**

단번에 그런 마음이 든 건 아니었죠. 내가 속해 있는 시립교향악단의 이사 하나가 CPA였어요. 나는 일단 그 사람에게 가서 조언부터 구했습니다. 그에게 재무관리사를 추천받았고, 그 재무관리사도 다른 재무관리사처럼 허풍쟁이였어요. 주식시장이 매년 11%씩 우상향하고 있으며 앞으로도 그 추세가 영원히 이어질 것이라면서요. 그리고 자신에게 매년 2%의 수수료를 주면 뮤추얼펀드에 내 돈을 투자해주고, 또 뮤추얼펀드에도 연 2%의 수수료를 내야 한다고 설명했어요. 나로서는 도무지 이해가 가지 않는 말이었습니다. 직접 서점으로 가서 투자서 코너를 뒤지다시피 해서 트레이딩에 대한 책을 골랐어요. 처음으로 산 책이 알렉산더 엘더의 《심리 투자 법칙》입니다. 제목을 보고는 '트레이딩을 전업으로 삼는 사람도 있네. 근사하다!'라고 생각했죠.

**직장을 그만두면서 어떤 식으로 트레이딩을 할지 구체적인 아이디어가 있었습니까?**

아무것도 모르는 상태였죠. 계획도 없었어요. 트레이딩에 흥미를 느끼면 뭐라도 배울 수 있겠거니 하면서 막연하게 감만 가지고 시작한 상태였어요. 재미는 있을 것 같았죠. 시간 여유가 생겨서 가족과도 시간을 더 보낼 수 있고 바이올린 연습할 시간도 늘어날 것 같아서 좋았어요. 실험 삼아서 한다고 생각했습니다. 언제라도 다른 일을 구할 수 있을 거라고 생각했어요.

그리고 더스트리트닷컴에서 테크니션스 테이크 칼럼을 기고하는 개리 B. 스미스와도 서신을 왕래했습니다. 그는 윌리엄 오닐의 캔슬림 CANSLIM에서 펀더멘탈 요소를 다 빼고 목표 가격을 더 가깝게 정한 자기만의 방법으로 변형해서 쓰고 있었어요.* 개리는 이 전략을 그의 칼럼에서 여러 번이나 설명했죠. 시스템 트레이딩에 대해 자세한 설명을 읽은 건 그때가 처음이었고 괜찮다고 생각했습니다. 그래서 스미스에게 이메일을 보냈고 얼마 안 가서는 그의 트레이딩 파트너가 되었습니다.

1989년 2월에 나는 스미스의 방법을 이용해서 트레이딩을 시작해보기로 했습니다. 일부는 자유재량 트레이딩이었고 일부는 기계적 트레이딩이었는데, 처음부터 출구를 정해 놓고 들어가는 트레이딩이었어요. 포지션에 진입하는 즉시 청산 조건을 설정하는 주문을 걸었어요. 이때 목표 가격은 5% 상승한 가격으로 잡았고, 손절가는 7% 하락으로 잡았죠(매수 포지션일 경우). 이 전략은 매수 포지션과 공매도 포지션 둘 다에 사용할 수 있고 중요한 기준은 비정상적 거래량이었습니다. 스미스도 나도 《인베스터스 비즈니스 데일리》를 구독했고, 거기서는 전날 증시에서 비정상적으로 거래량이 많았던 주식들을 표로 정리해서 발표했어요. 지난 20일의 일별 평균 거래량에 대비해 직전 거래일의 거래량이 높은 주식들을 확인할 수 있었습니다.

### 어느 정도가 비정상적으로 높은 건가요?

20일 평균보다 거래량이 2배 이상 높은 거요. 표에 적힌 종목을 다 보면서 상대강도가 80 이하인 종목(과거 52주 동안 적어도 다른 80%의 주식들보다 적게 오른 주식)들은 걸러냈습니다. 결국 우리가 찾는 주식은 기본적으로 주가가 강하게 상승하면서 동시에 직전 거래일에 거래량이 폭증한 주식이었죠. 두 가지 조건을 적용했더니 진입 후보로 삼은 주식 목록이 20~30개로 줄었습니다. 그리고 이 부분에서 임의적 판단을 적용해야 하죠. 우리는 차트를 확인하고 최근에 조정 기간이었다가 돌파해서 신고점을 찍은 주식이 있는지 살펴봤습니다.

### 파커 씨는 롱과 쇼트를 동시에 사용한다고 하셨죠. 그렇다면 매수 신호와는 반대되는 신호를 매도 신호라고 판단하셨나요?

아니요. 미리 정해둔 쇼트의 조건도 롱과 다르지 않았습니다. 다시 말해 주가가 지수보다 크게 올랐으면서 거래량도 폭증한 주식을 원한 것은 같았습니다. 차이가 있다면, 저점을 찍고 돌파한 것이 아니라 최근에 고점을 찍었다가 급격하게 내려온 종목을 쇼트의 조건으로 정했습니다.

**파커 씨의 말로는 그건 개리 스미스 씨가 만든 방법이었죠. 파커 씨는 그런 방법을 개발하는 데 어떤 도움을 주었나요?**

처음에 내가 도움을 준 건 하나도 없었어요. 주로 그의 트레이드를 따라 하는 수준이었습니다. 하지만 한 달 정도 트레이드를 두 건 같이 한 후에 "이 방법을 시험해 보는 건 어떨까요?"라고 내가 먼저 제안했습니다. 그래서 백테스트를 했습니다. 백테스트를 진행할수록 차트를 확인하고 어떤 트레이드를 할지 결정하는 과정이 조금 두서가 없다는 생각이 들었습니다. 나는 확실한 테스트를 원했습니다. 누군가 좋은 방법이라고 말하니까 결과도 좋을 것이라는 생각이 불편하게 느껴졌습니다. 내가 원한 것은 정량적 증거였습니다.

**방법론을 테스트해보자고 했을 때 개리 스미스 씨의 반응은 어땠나요?**

아주 마음에 들어 했습니다. 내가 테스트해보자고 말한 게 아마도 계좌 MDD가 발생했을 때였을 겁니다. 그런 상황에서는 뭐라도 테스트를 해보고 싶은 마음이 들잖습니까. (그가 웃었다) 첫 번째 시도는 청산하고 싶은 목표 가격과 스톱 수준을 다양하게 정해보는 거였습니다. 이런 식으로 컴퓨터 테스트를 진행하니 첫 단추가 잘못 채워져서, 순진하고 지나치게 낙관적인 시스템을 개발하고 말았습니다. 백테스트를 하고 가장 효과적인 방법이 무엇일지 찾아낸다는 생각에 흥이 절로 돋았죠. 그때는 과최적화나 데이터 마이닝의 위험성에 대해서는 조금도 생각하지 못했어요. 과거에 가장 효과가 있었던 방법이라면 미래에도 가장 좋은 방법이겠거니 했던 거지요. 순진하기 짝이 없었어요.

**처음의 테스트를 통해 유의미한 결과를 도출했습니까?**
스톱을 거는 게 그 시스템에서는 백해무익하다는 결과가 나왔습니다.

**목표 가격에 도달하지 못했을 때는 포지션을 어떻게 정리했나요?**
스톱을 걸기는 했지만, 그건 장이 마감할 때에야 발동했습니다.

**그러니까 스톱을 사용하지 않은 건 아니었군요. 장중에 스톱에서 강제 청산될 소지를 없앴을 뿐이네요.**
그겁니다. 장중 스톱을 걸어두면 여러 번의 무의미한 장중 변동성에도 포지션이 강제로 청산되었으니까요.

**처음에 백테스트를 하면서 파커 씨 본인에게 다른 중요한 변화가 또 생겼나요?**
가장 중요한 변화라면, 백테스팅 소프트웨어를 구축하는 일에 흠뻑 매료되었다는 겁니다. 나 자신이 트레이더가 아니라 소프트웨어 개발자임을 진심으로 느끼게 되었어요. 1999년 중반까지만 해도 이른바 예쁘다는 차트 패턴과 성공적인 트레이딩 확률 사이에 무슨 연관이 있을까 싶었습니다. 그런데 이제는 차트 분석을 소프트웨어에 일임해야겠다는 생각이 들었어요. 하지만 개리의 트레이딩에서는 직접 차트를 눈으로 보고 분석하는 것이 정체성의 근원이었습니다. 그 무렵 개리는 '차트맨'이라는 구독 서비스를 시작했고, 매일 추천 종목에 대한 트레이딩 방법을 제시했습니다. 그 이후로도 그와 연락은 하고 지냈지만 트레이딩에서는 각자의 길을 가기 시작했습니다.

## | 시스템 트레이딩

**파커 씨 본인에게 맞는 구체적인 시스템 트레이딩 프로그램을 개발했습니까?**

하루아침에 전적으로 시스템 트레이딩으로 전향한 것은 아니었어요. 1999년 내내 소프트웨어를 개발하고 트레이딩 규칙을 계속 수정했지만, 한편으로는 자유재량 트레이딩도 몇 번인가 했습니다. 연초부터 해서 11월 말까지 20% 정도의 수익이 났고, 수익이 난 것은 하나같이 매도 포지션에서였습니다. 아주 자신만만해져서 12월에는 매도 포지션의 규모와 빈도를 늘렸습니다. 그런데 증시가 하늘을 찌를 기세로 솟구친 겁니다. 그 마지막 한 달 동안 그해에 번 수익을 고스란히 반납해야 했습니다. 게다가 1999년에 취했던 매수 포지션을 종합하니 사실상 손실이었죠. 일부러 그러기도 힘든 결과였죠. 그런 경험을 겪고 나서는 자유재량 트레이딩을 절반만 하는 것도 싫어졌고, 그때부터는 100% 시스템 트레이딩만 하기로 했습니다.

**개리에게서 배운 방법론이 그 시스템 트레이딩의 기반이 된 건 여전했나요?**

그렇다마다요. 내가 독립적인 백테스팅을 진행하면서 처음으로 관찰한 결과가 첫날 낙폭이 클수록 연일 하락할 공산이 크다는 것이었어요. 나로서는 믿고 싶지 않은 관찰 결과였죠. 본능적으로는 첫날의 주가 하락폭이 크다는 것은 그만큼 과매도가 진행되었다는 뜻이라고 생각했으니까요. 처음에는 주가 붕괴 첫날 거대 낙폭이 나오면 테스트를 진행하지 않았어요. 낙폭이 2~6%인 때에만 테스트를 진행했습니다. 그러다가 '더 진행하지 못할 이유가 있나?'라는 생각이 들었죠.

주식이 붕괴 첫날에 20% 폭락하면 하락장이 연일 이어질 확률이 아주 높다는 결과가 나왔습니다.

**호기심에서 묻는 건데요. 그 특징이 지금도 시장에서 유효한가요?**

아니죠. 그래도 처음에는 그 패턴이 아주 잘 들어맞았어요. 2000년부터 2012년까지 번 수익의 절반이 이 전략을 이용한 매도 포지션에서 나왔습니다. 하지만 2013년부터 안 맞기 시작했습니다.

**시장이 그만큼 발전한 거죠. 처음에 시스템 트레이딩을 할 때 롱과 쇼트를 같은 비율로 했습니까?**

아니요. 그 시스템을 적용하려면 상승을 노린 매수 포지션 진입보다는 하락을 노린 매도 포지션을 잡을 때가 더 유의미한 돌파 신호가 필요했습니다. 그래서 매도 포지션을 잡는 트레이드는 매수 포지션의 절반 정도였죠.

지금이야 결함이 있다는 것을 알고 있고 그때보다 발전하기는 했지만, 내 방법론에서는 고점에서 저점으로 하락하기 전까지는 시스템 트레이딩을 진행했습니다. 그러면서 백테스트도 진행하고 고점에서 저점으로의 하락이 없었을 만한 매개변수(트레이딩 시스템에서는 신호 타이밍을 바꾸면서 매개변수를 자유롭게 설정할 수 있다. 예를 들어 시스템이 매도 포지션 신호를 생성하려면 특정일에 몇 퍼센트 이상의 주가 하락이 있어야 한다는 조건을 정한다면, 이때는 하락률이 매개변숫값이 된다. 같은 시스템이어도 매개변숫값에 따라 다른 신호를 생성한다)를 찾아다녔고 그런 매개변수를 발견하면 그걸로 바꿨습니다.

**MDD가 크게 발생하기 전까지는 일련의 매개변수를 정해 놓고 트레이딩을 하는**

것 외에도, 2000년에 전적으로 시스템 트레이딩 전략만 쓰기로 했을 때 사용한 구체적인 시스템은 무엇입니까?

사용했던 시스템 트레이딩은 다 기록해 두었어요. (파커는 컴퓨터를 검색해서 2000년에 사용했던 시스템을 찾아냈다) 2000년에 했던 시스템 트레이딩의 수익은 전부 매도 포지션에서 나왔네요. 이건 내가 2000년에 시스템 트레이딩의 매도 포지션 신호라고 판단하게 했던 규칙들입니다.

- 평균 일 거래량이 적어도 25만 주는 되어야 했습니다.
- 1주 가격이 최소 10달러여야 하며, 150달러를 넘어서는 안 됩니다.
- 주가 붕괴일의 거래량이 지난 20일 중 거래량이 최대인 날보다도 적어도 15%는 많아야 합니다.
- 주가는 20일 고점에서 5% 박스권이다가 최소 5% 하락했거나, 20일 고점에서 10% 박스권이었다가 최소 10% 하락했어야 합니다.
- 주가 하락은 최소 주당 1.50달러를 넘어야 합니다.
- 목표 이익 12%, 스톱 3%를 트레이드 청산 지점으로 정했지만 스톱 가격은 상황에 맞춰 임의로 정했습니다. (그는 이 규칙을 몇 년 만에 처음으로 다시 보는 거라면서 놀랍다면서도 재미있다는 기색으로 말했다) 주가가 상승하고 직전 거래일보다 거래량이 많은 날에 적용하는 포지션 청산 규칙도 추가로 정해 두었습니다.

## 일별 거래량 예측

중대한 변화를 가하기 전까지 그 시스템 트레이딩을 얼마나 오랫동안 하셨나요?

1년 정도 했습니다. 2000년에는 그 시스템 트레이딩으로 내게는 최고의 한 해라고 해도 좋을 정도로 높은 성적을 거두었지만 2001년 초에는 MDD가 20%나 되었어요. '이 시스템은 더는 안 먹히네. 그만

뒤야겠다.' 하고 생각했죠. 한 달 정도는 트레이딩을 중단했던 것 같네요. (그는 스크린에서 계좌 자본 증감 차트를 가리켰고, 2001년 3월에는 자본 변동이 거의 없었다) 그전에는 익일 장이 시작하자마자 트레이드에 진입했습니다. 이번에는 방법을 뒤바꿔서, 장이 마감하기 20분 전에 시스템을 가동했습니다. 그러면 신호를 포착한 날과 같은 날 장이 마감할 때 진입할 수 있게 되니까요. 내가 이해하기에는 시장의 속도가 빨라지고 있었거든요.

2001년 3월부터 2004년까지는 기본적으로 같은 방식을 적용했어요. 종가에 체결하는 거죠. 그러다가 2005년 초에 다시 계좌가 고점에서 저점으로 하락하는 일이 발생했고, 시스템 트레이딩의 손실을 피하게 해줄 매개변수를 아무리 해도 찾을 수가 없었습니다. 종가 진입마저도 충분히 빠르지 않으니 앞으로는 장중에 조금 더 일찍 신호를 탐지해야겠다는 판단이 들었습니다. 그래서 분당 거래량을 보고 일별 거래량을 예측한다는 혁신적인 방법을 떠올렸습니다. 해당 주식의 하루 거래량이 비정상적으로 높아질 것 같다고 예측되면, 트레이딩 신호를 생성할 때와 같은 공식을 사용해서 포지션에 진입했습니다. 다시 말해 9시 35분부터 시작해서 분당 거래량을 측정한 결과 예측된 일별 거래량이 진입 조건을 충족했다는 결론이 나오면, 매수나 매도 포지션을 잡았습니다.

**그렇게 바꾼 게 도움이 되었습니까?**

그렇게 바꾼 게 2005년 5월이었습니다. 시스템을 바꿨더니 곧바로 수익이 나기 시작했을뿐더러, 2005년 10월부터 2007년 7월까지 24개월은 내 트레이딩 경력에서도 역대급으로 고수익이 난 시기였습니다.

**종가에 체결하는 시스템은 어떻게 되었나요?**

결국 회복하지 못했습니다. 2014년에는 프레젠테이션 자료를 만들기 위해서 종가 체결 시스템의 성과를 정리하는 계좌 차트를 만들었어요. 1990년대 중반까지 거슬러 올라가서 한 해씩 성과를 결산해 봤죠. 종가 체결 시스템 트레이딩은 2005년부터 벽에 부딪힌 듯 보였습니다. 그전까지 10년 정도는 안정적으로 수익을 냈지만, 2005년 초를 지나면서는 꾸준히 돈을 잃고 있었어요. 내 시스템 트레이딩 경력 전체를 통틀어도 그렇게 급격하게 전환점이 발생한 건 처음 봤습니다. 단순히 매개변수를 잘못 정했다는 차원이 아니었어요. 종가 체결 시스템 트레이딩이 완전히 효력을 잃은 거지요.

**트레이딩을 시작하고 최고의 성적을 올렸던 기간에, 같은 시스템으로 장중 가격이 아니라 종가로 주문을 체결했을 때는 돈을 잃었었다는 거군요. 장중 체결을 하는 것과 차이가 많이 났습니까?**

예. 내가 1년이면 1000건이 넘는 트레이드를 했으니 아무래도 건당 기대수익이 꽤 낮은 편이었죠. 체결가가 조금만 달라져도 결과가 크게 달라질 수 있었어요.

**결국 그 시스템 트레이딩에서는 종가 체결이 아니라 장중 체결이 전체적인 수익을 좌우했다는 말이군요. 혹시 시스템에 허점이 많은 게 전략을 전환하는 데 주저했던 이유가 되었나요? 몇 시간 기다렸다가 종가에 체결하는 게 총체적으로는 돈을 잃는 전략이 되었으니 말입니다.**

그래서는 아닙니다. 내가 고민하는 부분은 시스템이 어떤 부분에서 효력이 있고 우위가 있는지입니다. 보니까 트레이딩 체결 속도가 빨라지고 있었어요. 고빈도 트레이딩이 떠오르기 시작했습니다. 뮤추얼펀드도 사람이 하는 주문 체결에서 알고리즘을 통해 장중 체결을 하는 쪽으로 대거 전환했죠. 조금이라도 빠른 체결이 큰 차이를 만들 수 있다는 게 이해가 되었습니다. "유일한 경쟁력은 속도야." 그때는 이 말을 입버릇처럼 달고 살았어요.

**장중 체결을 하는 시스템 트레이딩의 효력은 얼마나 지속했나요?**

2011년 8월의 주식시장은 대대적인 하락장이었어요. 매수 포지션에 서 큰 손실을 면치 못했지만 다행히 매도 포지션에서 난 수익으로 상 쇄할 수가 있었죠. 내 시스템이 진가를 발휘하는 게 그 부분입니다. 시장이 큰 폭의 움직임을 보이면, 한쪽이 다른 한쪽을 보상해 주는 거죠. 그런데 2012년에는 매도 포지션의 수익이 영 시원치가 않았어 요. MDD가 크게 발생하지는 않았지만, 매도 포지션의 수익으로도 매수 포지션의 손실을 헤지하지 못하고 있더군요. 2012년 말을 기점 으로 매도 포지션 전략으로 인해 오랜 계좌 MDD가 시작되었습니다. 결국 내가 구사하던 매도 포지션 전략의 효력도 거기서 끝났습니다.

**사실 지금 하는 말들은 다 결과론적이긴 하지요. 시스템이 더는 효과가 없다는 결정은 언제 내렸고, 그런 결정을 내린 후에는 어떻게 했습니까?**

일상적인 MDD와 시스템 효력이 멈춘 것을 구분하기는 언제나 힘들 어요. 몇 년 동안 잘 굴러가던 시스템이었는데, 지금 작동하지 않는 것 같다는 느낌만으로 당장 버리고 싶지는 않았습니다. 2013년은 매 수 포지션에 걸었던 사람은 누구나 다 돈을 벌었어요. 주가지수는 큰 폭으로 빠지는 일 없이 거의 수직 상승을 했습니다. 내 매수 포지션 은 지수보다 못한 수익을 냈고 매도 포지션은 괴멸 직전이었어요. 한 해 수익률이 마이너스가 된 건 그 해가 처음이었어요.

주가지수가 수직 상승 하다시피 했으니 매도 포지션에서 계속 손실이 난 게 당연할 수밖에요.

그렇죠. 문제는 다른 과거 몇 년 동안 지수가 올랐을 때는 내 매도 포지션이 어느 정도 본전은 했다는 거예요. 2013년으로 거슬러 가서 장기 평균회귀mean-reversion(평균회귀 전략은 주가가 기간 평균으로 돌아간다고 가정하면서 강세장에서는 매도 포지션을 잡고 약세장에서는 매수 포지션을 잡는다) 백테스트를 해보면 성적이 아주 좋다는 걸 알 수 있을 겁니다. 그때부터 BTFDbuy the fucking dip(장중 저점 매수)라는 말이 돌기 시작했어요. 내가 쇼트 신호로 사용했던 그 신호가 투자 대중에게는 매수 신호가 되고 있더군요.

## ▎평균회귀 시스템

시스템의 MDD가 일시적인 것인지 아니면 효력이 끝난 것인지를 결정하는 건 시스템 트레이더에게는 괴로운 딜레마이지요. 그 문제를 어떻게 해결했나요? 종가 진입에서 거래량을 예측해서 분봉을 보고 트레이드에 진입하는 전략으로 시스템을 구조적으로 수정한 건 언제였습니까? 그리고 그렇게 바꾸게 된 결정적 계기는 무엇이었나요?

어떤 때는 생각하면 곧바로 바꾸기도 했습니다. 아이디어가 떠오르고 테스트를 한 다음에 '이게 훨씬 좋네'라는 결론이 나오면 시스템 트레이딩도 거기에 맞게 수정했죠. 하지만 대체적으로는 계좌가 MDD 상태일 때는 머리를 짜내 새 아이디어를 구상하고 테스트를 한다는 쪽입니다.

2013년에 계좌 MDD가 멈추지를 않았던 것이 새 아이디어를 계속 구상하는 계기가 되었나요?

그랬죠. 인터넷을 뒤지면서 새 아이디어를 찾아다녔어요. 그러다가 스톡비라는 트레이딩 사이트를 찾아냈어요. 포럼을 기웃거리면서 내 트레이딩 이력에 대한 글을 게시하고, 최근에 겪는 문제점에 대한 고민도 털어놨습니다. 누군가 평균회귀를 고려해보라고 조언하더군요.

**평균회귀는 파커 씨의 그간 전략과는 정반대되는 것이었지요.**

어느 정도는 그랬죠. 내가 보기에 평균회귀는 떨어지는 칼을 잡는 것이라 하지 않느니만 못했어요. 그 접근법은 테스트할 생각도 하지 않았습니다. 더 자세히 알아볼 셈으로 평균회귀 전략을 설명하는 키스 피첸, 래리 코너스, 하워드 밴디의 책을 읽었습니다. 그들이 소개하는 전략을 몇 가지 테스트했는데 훌륭한 결과가 나오더군요.

**파커 씨가 최종적으로 사용하기로 한 평균회귀 시스템의 기본 개념은 어떤 것인가요?**

장기 평균회귀 시스템을 쓰기 위한 첫 번째 조건은 주가가 상승 추세에서 이탈하지 않아야 한다는 겁니다. 떨어지기만 하는 주식을 사서는 안 되니까요. 다음 조건은 정해둔 시한 내에서 주가가 최근 고점에서 일정 비율 떨어져야 한다는 것입니다. 나는 두 조건이 충족되면 더 낮은 금액으로 지정가 매수 주문을 넣습니다. 주가의 일별 평균 변동성을 기준으로 해서 더 낮은 지정가를 넣는 거죠.

**그렇다면 시스템의 성공 여부는 매개변숫값을 정확히 입력하느냐가 좌우했겠군요?**

아니요. 사실 이 시스템은 매개변수의 범위를 넓게 해서 적용해도 수익이 납니다. 하나의 극단적인 매개변수를 사용하면 진입할 종목은 줄어드는 대신에 그 트레이드의 기대수익은 올라갑니다. 반대로 매개변수를 완만하게 적용하면 진입할 수 있는 종목의 수가 늘어나는 대신에 트레이드당 기대수익은 낮아지죠. 그러니 그런 대안들 사이에서 적당한 매개변숫값을 고르려고 노력해야죠.

**평균회귀 트레이드를 청산하는 방법은 무엇입니까?**

평균회귀 매수 포지션 트레이드에 진입할 경우에는 시장이 떨어질 때 지정가 주문으로 들어갑니다. 그리고 하루를 기다려서 가격이 높아지면 그때 포지션을 빠져나옵니다. 평균회귀 시스템 트레이딩에는 숨은 비밀이 있습니다. 이렇게 잡은 포지션은 첫날은 종가 기준으로 미실현 손실이 발생하고, 하루 정도는 들고 있어야 수익이 난다는 겁니다. 한 번의 큰 반등을 기다리는 게 아닙니다. 작은 승리를 여러 번 쟁취하려고 노력하는 거죠.

**그러다가 시장이 반대로 흐르면요? 스톱을 걸어두나요?**

스톱은 걸어두지 않습니다. 스톱을 걸어두었다가는 – 가령 20% 정도 낮은 가격에서 스톱 주문을 걸어둔다고 해도 – 모든 게 도루묵이 될 수 있어요.

**그런 성격으로 인해 평균회귀 전략을 쓰기가 어려운 거지요. 매수 포지션을 잡았다는 것은 시장이 너무 급격하게 너무 많이 떨어졌기 때문이니까요. 그런데 손절매 주문을 걸어두었다가 그게 발동되면 굉장히 낮은 가격에서 포지션이 강제 청산될 수도 있지요. 그런 특징이 평균회귀 시스템 트레이딩 규칙의 모순점이지요.**

그겁니다. 러버밴드rubber band가 쭉 늘어날수록 트레이드에서 수익이 날 가능성도 커집니다. 그러니 스톱을 걸어두어서는 안 되죠.

## ▌리스크 관리

그러면 리스크 관리는 어떻게 합니까? 시장이 중간에 하루도 반등하지 않고 연일 하락하면요?

거기에 대비해서 5일 기한의 스톱을 겁니다. 5거래일 이내에 종가가 올라가지 않으면 포지션을 청산합니다. 그리고 지금은 포지션 하나당 규모도 아주 작게 유지합니다. 전체적으로 손실이 난다고 해도 10% 이상의 MDD가 발생하지는 않습니다. 처음에는 그렇게 하지 않았지만요.

그렇군요. 잘 이해했습니다. 뭔가 중요한 부분을 놓친 것 같은데요. 계속해서 미실현 손실이 나는 것을 피하기 위한 다른 규칙이 있을 것이라는 생각이 드네요. 그러니 상승한 날에 진입하거나 5거래일 이후에 포지션을 청산하거나 하는 거겠지요.

정확히 보셨습니다. 그리고 나는 매도 포지션 후보군에서 바이오테크주는 제외합니다. 그건 신약 임상시험 결과나 FDA 결정에 따라서 주가가 몇 배로 뛸 수도 있으니까요.

매도 포지션용 평균회귀 시스템은 매수 포지션용 평균회귀 시스템과는 정확히 대칭되는 조건을 걸어두나요?

아니요. 그렇지 않습니다.

평균회귀 전략에서 매수와 매도 포지션 중 어느 것을 할지 가르는 중요한 구분은 무엇인가요? 그리고 그렇게 구분하는 이유는 무엇인가요?

많은 지인이 "평균회귀 시스템으로는 괜찮은 공매도 종목을 찾을 수 없어."라고 말합니다. 그건 매수 포지션용 평균회귀 시스템 트레이딩과는 대칭되는 조건으로 매도 포지션용 평균회귀 시스템 트레이딩을 생성하려고 해서입니다. 이러면 하락 추세에서 반등하게 될 종목에 매도 포지션을 잡는 시스템이 만들어지고 맙니다. 그런 전략은 전혀 소용이 없습니다. 내가 만든 매도 포지션용 평균회귀 시스템 트레이딩에서는 상승 추세인 종목에 대해서 매도 포지션을 잡습니다.

**파커 씨의 평균회귀 시스템에서는 매수 포지션도 매도 포지션도 장기 상방 추세인 종목에만 초점을 맞춘다는 것이군요. 하지만 시장이 이미 상승 추세로 접어들었다면 매도 포지션용 평균회귀인지는 어떻게 규정하나요?**

보통은 중간에 조정 한 번 없이 가파르게 상승하다가 꺾이는 블로우오프톱blow-off top(급등 후 급락)일 때 쇼트 신호가 발산됩니다. 단기 상승 추세가 두드러지는 종목, 다시 말해서 단기에 큰 폭으로 상승한 종목을 찾으면 됩니다.

**모멘텀을 이용하는 시스템 트레이딩에서 평균회귀를 이용하는 시스템 트레이딩으로 전환한 건 언제였나요?**

평균회귀 전략을 테스트한 결과가 좋기는 해도 전적으로 바꿀 생각은 선뜻 들지 않았어요. 그래서 2013년 말에 원래부터 쓰던 모멘텀 전략이 슬슬 무너지는 신호를 보이기는 했어도 계좌 절반은 계속 그 전략을 사용하기로 했습니다. 그리고 나머지 반은 새로 개발한 롱과 쇼트용 평균회귀 전략으로 넘어갔고요. 2014년 동안 처음의 시스템에서는 수익도 손실도 나지 않았지만, 새로운 평균회귀 전략으로는 40%의 수익을 냈습니다. 하지만 새 시스템을 계좌 절반에만 적용했으니 전체 수익률은 20%가 고작이었지요. 새로운 시스템을 경계하면서 받아들이지 못하다가 추가로 얻을 수익을 못 얻었다는 생각에 화가 잔뜩 났습니다.

2014년 말에 모멘텀 시스템 트레이딩이 경쟁력을 완전히 잃었다고 판단하고 평균회귀 시스템 트레이딩만 하기로 결정했습니다. 2015년까지 계속 그 전략만 적용했죠. 이번에는 절대로 기회를 놓치지 않겠다고 결심한 나머지 바보같이 자본을 120%나 배분하는 잘못을 저지르고 말았어요. 새로운 시스템 트레이딩은 2015년의 처음 4개월은 성적이 아주 좋았습니다. 수익률이 25%나 되었지요. 심지어 2015년 5월에는 누계 수익이 신기록을 달성하기도 했어요. 하지만 그해 나머지는 재앙이었습니다. 그때야 비로소 평균회귀에 내재하는 꼬리 리스크를 발견했습니다. 처음에는 미국 증시에 ADR(예탁증권)로 상장된 중국계 기업들에 매도 포지션을 걸었는데 주가가 계속 올라가서 타격을 입었지요. 둘째로는, 힐러리 클린턴이 약품 가격 규제를 암시하는 트윗을 올리면서 바이오테크주들이 일제히 무너졌습니다. 내 평균회귀 시스템 트레이딩에서는 이 종목들을 계속 매수하고 있었는데 주가가 내리고 만 겁니다. 연초에 벌어들인 수익을 다 잃은 것으로도 모자라서 2015년을 10%의 순손실로 마감하고 말았습니다. 트레이딩을 시작하고 그렇게 MDD가 큰 건 처음이었어요.

손실이 나는 트레이드가 얼마나 떼로 몰려올 수 있는지 그때야 알게 되었죠. '새처럼 먹고 코끼리처럼 싸는' 현상이 나에게도 일어난 겁니다. 그럴 수 있다는 거야 알고 있었고 그래서 시스템 모델링도 거기에 대비하기는 했죠. 1980년대부터 시장 조정이 있을 때마다 시장이 어떤 성적을 냈을 건지 알아보려고 자세히 분석했습니다. 하지만 2015년에 일어난, 특정 섹터(처음에는 중국 ADR 기업들, 다음으로는 바이오테크 종목들)에서 갑작스레 가격이 크게 움직였고 이어서 여태껏 본 적이 없을 정도로 오랫동안 그 변화가 이어졌던 현상은 그전 데이터에서는 없었던 현상이었습니다.

설상가상으로 계좌 전체가 MDD를 벗어나지 못하는 상황에서 포지션 규모를 재조정하는 방식을 바꾼 것도 상황을 더 악화시켰어요. 평소처럼 일별 계좌 잔고를 기준으로 한 것이 아니라 꼭짓점에 이른 계좌 가치를 그대로 적용한 거죠. 평균회귀 시스템에서는 더 빨리 반등을 해서 MDD를 만회한 것을 보고는 포지션 규모가 클수록 회복도 더 빠를 것이라고 이해했던 거죠.

하지만 고전적인 모멘텀 롱/쇼트 전략과는 반대로 평균회귀 시스템을 통한 롱/쇼트는 서로를 헤지하지 못한다는 것을 미처 발견하지 못했던 거죠. 평균회귀 시스템에서는 시장이 곤두박질해도 매도 신호를 내보내지 않아요. 그러니 평균회귀 시스템의 매수 포지션은 모멘텀 전략의 매도 포지션을 이용해서 헤지해야 합니다.

2015년 말이 되면서 원래의 고전적인 모멘텀 전략을 다시 혼용하기로 결정했습니다. 그런데 바꾸기가 무섭게 2016년 첫 두 주 동안 10%나 손실이 났습니다. 두 시스템의 매수 포지션이 모두 급락했지만 매도 포지션이 헤지 기능을 전혀 발휘하지 못한 거죠. 꼭대기일 때보다 계좌 잔액이 45%나 떨어졌어요. 결국 남은 금액만 겨우 건질 수 있었고, 트레이딩을 중단했습니다. 자신감이 완전히 사라졌죠. '더는 못하겠다.' 하는 생각만 가득했습니다.


## ┃ 시스템 중단 규칙

### 자신감을 어떻게 회복했나요?

시간이 가기만 기다리는 수밖에 없었습니다. 두 달 정도 지나고 나니

'내가 왜 그만둬. 여기에 투자를 얼마나 많이 했는데. 이 일만큼 잘 아는 일이 어디 있어'라고 생각했죠. 이번에는 전과는 다르게 조금 보수적인 접근법을 취하기로 했고, 그 후로는 성적이 꽤 좋았습니다. 트레이딩 계획이라는 것도 그때 처음 세웠습니다. 다른 일자리를 알아보는 것보다 트레이딩을 재개하는 게 괜찮은 생각이라는 것을 아내에게 납득시키기 위해서였죠.

**트레이딩 계획은 어떤 내용이었나요?**

가장 중요한 규칙은 시스템 전체를 중단시키는 규칙을 세운 것이었습니다. 시작할 때보다 10% 손실이 난다거나, 적어도 5% 이익을 보던 중에 계좌 잔고가 정점일 때보다 15%가 빠진다면 시스템을 중단시키기로 했습니다.

**시스템 중단은 그때가 처음이었나요?**

아니요. 20% 손해가 났을 때는 항상 시스템을 중단했습니다. 2001년과 2005년에 시스템 중단이 발동되었고, 두 번 모두 트레이딩 전체를 중단했습니다.

**얼마나 오래 중단했습니까?**

백테스트를 조금 더 하고, 몇 가지를 수정한 다음에야 다시 트레이딩을 시작해도 되겠다는 생각이 들었습니다.

**그게 며칠이었나요. 아니면 몇 주나 몇 달이었나요?**

2001년에는 두 주 정도였어요. 2005년에는 한두 달 정도였고요. 2005년에 더 오래 중단했던 건 장중에 분마다 신호를 탐지하는 시스템으로 바꿔야겠다고 결정해서였습니다. 새 소프트웨어를 개발하려니 아무래도 시간이 걸렸지요.

시스템 중단 규칙 자체는 새로울 게 없었군요. 다만 계좌 잔고가 저점으로 떨어질 리스크를 전보다 반으로 줄였다는 게 다른 거군요.

그겁니다.

2016년에 트레이딩을 재개했을 때는 롱도 쇼트도 다 평균회귀 시스템 트레이딩만을 이용했나요?

처음에는 그랬습니다.

그렇다면 모멘텀을 이용하는 고전적인 시스템 트레이딩을 추가한 건 몇 달뿐이었네요?

2~3주 정도였습니다.

평균회귀 시스템 트레이딩만을 사용했다면, 2015년처럼 계좌 MDD가 크게 발생하는 것을 막기 위해 어떤 수단을 이용했나요?

시스템에서 여러 가지를 바꿨습니다. 포지션들을 다 합한 금액이 계좌의 100%를 넘지 않게 했습니다. 장중에 잠깐 넘는 것도 허용하지 않았습니다. 그리고 주 수를 정해서 진입하던 것을 계좌 원금의 일정 비율로만 포지션에 진입하는 것으로 바꿨습니다. 마지막으로 바이오테크주는 롱도 쇼트도 하지 않았습니다. 그 섹터 종목은 가격 변화가 너무 극단적이라서요.

다음으로 중요한 변화가 있다면 무엇이고, 왜 바꿨나요?

2016년 3월부터 2017년 12월까지는 평균회귀 시스템으로만 트레이딩을 했습니다. 그 시스템만으로도 좋은 수익이 나오긴 했지만, 고전적인 모멘텀 시스템을 중단한 이후로 그것을 대체할 만한 다른 시스템을 찾고 있었습니다. 그러면서 4분할로 접근하는 시스템을 갖추면 좋겠다는 생각이 들었습니다. 모멘텀 시스템과 평균회귀 시스템 모두에서 롱과 쇼트를 취할 수 있는 시스템 말입니다. 4가지를 차별화해서 분산할 수 있는 복합적인 시스템을 결합해서 트레이딩할 수 있다면, 한 가지 최고의 시스템만으로 트레이딩하는 것보다 좋은 결과가 나올 수 있습니다.

스톡비의 회원 트레이더들은 IPO 주식을 트레이딩하는 데 관심이 많았습니다. 그래서 최근의 IPO 주식 트레이딩에만 한정해서 모멘텀 시스템을 백테스트해보면 좋겠다는 생각이 들었어요. IPO 주식에는 그 주식들만의 독특한 특징이 있었어요. 보니까 신고가에 매수하는 아주 단순한 추세 추종 시스템이 최근에 IPO를 한 주식에서는 제법 효력이 좋았습니다. 물론 그런 추세 추종 매수는 주식시장 전체에는 전혀 들어맞지 않았지만요.

**IPO 모멘텀 시스템을 이용해서 매도 포지션도 잡았습니까?**

하기는 했지만 자주 하지는 않았고, 수익률도 그다지 인상적이지 않았습니다. 그러다가 올해(2019년) 평균회귀 진입 방식을 사용해서 매도 포지션을 잡는 모멘텀 전략을 추가했습니다.

**그렇다면 지금 총 5개의 시스템을 사용 중이겠네요.**

한동안은 그랬지만 두어 달 전부터는 리스크 관리 규칙 하나를 추가하면서 평균회귀 시스템의 매수 포지션은 비활성화했습니다. 시스템 트레이딩의 수익률 곡선이 200일 이동평균 아래로 떨어지면 그 시스템을 중단하는데, 매수 포지션용 평균회귀 시스템이 그 밑으로 떨어진 겁니다. 시스템의 수익률 곡선에 따라 트레이딩하는 것을 시스템 중단 신호로 사용한 것은 그때가 처음이었습니다. 현재 매수 포지션용 평균회귀 시스템의 MDD는 32%나 되지만 지금은 그 시스템을 사용하지 않은 덕분에 올해 거기서 발생한 손실은 작은 편입니다.

**그 시스템은 언제 다시 활성화할 계획인가요?**

수익률 곡선이 200일 이동평균 위로 올라가면 시스템 재활성화를 고려하기도 합니다. 하지만 현재 MDD가 깊고 또 오래 이어지고 있는 만큼 더는 시스템 트레이딩으로서의 매력이 없다고 봐야 할 것 같습니다.

**시스템 비활성화는 롱과 쇼트마다 따로 적용하고 있고, 시스템의 수익률 곡선이 200일 이동평균 위에 있는 때에만 해당 시스템으로 트레이딩을 한다는 거군요.**

맞습니다.

**그렇게 되면 롱이나 쇼트 어느 한쪽으로만 치중해서 트레이딩을 하게 되지 않을까요?**

시스템의 수익률 곡선을 점검해서 시스템 비활성화를 모색하기 시작한 지가 얼마 되지 않았습니다. 올해 매수 포지션용 평균회귀 시스템의 수익률 곡선이 200일 이동평균 아래로 떨어진 것도 시스템을 점검하고 유일하게 있는 일이었습니다. 이 시스템이 쓸모가 없다고 결론을 내린 다음에 몇 날 며칠 머리를 쥐어짜면서 다른 매수 포지션용 평균회귀 시스템을 고민하고 테스트했습니다. 내 나름대로 괜찮다 싶은 방법을 찾아내서 시스템을 가동하기는 했습니다. 솔직히 말하면 나는 중단한 시스템을 다시 활성화하는 것보다는 새로운 시스템을 찾아내는 쪽이 더 마음에 듭니다.

**최적화▪는 어떻게 진행했나요?**

조금 더 효력이 있는 매개변수를 찾아내야 하지만 동시에 과최적화도 피해야 합니다. 둘 사이에서 균형을 잘 맞춰야 합니다. 예전에는 그 사실을 전혀 이해하지 못했습니다. 넣고 싶으면 아무 매개변수나 다 추가하고 매개변수의 범위도 상관없이 다 테스트했습니다. 심지어 소수점으로 좁혀서 사용하기도 하다가, 과거에 가장 고수익을 낸 매개변숫값을 선택했지요. 이 방법이 틀릴 수도 있다는 건 알았지만 다른 방법은 아는 게 없었습니다. 결국 빈번한 최적화 과정은 수익률에도 도움이 되지 않을뿐더러, 최근에 가장 좋았던 매개변수를 좇는 것은 허상에 불과하다는 사실을 깨달았습니다.

> **▪ 최적화**
> 특정 시스템에서 최고의 성과를 내줄 매개변수를 찾아내는 과정을 의미한다. 최적화에서는 과거에 가장 잘 들어맞는 매개변수가 미래에도 뛰어난 성과를 내줄 가능성이 높다는 것을 기본 전제로 삼는다. 그러나 이 기본 전제의 타당성 여부는 아직 완전히 검증된 것은 아니다

**지금은 어떻게 달라졌습니까?**

시스템 구축에는 내 나름의 편견이 있습니다. 규칙도 최소한으로만 정하고, 합리적이라고 생각되는 범위에서 몇 개의 매개변숫값만 테스트하면서 최대한 단순한 시스템을 구축해야 한다는 편견이죠. 예를 들어 목표 가격을 매개변수 중 하나로 잡는다면 6~12%까지 1%씩 간격을 두고 매개변수로 설정해서 테스트합니다. 매개변수를 다르게 해도 결과에 큰 차이가 없는 게 가장 좋습니다. 그러면 시스템

이 튼튼하다는 소리니까요. 더 좋은 건 시스템에서 매개변수로 바꾸는 규칙을 아예 없애는 겁니다. 심지어 요새는 새 전략을 개발하면서 최적화 과정을 가동하지 않을 때도 있어요.

**지금보다도 초보 시절에 알았다면 더 좋았을 것이라고 생각되는 점이 있습니까?**

재미있는 질문이네요. 지금이라고 해서 아는 게 훨씬 많아졌다고는 생각하지 않거든요. 어느 모로 봐도 예전이나 지금이나 나는 아는 게 전혀 없어요. (그가 웃었다) 일단 내 대답은 "없습니다."입니다. 지금 아는 것을 과거에도 다 알고 있었다면 이런저런 트레이딩 방법을 시도하는 일도 없었을 테니까요. 내 어머니는 가난한 집에서 태어났고 대학도 다니지 못했지만, 사업은 크게 성공시켰어요. 어머니가 즐겨 하시는 말씀이 있습니다. "내가 성공한 건 할 수 없다는 걸 몰라서였어." 그런 기준에서 생각한다면 아마도 몇 가지는 처음에 트레이딩을 시작할 때 알았더라면 꽤 도움이 되었을 것 같기는 합니다.

**트레이더를 지망하는 사람들에게 해주고 싶은 충고가 있으신가요?**

본업을 그만두지 마세요. 시장이 얼마나 제멋대로 움직이는지로 제대로 이해해야 합니다. 모든 것을 시험해 보세요. 남들의 말만 듣고서 좋은 방법이다, 나쁜 방법이다, 판단하지 마세요. 실험정신을 언제나 유지해야 합니다.

## 【 마슨 파커의 투자 조언 】
## "트레이딩을 시작할 때 알아둘 것들"

1. 하나의 시스템에 규칙을 추가하고 최적화를 거듭하는 것보다는 단순한 시스템을 여러 방법으로 취합하는 것이 더 효과적입니다.

2. 전략마다 온/오프 스위치를 포함하는 것이 좋습니다. 수익률이 이동 평균선 아래로 내려가는 상황 등의 경우 백테스트에서 수익이 줄어들 수 있다는 것은 각오해야 합니다. 시스템의 효력은 언제든 끝날 수 있으며, 그런 상황에 대비해 온/오프 규칙을 마련해 둔다면 손실을 제한하는 데 크게 도움이 되죠. 가동 중인 시스템 전략이 다양할수록 시스템 하나를 비활성화하기가 감정적으로도 한결 수월합니다. 이런 점에서 1번 규칙의 중요성이 더욱 부각됩니다.

3. 평균회귀 전략에서는 하나의 큰 포지션에서 거액의 손실이 날 때보다는 여러 개의 중간 규모 포지션들에서 손실이 날 경우에 꼬리 리스크가 발생할 가능성이 더 커집니다. 어떻게 백테스트를 하든 손실들의 계열상관성이 과소평가될 수 있다는 점을 잊지 말아야 합니다.

4. 빠르게 성공하고 15년 동안 좋은 성적을 내다가 트레이더 경력을 끝낼 무렵에 갑자기 계좌 MDD가 생길 수 있다는 것도 각오해야 합니다. 그러니 가능하다면 다른 소득원도 유지하라고 충고하고 싶군요.

5. 자신의 경험담과 지식을 다른 사람들과 나눈다면 좋은 결과가 찾아옵니다. 아쉽게도 나는 오랫동안 그러지 못했지요.

시스템이 효력을 상실했다고 판단될 때마다 대대적으로 변화를 주거나 전면 중단했던 것이 파커가 장기적으로 성공을 거둔 가장 결정적 요인이라고 말할 수 있다. 그는 이런 대규모 변화를 여러 번이나 취하면서 대참사를 피할 수 있었다. 놀랍게도 파커에게 몇 년이나 고수익을 내게 해주었던 시스템 몇 가지는 효력이 끝났고 지금도 재가동되지 않고 있다. 파커가 트레이딩 접근법을 180도 바꾸는 유연성을 갖추지 못했다면, 다시 말해 모멘텀을 이용하는 시스템 트레이딩을 포기하고 정반대로 평균회귀 시스템 트레이딩으로 넘어가지 않았다면 그는 트레이더로서 성공은커녕 살아남지도 못했을 것이다.

시스템 트레이더들은 시스템 규칙을 굳건하게 지켜야 한다는 충고를 자주 듣는다. 경쟁력이 확실하고 리스크 관리도 효과적인 시스템을 구동 중인 트레이더에게는 도움이 되는 충고이기는 하다. 이런 시스템에서는 신호를 섣불리 판단하려 하다가는 오히려 안 좋은 결과가 빚어질 수 있다. 에드 세이코타의 첫 번째 규칙 '의심하지 말고 규칙을 따르라'는 이런 상황에 적용되는 말이다. 그리고 실제로도 파커는 100% 시스템 트레이딩만 하기 위한 프로그램을 설계함으로써 그 규칙을 철저히 따랐다.

그러나 문제는, 시스템이 한동안은 수익을 내다가 어느 순간 갑자기 효력이 사라지고 심지어는 체결하는 트레이드마다 줄기차게 손실을 낼 수도 있다는 것이다. 불편한 현실이지만, 아니다 싶을 때는 시스템을 전면 중단하거나 대대적으로 바꾸는 것이 시스템 트레이더가 장기적으로 성공하기 위한 필수 조건이다. 세이코타의 두 번째 규칙 '언제 규칙을 깨야 하는지를 알아라'가 적용되는 상황이다. 이번에도 파커는 이 두 번째 규칙을 잘 지켰다. 그는 시스템을 바꾸는 것을 주저하지 않았고 전면 개편한 적도 여러 번이었다. 그리고 이런 행동은 그의 장기적인 성공에 중요한 역할을 했다.

시스템 트레이더가 직면하는 가장 곤란한 딜레마는 무엇인가? 그것은 바로 일정 기간 이어지는 시스템의 손실이 일시적인 국면에 불과할 뿐 곧바로 계좌 자본을 신고점으로 회복해줄 것인지, 아니면 시스템의 효력이 다한 것인지를 결정해야 할 때이다. 두 가지 정반대되는 해석 중 맞는 답안을 찾게 해주는 족집게 처방전은 없다. 하지만 이번 장에서는 가끔은 시스템의 전면 포기가 옳은 결정이 되기도 한다는 교훈을 시스템 트레이더에게 알려준다. 드문 상황이기는 해도 트레이딩 규칙을 고수하는 것이, 다시 말해 시스템을 절대적으로 따르는 것이 능사가 아닐 수도 있다.

파커는 트레이딩 전략을 전폭적으로 뒤집었고 그것이 수익을 지속하는 데 결정적 역할을 했다. 그는 종가 진입에서 장중에 진입하는 전략으로 바꾸었고, 모멘텀을 이용한 시스템에서 평균회귀 시스템 트레이딩으로 전략을 바꾸었으며, 주식시장 전반이 아니라 IPO 종목들에 집중하는 새 시스템도 개발했다. 이것은 단순히 매개변숫값만 다르게 대입하는 식의 사소한 변화가 아니라 트레이딩 전략 전체를 송두리째 뒤엎는 구조적 변화였다. 물론 파커는 시스템에 대입하는 매개변숫값을 자주 조정하는데, 이는 매개변수를 바꿈으로써 최근에 발생한 MDD를 줄이거나 만회하기 위해서였을 뿐 그것이 앞으로의 트레이딩 수익에 중대한 차이를 일으키기 힘들다는 사실은 잘 알고 있다. 지난 결괏값을 최대화하기 위해 매개변수를 계속해서 변경하다가는('최적화' 과정) 오히려 걷잡을 수 없는 악영향을 불러올 수 있다.

## | 최적화의 숨은 함정

트레이딩 시스템을 개발하는 트레이더는 최적화에 숨은 함정을 경계해야 한다. 최적화가 잘못된 트레이딩을 할 수 있다는 것도 문제지만, 더 큰 문제는 최적화로 인해 트레이더가 시스템의 효력에 대해 왜곡된 기대치를 갖게 될 수도 있다는 점이다. 최악의 경우 최적화로 인해 결괏값이 과대평가되어서 시스템 개발자는 나중에 평가했을 때 부정적인 기대수익을 낼 수도 있는 종목만을 선택하는 시스템 트레이딩 전략을 만들게 될 수도 있다. 게다가 과최적화(과거의 실적을 최대화하기 위해 지나치게 미세한 매개변숫값을 시스템에 대입하는 것)를 하면 곡선적합이 과거에만 들어맞고 미래에는 들어맞지 않는 시스템을 개발하게 될 수 있다.

파커도 처음에는 이런 함정들이 있다는 것도 알지 못했다. 하지만 경험이 쌓이면서 최적화 결과의 왜곡과 과최적화의 단점을 알게 되었다. 최적화된 결과와 실제 결과의 편차에 대해서 파커는 이렇게 말했다. "내 트레이딩 경력 동안 내가 사용한 시스템들의 종합적인 연간 수익률은 백테스트에서는 50~100%였고 MDD는 10% 미만으로 나왔습니다. 그런데 내 실제 수익률은 약 20%에 가까운 편입니다. 이게 내 기대수익입니다." 현재 파커는 최적화 사용을 엄격하게 제한하고 있으며, 어떤 때는 새 전략을 설계하면서 최적화 과정을 전혀 진행하지 않기도 한다.

과거에 진행했던 여러 건의 경험적 테스트를 토대로 해서 최적화에 대해 내가 내린 핵심 결론은 아래와 같다. 이것은 파커의 견해와도 일맥상통한다고 생각한다.

－ 시스템은, 어떤 시스템이건 최적화 과정을 진행하면 (과거에 진행했던 트레이드의) 수익이 극대화된 결괏값을 알 수 있다. 만약 최적화를 진행할 수 없어서 과거 수익이 극대화되었을 때의 결괏값도 구할 수 없는 시스템을 발견했다면, 돈 찍는 기계를 발견했으니 축하해 마땅할 일이다(거래비용이 과도해지지 않는 선에서 반대로 하면 된다). 그러므로 최적화를 통해 시스템의 과거 수익률을 극대화한 결괏값은 보기에는 좋지만,

현실적으로는 큰 도움이 되지 않는다.

— 최적화는 항상, 언제나, 매번 시스템의 잠재적인 미래 성과를 과도하게 예상한다. 거짓말 안 보태고 현실적인 기대수익과는 초대형 화물트럭 길이만큼 떨어져 있다고 봐야 한다. 그러므로 최적화된 결괏값을 이용해서 시스템의 장점을 평가하는 것은 절대로 금물이다.

— 대부분은 아니지만 많은 시스템에서 최적화로 개선되는 '미래' 수익은 거의 없고, 있다 하더라도 아주 미미한 수준이다.

— 최적화도 도움이 되기는 하지만, 대개는 시스템에 대입하는 매개변숫값을 큰 간격으로 구분하는 경우에 한해서이다. 미세 간격으로 매개변수를 대입하는 최적화는 좋게 말하면 시간 낭비이고 나쁘게 말하면 자기망상이다.

— 위의 모든 사항을 고려한다면 정교하고 복잡한 최적화 과정은 한 마디로 시간 낭비이다. 가장 단순한 최적화 과정일수록 그만큼 유의미한 정보를 제공해준다(다만 그러기 위해서는 도출할 만한 중요한 정보가 존재해야 한다).

결론적으로 모두의 생각과는 반대로, 유의미한 범위에서 무작위로 매개변숫값을 선택해서 트레이딩하는 것보다 최적화 과정을 거치는 것이 장기적으로 유의미하게 좋은 결과를 내주는가에 대해서는 합당한 의문이 제기된다. 내가 이렇게 설명하는 것이 최적화에 아무런 가치도 없다는 뜻은 절대로 아니라는 점은 분명히 밝혀둔다. 최적화는 매개변숫값 선정에서 배제해야 하는 준최적suboptimal 극한값 범위를 정할 때 도움이 될 수 있다. 또한 일부 시스템에서 최적화는 준최적 극한값 범위를 제하고 난 후의 매개변수를 선택할 때에도 힘을 발휘하기는 한다. 하지만 내 생각을 말한다면, 최적화를 통한 수익률 향상은 일반적 통념에 훨씬 못 미친다는 것이다. 트레이더는 최적화에 대한 가정을 세우고서 이를 맹신하는 것이 아니라, 우선은 그 가정이 맞는지부터 검증해야만 크게 손해를 보는 사태를 피할 수 있다.

어떤 식으로 트레이딩을 하든 리스크 관리는 성공의 필수 조건이다. 자유재량 트레이더에게도 시스템 트레이더에게도 절대적으로 중요하다. 트레이딩 경험이 쌓이면서 파커는 다음과 같은 여러 가지 리스크 관리 규칙을 트레이딩 과정에 포함했다.

• 트레이딩 중단 _ 파커는 계좌 전체 원금이 일정 비율 이상 감소하면 모든 트레이딩을 전면 중단한다. 처음에는 20%의 계좌 MDD를 트레이딩 중단 신호로 사용했다. 2016년에 트레이딩을 전면 중단했다가 심사숙고 끝에 트레이딩을 재개했지만, 그는 트레이딩 중단 발동 지점을 10% MDD(계좌가 5% 이상 늘었을 때는 15% 줄어든 지점에서 트레이딩을 중단)로 낮추었다. 트레이딩 전면 중단은 트레이더가 최대 손실액을 적절한 선에서 끊을 수 있다는 점에서 효과적인 리스크 관리 도구이다(그전에 트레이더가 얼마까지만 MDD를 허용할지 정해놓은 규칙이 있어야 한다). 그럼으로써 트레이더는 설계에서부터 최악의 결과가 무엇인지를 정해 놓을 수 있다. 트레이더는 손실이 아직 작은 수준일 때 트레이딩을 중단할 수 있으므로 손실은 재무적인 위안 지대를 벗어나는 범위로는 발생하지 않게 된다. 계좌 원금 기준으로 트레이드 건당 스톱 가격을 정하면 트레이더는 여러 가지 성공 기회를 누릴 수 있다. 너무 많은 트레이더가 계좌 전체의 리스크를 제한하는 장치를 사용하지 않고, 그러다 보니 단 한 번의 커다란 손실로도 게임에서 영원히 청산 당하는 지경에 쉽게 몰린다. 트레이드에 연이어 실패를 하더라도 기회가 다시 찾아왔을 때 멀쩡한 상태에서 재차 공격을 가하기 위해서는 계좌 총액의 리스크

는 최대한 작게 유지해야 한다. 포커의 판돈과 비슷하다고 생각하면 된다. 운이 트이지 않는다 싶은 날에는 올인이 아니라 판돈을 아주 작게 걸어서 손실을 제한해야 한다. 그래야만 기회가 다시 왔을 때 놓치지 않고 새로운 마음으로 시작할 수 있다.

• 시스템 중단 _ 파커는 시스템 수익률 곡선의 추세를 추종하면서 해당 시스템을 비활성화해야 할 시기를 판단한다. 만약 수익률 곡선이 200일 이동평균선 이하로 떨어지면 해당 시스템의 트레이딩을 전면 중단하고, 수익률 곡선이 다시 200일 이동평균선 위로 올라오기를 기다렸다가 트레이딩을 재개한다. 파커가 사용하는 추세 추종 신호는 딱히 마법도 비밀도 아니다. 수익률 곡선에 기술적 분석을 적용해 리스크 관리 방법으로 활용하는 것이 이 신호의 기본 개념이다. 이런 리스크 관리 전략은 시스템에 사용해도 훌륭하지만, 시스템 트레이딩에서든 자유재량 트레이딩에서든 포트폴리오를 구축할 때부터 이 전략을 실행해도 도움이 될 수 있다.

시스템이나 포트폴리오의 수익률 곡선에 따라 트레이딩의 지속이나 중단을 결정하는 것이 얼마나 효과가 있는지는 어떤 시스템이나 방법론을 사용 중인지가 좌우한다. 그렇다고 해도 트레이더는 수익률 곡선에 기반한 트레이딩이 본인에게 득인지 실인지 정도는 반드시 확인하고 넘어가야 한다. 추세 신호에 따른 시스템(또는 포트폴리오) 활성화나 비활성화로 총수익은 줄 수 있지만 반대로 리스크도 줄 수 있다(MDD의 완화). 여기서 중요하게 봐야 할 부분은 그럼으로써 리스크 대비 수익이 늘어나는지 여부이다. 이 경우 포지션 크기를 틀린다면 수익이 줄어든 것을 상쇄할 수 있고 동시에 리스크도 여전히 낮은 상태로 유지할 수 있다. 계좌 데이터를 펀드시더닷컴에 링크를 걸거나 업로드를 하면 기술적 분석을 수익률 곡선에 적용하는 툴을 이용할 수 있다.

• **포지션 크기 조정** ─ 2015년에 파커는 직전에 놓친 기회를 보충하기 위
해 포지션 크기를 키우는 것이 얼마나 위험한 일인지 직접 뼈저리게 배
워야 했다. 트레이드 규모는 계좌의 일별 순자산 가액에 따라서 일관된
공식을 이용해서 조정해야 한다. 이런 규칙이 없이 무작정 포지션 규모
를 키운다면 어쩌다가 운이 좋아서 수익이 높아질 수도 있지만 반대로
계좌의 누계 MDD가 증폭되는 위험에 처할 수도 있다.

트레이딩을 본업으로 하기는 쉽지 않다. 파커도 누계 수익이 신고
점을 기록하고 총수익이 500만 달러를 넘어서고 있었지만 8개월 후인
2016년에는 트레이딩 세계를 완전히 떠날 각오까지 했다. 트레이딩이
본업이라면 누계 수익이 계속 늘어나는 것으로는 충분하지 않다. 세금을
떼어놔야 하고 생활비도 인출해야 하므로 수익이 늘어나는 것은 그 이
상이어야 한다. 그래서 파커는 전업 트레이더를 꿈꾸는 사람들에게 될
수 있으면 직장은 그만두지 말라고 충고한다. 그 자신도 경험을 통해 그
게 얼마나 힘든지를 몸소 깨달았기 때문이다.

UNKNOWN
MARKET
WIZARDS

# 시장의 마법사들이 전하는 46가지 교훈

이번 장에서는 《초격차 투자법》에 나온 인터뷰 전체에서 추린 핵심 교훈을 정리하려 한다. 인터뷰한 11명의 트레이더는 저마다 자신에게 맞는 독특한 방법으로 시장에 접근했지만, 인터뷰 전체에서 보여준 인사이트는 모든 트레이더가 귀담아들어야 할 보편적이면서도 중요한 교훈을 말해준다.

'시장의 마법사들' 시리즈의 독자라면 지금 정리하는 교훈이 이전 책들과 겹치는 부분이 많다는 사실을 알 것이다. 어떻게 보면 당연한 일일 수 있다. 위대한 트레이더들이 말하는 교훈에는 방법론이나 시류에 구애받지 않는 기본적인 시장 진실이 담겨 있기 때문이다. 그런데도 《초격차 투자법》에는 시리즈의 다른 책에는 등장하지 않았던 몇 가지 교훈이 있으며, 지금부터 요약하는 내용도 전적으로 이번 책에 등장한 교훈만을 정리하고 있다.

1. 진짜 길은 하나만 있는 것이 아니다.

독자는 이 책을 읽고 나서 시장에서 성공하는 공식은 하나만이 아니라 는 사실을 분명하게 알게 되었을 것이다. 인터뷰에 응한 트레이더들은 저마다 다른 여정을 걸으며 뛰어난 성적을 거두었다. 시장에 접근하는 방법 역시 어떤 트레이더는 펀더멘털 분석만 이용했고 어떤 트레이더는 기술적 분석만 이용했으며, 두 방법을 결합한 트레이더도 있었다. 트레 이드 보유 기간도 누구는 몇 분이었고 누구는 몇 달이었다. 성공적인 트 레이딩을 좌우하는 것은 '올바른' 접근법이 아니라 '나에게 맞는' 접근법 을 찾아내는 것이다. 자신에게 맞는 접근법이 무엇인지는 남들이 알려줄 수 없으며 전적으로 자신의 힘으로 찾아내야 한다.

2. 본인의 성격과 적성에 맞는 트레이딩 방법을 찾아야 한다.

아무리 탁월한 방법론이어도 본인의 신념과 위안 지대에 맞지 않는다면 나쁜 결과를 만들 수 있다. 성공을 원하는 트레이더는 자신만의 시장 접근 법을 발견해야 한다. 아래에 나온 트레이더들은 그런 접근법을 찾아냈다.

- 달리왈은 처음에는 기술적 방법을 이용했다. 하지만 그로서는 기술적 분석을 통한 접근이 계속 불편했다. 그 방법이 왜 좋은지 이해할 수 없 었기에 미래에도 좋은 결과를 내줄지 확신이 들지 않았다. 달리왈이 크게 성공을 거두기 시작한 것은 펀더멘털 분석을 통한 접근법으로 옮 겨가면서였다. 접근법을 바꾼 후에 그는 가격대가 이동하는 이유를 훨 씬 명확히 이해하게 되었다.
- 펀더멘털 분석에도 기술적 분석에도 별 매력을 느끼지 못한 카밀로는 시장을 분석하는 이른바 '소셜 차익거래'라는 제3의 접근법을 구상했 다. '소셜 차익거래'는 아직 주가에 그 영향이 반영되지 않은 사회적 변 화나 트렌드를 미리 간파해서 수익을 내는 방법이다.

- 크레이치한테는 하루 이상 포지션을 보유하는 것이 맞지 않았다. 그는 하루 이상 포지션을 보유해서 리스크에 노출되는 것을 개인적으로 강하게 회피하는 편이었다. 그래서 그는 수용 가능한 리스크 한도 안에서 데이 트레이딩으로 높은 수익을 내는 그만의 전략을 개발하였다.

거부감이 들지 않는 자신만의 트레이딩 방법론을 찾아내야 한다. 이것이 시장에서 성공을 원하는 트레이더들에게 이 책의 마법사들이 전하는 교훈이다.

3. 자신에게 맞는 올바른 방법론을 찾아내려면 지금 쓰는 방법론을 바꿔야 할 수도 있다.

리처드 바그는 처음에는 기술적 분석을 이용했다가 이후에는 펀더멘털 분석으로 옮겨갔지만, 결국에는 기술적 분석과 펀더멘털 분석을 결합하는 것이 자신에게 가장 잘 맞는 접근법이라는 사실을 깨달았다. 파커의 경우, 모멘텀을 이용하는 시스템 트레이딩에서 정반대 접근법인 평균회귀를 이용하는 시스템 트레이딩으로 전환했다. 그가 그런 유연성을 발휘하지 못했다면, 트레이딩 수익을 계속 내기는커녕 트레이더로 살아남기도 힘들었을 것이다.

4. 트레이딩 일지를 적는다.

성과 개선을 원하는 트레이더에게 가장 효과적인 방법 중 하나는 트레이딩 일지 작성이다. 트레이딩 일지를 통해 트레이더는 자신이 잘하고 있는 것과 못하고 있는 것에 관한 귀중한 정보를 얻을 수 있다. 여러 트레이더(바그, 살, 달리왈)가 자세한 트레이딩 일지 작성이 성적을 높이는 데 결정적인 도움이 되었다고 강조했다. 트레이딩 일지는 단순히 트레이드에 진입한 이유와 트레이더의 옳고 그른 결정이 무엇이었는지만 기록하지 않는다. 트레이딩 일지는 트레이더가 관찰한 본인의 감정을 기록하는 귀중한 역할도 한다. 예를 들어, 바그는 자신의 마인드셋에서 약점이 무엇이고, 그 마인드셋이 시간이 지나면서 어떻게 변하는지 추적하기 위해 매일의 감정과 생각을 자세히 기록한다.

5. 트레이드를 범주별로 분류한다.

트레이드를 범주별로 분류하면 범주별로 좋았고 나빴던 트레이드를 판단할 때 크게 도움이 된다. 시스템 트레이더는 과거의 트레이드를 유형별로 정해서 백테스트할 수 있지만, 자유재량 트레이더는 트레이드의 유형과 그것의 결과를 기록해야 한다. 브랜트는 자신이 했던 트레이드를 유형별로 분류해서 결과를 추적해보지 않은 것을 후회한다. 한 예로 브랜트는 주간 모니터링 목록에 오르지 않은 트레이드는 전반적으로 성과가 좋지 않은 트레이드라고 믿지만, 그 가정이 맞는지 아닌지는 그도 정확히 알지 못한다.

6. 자신의 우위와 경쟁력을 알아야 한다.

본인만이 가진 우위와 경쟁력이 무엇인지 모른다면 우위가 없는 것이나 다름없다. 어떤 트레이드에 집중해야 하는지를 판별하기 위해서는 본인만의 우위를 반드시 파악해야 한다. 가령 달리왈은 자세한 트레이딩 일지를 참조해서 본인이 큰 승리를 거둔 트레이드의 공통된 특징이 무엇인지 연구할 수 있었다. 그에게 큰 승리를 안긴 트레이드는 몇 가지 공통점이 있었다. 예상치 않았던 시장 이벤트가 등장했고, 단기 관점과 장기 관점이 일치했으며, 곧바로 결과가 나오는 경향을 보였다. 가장 크게 수익을 낸 트레이드의 유형이 무엇인지 파악한 것, 다시 말해 자신의 우위를 정확히 파악한 것이 빛나는 수익률을 거두게 했다. 달리왈은 이렇게 충고한다. "다른 사람의 게임을 좇지 말고 자신만의 게임을 하면서 우위를 가진 영역에 머무르세요."

7. 실수에서 배워야 한다.

실수에서 배운다는 건 트레이더가 자신을 발전시킬 방법을 알아낸다는 것이다. 여기에서 트레이딩 일지의 가장 귀중한 효능이 드러나는데, 일지야말로 트레이딩의 실수를 한눈에 파악하는 데 큰 도움이 되기 때문이다. 주기적으로 일지를 복기하면서 트레이더는 과거의 실수를 다시금 상기하고, 같은 실수를 되풀이할 확률을 줄일 수 있다. 살은 일지를 복기함으로써 기간 수익률이 높았던 시기를 지난 직후에는 자신이 실수를 한다는 것을 파악했다. 그는 기간 수익률이 유독 높은 시기 이후에는 어김없이 기준 이하의 트레이드에 진입하곤 했다. 그는 왜 그런지를 곰곰이 생각했고, 자신이 노동계층 출신이다 보니 기준 이하의 트레이드는 그를 '땅으로 돌아오게 만드는' 일종의 자기 방해 역할을 하고 있다는 걸 알아차렸다. 문제점을 인지한 후 살은 같은 실수를 반복하는 걸 피할 수 있었다.

달리왈 역시 트레이딩 일지를 통해 본인의 실수를 바로잡을 수 있었다. 그는 감정적 부조화가 생겨나는 원인이 무엇인지 추적했고, 단기 견해와 장기 의견이 충돌하는 트레이드에서 그런 감정적 부조화가 생겨나고 있다는 걸 알게 되었다. 그는 장기적인 이익을 노리고 해당 트레이드를 들고 있었지만, 단기적으로는 오히려 정반대 방향으로 트레이드를 잡는 게 더 좋은 상황이 등장했다. 결국에 그는 단기 관점도 장기 관점도 효과적으로 적용하지 못했다. 어떤 부분에서 트레이딩 실수를 하는지 깨달은 달리왈은 문제를 해결하기 위해 서로 충돌하는 장기와 단기 트레이딩을 분리했다. 그는 장기 트레이드는 건드리지 않고 그대로 두면서 별도로 단기 기회를 노리고 트레이드에 진입했다.

8. 비대칭 전략의 힘을 이용하라.

인터뷰에 응한 트레이더들의 성과 기록을 보면 큰 손실보다는 큰 수익이 나는 횟수가 더 많고, 금액도 더 컸다는 특징이 있다. 어떤 때는 수익이 몇 배는 많았다. 비대칭 트레이딩 전략을 적절히 활용한 덕분이었다. 비대칭 전략의 왕은 단연코 암리트 살로, 수익률이 15%를 훨씬 상회한 날이 34거래일이었고 그중 3거래일은 100%의 수익을 냈으며, 단 하루만 두 자릿수 손실(컴퓨터가 먹통이 되지 않았다면 손실이 그렇게 커지지는 않았을 것이다)을 냈다. 살은 해당 트레이드의 가격을 큰 폭으로 곧바로 움직이게 할 만한 이벤트를 기다리고, 시장이 그가 기대했던 대로 반응하지 않으면 재빨리 시장에서 빠져나온다. 이런 트레이드를 통해 거두는 평균 수익은 평균 손실보다 훨씬 높다.

또 다른 예로, 뉴먼은 피터 린치가 말하는 이른바 '10루타' 종목, 다시 말해 10배로 뛰어오를 수 있는 가능성을 보이는 종목을 발굴하는 데 주력한다. 그는 추세선 돌파 신호를 이용해 종목에 진입하고 주가가 움직이지 않는다 싶으면 바로 포지션을 청산한다.

9. 리스크 관리가 무엇보다 중요하다.

질리도록 들었겠지만, 또 강조하려 한다. 성공적인 트레이더가 돈 관리의 중요성을 강조하면서 하는 말은 신중해야 한다는 것이다. 물론 돈을 관리하는 것은 트레이드 진입 전략을 짜는 것만큼 신나는 일은 아니지만, 뛰어난 성과 이전에 생존이 훨씬 중요한 문제이다. 인터뷰에서 나온 리스크 관리 전략을 몇 가지로 추리면 아래와 같다.

• **개별 포지션에 대한 리스크 관리** _ 놀랍게도 인터뷰한 트레이더 중 상당수는 보호용 스톱을 걸지 않았다가 최악의 손실을 입었다. 달리왈은《파이낸셜 타임스》오보라는 희대의 사건을 보고 진입했다가 일생 최대의 손실을 냈고, 그렇게나 손실이 커진 것은 스톱을 걸어두지 않아서였다. 살은 결정적인 순간에 갑자기 PC가 고장나서 최악의 손실이 났으며, 그역시도 스톱을 걸어두지 않아서 손실이 커졌다. 킨은 초보 트레이더 시절 포물선 상승기 주식에 쇼트를 걸었지만 시장이 거꾸로 갈 경우에 대비한 계획을 세워두지 않았고, 그 경험에서 개별 트레이드의 리스크를 제한하는 것이 얼마나 중요한지 몸소 체감했다. 그가 매도 포지션을 잡은 종목의 주가는 며칠 만에 거의 2배가 되었고 결국 그는 포트폴리오의 10%가 빠지는 손실을 봤다. 그의 경력에서 최악의 손실이었다. 세 사람 모두 그런 경험을 한 후로는 스톱을 걸어두는 것을 철칙으로 삼았다. 그들은 절대로 같은 실수를 반복하지 않았다. 리스크 통제를 잘못해서 트레이더를 그만둘 뻔했던 사람은 또 있다. 샤피로는 50만 달러가 넘는 계좌를 다 잃을 뻔한 경험을 두 번이나 한 후로는 트레이드에 진입하기 전에는 무조건 청산 계획부터 먼저 세운다.

• **포트폴리오 차원의 리스크 관리** _ 개별 트레이드의 손실을 줄이는 것도 중요하지만 리스크 통제에서는 그것만으로는 충분하지 않다. 트레이더는 포지션들의 상관관계에도 주의를 기울여야 한다. 각각의 포지션이 서로 상관관계가 높다면 포트폴리오 전체의 리스크가 감당하기 힘들 정도로 높아질 수 있다. 그때에는 아무리 포지션마다 스톱 주문을 미리 걸어둔다고 해도 여러 트레이드에서 한꺼번에 손실이 날 수 있기 때문이다. 샤피로는 포지션들의 상관관계가 과도하게 높아지는 것을 막기 위해 두 가지 방법을 쓴다. 하나는 개별 포지션의 크기를 줄이는 것이고, 다른 하

나는 기존 포트폴리오와 역의 상관관계에 있는 트레이드를 추가하는 것이다.

킨의 트레이딩 철학에서도 핵심 개념은 상관관계가 없거나 역의 상관관계에 있는 포지션들로 포트폴리오를 구축하는 것이다. 주식 매수 포지션으로만 포트폴리오를 짜면 아무래도 대부분의 포지션이 서로 상관관계가 크게 높아질 수밖에 없다. 킨의 포트폴리오에서 약 60%는 주식 매수 포지션이니만큼 단연코 포지션들의 상관관계가 높다. 이런 리스크를 해소하기 위해 킨은 포트폴리오에서 일부는 다른 트레이딩 전략과 혼합해서 쓴다. 트레이드들은 대부분 매도 포지션이기 때문에 매수 포지션 주식들과는 역의 상관관계를 이루게 된다.

• 원금 보존 중심의 리스크 관리 __ 개별 포지션과 포트폴리오 차원에서 동시에 리스크를 관리할지라도 계좌 전체의 MDD가 감당 가능한 수준을 넘어설 위험은 언제나 존재한다. 원금 위주의 리스크 통제 기법이란 계좌 MDD가 정해 놓은 기준을 넘어서는 순간 포지션 크기를 줄이거나 트레이딩 자체를 중단하는 것을 말한다. 예를 들어, 달리왈은 MDD가 5%를 초과하면 포지션 크기를 절반으로 줄이고, 8%를 넘어서면 포지션 규모를 또 절반 줄인다. 그리고 계좌 MDD가 15%를 넘으면 트레이딩을 전면 중단하고 마음의 안정을 되찾은 후에야 트레이딩을 재개한다.

원금 보존 중심의 리스크 통제 기법은 비율이 아니라 금액마다 정해 놓을 수 있다. 둘이 어차피 같은 개념이라고 해도 금액 기준의 리스크 통제는 새 계좌로 트레이딩을 시작할 때 더 유용하게 적용할 수 있다. 신규 계좌를 개설하는 트레이더에게는 잃을 감당이 되는 금액부터 정해놓으라고 말하고 싶다. 예를 들어, 10만 달러짜리 계좌를 개설했다면 1만 5000달러 선에서 리스크 한도를 정하고 그 한도를 넘은 후에 모든 포지션을 청산하고 트레이딩을 중단하는 것이다. 이런 종류의 리스크 통제 방법을 쓰는 이유는 세 가지이다.

- 계좌 원금이 미리 정해둔 리스크 한도에 도달한다면 지금은 어떤 트레이딩을 하든 결과가 좋지 않다는 뜻이다. 그럴 때는 트레이딩을 멈추고 지금의 방법론을 재평가하는 것이 좋다.
- 연달아 손실이 나고 있다면 잠시 트레이딩을 멈추고, 마음의 준비가 되고 의욕이 솟을 때까지 재충전하는 게 결과적으로 훨씬 좋다.
- 얼마의 손실까지 감당할 수 있는지 미리 정해 놓는다면, 한 번의 잘못된 트레이드로 인해 리스크 총한도에 달하는 손실이 나는 사태를 막을 수 있다. 이것이 원금 기준 리스크 관리의 가장 중요한 기능이다. 이 접근법이 강력한 효과를 내는 이유는 원금 기준 리스크 관리가 비대칭 전략(비대칭 전략의 장점은 8번에서 설명했다)이기 때문이다. 즉, 손실이 날 때는 미리 정해 놓은 리스크 한도 범위 내에서만 손실이 나지만, 상승은 무한대로 열려 있기 때문이다.

10. 유의미한 스톱 지점을 설정한다.

달리왈은 진입 전 세웠던 가설이 틀렸다고 입증되는 지점에서 보호용 스톱 주문을 걸어두어야 한다는 중요한 교훈을 전한다. 감당 가능하다고 생각하는 손실 수준을 스톱 지점으로 이용해서는 안 된다. 본인에게 유의미하다고 생각해서 걸어둔 스톱 지점이 리스크가 과도한 수준이라면 포지션 크기가 너무 크다는 뜻이다. 이때는 포지션 크기를 줄여야 한다. 그러면 처음에 맞는 가설을 세웠어도 시장이 반대로 흐르는 상황에 대비해서 스톱 주문을 걸어둘 수 있다. 또한 리스크 수용 범위 내에서 스톱 지점을 정해 손실을 엄격하게 제한하는 효과도 있다.

11. 스톱 가격에 이를 때까지 가만히 기다려서는 안 된다.

스톱을 걸어두는 목적은 대략적인 최대 손실액의 한도를 미리 정해둔다는 데 있다. 하지만 바그의 조언에 따르면, 스톱 가격에 이를 때까지 가만히 기다리기만 해서는 안 된다. 해당 트레이드의 미실현 손실이 나는 기간이 길어질수록 청산을 진지하게 고민해야 한다. 바그는 스톱 지점에 이르기 전에 트레이드를 미리 청산함으로써 모면한 손실이 나중에 이 트레이드가 회복되었을 때 벌게 될 수익을 초과할 것이라고 믿는다.

12. 브랜트의 금요일 종가 규칙.

브랜트는 금요일 종가 기준으로 미실현 손실이 난 트레이드는 무조건 청산한다. 이 규칙은 미실현 손실 트레이드가 스톱 가격에 이를 때까지 무작정 기다리지 않는다는 바그의 규칙(11번)을 구체적으로 적용한 사례라고도 말할 수 있다. 브랜트가 보기에 금요일 종가는 한 주 중 가장 중요한 가격인데, 금요일 종가는 그 트레이드의 포지션 보유자들이 주말 동안 포지션을 유지하기 위해 감수해야 하는 리스크를 의미하기 때문이다. 브랜트는 금요일 종가에서 미실현 손실이 있는 포지션은 트레이드의 향방이 좋지 않게 흐를 수 있다는 의미라고 생각한다. 그런 트레이드의 포지션을 청산해서 줄인 손실이 나중에 포지션이 만회되었을 때 발생한 수익을 정말로 초과하는가? 트레이더들이 한 번쯤 따라 해보고 시험해 봐도 좋은 규칙이다.

13. 손실이 발생한 트레이드에는 모험을 하지 않는다.

브랜트는 1차 걸프전이 발발하고 원유 가격이 오를 것이라고 기대하며 매수 포지션을 잡았다. 하지만 다음 날 아침 그의 기대와는 반대로 시장은 갭 하락으로 시작했고, 그는 최악의 손실을 입었다. 혹시 그런 상황에서 청산을 미룰 생각은 하지 않았는지 물었을 때 그는 이렇게 대답했다. "손실을 줄이려는 생각에 미실현 손실 상태인 트레이드로 모험을 하려 하다가는 결국 손실만 더 커집니다." 브랜트의 이 규칙은 그의 원유 포지션에서도 여실히 입증되었다. 유가가 계속해서 곤두박질한 것이다. 나는 브랜트의 규칙이 모든 트레이더가 귀담아 들어야 할 좋은 충고라고 확신한다.

## 14. 이기는 트레이더에게는 자신만의 구체적인 방법론이 있다.

좋은 트레이딩은 성급한 접근과는 대척점에 있다. 인터뷰했던 트레이더들은 하나같이 정교한 방법론을 세워두고 있었다. 자신만의 강점(6번)에 리스크 관리를 적절히 결합한 트레이드를 포착해서 트레이딩하는 것이 본인에게 맞는 방법론이다.

## 15. 방법론의 기준에 들어맞는 트레이드만 한다.

트레이더는 자신의 전문 분야와 무관한 트레이드에 진입하고 싶은 유혹에 지기 십상이다. 킨도 원칙 준수에 느슨해지면서 그런 트레이드에 진입한 과거가 있었다. 한 해의 마감을 1개월 앞둔 시점에서 킨은 꽤 좋은 수익을 내고 있었고, 에너지 관련 종목의 주가가 크게 빠져있는 것을 보고는 성급하게 진입했다. 그의 방법론이 정한 기준에는 전혀 들어맞지 않는 트레이드였다. 충동적인 진입이었고 그는 2주 뒤에 7%의 손실을 보고 포지션을 청산했다. 방법론이 정한 기준에 들어맞지 않는 트레이드에 진입하고 싶은 유혹을 피하라.

## 16. 지금의 방법론을 바꿀 필요가 있다면 바꿔야 한다.

시장은 변한다. 아무리 효과가 좋은 방법론이어도 시간이 지나면 달라져야 할 수 있다. 예를 들어 달리왈은 초보 트레이더 시절 뉴스 헤드라인을 보고 신속하게 진입해서 시장의 초기 반응에서 이익을 보고 재빨리 빠져나오는 전략으로 고수익을 냈다. 하지만 기술 발달로 알고리즘 트레이딩 시스템이 사람보다도 훨씬 빠르게 시장에 진입할 수 있게 되었고, 결국 달리왈의 전략도 효력이 시들해졌다. 그래서 달리왈은 반대의 트레이드에 진입한다는 것으로 전략을 수정했다. 다시 말해 뉴스에 대한 시장의 초기 반응이 시들해지는 것을 이용하는 전략으로 바꾸었다. 트레이딩 경력이 무르익으면서 달리왈은 펀더멘털에 관한 심층 리서치와 보다 장기적인 트레이딩에 초점을 맞추게 되었다.

브랜트 역시 트레이딩 전략을 수정해야 했다. 처음에 그는 고전적인 차트 패턴을 분석해서 트레이드에 진입했다. 하지만 어느샌가 그런 패턴 분석 중 대부분이 트레이딩에 별 도움이 되지 않았다. 브랜트는 진입 신호로 사용했던 차트 패턴의 수를 전보다 크게 줄였다.

17. 방법론에서 어느 부분이 껄끄럽게 느껴진다면 바꿔야 한다.

자신의 방법론에서 껄끄럽게 느껴지는 부분이 있다면 그것을 바꿀 방도를 강구해야 한다. 바그는 미실현 수익을 상당 부분 반납하는 상황이 여러 번 발생한 후로 본인의 청산 전략에 무언가 문제가 있다고 생각하게 되었다. 바그는 단지 껄끄럽게만 생각하는 데 그치지 않고 같은 문제가 재발하는 것을 피하기 위해 청산 전략을 바꾸었다.

18. 트레이드 아이디어를 어떻게 실행하는가가 대단히 중요하다.

바그는 브렉시트가 가결된다는 쪽에 베팅하면서 그의 인생에서 가장 성공적인 트레이딩을 할 수 있었다. 브렉시트 국민투표 가결에서 가장 일차적인 트레이드는 영국 파운드화 하락에 거는 매도 포지션이었다. 하지만 브렉시트 가결과 일차적으로 연관된 포지션을 잡는다면, 나라마다 표결 보도가 나가는 시간에 차이가 나면서 영국 파운드화 가격도 큰 폭으로 요동칠 수 있다는 문제가 있었다. 영국 파운드화에 대해 직접 매도 포지션을 잡았다가 타이밍이 조금이라도 엇나가면 자칫하다가는 큰 손실을 입고 포지션이 강제 청산 당할 수 있었다.

바그는 브렉시트가 가결되면 시장의 심리가 미국 국채 등 리스크 회피 트레이드로 옮겨가게 될 것이라고 내다봤다. 영국 파운드화에 대한 매도 포지션보다는 미국 국채에 대한 매수 포지션이 더 낫기는 했다. 일단 미국 국채는 변동성이 영국 파운드화보다 훨씬 낮은 데다가, 바그의 예상이 맞는다면 포지션이 강제 청산 당할 위험이 크게 줄고 예상이 틀리더라도 파운드화에 대해 매도 포지션을 잡는 것보다는 손실이 적을 수 있었다. 미국 국채 매수 포지션을 통한 간접 트레이드가 위험조정수익률 면에서도 훨씬 나은 포지션이었다. 바그의 이 트레이딩은 트레이드 아이디어를 실행하기 위해 직접 연관된 포지션을 거는 것만이 최상의 방법은 아닐 수 있다는 교훈을 알려주었다.


19. 고확신 트레이드에 대해서는 포지션을 늘린다.

모든 트레이드의 포지션 크기나 리스크를 똑같게 해서는 안 된다. 이 책에 나온 몇몇 트레이더가 놀랍도록 압도적인 수익률을 달성할 수 있던 필수적인 요소는 고확신 트레이드일수록 포지션을 크게 취했다는 사실이다. 예를 들어, 암리트 살은 수익과 리스크의 비대칭성이 크고 성공 확률이 높다고 판단되는 트레이드에 대해서는 공격적으로 포지션을 크게 잡는다. 뉴먼은 확실하다 싶은 고확신 트레이드를 발견하면 돈이 되는 대로 포지션을 잡는다. 한 예로 그는 어센텍에 대해서는 계좌의 1/3이 넘는 금액을 포지션으로 잡았다.

여기서 분명히 짚고 넘어가야 할 부분이 있다. 샬과 뉴먼처럼 실력 있는 트레이더들은 매력적인 시장 기회를 발견하면 (계좌 총액에 비해) 포지션을 크게 잡는다는 사실이 아니라, 고확신 트레이드를 발견했을 때 평소보다 포지션을 키운다는 사실을 중요하게 봐야 한다는 것이다. 샬도 뉴먼도 고확신 트레이드의 성공률이 대단히 높은 유능한 트레이더들이지만, 시장이 역행하면 누구보다도 빨리 포지션을 청산한다. 그들만큼의 실력이 되지 않는다면 아무리 고확신 트레이드일지라도 포지션을 너무 과하게 잡는 것은 대단히 위험할 수 있다.

20. 두려움에 지배될 정도로 포지션 크기를 키워서는 안 된다.

트레이드의 포지션 크기가 너무 크면 두려움에 지배되어 잘못된 트레이딩 결정을 내리기 십상이다. 바그는 초보 트레이더 시절에 위안 지대를 넘어서는 수준으로까지 포지션 크기를 키웠다. 하지만 그 결과로 좋은 트레이드 기회를 무수히 놓치고 말았다. 이번 교훈과 앞의 19번 교훈이 충돌하지 않느냐는 오해는 말기 바란다. 19번에서는 단지 고확신 트레이드에 대해 평소보다 포지션을 더 크게 잡아야 한다고 조언했을 뿐이다. 심지어 아무리 고확신 트레이드일지라도 포지션 크기가 지나치게 크다면 두려움에 사로잡혀 제대로 된 트레이딩 결정을 내리지 못하게 될 수도 있다.

21. 잘 될 거라는 희망에만 기대고 트레이드에 진입했다면 얼른 빠져나와야 한다.

잘 될 거라는 희망에만 의지해 트레이드에 진입했다면 확신은 하나도 없이 진입했다는 뜻이다. 초보 트레이더 시절 샬은 기술적 신호만 보고서 잘 될 거라는 희망에 의지해 트레이드를 잡고는 했다. 그는 희망에만 기대는 트레이딩에 불편함을 느꼈고 결국 기술적 트레이딩이 본인에게는 맞지 않는 접근법이라는 결론을 내렸다.

또 다른 일도 있었다. 살은 기준에 미치지 못하는 트레이드 아이디어를 실행에 옮기기 위해 서로 연관성이 아주 높은 세 개의 시장에 동시에 진입했고 포지션도 최대로 잡았다. 리스크 매니저에게 질책을 들은 후에야 살은 본인이 이 3배짜리 포지션이 잘 될 거라는 막연한 '희망'에만 의지하고 있었다는 사실을 퍼뜩 깨달았다. 그때의 경험을 상기하면서 살은 이렇게 말했다. "내가 진짜 트레이딩이 아니라 희망에만 기댄 트레이딩을 하고 있다는 사실을 깨달은 순간 나는 포지션을 전부 청산했습니다." 잘 될 거라는 희망 하나에 기대 지금의 트레이드에 진입했는가? 그렇다면 당신은 트레이딩이 아니라 도박을 하고 있는 것이다.


22. 타인의 추천했다고 해서 무턱대고 트레이드에 진입해서는 안 된다.

본인의 방법론에 따라 스스로 결정을 내려서 트레이드에 진입해야 한다. 아무리 좋은 트레이드를 추천받는다고 해도 타인의 추천만 믿고 진입하는 트레이드는 처참한 결과를 맛볼 수 있다. 예를 들어 브랜트는 아주 좋은 트레이드라는 입회장 트레이더의 말만 듣고서 진입을 했다가 큰 손해를 봤다. 브랜트는 자신과 그 입회장 트레이더의 보유 기간이 다르다는 사실을 고려하지 않은 것이다. 카밀로는 아주 좋은 트레이드에 진입하고서도 시장이 다른 의견을 말하는 것에 흔들려서는 포지션을 2/3나 먼저 청산했지만 남은 포지션이 대단히 높은 수익을 냈고, 그는 이 포지션을 분할 청산했던 것을 지금도 가장 후회한다.


23. 트레이드의 결과와 결정을 구분해야 한다.

많은 트레이더는 순전히 결과만 가지고 자신이 한 트레이딩을 평가하는 잘못을 저지른다. 최악의 트레이드를 꼽아달라는 질문에 바그는 이중 포지션을 잡았던 트레이드를 곧바로 꼽았지만, 역설적이게도 이 트레이드에서 난 손실은 얼마 되지 않았다. 이 트레이드에서 바그는 진입하자마자 대량 손실이 났지만 우물쭈물하다가 포지션을 청산하지 못했고, 덕분에 손실을 일부 만회하기는 했다. 바그는 잠깐의 반등을 놓치지 않고 포지션을 청산해서 약간의 손해만 입고 빠져나왔다. 청산한 직후부터 시장은 그의 포지션과는 반대 방향으로 격렬하게 움직이기 시작했다. 처음 트레이드에 손실이 났을 때 재빨리 빠져나오지 않은 것이 결과적으로는 손실을 줄여주기는 했지만, 바그는 순전히 운이 좋아서였을 뿐 자신이 중대한 잘못을 저질렀다는 사실을 깨달았다. 시장이 잠깐이나마 반등을 하지 않았으면 그의 포지션은 처음의 손실을 넘어 대참사로 끝나고 말았을지도 모른다.

바그는 결과(더 적은 손실)와 결정(제때 청산을 하지 못해 계좌 전체에 큰 손실을 입힐 수 있는 행동)을 구분할 수 있었다. 그의 교훈에서 중요하게 봐야 할 부분은 이기는 트레이드도—또는 바그의 사례처럼 적은 손실로 끝나는 트레이드도—때로는 나쁜 트레이드가 될 수 있다는 것이다. 이와 반대로, 트레이더가 합리적으로 리스크를 통제하고 수익을 낼 방법론을 충실히 따르면서 결정한 트레이드라면 결과적으로는 손실이 날지라도 좋은 트레이드가 될 수 있다.

24. 트레이드의 위험조정수익률은 역동적이다.

달리왈은 모든 트레이드는 역동적 성격을 지니므로 트레이더는 트레이드의 성격이 달라지면 거기에 맞게 청산 전략을 수정해야 한다고 주장한다. 만약 트레이더가 목표가와 청산 가격을 정한 상태에서 진입했는데 트레이드의 가격이 목표가의 80%를 달성한다면, 이 시점의 위험조정수익률은 처음 진입했을 때의 위험조정수익률과는 크게 달라질 수밖에 없다. 이 시점에서는 처음에 세웠던 청산 계획(스톱 가격)은 더는 합당하지 않다. 트레이드가 원하는 방향으로 크게 움직였다면, 그때는 스톱 가격을 타이트하게 조정하거나 일부 수익 실현을 하거나 둘 다 하는 것을 고려해야 한다.

브랜트는 미실현 수익이 발생했다가 다시 진입 가격으로 되돌아가는 트레이드를 '팝콘 트레이드'라고 부른다. 그는 팝콘 트레이드를 피하고자 포지션 일부를 청산해 수익을 실현하고 스톱을 타이트하게 조정한다. 같은 트레이드라도 성격이 변한다는 것을 잘 알기에 나오는 대응 방법이다.


## 25. 감정은 트레이딩에 백해무익하다.

트레이더가 감정과 충동에 지는 순간 잘못된 결정을 내리기 쉽다. 브랜트도 "내 최악의 적은 나입니다."라고 말한다. 다음의 26~28번까지는 트레이드에 악영향을 미치는 감정적 행동을 설명하고 있다.


## 26. 충동 트레이딩을 지양하라.

충동적 트레이드는 감정적 트레이드이고, 감정적 트레이드는 백이면 백 패배를 불러온다. 계획에도 없는 트레이드의 유혹에 빠지지 않도록 조심해야 한다. 뉴먼은 초보 트레이더 시절에 꾸준한 수익을 내주던 전략에서 이탈해 강세장 스토리에 기반해 급등하는 주식을 충동적으로 매수했다. 그는 그 한 번의 트레이드로 단 하루 만에 30%의 손실을 입었다.


## 27. 탐욕에 빠져 진입하는 트레이드는 대개 비극으로 끝난다.

탐욕에 빠진 순간 트레이더는 기준 이하의 트레이드에 진입하거나 과도하게 큰 포지션을 잡는다. 심지어 두 가지를 같이 하기도 한다. 바그는 탐욕으로 인해 최악의 손실을 기록했다. 바그는 마리오 드라기 유럽중앙은행 총재가 기자회견에서 했던 말을 토대로 유로화에 대해 대규모 매도 포지션을 잡았다. 이 포지션은 바그의 방법론에도 전적으로 일치하는 것이었다. 문제는 이어서 독일 장기 국채에 대해 대규모 매수 포지션을 잡았다는 사실이었다. 처음에 걸었던 유로화 매도 포지션과 상관관계가 높은 포지션이기는 했지만, 드라기의 말은 유로화하고만 관련이 있었기 때문에 독일 장기 국채 매수 포지션은 마땅한 근거가 전혀 없었다고 봐야 했다. 바그는 독일 장기 국채를 매수해 리스크 노출을 2배로 만들게 된 것은 순전히 탐욕 때문이었다고 인정한다. 두 포지션 모두 바그의 기대와는 반대로 진행되었다. 바그는 하루 만에 12%나 손실을 보고서 포지션을 청산했다. 일별 손실로는 최대치였고, 대부분의 손실은 충동적으로 잡았던 독일 장기 국채 매수 포지션에서 나왔다.

트레이더는 방법론에 부합해서가 아니라 탐욕에 이끌려 트레이드를 잡으려는 것은 아닌지 신중하게 판단해야 한다. 탐욕으로 하는 트레이드는 대개가 비극으로 끝난다.


28. 같은 시장에 재진입해 잃은 돈을 복구하고 싶다는 충동을 조심하라.

초보 트레이더일수록 손실이 나면 같은 시장에 재진입해서 잃은 돈을 복구하고 싶다는 반사적 충동에 빠지기 쉽다. 이런 충동이 보복 심리인지 아니면 손실에 대한 자책의 마음인지는 중요하지 않다. 이런 충동은 감정에 지배된 트레이딩을 이끌고, 감정적인 트레이딩이야말로 큰 손실을 불러오는 지름길이다.

존 네토는 2003년 5월 17일, 부시 대통령이 사담 후세인에게 이라크를 떠나라고 최후통첩을 했을 때 같은 시장에 재진입해 원금을 만회하려는 전형적인 실수를 저질렀다. 네토는 S&P 500이 갭 하락으로 시작하는 것을 보면서 지수가 더 내려갈 것이라고 예상하며 매도 포지션을 잡았다. 하지만 시장이 갑자기 반전했고, 네토의 트레이드는 거액의 손실을 입은 채로 강제 청산을 당했다. 만약 그가 거기서 멈췄더라면 그냥 손실이 조금 크게 발생한 하루로 끝났을 것이다. 그러나 뼈다귀를 문 개처럼 네토는 S&P 지수에 대해 고집스럽게 매도 포지션을 취했다. 장이 마감했을 때 무려 5번이나 매도 포지션이 강제 청산되었으며, 손실은 첫 트레이드 때보다 4배로 늘어나 있었다. 그리고 그가 한 해 동안 번 수익이 다 날아갔다.

29. 나쁜 트레이드의 진짜 위험이 무엇인지를 알아야 한다.

많은 트레이더는 나쁜 트레이드의 가장 큰 위험이 거기서 발생하는 손실이 아니라는 사실을 깨닫지 못한다. 나쁜 트레이드는 트레이더의 심리적 안정을 무너뜨려 뒤이어 좋은 트레이드 기회를 놓쳐 이익도 벌지 못하게 한다는 게 가장 큰 문제이다. 바그가 탐욕으로 인해 최악의 손실을 낸 트레이딩을 하고 난 다음 날, 영란은행의 태도가 돌연 금리 인상으로 바뀌었다. 바그에게는 최고의 수익을 낼 수 있는 호재 중의 호재였다. 그러나 바그는 전날 입은 12% 손실 여파에서 아직 벗어나지 못한 탓에 금리 인상이라는 최고의 기회를 움켜잡지 못했다. 바그의 예상대로 시장은 크게 움직였지만 트레이드에 진입하지 않은 그로서는 그림의 떡이었다. 나쁜 트레이드로 인한 진짜 비용은 단순한 금전적 손실액을 훨씬 뛰어넘는다. 이것만으로도 트레이더가 규칙을 어기면서까지 나쁜 트레이드에 진입하지 말아야 하는 이유로 차고도 넘친다.

30. 포지션이 목표가에 도달했다면 분할 청산해야 한다.

시장 가격이 트레이더가 정한 목표 이익을 초과했는데도 계속 오르거나 내리는 경우도 많다. 그러므로 목표 이익에 도달했다면 트레이더는 포지션을 전부 청산하지 말고 일부만 청산한 후 일부는 보호용 스톱을 걸어둔 채로 계속 홀딩하는 것이 좋다. 이렇게 하면 포지션과 같은 방향으로 시장이 조금 더 오래 진행될 경우에는 추가로 더 높은 이익을 벌어들일 기회가 되고, 시장이 반전하더라도 사라지는 미실현 수익은 일부에 그치게 된다.

바그는 시장이 목표가에 도달할 때는 수익을 실현한다. 하지만 포지션을 부분 익절하더라도 5~10%는 가격이 같은 방향으로 더 진행되는 동안 계속 보유한다. 이러면 최소의 리스크에 추가로 몇 퍼센트의 이익을 더 벌 수 있다.


31. 환희나 공포를 이용해서 트레이드를 걸었다면 청산을 하거나 규모를 줄여야 한다.

어느 방향이든 포물선 가격 움직임은 예고 없이 갑자기 끝난다. 환희나 공포를 이용해서 트레이드에 진입했다면, 시장이 당신과 같은 편에서 움직이고 있을 때 수익을 일부 또는 전체 실현해야 한다. 뉴먼의 스펀지테크 트레이드 청산은 이 원칙의 실행을 완벽하게 보여주고 있다.


32. 연달아 큰 승리를 거둔 후에는 자기만족에 빠지거나 방만한 트레이딩을 하지 않도록 조심해야 한다.

트레이더들이 최악의 실적을 경험하는 것은 대개가 연달아 탁월한 기간 수익을 내고 난 직후이다. 왜 그런가? 연달아 이기는 트레이딩을 하고 나면 자기만족에 빠지기 쉽고, 자기만족은 방만한 트레이딩으로 이어진다. 계좌가 거의 연일 신고가를 기록하고, 모든 트레이드가 높은 수익을 내고 있을 때면 트레이더들은 아무래도 방법론을 전보다는 철저히 지키지 않게 되고 리스크 관리에서도 느슨해진다. 나와 인터뷰한 트레이더 중 상당수가 최고의 수익을 낸 직후에 최악의 손실을 보았다.

- 브랜트는 전업 트레이더가 되고 다음 한 해는 내리 손실을 보았다. 그 전년도에 그는 높은 수익을 기록했다.
- 살은 전업 트레이더가 되고 6개월 동안 높은 수익을 기록하면서 자기 만족이라는 덫에 빠졌다. 그는 "나는 거만해졌고 원칙을 지키는 태도도 느슨해졌습니다."라고 인정한다. 이 시기에 그는 서로 연관성이 높은 3개의 시장에 동시에 진입하는 기준 미달의 트레이드를 하려고 했다. 만약 리스크 매니저가 재빨리 개입하지 않았다면 살은 엄청난 손실을 입었을 것이다.
- 2018년 상반기 실적이 저조한 이유가 무엇이냐는 질문에 바그는 이렇게 대답했다. "2017년에는 수익이 워낙에 좋다 보니 적극적으로 나가도 된다는 마인드셋으로 2018년을 맞이했습니다. 리스크를 과도하게 감수했던 거죠."

## 33. 의견을 바꿀 줄 아는 유연성은 결점이 아니라 훌륭한 자질이다.

브랜트의 트위터 팔로워 중에는 그가 시장 의견을 너무 자주 바꾼다면서 비난하는 사람들이 있다. 말도 안 되는 비난이다. 시장 의견을 바꿀 줄 아는 유연성이야말로 성공적인 트레이더가 되기 위한 필수 요소이다. 시장 의견을 고집스럽게 유지하다가는 단 한 번의 잘못으로도 계좌가 반 토막 날 수 있다. 브랜트의 트레이딩 좌우명은 "의견은 강하게, 홀드는 약하게"이다. 다시 말해서 강하게 확신하면서 트레이드에 진입해야 하지만, 트레이드가 반대 방향으로 움직인다면 재빨리 포지션을 청산할 수 있어야 한다는 뜻이다.

34. 손실이 난 트레이드보다 놓친 트레이드가 더 고통스럽고 대가도 더 클 수 있다.

큰 수익을 낼 기회를 놓치는 것은 손실이 여러 번 나는 것 못지않게 트레이딩의 전체 수익률에 충격을 줄 수 있다. 게다가 실제로 손실이 나는 것보다 기회를 놓치는 것이 고통도 훨씬 클 수 있다. 바그는 트레이딩 시간에 은행에 볼일을 보러 가는 바람에 큰 수익이 날 기회를 놓쳤다. 나쁜 트레이드로 인해 심리적으로 불안정해지는 것은 좋은 트레이드 기회를 놓치게 하는 주요한 원인이다(29번 규칙).


35. 잡는 트레이드마다 시장과 반대로 갈 때는 어떻게 할지 정하라.

연달아 손실이 나고 잡는 트레이드마다 잘되지 않는다면 잠시라도 트레이딩을 멈추는 것이 최상의 행동일 수 있다. 손실은 손실을 낳는다. 휴식은 서킷 브레이커 역할을 해준다. 바그는 트레이드에서 손실을 보고 심리적으로 불안정해졌을 때는 "트레이딩을 잠시 쉬고 운동을 하고 자연으로 나가고 즐깁니다."라고 말한다.

브랜트도 시장이 우호적이지 않을 때는 트레이딩 규모를 줄인다는 행동 지침을 정해두었다. 이 행동만으로도 연달아 손실이 나는 기간에는 MDD가 커지는 것을 조금이나마 완화할 수 있다.

달리왈은 연달아 손실이 나는 기간에는 위의 두 방법을 함께 사용한다. 그는 MDD가 5%를 넘으면 포지션 규모를 절반으로 줄인다. MDD가 8%를 초과하면 포지션을 또 절반 줄인다. 그리고 MDD가 15%를 넘으면 트레이딩을 전면 중단한다.

어떤 방법을 쓰건 결국 기본 요지는 연달아 손실이 날 때는 리스크를 줄인다는 것이다. 그게 트레이딩을 전면 중단하는 것이든 포지션 규모를 줄이는 것이든 말이다.

36. 시장이 뉴스에 대해 기대와 반대로 행동할 때는 어떻게 할지 정해둔다.

시장이 뉴스에 대해 기대와 반대의 반응을 보인다면 절호의 진입 기회가 될 수 있다. 이 책의 인터뷰에서도 여러 트레이더가 같은 생각을 말했다.

- 달리왈은 오스트레일리아 달러화에 대한 그의 기본적 생각과 차트의 추세선 하방 돌파가 일치했을 때 매도 포지션을 잡았다. 그날 실업률 보고서가 발표되었고 모든 통계 수치는 강력한 강세장을 예고하고 있었다. 시장은 처음에는 예상대로 상승했다. 하지만 그러다가 상승이 멈추고는 장기 박스권보다도 아래로 가격이 내려갔다. 상승을 예고하는 보고서에도 시장 반응은 약세장인 것을 보면서 달리왈은 시장이 급락할 것이라고 확신했고, 실제로도 그러했다.

- 브랜트는 시장이 기대에 극단적으로 반대되는 반응을 보이면서 최악의 손실을 입었다. 브랜트는 장이 끝난 후 1차 걸프전이 개시되었다는 뉴스를 보고 원유 매수 포지션을 잡았다. 그날 밤 원유 거래가는 커브장(런던의 에프터마켓)에서 2~3달러나 올랐다. 하지만 다음 날 아침 뉴욕에서는 전날 종가보다 7달러나 떨어진 가격으로 장이 시작되었다. 밤사이 10달러나 내려간 것이었다. 강세장 뉴스에도 시장이 이렇게나 떨어졌다는 것은 장기적인 약세장이 시작된다는 신호였다.

- 부시 대통령이 사담 후세인에게 이라크를 떠나라고 최후통첩을 한 날 네토는 S&P 500 지수에 관해 번번이 매도 포지션을 잡았고 연달아 손실을 입었다(28번 규칙). 시장이 뉴스에 보이는 반응이 기대와 정반대인 것이 얼마나 중요한 의미인지를 그가 미처 깨닫지 못했기 때문에 벌어진 결과였다.

- 킨은 그의 최대 포지션인 제이디닷컴 종목에 대한 시장 반응이 기대와 정반대라는 것을 무시했다. 구글의 인수 보도가 발표된 후 제이디닷컴

은 처음에는 주가가 크게 올랐지만 이어서 주가가 반전되더니 종가가 크게 떨어진 채로 장을 마감했다. 킨은 가격 움직임이 불길하다는 것을 무시한 채 포지션을 고집스럽게 유지했고, 이후 몇 달 동안 제이디닷컴 주식은 절반이 넘게 하락했다. 이때의 경험에 대해 킨은 이렇게 말한다. "최악의 행동은 그날의 주가 움직임을 무시했다는 것입니다. 트레이딩으로 생계를 꾸리는 사람이라면 마땅히 더 잘 파악했어야 합니다."

- 2016년 대선 당일에 트럼프의 당선 가능성이 커지면서 주가지수는 예상했던 대로 빠지기 시작했다. 하지만 트럼프의 당선이 거의 확실시되고 있음에도 시장은 갑자기 상방으로 반전했다. 이 예상과 반대되는 주가 움직임을 기점으로 주식시장은 이후 14개월 동안 안정적으로 우상향했다.


37. 수익을 내는 트레이딩과 옳은 트레이딩, 무엇이 더 중요한가?

옳은 트레이딩을 하려는 자존심과 욕구는 성공적인 트레이딩에는 백해무익하다. 대다수 트레이더는 자신들의 시장 이론과 예측에 매료되어서는 수익을 내는 트레이딩보다는 옳은 트레이딩이 무엇보다도 중요하다고 말한다. 달리왈은 그런 태도에 일침을 가한다. "중요한 것은 옳게 하느냐가 아닙니다. 수익을 내는 게 중요하죠."


38. 꾸준하고 안정적인 수익률을 목표로 삼다가는 반생산적인 트레이딩을 하게 될 수 있다.

꾸준하고 안정적인 수익률 달성은 나무랄 데 없는 목표로 생각될 수 있지만 오히려 트레이딩 전체에 악영향을 미칠 수 있다. 트레이드 기회는 산발적으로 오기 때문에, 기회가 많지 않은 기간에도 안정적인 수익을 내려고 하면 기준 이하의 트레이드라도 잡아야겠다는 생각이 들고 결과적으로는 계좌 순손실이 발생할 수 있다. 바그는 상사로부터 안정적인 수익을 내려고 노력하라는 말을 들었지만, 그는 자신의 트레이딩 방법과 안정적인 수익은 양립 불가능하다고 생각하면서 그 조언을 무시했다. "내가 생각하기에 트레이딩의 세계는 절대로 그렇게 돌아가지 않습니다. 오히려 한동안은 아무것도 하지 않다가 어느 순간 갑자기 박차를 가해야 하는 것이 트레이딩입니다." 살 역시 모순적으로 들릴 수 있는 주장을 하는데, 그의 말에 따르면 실패한 트레이더들은 매달 안정적인 돈을 버는 것을 목표로 삼는다는 공통된 특징이 있었다.

39. 소비자 행동의 새로운 트렌드를 명민하게 관찰하고 대응한다.

일상생활이나 소셜 미디어에서 새롭게 등장하는 트렌드를 놓치지 않고 간파하는 것도 좋은 트레이드 기회를 발견하는 원천이 될 수 있다. 카밀로와 뉴먼에게는 새로운 소비자와 문화 트렌드를 남들보다 먼저 발견하는 것이 중요한 트레이딩 전략 중 하나였다. 예를 들어 카밀로는 미국 중부에서 치즈케이크 팩토리와 피에프창 체인점이 선풍적인 인기를 끄는 것을 보고 트레이드 기회가 왔음을 알아챘다. 그는 월스트리트가 이 체인점들의 인기를 아직은 모르고 있다고 판단했다. 뉴먼은 3D 프린팅이나 CBD(대마) 제품 등의 새로운 트렌드를 조기에 발견한 덕분에 최고의 트레이드 기회를 잡을 수 있었다.

40. 트레이딩 시스템은 돌연 효력이 멈출 수 있다.

파커가 트레이딩을 하면서 여러 번이나 경험한 것처럼, 한동안 훌륭한 수익을 내던 시스템이 갑자기 효력을 잃거나 심지어는 손실만 줄기차게 낼 수 있다. 불편한 진실이기는 하지만, 시스템 트레이더라면 장기적인 성공을 위해서 필요한 순간에 시스템을 전면적으로 변경하거나 종료할 수 있어야 한다는 뜻이기도 하다. 현재 파커는 시스템 중단 기능을 사용한다. 그는 시스템의 수익률 곡선에 추세 추종 기능을 적용해서 시스템 비활성화 시기를 판단하는 신호로 활용한다. 더 구체적으로 말하면, 그는 시스템의 수익률 곡선이 200일 이동평균선보다 아래로 떨어지면 시스템 트레이딩을 전면 중단한다.

## 41. 트레이딩으로 생계를 꾸리기는 힘들다.

브랜트의 말마따나 시장은 연금 보험이 아니다. 파커는 누계 수익에서 신고점을 기록하고 총수익도 500만 달러를 넘어선 지 불과 8개월 후 트레이딩을 그만둘 지경에 몰렸다. 트레이딩을 생업으로 삼는 것이 얼마나 힘들지를 보여주는 단적인 예이다. 트레이딩을 생업으로 삼기를 원하는 사람들은 누계 수익이 계속 올라가는 것만으로는 충분하지 않다는 점을 명심해야 한다. 세금을 제해야 하고 생활비도 계속 인출해야 해서 누계 수익은 그 둘을 합친 것 이상으로 증가해야 한다. 트레이딩의 수익은 불규칙적이지만 생활비 인출은 규칙적이라는 사실 역시 트레이딩을 생업으로 삼기 힘든 또 다른 이유이다. 이런 현실적인 어려움을 잘 알고 있기에 파커는 트레이딩을 생업으로 삼기를 원하는 사람들에게 직장을 그만두는 것은 최대한 미루라고 충고한다.

## 42. 트레이더도 투철한 직업윤리를 가져야 한다.

많은 사람이 쉽게 돈을 벌 수 있을 거라는 생각에 트레이딩 세계에 입문하지만, 역설적이게도 탁월한 수익을 내는 트레이더들은 누구보다도 열심히 공부하고 준비한다. 크레이치는 트레이더로서 누구보다도 강한 직업윤리를 가지고 있다. 크레이치는 자신에게 맞는 트레이딩 방법론을 개발하기 위해 본업과 시장 조사를 병행하느라 하루에 16시간을 일해야 했다. 크레이치의 방법론으로는 1년에 5개월은 트레이딩 기회가 사실상 씨가 마른다. 5개월은 트레이딩을 전혀 하지 못하지만, 그는 그 기간을 시장 조사하는 시간으로 적극 활용한다. 살 역시—그리고 다른 트레이더들도—투철한 직업윤리야말로 그가 성공한 비결이었다고 믿는다. 그는 초보 트레이더 시절에는 하루에 15~16시간을 시장 조사에 쏟았다. "나는 그 누구보다도 더 열심히 일할 각오가 돼 있습니다."

## 43. 결과는 그 누구도 아닌 본인이 책임져야 한다.

크레이치가 트레이딩의 길을 걷기로 한 이유는 성공하든 실패하든 본인이 직접 책임질 수 있는 일을 원했기 때문이었다. 이런 관점이야말로 승리하는 트레이더의 고유한 특징이다. 성공적인 트레이더는 실수도 손실도 자신이 책임진다. 지는 트레이더들은 잘못된 결과가 나오면 남 탓을 하거나 상황 탓을 한다.

## 44. 트레이더에게 필요한 두 가지 인내심.

시장은 어지간한 사람은 유지하기 힘든 자질에 보상을 준다. 인내는 어렵다. 인내하기 위해서는 천성적인 본능과 욕구를 극복해야 한다. 하지만 내가 위대한 트레이더들에게서 거듭 발견한 자질도 바로 인내심이었다. 시장에서 성공하는 데 결정적으로 도움을 주는 인내심은 두 가지이다.

- **좋은 트레이드를 기다릴 줄 아는 인내심** _ 트레이드 기회는 불규칙하게 등장한다. 대다수 트레이더는 기준에 들어맞는 매력적인 트레이드 기회가 올 때까지 진득하게 기다리지 못하고 어중간한 아무 트레이드나 잡아서 하려는 유혹에 지고 만다. 그런 기준 미달의 트레이드에 진입하면 두 가

지 부정적인 결과가 나올 수 있다. 첫째로, 그런 트레이드는 대개 손실로 끝을 맺는다. 둘째로, 기준 미달의 트레이드는 진정으로 훌륭한 트레이드 기회에 돌아갈 관심을 분산시킨다. 더 심하게 말하면 기준 미달의 트레이드는 큰 손실이 나는 것으로 끝나지 않고 트레이더의 심리적 안정을 무너뜨려서 큰 수익을 낼 기회를 놓치게 만든다. 바그 역시 기준 미달의 트레이드를 했다가 훌륭한 기회를 놓치고 말았다(29번).

살이 좋은 트레이드 기회가 등장할 때까지 얼마나 잘 참고 기다리는 트레이더인지는 그가 자신을 설명한 말에서 단적으로 드러난다. "내 트레이딩 스타일을 두고 많이들 저격수 스타일이라고들 하더군요. 언제나 모든 준비를 하고 완벽한 목표물이 나타나기를 기다리거든요." 살은 고수익 트레이드에 진입하기는 차라리 쉬웠다고 말한다. 그로서는 최적의 트레이드 기회를 기다리는 중에 "정신적, 금전적 자본을 낭비하는" 기준 이하의 트레이드를 피하는 것이 오히려 더 어려웠다.

• **좋은 트레이드를 들고 가는 인내심** _ 좋은 트레이드를 섣불리 청산하지 않을 때도 인내심이 필요하다. 트레이더들은 미실현 수익이 발생하면 시장이 어느 순간 돌변해 미실현 수익을 뺏어갈지 모른다는 두려움으로 인해 포지션을 성급하게 청산하고 싶은 유혹에 빠진다. 샤피로는 어쩔 수 없는 상황으로 인해 의도하지 않게 좋은 트레이드의 포지션을 인내심을 가지고 보유하고 있을 수밖에 없었고, 그러면서 인내심이 얼마나 큰 힘을 발휘하는지 배우게 되었다. 당시에 그는 아프리카로 몇 주간 여행을 떠날 계획이었고, 그곳에서는 통신 시설을 이용할 수 없기 때문에 포지션을 확인하거나 청산하는 것도 불가능했다. 샤피로는 중개인에게 손절매 가격만 미리 정해주고 떠났고, 돌아오기 전까지 계좌 금액을 확인도 하지 않았다. 그런데 그가 적극적으로 트레이딩했을 때보다도 오히려 여

행을 떠나 있는 동안 계좌 금액이 훨씬 불어나 있었다. 그는 그때의 교훈을 절대 잊지 않았고, 시장 상황에 중대 변동이 없는 한 포지션을 몇 달 정도는 보유한다는 방침을 세웠다.

## 45. 트레이딩은 내적 게임이다.

살은 "방법론을 정착하고 나면 다음으로 중요한 요소는 마인드셋입니다." 라고 말한다. 살이 말하는 트레이딩을 위한 올바른 마인드셋은 침착하게 초점을 유지하는 상태를 의미한다. 그는 정신적으로 완벽한 태세를 갖추고 기대하는 이벤트를 맞이하기 위해 심호흡과 명상을 통해 이른바 '지금에 몰입하는' 상태를 만든다. 또한 트레이딩 일지를 작성하고 감정과 손실의 연관성을 도표화함으로써 부정적인 마인드셋을 제거하고 자기 파괴적인 트레이드에 진입하게 만드는 감정을 식별하는 것이 대단히 중요하다는 사실을 배웠다.

바그도 살 덕분에 좋은 마인드셋을 갖추는 것이 성공 트레이딩에 얼마나 중요한지를 이해하게 되었다고 말한다. 살과 마찬가지로 바그도 내적 갈등이 없는 차분한 상태에서 트레이딩을 하려고 노력한다. 그는 트레이딩 일지와는 별도로 자신의 다양한 감정적 요소(자존심, 기회를 놓칠지도 모른다는 두려움, 행복감 등)를 점검하는 일별 정산표도 꾸준히 작성한다. 바그는 자신의 감정 상태를 트레이딩에 역이용한다. 지금의 기분 상태로는 트레이딩을 잘 하지 못할 것 같다고 판단하면 그는 올바른 마인드셋이 될 때까지 잠시 트레이딩을 중단한다. 바그는 이렇게 말한다. "트레이딩에서 가장 중요한 것은 정신적 자본입니다. 실수할 때도 좋은 트레이드를 놓쳤을 때도 큰 손실을 봤을 때도 어떻게 대응하는지가 정말로 중요합니다. 잘못 대응했다가는 더 큰 실수를 더 많이 하게 될 테니까요."

## 46. 성공적인 트레이더는 트레이딩 자체를 사랑한다.

여러분은 인터뷰를 읽은 후에 이들 트레이더가 트레이딩 자체를 얼마나 사랑하는지 확실하게 알게 되었을 것이다.

- 달리왈은 게임에 비유해서 트레이딩을 묘사한다. "나한테 있어 시장 참가는 끝이 없는 체스 게임과 비슷합니다. 내가 할 수 있는 최고로 흥미진진한 게임인 셈이죠."
- 카밀로는 트레이드 아이디어를 발견하는 것에서 기쁨을 얻는다고 말한다. "매일 밤 분석을 하면서 보내는 그 4시간을 나는 정말로 사랑합니다. 다음의 위대한 트레이드로 나를 이끌어줄 아이디어를 언제쯤 만나게 될지는 나로서도 알 수 없습니다. 이건 어렸을 때 개라지 세일을 하면서 느꼈던 기분과 같습니다."
- 네토는 자신의 성공에 대해 이렇게 설명한다. "내가 성공한 이유는 좋아하는 요일이 월요일이기 때문입니다. 좋아하는 일을 하면 성공은 알아서 따라옵니다."
- 샤피로는 트레이딩을 중단한 시기에 개인 생활에서는 아무 문제가 없었음에도 우울증이 생겼다. 왜 우울증이 생겼는지를 묻는 내 질문에 샤피로는 "물어보나 마나지요. 나는 트레이딩을 사랑했거든요."라고 대답했다.
- 살은 트레이딩에 대한 열정이 생기게 된 계기를 이렇게 설명했다. "(리딩대학에는) 학교에 모의 트레이딩룸이 있었습니다. 그곳에서 시장과 트레이딩을 처음 접하고 사랑에 빠졌지요."
- 킨은 트레이딩에 대한 사랑이 왜 트레이더의 필수 자질인지를 이렇게 설명한다. "힘든 시간을 이겨내기 위해서라도 트레이딩을 사랑해야 합니다."

- 상품 선물거래소의 트레이더들을 처음 본 순간 브랜트의 반응은 "우와, 나도 이 일을 하고 싶다."였다. 브랜트의 트레이딩에 대한 열정은 그가 거의 강박적으로 트레이딩을 하던 초보 시절을 설명할 때도 잘 드러난다. 그리고 이 열정은 10년 넘게 지속되었다. 하지만 트레이딩에 대한 애정이 시들해지면서 경력 14년 만에 그는 트레이딩을 중단했다. 그때의 상황을 브랜트는 이렇게 설명했다. "그때는 트레이딩에서 재미를 느끼지 못했어요. 그냥 따분하고 지루한 일이 되어 버렸습니다." 그는 11년의 공백기가 지난 후에야 트레이딩에 대한 열정이 되살아났고, 이후 제2의 성공적인 트레이딩 경력을 13년째 이어가고 있다.

트레이더가 되고 싶은가? 트레이딩에 대한 순수한 애정이 깊으면 깊을수록 성공적인 트레이더가 될 가능성도 크게 올라갈 것이다.

옛날식 유머를 살짝 비틀어서 말해볼까 한다. 유대교 회당에서 두 신도가 몇 년째 똑같은 설전을 벌이고 있었다. 데이브는 시장은 효율적으로 움직이며 특별한 행운을 만나지 않는 이상 어느 누구도 시장을 이길 수 없다고 주장한다. 샘은 트레이딩 기회라는 것이 존재하므로 개인도 시장을 이기는 성과를 낼 수 있다고 주장한다. 결국 몇 년이나 설전해도 아무 결론을 내리지 못한 두 사람은 랍비에게 누구 말이 옳은지 대신 결정을 내려달라고 부탁하기로 한다.

두 사람은 랍비의 집으로 찾아갔고, 랍비는 두 사람에게 한 번에 한 사람씩 그의 집무실로 들어와 설명해달라고 말한다. 데이브가 먼저 집무실로 들어갔다.

랍비가 양해를 부탁하는 말을 한다. "내 아내가 여기 있어도 개의치 말아 주세요. 아내가 기록을 해주기로 해서요."

데이브는 괜찮다고 말하고는 자신의 주장을 펼치기 시작한다. "나는 시장이 효율적이라고 믿습니다. 수천 건에 이르는 학계 논문들도 이미

지지하는 주장입니다. 효율적 시장은 단순한 이론에 그치지만은 않습니다. 직접 투자 결정을 내리는 개인 투자자들의 수익이 패시브 인덱스 펀드의 수익률보다 크게 저조하다는 것은 경험적 연구로도 이미 여러 번이나 입증되었습니다. 심지어는 전문 펀드 매니저들의 평균 성적도 시장보다는 꾸준히 뒤처지는 편입니다. 이렇게 명확한 증거가 있으니만큼 트레이딩은 바보나 하는 게임입니다. 개인은 차라리 인덱스 펀드에 돈을 넣어두는 것이 훨씬 높은 수익을 낼 수 있습니다."

랍비는 데이브의 말을 열심히 들은 후 "당신이 맞습니다."라고 단번에 대답한다.

랍비와의 대화에 꽤 만족한 데이브는 득의양양한 웃음을 지으며 집무실을 나온다.

뒤를 이어 샘이 집무실로 들어간다. 똑같은 양해의 인사말이 오가고 나서 샘도 자신의 주장을 피력한다. 그는 효율적 시장 가설에 오류가 얼마나 많은지부터 자세히 설명한다. "랍비께서도 아시잖습니까. 제가 트레이더 일로 생활비를 번다는 것을요. 저는 좋은 집에 삽니다. 우리 가족은 누릴 건 다 누리면서 살고 있습니다. 회당에 매년 바치는 넉넉한 헌금도 다 트레이딩으로 번 돈입니다. 그러니 트레이딩으로 고수익을 내는 것도 두말할 나위없이 가능한 일입니다."

샘의 말을 열심히 들은 랍비는 이번에도 "당신이 옳습니다."라고 대답한다.

샘은 만족스러운 미소를 지으며 랍비의 집무실을 나온다.

랍비의 아내는 그들 부부 두 사람만 남게 되자 남편에게 묻는다. "여보, 당신은 현명한 사람이잖아요. 그런데 저 두 사람의 말이 어떻게 다 옳을 수 있다는 건가요?"

"당신 말도 맞아요."라고 랍비가 대답한다.

굳이 꼬집는다면 랍비 아내의 말은 맞는다고 볼 수 없다. 데이브의 말도 샘의 말도 서로 다른 맥락에서 옳기도 하고 틀리기도 하다. 트레이더 또는 투자자의 세계는 두 부류로 나뉘는데, 첫 번째 부류의 트레이더들은 자신만의 강점을 살린 방법론을 가진 사람들이고 두 번째 부류는 그렇지 못한 사람들이다. 물론 두 번째 부류가 첫 번째 부류보다 비교도 안 되게 많다. 자기 고유의 트레이딩이나 투자 방법을 가지지 못한 시장 참가자들은—대부분이 그렇기는 하다—시장 진입을 직접 결정하기보다는 인덱스 펀드에 투자하는 것이 수익률 면에서 훨씬 낫다. 아이러니하게도 내 믿음과는 반대되는 말이기는 하다. 나는 효율적 시장 가설을 신뢰하지는 않지만, 또 한편으로는 이론이 완벽하게 합당하다고 가정하면서 행동하는 쪽이 대다수 투자자에게는 최상의 결과를 만들어주리라고 생각한다. 그러면 지수에 투자하는 아이디어를 지지한다는 결론이 나온다. 이런 맥락에서는 데이브의 주장이 옳다.

하지만 어렵다는 것과 불가능하다는 것은 엄연히 다르다. 이 책에 나온 트레이더들이 오랫동안(대부분은 10년 넘게) 시장보다 압도적으로 높은 수익률을 달성한 것은 단순히 '행운'이라는 말만으로는 설명이 되지 않는다. 이런 맥락에서는 샘의 주장이 옳다.

성공 트레이딩은 가능한가? 이 질문에 대해 이 책이 전하려는 메시지는 하나다. 성공 트레이딩은 가능하다! 하지만 어지간한 사람은 도달하지 못하는 목표이기도 하다. 성공적인 트레이더가 되기 위해서는 근면함과 타고난 실력, 심리적 자질(인내심이나 원칙을 지키는 성격 등) 등 필요한 요소를 겸비하고 있어야 한다. 시장에서 입증된 강점으로 자신만의 방법론을 개발할 수 있는 소수의 시장 참가자들에게 있어서 성공 트레이딩은 힘들기는 해도 현실적으로 실현 가능한 목표이다.

## 감사의 말

'시장의 마법사들'을 쓰기 위한 첫 작업은 언제나 뛰어난 트레이더들을 찾아내는 것이다. 그리고 그런 트레이더들을 찾는 데 있어서 두 사람이 내게 큰 도움을 두었다. 런던 소재 코칭 회사인 알파 R. 큐브드의 매니징 디렉터인 스티브 골드스타인 덕분에 이 책에 소개된 두 명의 트레이더와 훗날 후속작에 등장할지도 모르는 다른 우수한 트레이더들을 찾아낼 수 있었다. 뛰어난 트레이더인 마크 리치도 내게 훌륭한 트레이더 두 명을 추천해 주었다. 원래는 마크도 이번 책을 위해 인터뷰할 계획이었지만, 출장을 잡기 전에 저술한 분량이 이미 책 한 권을 채우고도 남을 정도였다. 그와의 인터뷰는 후속작을 위해 남겨둘 생각이다. 그리고 제이슨 샤피로에게 관심을 갖게 해준 빌 도지에게 뒤늦게나마 감사를 보낸다.

나도 출자를 한 펀드시더 테크놀로지스가 만든 웹사이트인 펀드시더 닷컴을 통해서도 이 책에 포함할 훌륭한 트레이더를 세 명이나 찾을 수 있었다. 또한 나는 이 책에서 언급한 성과 지수를 측정할 때도 펀드시더 닷컴 분석 툴을 사용했다.

나의 아내 조 앤에게도 감사한다. 그녀는 이전의 모든 '시장의 마법사들' 시리즈에서와 마찬가지로 이번에도 귀중한 피드백을 제공해주었으며 꼭 필요한 건설적 비판을 적소에서 해주었다. 그리고 나는 그녀의 조언은 군소리 없이 따른다.

아주 당연한 말이지만, 인터뷰에 응해주고 자신들의 귀중한 경험과 지혜, 인사이트를 아낌없이 들려준 트레이더들이 없었다면 이 책은 세상에 존재하지도 못했을 것이다. 그들과의 인터뷰를 통해 나는 아주 많은 것을 배울 수 있었다.

내가 아무리 여러 번 봤어도 귀신에 홀린 듯 발견하지 못했던 오탈자를 발견하고 교정과 교열을 해준 마크 니오프르에게 감사한다.

마지막으로 출판사 해리먼 하우스의 담당 편집자 크레이그 피어스에게 감사한다. 그의 도움 덕분에 원고를 탈고하는 마지막 작업이 고역이 아니라 즐거운 일이 될 수 있었다. 그는 문장을 다듬으면서도 불필요한 수정을 피할 줄 아는 그야말로 완벽한 균형감각의 소유자였다.

**p.120** 1970년대 초까지만 해도 선물시장에서는 원자재 상품(밀, 설탕, 구리, 소 등)들만 거래되었다. 그러다가 선물의 영역이 크게 확대되면서 여러 시장 섹터가 추가되었는데, 가장 대표적인 것이 주가지수, 금리, 통화(외환) 선물이었다. 금융선물 시장도 적용되는 기본 원리는 상품과 다르지 않다. 트레이딩 호가는 현재의 시장 가격이 아니라 미래 만기일의 가격을 의미한다. 예를 들어, 12월물 10년 만기 미국 채권의 호가는 12월에 인도되어야 하는 10년 만기 액면가 10만 달러의 미국 채권에 대한 호가를 의미한다. 금융선물 시장은 처음 탄생했을 때와는 비교도 되지 않을 정도로 크게 성장했고, 현재는 금융 선물 거래량이 상품 선물 거래량을 압도한다. 하지만 선물시장이라고 하면 아직도 상품 시장을 의미한다고 착각하는 사람들이 많다.

구조적으로 선물은 기초자산의 시장과 밀접하게 연관돼 있으므로 (차익거래자들의 활동은 파생상품이 상대적으로 작고 오래가지 않는다는 것을 보여준다) 선물시장의 가격 변동은 해당 현물시장의 가격 변동과 닮음꼴로 갈 수밖에 없다.

**p.136** Jack D. Schwager, *A Complete Guide to the Futures Market* (New Jersey, John Wiley and Sons, Inc., 2017), 205~231.

**p.147** Jack D. Schwager, *Market Wizards* (New Jersey, John Wiley and Sons, Inc., 2012), 9~82

**p.155** Commmodity Trading Advisors는 최소한 두 가지 면에서 잘못된 명칭이다. 첫째로, 선물시장에서는 원자재 상품보다는 금융 상품 트레이딩이 대부분을 차지한다(금리 시장, 통화 시장, 주가지수 등). 둘째로, CTA의 주요 업무는 자문 제공이 아니라 자산 관리이다.

**p.163** Jack D. Schwager, *The New Market Wizards* (New York, HarperBusiness, 1992), 286~288

**p.165** Jack D. Schwager, *Market Wizards* (New Jersey, John Wiley and Sons, Inc., 2012), 171.

**p.178** Jack D. Schwager, *The New Market Wizards* (New York, HarperBusiness, 1992), 132

**p.182** Jack D. Schwager, *Market Wizards* (New Jersey, John Wiley and Sons, Inc., 2012), 275 p.184  Jack D. Schwager, *Hedge Fund Market Wizards* (New Jersey, John Wiley & Sons, Inc., 2012), 476.

p.238  Jack D. Schwager, *The Little Book of Market Wizards* (New Jersey, John Wiley and Sons, Inc., 2014), 72.

p.440  Joe DiNapoli, DiNapoli Levels: *The Practical Application of Financial Analysis to Investment Markets* (Coast Investment Software, Incorporated, 3rd edition, 1998).

p.442  피보나치 수열에서는 앞의 숫자 두 개를 더해서 다음 숫자를 만든다. (0, 1, 1, 2, 3, 5, 8, 13, 21, 34, 55, 89……) 피보나치 수열에서 한 숫자를 다음 숫자로 나눈 비율은 숫자가 커질수록 61.8%에 근접하고, 한 숫자와 두 번째 뒤의 숫자의 비율은 38.2%에 근접한다. 피보나치 수열은 나선으로 배열된 조개껍데기 무늬나 꽃잎 등 자연에서 흔히 보이는 배열이다. 피보나치 트레이더들은 이 두 개의 중요 비율인 61.8%와 38.2% 부근에서 잠재적인 시장 반전의 기미가 없는지를 살펴본다.

p.463  Jack D. Schwager, *Market Wizards* (New Jersey, John Wiley and Sons, Inc., 2012), 151~174.

p.464  파커의 수익률와 위험조정수익률을 계산하면서 실적 기록표의 처음 2년은 제외했다. 이때는 그가 최종적으로 평생의 트레이딩 방법으로 선택한 시스템 매매에 따라 트레이딩을 하지 않고 자율재량적 트레이딩도 상당히 포함되었기 때문이다. 게다가 이 시기에는 그가 독자적으로 선택한 트레이드가 아니라 다른 트레이더를 따라서 들어간 트레이드들도 있다는 것도 계산에서 제외한 한 이유이다. 만약 이 두 해를 계산에 포함했다면 책에 적은 것보다도 수익률과 위험조정수익률 통계수치가 더 좋게 나왔을 것이다.

p.471  윌리엄 오닐의 캔슬림 기법에 대해서는 그의 책 *How to Make Money in Stocks*에 자세히 나온다 (New York, McGraw Hill, 2009). 오닐은 《시장의 마법사들》에서 인터뷰를 한 트레이더이기도 하며 그는 인터뷰에서도 캔슬림 기법에 대해 설명했다.

시장을 이긴 숨은 고수 11인의
# 초격차 투자법

**초판 1쇄 발행** 2021년 8월 25일

**지은이** 잭 슈웨거
**옮긴이** 조성숙
**감수자** 신진오

**발행인** 이재진 **단행본사업본부장** 신동해
**편집장** 김경림 **책임편집** 송보배
**디자인** 데시그 이하나 신정난
**마케팅** 권오권 **홍보** 최새롬 권영선 최지은
**국제업무** 김은정 **제작** 정석훈

**브랜드** 리더스북 **주소** 경기도 파주시 회동길 20
**문의전화** 031-956-7358(편집) 031-956-7068(마케팅)

**홈페이지** www.wjbooks.co.kr
**페이스북** www.facebook.com/wjbook
**포스트** post.naver.com/wj_booking

**발행처** ㈜웅진씽크빅
**출판신고** 1980년 3월 29일 제406-2007-000046호

한국어판 출판권 ⓒ웅진씽크빅, 2021
ISBN 978-89-01-25243-8 03320